365 denkwürdige Momente im Sport

Hinweise

Aus Gründen der besseren Lesbarkeit wird bei Personenbezeichnungen die männliche Sprachform verwendet. Gemeint ist sowohl die männliche als auch die weibliche und die diverse Form.

Das vorliegende Buch wurde sorgfältig erarbeitet. Dennoch erfolgen alle Angaben ohne Gewähr. Weder der Autor noch der Verlag können für eventuelle Nachteile oder Schäden, die aus den im Buch vorgestellten Informationen resultieren, Haftung übernehmen.

Sollte diese Publikation Links auf Webseiten Dritter enthalten, so übernehmen wir für deren Inhalte keine Haftung, da wir uns diese nicht zu eigen machen, sondern lediglich auf deren Stand zum Zeitpunkt der Erstveröffentlichung verweisen.

CHRISTIAN ALBRECHT BARSCHEL

365

denkwürdige Momente im Sport

Von 1869 bis heute

MEYER & MEYER VERLAG

365 denkwürdige Momente im Sport

Bibliografische Information der Deutschen Bibliothek

Die Deutsche Nationalbibliothek verzeichnet diese Publikation in der Deutschen Nationalbibliografie; detaillierte bibliografische Details sind im Internet über <www.dnb.de> abrufbar.

Alle Rechte, insbesondere das Recht der Vervielfältigung und Verbreitung sowie das Recht der Übersetzung, vor-behalten. Kein Teil des Werkes darf in irgendeiner Form – durch Fotokopie, Mikrofilm oder ein anderes Verfahren – ohne schriftliche Genehmigung des Verlages reproduziert oder unter Verwendung elektronischer Systeme verarbei-tet, gespeichert, vervielfältigt oder verbreitet werden.

Der Verlag behält sich das Text- and Data-Mining nach § 44b UrhG vor, was hiermit Dritten ohne Zustimmung des Verlages untersagt ist. Dies beinhaltet vor allem, dass kein Teil dieses Buches in irgendeiner Form verwendet oder wiedergegeben werden darf, um KI-basierte Technologien oder Systeme zu trainieren.

© 2023 by Meyer & Meyer Verlag, Aachen

Auckland, Beirut, Dubai, Hägendorf, Hongkong, Indianapolis, Kairo, Kapstadt, Manila, Maidenhead, Neu-Delhi, Singapur, Sydney, Teheran, Wien

Gesamtherstellung (Druck): CPI - Clausen & Bosse, Leck, www.cpi-print.de

Member of the World Sport Publishers' Association (WSPA)

ISBN 978-3-8403-7887-4

Hersteller im Sinne der GPSR:

Meyer & Meyer Fachverlag & Buchhandel GmbH

Von-Coels-Straße 390, 52080 Aachen

www.dersportverlag.de

E-Mail: kontakt@m-m-sports.com

INHALT

Vorwort ... 6
1 Januar: Schanzenkönig und Fehlschüsse ... 8
2 Februar: Punkterekord und Olympia-Exoten ... 35
3 März: Boxweltmeister und Wutrede ... 64
4 April: Schutzschwalbe und Phantomtor ... 92
5 Mai: Minuten-Meister und Schallmauern ... 121
6 Juni: Hand Gottes und Ohrbisse ... 154
7 Juli: Wimbledon-Sieger und Fußball-Weltmeister ... 186
8 August: Goldsprünge und Olympiasieger ... 219
9 September: Karriereenden und Hole-in-One ... 250
10 Oktober: Golden Slam und Neun-Darter ... 281
11 November: Formel-1-Weltmeister und Boxlegenden ... 316
12 Dezember: Davis Cup und Touchdowns ... 348
Anhang ... 379
1 Literaturverzeichnis ... 379
2 Bildnachweis ... 381

VORWORT

„Sport hat die Kraft, die Welt zu verändern. Er hat die Kraft, zu inspirieren. Er hat die Kraft, Menschen auf eine Weise zu vereinen, wie es kaum etwas anderes vermag. Er spricht zu den Jugendlichen in einer Sprache, die sie verstehen. Sport kann Hoffnung schaffen, wo früher nur Verzweiflung war. Er ist mächtiger als Regierungen, wenn es darum geht, Rassenschranken abzubauen. Er lacht in das Gesicht von allen Arten der Diskriminierung." Mit diesen ikonischen Worten begeisterte Nelson Mandela, ehemaliger Präsident von Südafrika, im Jahr 2000 bei der ersten Verleihung der *Laureus World Sports Awards*, dem sogenannten *Sport-Oscar*.

Wenn Sie zu diesem Buch gegriffen haben, dann geht es Ihnen sicherlich wie mir. Sport fasziniert mich, seitdem ich denken kann. Sei es vor dem Fernseher, in einem Stadion oder als aktiver Sportler. In meinem Buch *365 denkwürdige Momente im Sport* möchte ich die ganze Vielfalt und Schönheit des Sports abbilden – und erzählen von Rekorden, Sensationen, Meilensteinen, skurrilen und bizarren Momenten in der Sportgeschichte.

Zu jedem Tag im Jahr gibt es eine informative Geschichte, ob Fußball, Tennis, Basketball, Boxen, Leichtathletik, American Football oder Darts. Insgesamt 40 Sportarten werden thematisiert. Der Fokus liegt vor allem auf den Erfolgen der deutschen Athleten, aber auch die denkwürdigen Höchstleistungen internationaler Sportstars sowie olympische Feel-Good-Geschichten werden gewürdigt.

Wie gewann Michael Schumacher seinen ersten Formel-1-Weltmeistertitel? Wie wurde aus Muhammad Ali der größte Boxer? Wem gelang das erste Hole-in-One im Golf? Warum ist Roger Bannister für die Sportgeschichte so wichtig? Wie kam es zum Phantomtor von Thomas Helmer? Wann war der größte Tag im deutschen Tennis? In diesem Buch erfahren Sie es. Erleben Sie 365 einzigartige und denkwürdige Sportmomente – von 1869 bis heute!

Dirk Nowitzki, Deutschlands bester Basketballspieler der Geschichte, sagte einmal: „Wenn du alles gibst, kannst du dir nichts vorwerfen." Nach diesem Motto habe ich mich bei der Recherche bemüht, für jeden Tag die interessanteste und passendste Sportgeschichte zu präsentieren.

Ich wünsche Ihnen viel Vergnügen beim Lesen und im Schwelgen historischer Erinnerungen.

Christian Albrecht Barschel

JANUAR: SCHANZENKÖNIG UND FEHLSCHÜSSE

1. Januar 2018

Darts-König Phil „The Power" Taylor spielt sein letztes Match

Der Aufstieg von Darts zu einer der unterhaltsamsten Sportarten ist vor allem sehr eng mit einem Namen verbunden: Phil Taylor. Der Engländer warf sich mit seinen Pfeilen in die Herzen von Millionen Fans. Zum Song *The Power* von Snap! marschierte Taylor stets in die Arena ein. Daher auch der passende Spitzname „The Power". Taylor dominierte den Dartssport jahrelang nach Belieben. Nachdem er zweimal Weltmeister im Verband BDO (British Darts Organisation) wurde, gründete er im Jahr 1992 mit 15 anderen Spielern die PDC (Professional Darts Corporation), den führenden Verband im Dartssport. Taylor wurde im Verband PDC insgesamt 14-mal Weltmeister, darunter acht Jahre in Folge. Vor der Darts-Weltmeisterschaft 2017/2018 kündigte Taylor an, dass dies sein letztes professionelles Turnier sein werde. Daher war das Interesse an der Darts-Weltmeisterschaft nochmals größer als ohnehin schon. Jeder wollte den Darts-König noch einmal spielen sehen. Die Fans im Alexandra Palace (genannt Ally Pally) in London, dem Austragungsort der Darts-WM, stimmten bei jeder Gelegenheit das „Taylor Wonderland", den Song über die Dartslegende Phil „The Power" Taylor an. Im Alter von 57 Jahren spielte Taylor bei der WM noch einmal groß auf. Der Engländer hämmerte zahlreiche 180s, die höchste Punktezahl beim Darts, in die Scheibe und spielte sich in sein 19. WM-Finale auf der PDC-Tour vor. Am Neujahrstag des Jahres 2018 endete seine professionelle Karriere allerdings nicht wie im Bilderbuch. Taylor verpasste nicht nur in einem sogenannten *Leg* das perfekte Spiel mit einem Neun-Darter haarscharf, sondern unterlag auch im Endspiel seinem Landsmann Rob Cross deutlich mit 2:7. „Ich bin am Ende meiner Karriere und er steht am Anfang seiner Karriere. Es war ein alter Mann gegen einen jungen Mann. Er war genauso gut und unbarmherzig wie ich vor 25 Jahren", sagte Taylor nach seinem letzten Match. Die Rekorde, die Phil „The Power" Taylor aufgestellt hat, werden noch lange Zeit Bestand haben. Viel größer ist aber der Einfluss, den der Engländer auf die Entwicklung von Darts hatte. „Es war wunderbar. Ich hatte eine fantastische Karriere. Das Publikum war immer unglaublich", sagte er.

2. Januar 1992
Das historische Mixed mit Steffi Graf und Boris Becker

Auf diese Liaison auf dem Tennisplatz hat Deutschland hingefiebert. Beim Hopman Cup im australischen Perth, der inoffiziellen Mixed-Weltmeisterschaft im Tennis, bildeten Steffi Graf und Boris Becker das deutsche Team. In jeder Partie gab es neben einem Damen-Einzel und Herren-Einzel auch ein Mixed-Doppel zum Abschluss. Die beiden deutschen Tennislegenden wollten bei der vierten Auflage des Hopman Cups den ersten deutschen Titel holen. Ihr gemeinsamer Auftritt in Perth stand allerdings unter keinem guten Stern. Zum damaligen Zeitpunkt wurde beim Hopman Cup im K.-o.-Format gespielt. Becker und Graf siegten im Viertelfinale gegen Frankreich in den Einzeln, traten aber nicht zum abschließenden Mixed an. Im Halbfinale gegen die Tschechoslowakei musste Graf ihr Einzel gegen Helena Sukova nach Satzgleichstand wegen Schwindelanfällen aufgeben. Becker gewann anschließend sein Einzel gegen Karel Novacek. Trotz ihrer Aufgabe im Einzel trat Graf zum entscheidenden Mixed an, war aber am Ende ihrer Kräfte. Becker und Graf hielten zwar gut mit, verloren jedoch die Partie gegen Novacek/Sukova mit 4:6, 4:6. Becker tauchte bei der Pressekonferenz dann alleine auf. „Alles war in Ordnung hier, nur meine Partnerin war krank", sagte Becker. Es blieb der einzige gemeinsame Mixed-Auftritt der beiden deutschen Tennislegenden. Der Traum vom Hopman-Cup-Titel endete für Graf in einem Alptraum. Vor Turnierbeginn hatten deutsche Ärzte bei ihr eine Mittelohrentzündung festgestellt und ihr von der Teilnahme am Hopman Cup abgeraten. Doch Graf ignorierte den Rat, flog nach Perth und machte die Erkrankung dadurch noch schlimmer. Nach dem Hopman Cup erteilten die Ärzte ihr zunächst Flugverbot von Perth nach Melbourne. Bei den Australian Open angekommen, musste Graf nach einigen kurzen Trainingseinheiten und diversen Bluttests für das Grand-Slam-Turnier absagen.

3. Januar 1993
Das größte Comeback der NFL-Geschichte

American-Football-Spiele beziehen ihren großen Charme auch daraus, dass zu jeder Zeit alles möglich ist. Wenn man glaubt, dass ein Spiel entschieden ist, wird man meist prompt eines Besseren belehrt. Überraschende Comeback-Siege von Teams in der National Football League (NFL) gab es haufenweise, besonders eines sticht hervor. Im Play-off-Spiel zwischen den Buffalo Bills und den Houston Oilers erlebten die Zuschauer – zumindest diejenigen, die bis zum Schluss geblieben sind – das größte Comeback der NFL-Geschichte, das in der Liga schlicht als „The Comeback" bezeichnet wird. Als die Buffalo Bills im dritten Viertel mit 3:35 in Rückstand gerieten, verließen zahlreiche Bills-Fans das Stadion. Der Glaube an ein Comeback ihrer Mannschaft war zu diesem Zeitpunkt erloschen. Diejenigen, die im Stadion geblieben sind, wurden Zeuge eines Play-off-Wunders. Angeführt von Quarterback Frank Reich verkürzten die Buffalo Bills in wenigen Minuten dank vier Touchdowns und dem verwerteten Extrapunkt auf 31:35. Kurz darauf ging das Team sogar mit 38:35 in Führung. Nach einem Field Goal der Houston Oilers kurz vor Schluss ging die Partie in die Verlängerung, in der die Buffalo Bills dank eines Field Goals siegreich waren. Für die Buffalo Bills, die bis heute auf ihren ersten Super-Bowl-Titel in der NFL warten, ist „The Comeback" immer noch der größte Moment der Teamgeschichte. Das meint auch Bills-Legende Steve Tasker, der beim Comeback-Sieg in den Play-offs auf dem Platz stand. „Das ist immer noch eine große Sache in Buffalo. Wir klammern uns immer noch an dieses Comeback-Spiel. Irgendwie war dies unser krönender Moment", blickte Tasker zurück.

4. Januar 1991
Eine zwölfjährige Chinesin wird Weltmeisterin im Turmspringen

Zwölf Jahre, vier Monate und 19 Tage! So alt war die Chinesin Fu Mingxia, als sie bei der Schwimm-Weltmeisterschaft im australischen Perth für eine riesengroße Sensation sorgte. Die Chinesin wurde Weltmeisterin im Turmspringen von der Zehn-Meter-Plattform – und das mit einem großen Vorsprung vor der Zweitplatzierten. Dass die 1,54 Meter große Fu Mingxia dadurch die jüngste Weltmeisterin im Schwimmsport wurde, ist selbsterklärend. „Ich habe mich immer auf den nächsten Sprung konzentriert und nicht über andere Dinge wie die Goldmedaille nachgedacht, aber ich war bereit, mein Bestes zu geben", sagte die Chinesin. Fu Mingxia hat damit als jüngste Weltmeisterin einen Rekord für die Ewigkeit im Schwimmsport aufgestellt. Denn kurz vor der Schwimm-WM in Perth im Jahr 1991 wurde beschlossen, dass bei internationalen Wettkämpfen im Turmspringen das Mindestalter auf 14 Jahre angehoben wird. Ein Jahr später nahm Fu Mingxia dennoch an den Olympischen Sommerspielen 1992 in Barcelona teil, da sie zwei Wochen nach dem Wettbewerb 14 Jahre alt wurde. Und auch hier sprang die Chinesin in die Geschichtsbücher. Sie gewann die Goldmedaille vom 10-Meter-Turm und avancierte zur zweitjüngsten Olympiasiegerin der Geschichte. Die jüngste Olympiasiegerin ist übrigens ebenfalls eine Turmspringerin: Die US-Amerikanerin Marjorie Gestring siegte mit 13 Jahren und 268 Tagen bei Olympia 1936 in Berlin. Fu Mingxia war ohne jede Frage eines dieser Wunderkinder. Im Gegensatz zu vielen anderen Wunderkindern im Sport, die früh verheizt werden, kann die Chinesin aber eine lange und erfolgreiche Karriere vorweisen. 1996 gewann sie bei den Olympischen Sommerspielen in Atlanta zwei Goldmedaillen (vom Drei-Meter-Brett und der 10-Meter-Plattform). Bei Olympia 2000 in Sydney holte sie jeweils eine Gold- und eine Silbermedaille.

5. Januar 2022

Denkwürdiger Abend für Basketballstar Dirk Nowitzki

Eine viel größere Ehrung ist kaum möglich. Nach 21 Jahren in Diensten der Dallas Mavericks in der National Basketball Association (NBA) wurde das Wirken von Dirk Nowitzki knapp drei Jahre nach seinem Karriereende mit einer feierlichen Zeremonie mit dem Titel „41 forever" gewürdigt. Der 2,13 Meter große gebürtige Würzburger erlebte mit seiner Frau und seinen drei Kindern, wie im Rahmen eines NBA-Spiels seines Herzensvereins seine Trikotnummer 41 unter das Hallendach der Dallas Mavericks gezogen wurde. Nicht nur das: Auch seine Trikotnummer 41 soll bei den Dallas Mavericks nie wieder vergeben werden. Nowitzki, der beste deutsche Basketballspieler aller Zeiten, führte die Dallas Mavericks im Jahr 2011 zum ersten und bislang einzigen NBA-Titel der Teamgeschichte. In einer 20-minütigen emotionalen Rede ließ er seine unglaubliche Karriere bei den Dallas Mavericks Revue passieren. „Im Juni 1998 saß ich im Flieger, wusste nicht, was mich erwartet. Als ich da war, sah ich überall Dirk-Schilder. Da dachte ich: ‚Mensch, die wollen dich hier.' Da wusste ich, dass ich hier für immer bleiben werde. Später habe ich herausgefunden, dass es keine Fans waren, sondern Clubangestellte." Mit Tränen in den Augen bedankte sich der Deutsche bei allen Menschen, die wichtig für seine Karriere waren. „Es war eine atemberaubende Reise. Was für eine spezielle Zeremonie", sagte Nowitzki, der als einer der ersten ausländischen Spieler die US-Liga NBA prägte. Vor der Halle der Dallas Mavericks steht inzwischen zudem eine Dirk-Nowitzki-Statue, welche den Deutschen in seinem typischen einbeinigen Fadeaway-Sprungwurf zeigt, mit dem er ein persönliches Markenzeichen kreiert hat.

6. Januar 2002

Sven Hannawald macht „sein Zeug" und schreibt Skisprunggeschichte

Die Vierschanzentournee, bestehend aus den Springen in Oberstdorf, Garmisch-Partenkirchen, Innsbruck und Bischofshofen, ist das Nonplusultra im Skispringen. Bei 49 Ausgaben schaffte es kein Springer, auf allen vier Schanzen zu triumphieren. Bis er kam: Sven Hannawald. Der 27-jährige Deutsche sprang sich bei der Vierschanzentournee 2001/2002 in die Geschichtsbücher und gewann als Erster überhaupt alle vier Springen. Sprung um Sprung kam Hannawald dem ultimativen Triumph, dem Sieg auf allen vier Schanzen, näher. „Ich mache mein Zeug", sagte er stets wie ein Mantra in den TV-Interviews. Ein Satz, der sich zum geflügelten Wort entwickelte. Knapp 15 Millionen TV-Zuschauer in der Spitze wollten sehen, wie „Hanni" das Unmögliche möglich macht. Und tatsächlich. Nach seinem achten und letzten Sprung bei der Vierschanzentournee war es amtlich: Hannawald hatte nicht nur die Vierschanzentournee klar gewonnen, sondern auch alle vier Springen in Oberstdorf, Garmisch-Partenkirchen, Innsbruck und Bischofshofen. Der Mythos der Vierschanzentournee, dass man nicht alle vier Springen gewinnen kann, war besiegt. „Wenn das noch einen Tag länger gedauert hätte, wäre ich gestorben. Ich weiß auch nicht, wie ich das schaffe. Alles hat optimal gepasst. Das ist sensationell", sagte Hannawald. Vor seinem zweiten Sprung in Bischofshofen, dem letzten der Vierschanzentournee, war die Anspannung beim

Deutschen riesig. Alle erwarteten, dass es nun passieren würde: die erste perfekte Vierschanzentournee eines Skispringers. „Ich wollte einfach nur, dass es vorbei ist. Die nervliche Belastung war nicht mehr auszuhalten. Ich hatte einen Rucksack von 300 Kilo auf meinen Schultern. Im ersten Durchgang war ich ja noch Schanzenrekord gesprungen, den zweiten Sprung habe ich runtergewürgt", blickte Hannawald 20 Jahre nach seinem historischen Triumph im Interview mit der *Sport Bild* zurück. Mit der Startnummer 50 ging Hannawald in jedes Springen, da er bei jedem Springen am Tag zuvor die Qualifikation ausließ. „Ich habe alle vier Springen mit der Startnummer 50 gewonnen. Und das auch noch bei der 50. Vierschanzentournee. Die Startnummern von allen Springen habe ich aufbewahrt – das sind echte Heiligtümer für mich", erzählte er rückblickend. Es dauerte 16 Jahre, bis ein weiterer Springer alle vier Springen der Vierschanzentournee gewann: der Pole Kamil Stoch. Ein Jahr darauf schaffte der Japaner Ryoyo Kobayashi ebenfalls den perfekten Triumph.

7. Januar 1994

„Eishexe" Tonya Harding wird nach Eisenstangenattacke US-Meisterin im Eiskunstlaufen

Es war der Sportskandal des Jahres 1994: der brutale Angriff auf Eiskunstläuferin Nancy Kerrigan während der US-Meisterschaften in Detroit. Tonya Harding hatte ein Ziel: Olympiagold bei den Olympischen Winterspielen 1994 in Lillehammer. Ihr dabei im Weg stand US-Kollegin Nancy Kerrigan, die bei den US-Meisterschaften 1993 den Titel gewann und als größte Rivalin von Harding um Edelmetall in Lillehammer galt. Bei den US-Meisterschaften 1994 qualifizierten sich nur die beiden Bestplatzierten für die Olympischen Winterspiele. Einen Tag vor dem Wettbewerb wurde Kerrigan nach einem Training auf dem Eis in den Katakomben aus dem Hinterhalt mit einer Eisenstange auf das Knie geschlagen. Die Szenen der weinenden Kerrigan, die nach dem „Warum?" schrie, gingen um die Welt. Harding profitierte von der Eisenstangenattacke und gewann in Abwesenheit von Kerrigan den US-Meisterschaftstitel (der ihr später aberkannt wurde) und löste damit auch ihr Ticket für Olympia. Der Sieg hatte aber ein Nachspiel. Wenige Tage nach dem Gewinn des Titels wurden Hardings Ehemann Jeff sowie Bodyguard Shawn Eckardt verhaftet. Sie hatten die Attacke auf Kerrigan geplant und dafür den Schläger Derrick Brian Smith angeheuert. Harding selbst beteuerte ihre Unschuld, bei der Planung des Attentats beteiligt zu sein. Zwar wurde sie zunächst aus dem olympischen Team der USA verbannt, doch vor Gericht erstritt sie sich ihre Teilnahme. Die Verletzungen von Kerrigan indes waren nicht so schlimm, sodass sie wegen der Attacke und der Nichtteilnahme an der US-Meisterschaft den zweiten Olympiastartplatz im US-Team erhielt. Der Wettkampf in Lillehammer wurde von den Medien zum Duell „Die Schöne gegen das Biest" hochstilisiert. Während Kerrigan einer ihrer besten Wettkämpfe absolvierte und die Silbermedaille errang, lief bei Harding alles schief: Pfiffe vom Publikum, eine gebrochene Kufe und Stürze. Harding landete nur auf dem achten Platz. Kurz nach den Olympischen Winterspielen in Lillehammer bekannte sich die „Eishexe" der Behinderung der Ermittlungen am Eisenstangenattentat schuldig. Die Folge: eine dreijährige Bewährungsstrafe, 160.000 US-Dollar Geldstrafe, 500 gemeinnützige Stunden und ein lebenslanges Startverbot bei Amateur-Wettkämpfen. Harding entwickelte sich zur unerwünschten Person in den USA, während ihrer Rivalin Nancy Kerrigan die Herzen zuflogen. „Nancy ist eine Prinzessin, so sieht sie jeder. Sie ist eine Prinzessin und ich bin ein Haufen Scheiße", beschwerte sie sich damals. Nachdem ihre Lebensgeschichte im Film *I, Tonya* im Jahr 2017 verfilmt wurde, gestand sie nach jahrelangen Dementis eine Mitwisserschaft am Attentat. „Das muss so ein, zwei Monate vorher gewesen sein. Ich wusste, dass da etwas lief. Ich habe gehört, wie sie darüber geredet haben", sagte Harding.

8. Januar 1993
Steffi Graf und Michael Stich gewinnen ersten Hopman-Cup-Titel für Deutschland

Nachdem Steffi Graf in den Jahren 1989 (mit Patrik Kühnen) und 1992 (mit Boris Becker) nicht den Titel beim Hopman Cup in Perth, der inoffiziellen Mixed-Weltmeisterschaft im Tennis, gewinnen konnte, unternahm sie 1993 den nächsten Versuch. Ihr Partner diesmal war Michael Stich. Nach Siegen gegen die Ukraine und Frankreich, bei denen Graf und Stich das entscheidende Mixed gewannen, zog das deutsche Team ins Finale ein und spielte erstmals um den Titel. Im Endspiel gegen Spanien besiegte Graf im ersten Einzel Arantxa Sanchez Vicario mit 6:4, 6:3. Im Anschluss setzte sich Stich gegen Emilio Sanchez mit 7:5, 6:3 durch und besiegelte den ersten deutschen Triumph beim Hopman Cup. Für Graf waren bei ihrer dritten Hopman-Cup-Teilnahme tatsächlich aller guten Dinge drei. „Wenn wir so gut spielen wie wir, sollte man das genießen", sagte Stich nach dem Triumph. Zwei Jahre später gewannen Anke Huber und Boris Becker den zweiten und letzten Hopman-Cup-Titel für Deutschland. Angelique Kerber und Alexander Zverev zogen 2018 und 2019 jeweils ins Finale der inoffiziellen Mixed-WM ein und verloren dort beide Male gegen die Schweiz. 2019 markierte auch eine Zäsur in der Hopman-Cup-Geschichte. Nach 30 erfolgreichen Jahren wurde der Wettbewerb vorerst eingestellt. Ein Comeback der inoffiziellen Mixed-WM im Tennis gab es im Jahr 2023 – und das sogar doppelt. Mit dem United Cup in den australischen Städten Perth, Brisbane und Sydney startete die Tennissaison 2023 mit einem neuen Mixed-Teamwettbewerb. Der Hopman Cup kehrte indes ebenfalls im Jahr 2023 zurück und wurde in Nizza ausgetragen.

9. Januar 1993
Franziska van Almsick schwimmt 200-Meter-Freistil-Weltrekord auf der Kurzbahn

Der deutsche Schwimmsport ist ganz eng mit einem Namen verbunden: Franziska van Almsick. Bei den Olympischen Sommerspielen 1992 in Barcelona ging der Stern der Ost-Berlinerin auf, als sie als 14-Jährige über ihre Paradedisziplin 200 Meter Freistil sensationell zur Silbermedaille schwamm. Van Almsick avancierte zum ersten gesamtdeutschen Star nach der deutschen Wiedervereinigung im Jahr 1990. Das Jahr 1993 verlief für van Almsick wie im Bilderbuch. Bei der Schwimm-Europameisterschaft in Sheffield im August gewann sie sechs Goldmedaillen. Am Ende des Jahres wurde sie nicht nur zur Sportlerin des Jahres gekürt, sondern auch von internationalen Journalisten zur Weltsportlerin des Jahres. Ihre traumhafte Saison begann Anfang des Jahres bei zwei Schwimm-Weltcups in Schanghai und Peking über die Kurzbahn. Nachdem van Almsick zunächst in Schanghai Weltrekord über die 100 Meter Freistil schwamm, legte sie in Peking drei Tage später nach. Weltrekord über 200 Meter Freistil auf der Kurzbahn mit 25 Metern. Nach 1:55,84 Minuten schlug die 14-jährige Deutsche an und durfte den nächsten Weltrekord bejubeln. Knapp drei Jahre blieb sie Weltrekordhalterin über diese Strecke. Doch damit nicht genug. Am Tag darauf stellte van Almsick den nächsten Weltrekord auf und verbesserte ihren eigenen 100-Meter-Freistil-Weltrekord auf der Kurzbahn.

10. Januar 1982
„Freezer Bowl" und „The Catch":
Denkwürdiger Tag in der NFL

Die beliebteste TV-Sportart in den USA? Ganz klar, American Football. Wenn der Super Bowl, das Endspiel der National Football League (NFL), ausgetragen wird, schauen in den USA circa 100 Millionen Menschen zu. Der Super Bowl ist ein Festtag in den USA. Ein weiterer Festtag ereignet sich stets zwei Wochen vor dem Super Bowl, wenn die beiden Conference-Finals der NFL hintereinander gespielt und die beiden Teilnehmer für den Super Bowl ermittelt werden. Im Jahr 1982 waren diese beiden Conference-Finals besonders spektakulär aus unterschiedlichen Gründen. Im Endspiel der AFC-Conference empfingen die Cincinnati Bengals die San Diego Chargers. Für die sonnengewöhnte Mannschaft aus San Diego wurde das Spiel zum Alptraum. Minus 22 Grad Celsius zeigt das Thermometer beim Spiel an. Die gefühlte Temperatur lag wegen des eisigen Windes sogar bei minus 51 Grad Celsius. Das Spiel ging als „Freezer Bowl" in die Geschichte ein. Keine NFL-Partie fand bei niedrigeren Temperaturen statt. Einige Spieler zogen sich starke Erfrierungen zu. Für die San Diego Chargers war es eine große Herausforderung, da die Mannschaft acht Tage zuvor in Miami bei 31 Grad Celsius gespielt hatte. Die Cincinnati Bengals gewannen ihr Heimspiel souverän mit 27:7 und zogen in den Super Bowl ein. Direkt im Anschluss kam es zum Duell im Finale der NFC-Conference zwischen den San Francisco 49ers und den Dallas Cowboys. Kurz vor Schluss kam es zum spielentscheidenden Spielzug, als 49ers-Quarterback Joe Montana improvisieren musste und einen Pass auf Wide Receiver Dwight Clark warf, den dieser mit den Fingerspitzen in der Luft fing. Dieser Touchdown-Pass ging in die Geschichtsbücher als „The Catch" ein und zählt zu den denkwürdigsten Szenen in der NFL. „Als ich den Ball fliegen sah, dachte ich mir: ‚Das ist ganz schön hoch.' Joe hatte den Ball exakt auf die Stelle geworfen, wo er hätte sein müssen", erinnerte sich Dwight Clark. „The Catch" brachte den San Francisco 49ers den erstmaligen Einzug in den Super Bowl. Zwei Wochen später besiegten die San Francisco 49er die Cincinnati Bengals im Super Bowl.

11. Januar 2015

Roger Federer wird Mitglied im 1.000er-Club

Nur fünf Tennisspieler haben die Schallmauer von 1.000 Einzelsiegen auf der ATP-Tour durchbrochen. Roger Federer ist neben Jimmy Connors, Ivan Lendl, Rafael Nadal und Novak Djokovic einer von ihnen. Es hätte kaum einen besseren Rahmen geben können für den 1.000 Sieg auf der ATP-Tour von Federer. Mit dem Turniersieg in Brisbane, seinem 83. Karrieretitel, durchbrach der Schweizer mit dem Finalerfolg gegen den Kanadier Milos Raonic diese gigantische Schallmauer im Tennis. „Kein Zweifel. Das ist ein spezieller Moment. Ich habe über die Jahre so viel gespielt, aber dieser Sieg vor euren Augen bedeutet mir so viel", sagte Federer und blickte dabei zu den Tennis-Legenden Rod Laver und Roy Emerson, die in Brisbane diesen historischen Moment miterlebten. „Dieses Match werde ich bestimmt nicht mehr vergessen", freute sich der Schweizer, nachdem er mit seiner Trophäe vor der überdimensionierten Zahl 1.000 für die Fotografen posierte. Auch wenn Federer in einigen Bestenlisten von seinen langjährigen Rivalen Nadal und Djokovic überholt wurde, gilt der sogenannte *Maestro* bei sehr vielen Tennisfans als der beste Spieler aller Zeiten. Die Rekordmarke für die meisten Siege auf der ATP-Tour, den Jimmy Connors mit 1.274 Erfolgen hält, verpasste Federer wegen Verletzungen zum Ende seiner Karriere nur knapp. Mit 1.251 Siegen auf der ATP-Tour ging der Schweizer im Jahr 2022 in den Ruhestand.

12. Januar 1995

Der Mordprozess gegen Footballstar O. J. Simpson beginnt

Dieser Mordprozess zog nicht nur die USA in seinen Bann. O. J. Simpson wurde wegen zweifachen Mordes angeklagt. Er soll seine Ex-Frau Nicole Brown Springs und deren Freund Ronald Goldman ermordet haben. Simpson war als ehemaliger American-Football-Spieler ein Superstar in den USA. Der Running Back wurde 1973 zum wertvollsten Spieler der National Football League (NFL) gewählt. Nach seiner aktiven Zeit als American-Football-Profi legte O. J. Simpson eine Karriere als Schauspieler hin. Die Mordvorwürfe erschütterten die USA. Unvergessen sind die Livszenen im Fernsehen, als O. J. Simpson verhaftet werden sollte und mit seinem Auto vor der Polizei floh. Der folgende Mordprozess erweckte weltweites Interesse – auch weil dieser live im Fernsehen zu sehen war. Beweise und Indizien sprachen eindeutig für die Schuld von O. J. Simpson. Zur Schlüsselszene im Prozess wurde, als O. J. Simpson den angeblichen Mörderhandschuh anziehen sollte und dieser ihm überraschend nicht passte. „Wenn der Handschuh nicht passt, müssen Sie ihn freisprechen." Mit diesen Worten richtete sich Simpsons Anwalt an die Geschworenen. Und genau so kam es. Die Geschworenen ließen sich davon überzeugen und erklärten O. J. Simpson für unschuldig, der daraufhin ein freier Mann war. Die Mehrheit betrachtet den Freispruch als Justizskandal. Im Zivilprozess wurde er jedoch schuldig gesprochen und zu einer Schadensersatzzahlung von 33,5 Millionen US-Dollar an die Hinterbliebenen verurteilt. Ins Gefängnis kam O. J. Simpson aber dennoch. Im Jahr 2008 wurde er wegen bewaffneten Raubüberfalls auf einen Sammler von Fanartikeln sowie Geiselnahme zu einer Haftstrafe von 33 Jahren verurteilt. Auch dieses Urteil sorgte für heftige Diskussionen. Viele gingen davon aus, dass die Strafe nur deshalb so hart ausgefallen war, weil O. J. Simpson im Mordprozess im Jahr 1995 freigesprochen wurde, obwohl er der Mörder war. Nach neun Jahren kam O. J. Simpson aus dem Gefängnis. Seine restliche Strafe wurde zunächst auf Bewährung ausgesetzt. Mittlerweile ist er wegen guter Führung wieder ein freier Mann.

13. Januar 2014 ⚽
Torhüterin Nadine Angerer wird Weltfußballerin des Jahres

Seit 2001 wird der Titel der Weltfußballerin des Jahres vergeben. Als es um die Wahl zur Weltfußballerin des Jahres 2013 ging, kam es zu einer Premiere. Zum ersten und bislang einzigen Mal wurde eine Torhüterin zur Weltfußballerin des Jahres gewählt: die Deutsche Nadine Angerer. „Ich bin überrascht und stolz und dankbar", sagte Angerer zu ihrer Wahl. Mit 35 Jahren war die Deutsche die älteste Spielerin mit dieser Auszeichnung. Bei der Fußball-Europameisterschaft 2013 war Angerer der Garant für den Titelgewinn der deutschen Nationalmannschaft. Sie kassierte im Turnierverlauf nur einen Gegentreffer und hielt beim 1:0-Sieg im Endspiel gegen Norwegen zwei Elfmeter. Mit 146 Einsätzen für das DFB-Team ist Angerer Rekordnationalspielerin bei den Torhüterinnen. Die Deutsche gewann zweimal den Weltmeistertitel sowie fünfmal den Europameistertitel. Neben Angerer wurden bislang zwei weitere deutsche Frauen zur Weltfußballerin des Jahres gekürt: Birgit Prinz dreimal in Folge zwischen 2003 und 2005 sowie Nadine Keßler im Jahr 2014.

14. Januar 1973
Die perfekte Saison der Miami Dolphins

Das hat es im American Football bislang nur einmal gegeben. Die Miami Dolphins krönten sich nicht nur zum Champion beim Super Bowl VII, sondern taten dies auch ungeschlagen im Saisonverlauf: 17 Spiele, 17 Siege. Im Vorjahr hatte das Team aus Florida noch das Spiel um den Super Bowl VI gegen die Dallas Cowboys verloren. Die Saison darauf marschierten die Miami Dolphins durch die National Football League (NFL) und schlossen ihre perfekte Saison mit einem 14:7 im Super Bowl gegen die Washington Redskins ab. In der regulären Saison gewannen die Dolphins alle ihre 14 Spiele. In den Play-offs folgten dann noch drei weitere Erfolge. Als die perfekte Saison vollendet war, sagte Dolphins-Spieler Jake Scott zu seinem Teamkollegen Dick Anderson. „Ich glaube, wir haben etwas Historisches erreicht." Recht hatte er. Die perfekte Saison konnte in der NFL bislang nicht wiederholt werden und ist sogar schwerer geworden, da es inzwischen 17 reguläre Saisonspiele gibt, dazu kommen noch drei Siege in den Play-offs. Es braucht mittlerweile also 20 Siege für eine perfekte Saison in der NFL. Die New England Patriots waren mit ihrem Star-Quarterback Tom Brady im Jahr 2008 kurz davor, eine perfekte Saison zu spielen. Nachdem die Patriots alle regulären Saisonspiele gewannen (zu diesem Zeitpunkt waren dies 16 Spiele), zog das Team mit zwei weiteren Erfolgen in den Super Bowl XLII ein. Dort unterlagen die Patriots schließlich als klarer Favorit gegen die New York Giants. Der legendäre „Helmet Catch" von einem New-York-Giants-Spieler kurz vor Schluss, gefangen von Wide Receiver David Tyree, verdarb den Patriots die perfekte Saison.

15. Januar 2012
Die Fehlschüsse von Magdalena Neuner

Solch ein Missgeschick passiert sogar den Besten. Als sich Biathletin Magdalena Neuner im Verfolgungsrennen über 10 Kilometer beim Weltcup in Nové Mesto (Tschechien) zum dritten Schießen bereit machte, lag sie klar in Führung. Neuner nahm ihr Gewehr und feuerte beim Stehendschießen bei leichtem Schneeregen zügig auf die Scheiben. Treffer, noch ein Treffer, dritter Treffer, vierter Treffer! Das Problem: Es waren die falschen Scheiben, nämlich nicht diejenigen auf Startbahn 1, auf der Neuner sich befand, sondern links daneben auf Startbahn 2. Crossfire nennen dies die Biathleten, wenn man auf die falschen Scheiben schießt. Nach dem vierten Treffer bemerkte Neuner ihr Malheur und feuerte den letzten Schuss auf die richtige Scheibe ebenfalls ins Ziel. Die 24-jährige Deutsche musste viermal in die Strafrunde. Der mögliche Sieg im Verfolgungsrennen war futsch. Beim vierten und letzten Schießen handelte sich Neuner noch drei weitere Strafrunden ein. Dennoch reichte es am Ende für Platz sieben, weil die Deutsche mit viel Wut im Bauch eine Energieleistung in der Loipe hinlegte. Was wohl möglich gewesen wäre, wenn es das Crossfire nicht gegeben hätte?! „Das ist mir noch nie passiert. Ich musste erst mal kurz heulen, ich gebe es ehrlich zu. Ich war so konzentriert, vielleicht zu konzentriert. Ich habe mich nur auf die Scheibe eingerichtet, den Blick stur nach vorne und einfach nicht geschaut, was für eine Zahl über der Scheibe drüber steht. Zum Glück reisen wir gleich nach Antholz weiter. Da freue ich mich auf hoffentlich gutes Wetter", sagte Neuner über ihren Fauxpas. Vier Tage später in Antholz (Italien) gab Neuner im nächsten Weltcuprennen die passende Antwort. Sie gewann das Sprintrennen über 7,5 Kilometer. Zwei Monate später, am 18. März 2012, beendete Neuner bereits im Alter von 25 Jahren ihre Karriere mit dem Gesamtsieg im Biathlon-Weltcup.

16. Januar 2022

Novak Djokovic wird nach
Einreisedrama aus Australien ausgewiesen

Diese Posse zog sich mit Vorlauf und Nachspiel insgesamt über mehrere Wochen hin. Novak Djokovic, der Weltranglistenerste im Tennis, wurde einen Tag vor Beginn der Australian Open aus Australien ausgewiesen. Der Grund: Djokovic reiste während der Corona-Pandemie ungeimpft nach Melbourne ein, hatte jedoch zuvor eine Ausnahmeregelung aufgrund einer überstandenen Corona-Erkrankung einige Wochen vorher vom Turnierveranstalter bekommen. Elf Tage zuvor wurde Djokovic von den australischen Behörden die Einreise verweigert. Der Serbe wurde lange verhört, da er fehlerhafte Angaben beim Visumantrag gemacht hatte. Kern des Konflikts war, dass die Ausnahmeregelung vom australischen Tennisverband und vom Bundesstaat Victoria, nicht aber von der australischen Bundesregierung stammte. Die Folge: Djokovic kam in ein Abschiebehotel und verbrachte dort einige Tage. Die Anwälte von Djokovic legten Berufung gegen den Visumentzug ein. Dem Einspruch wurde vom australischen Gericht stattgegeben. Djokovic kam frei und bereitete sich umgehend auf die Titelverteidigung bei den Australian Open vor. Nachdem es anschließend Ungereimtheiten um seine Corona-Erkrankung gab, erklärte der australische Einwanderungsminister Alex Hawke kraft seines Amtes Djokovics Visum für ungültig. Der erneute Visumentzug sei im öffentlichen Interesse, erklärte Hawke. Djokovics Anwälte legten erneut Einspruch ein. Das australische Bundesgericht wies Djokovics Einspruch dieses Mal ab, sodass er Australien einen Tag vor Turnierbeginn der Australian Open umgehend verlassen musste. Das Gericht folgte der Begründung der australischen Regierung. Sie hatte Djokovic als Gefahr für die australische Öffentlichkeit dargestellt, weil er zur Ikone der Impfgegner aufgestiegen sei und damit die Spaltung der Gesellschaft vorantreibe. Eigentlich hätte Djokovic nach dem Visumentzug einige Jahre nicht nach Australien einreisen dürfen, doch die australische Regierung hob die Einreisesperre Ende 2022 wieder auf. So reiste Djokovic wieder nach Australien und gewann ein Jahr nach dem Einreise-Drama zum zehnten Mal die Australian Open und stellte mit seinem 22. Grand-Slam-Titel den Rekord von Rafael Nadal ein.

17. Januar 2013 🚲
Das Dopinggeständnis von Lance Armstrong

Sieben Tour-de-France-Siege in Folge zwischen 1999 und 2005 nach einer überstandenen Krebserkrankung. Die Leistungen von Lance Armstrong im Radsport waren tatsächlich zu schön, um wahr zu sein. Nachdem die Beweislage immer erdrückender wurde, gab Armstrong in der weltbekannten US-Talkshow von Oprah Winfrey zu, dass er bei all seinen sieben Tour-de-France-Siegen gedopt war. Bei seinen Comeback-Jahren 2009 und 2010 soll er allerdings zu keinerlei verbotene Substanzen gegriffen haben. Sein Geständnis komme viel zu spät, räumte der US-Amerikaner ein. „Ich sehe die Lage als eine große Lüge. Die Wahrheit lautet anders, als alles, was ich gesagt habe", sagte Armstrong. Für ihn war Dopen so selbstverständlich wie „Reifen aufpumpen". Sein unbändiger Wunsch, zu siegen um jeden Preis, wurde zur Macke, zur Charakterschwäche. „Ich war ein arroganter Sack", sagte er und behauptete, dass es damals nicht möglich war, ohne Doping die Tour de France zu gewinnen. Armstrong wurden die sieben Tour-de-France-Siege aberkannt. Allerdings wurde in keinem Jahr dem Zweitplatzierten der Tour-Sieg nachträglich zugesprochen. Armstrongs langjähriger Rivale Jan Ullrich war in den Jahren 2000, 2001 und 2003 Zweiter hinter Armstrong, 2005 lag der Deutsche Andreas Klöden in der Gesamtwertung auf Platz zwei. „Ich sehe in den Mienen der Menschen den Zorn über den Verrat, den ich an ihnen begangen habe. Ich werde den Rest des Lebens mit dem Versuch zubringen, Vertrauen zurückzugewinnen und mich bei den Leuten zu entschuldigen", sagte Armstrong – der nach dem Dopinggeständnis auch seine Bronzemedaille bei den Olympischen Spielen 2000 in Sydney zurückgeben musste.

18. Januar 1991 🎾
Boris Becker siegt nach 5:11 Stunden im Glutofen von Melbourne

Boris Becker und der Italiener Omar Camporese gaben sich die Kugel in der dritten Runde der Australian Open 1991, und zwar 5:11 Stunden lang bei einer Temperatur von 40 Grad Celsius im Schatten. Es war bis dato das längste Tennismatch in der Turniergeschichte. Im Glutofen von Melbourne schien Becker das Match nach einer 2:0-Satzführung aus den Händen zu gleiten. Der fünfte Satz wurde dramatisch und dauerte über zwei Stunden. Becker breakte Camporese zum 11:10 und hatte anschließend drei Matchbälle am Stück. Doch der Italiener gab sich nicht geschlagen und schaffte mit fünf Punktgewinnen in Folge das Rebreak. Auch das nächste Break von Becker zum 12:11 konterte Camporese. Einen weiteren Aufschlagverlust zum 13:12 konnte der Italiener aber nicht egalisieren. Becker beendete das Match mit zwei Assen in Folge. „Ich habe keine Ahnung, wie ich es beendet habe. Ich nehme an, dass ich am Ende einen Schlag mehr als er gemacht habe. Es war ein tolles Match von beiden Spielern. Für mich war es eines meiner fünf besten Matches, in denen ich gespielt habe. Es hätte nicht enger sein können", sagte Becker im Anschluss. Für den Deutschen war der Hitzemarathon gegen Camporese ein Sieg mit Signalwirkung. Eine Woche später gewann er die Australian Open und wurde dadurch erstmals Nummer eins der Weltrangliste im Herrentennis. „Man stirbt tausend Tode. Wenn man mehr als fünf Stunden auf dem Platz steht, geht vieles in einem vor. Der Effekt ist, wenn man so ein Spiel gewinnt, dann hat man das Gefühl, nichts mehr zu verlieren. Dann spielt man freier. Und eine Woche später habe ich das Turnier gewonnen", blickte Becker auf das für ihn bedeutsame Match zurück.

19. Januar 1903
Die Tour de France wird geboren

Wenn es um den Radsport geht, dann fällt als Erstes ein Begriff: Tour de France. Die dreiwöchige Frankreich-Rundfahrt ist das Nonplusultra im Radsport und eines der größten Sportereignisse weltweit. Zahlreiche Dramen und überraschende Siege haben sich bei der Tour de France abgespielt, aber auch viele Dopingskandale und Todesfälle haben die Tour de France überschattet. Alles begann im Jahr 1903, als die Tour de France von der französischen Sportzeitung L'Auto, dem Vorgänger der heutigen Sporttageszeitung L'Equipe, ins Leben gerufen wurde. Das Ziel der Zeitung war es, der Konkurrenzzeitschrift Le Velo Leser abzugewinnen. Die Idee dafür: ein Etappenrennen für Radrennfahrer durch ganz Frankreich zu veranstalten. Am 19. Januar 1903 trat Henri Desgrange, Herausgeber von L'Auto, vor die französische Presse und verkündete, dass im Juli 1903 die erste Tour de France über die Bühne gehen würde. „Die größte Radprüfung der Welt, ein einmonatiges Rennen", sagte Desgrange. Die Resonanz hielt sich in Grenzen. Erst nachdem das Preisgeld signifikant erhöht wurde, nahm die Teilnehmerzahl zu. Am 1. Juli 1903 waren es schließlich 81 Fahrer, darunter 71 Franzosen, die bei der ersten Tour de France an den Start gingen. Allerdings erreichten nach sechs Etappen zwischen dem 1. und 19. Juli 1903 nur 21 Fahrer das Ziel. Es siegte der Franzose Maurice Garin. Trotz schleppenden Starts entwickelte sich die Tour de France zu einer sagenhaften Erfolgsgeschichte. Tour-de-France-Begründer Henri Desgrange übernahm auch die Rennleitung der Tour de France und behielt diesen Posten bis zu seinem Tod im Jahr 1940.

20. Januar 2018
Thomas Dreßen rast zum Sieg auf der Streif in Kitzbühel

Wenn nach dem berühmtesten und prestigeträchtigsten Skirennen auf der Welt gefragt wird, dann lautet die Antwort: die Abfahrt auf der Streif in Kitzbühel. Seit 1937 wird auf der *Streif*, der wohl schwierigsten Skipiste der Welt, gefahren. Streckenlänge: 3.312 Meter, durchschnittliche Neigung: 27 Prozent, Geschwindigkeiten von bis zu 140 Stundenkilometern. Wer hier gewinnt, steigt in den Olymp des Ski-Alpinsports auf. Über die Streif gibt es sogar eine Dokumentation: *Streif – one hell of a ride*. „Du wählst eine Linie – und dann geht's ums Überleben", erzählte Aksel Lund Svindal in der Dokumentation. Der Rekordsieger in der Abfahrt auf der Streif ist der Schweizer Didier Cuche mir vier regulären Abfahrtssiegen sowie einem in der Sprint-Abfahrt. „Da ist dieser Kick. Es ist das schönste Glücksgefühl, durch das Ziel zu fahren und eine so schwierige Aufgabe gemeistert zu haben. Diesen Mut haben nur wenige", sagte Cuche über die Piste, vor der sogar die routiniertesten Skifahrer gehörigen Respekt haben. Deutsche Abfahrtssieger auf der Streif gab es bislang nur vier: drei Männer und eine Frau. Bis 1961 fand auch eine Damen-Abfahrt auf der Streif statt, ehe sie aus Sicherheitsgründen verboten wurde. Sonja Sperl siegte im Jahr 1956 als einzige Frau aus Deutschland. Als Sepp Ferstl im Jahr 1979 die Streif im zweiten Jahr in Folge als Sieger hinunterfuhr, dauerte es eine gefühlte Ewigkeit, bis es wieder einen deutschen Streif-Sieger gab. 39 Jahre auf den Tag genau nach Ferstls zweitem Streif-Coup fuhr Thomas Dreßen das Rennen seines Lebens. Mit Startnummer 19 ging der 24-Jährige ins Rennen und überquerte nach 1:56,16 Minuten als bislang Schnellster die Ziellinie. „Wie geil", schrie Dreßen sein Glück nach seinem Fabellauf hinaus. Die

Führung gab der Deutsche bis zum letzten Fahrer nicht mehr ab und feierte seinen ersten Weltcupsieg – und das ausgerechnet beim berühmtesten Skirennen, bei dem er ein Jahr zuvor gestürzt war. „Ich kann es gar nicht glauben. Es war ein Kindheitstraum, einmal in Kitzbühel ins Ziel zu fahren und zu führen. Es ist nichts zu vergleichen mit Kitzbühel. Im Ziel konnte ich es gar nicht glauben, ich dachte, die wollen mich verarschen", freute sich Dreßen. Der Deutsche profitierte dabei von der guten Sicht, die er während seiner Fahrt hatte, während die früheren Startnummern mit schlechter Sicht zu kämpfen hatten. So hatte der Topfavorit auf den Sieg, der Österreicher Hannes Reichelt, am Vortag die Wahl zwischen den Startnummern 1 und 19. Reichelt wählte die 1 und fuhr bei schlechter Sicht letztendlich auf Platz drei, während sich Dreßen etwas später bei Sonnenschein seinen Kindheitstraum erfüllte. „Es ist einfach nur geil, es ist der Wahnsinn, das kann ich so sagen", jubelte Dreßen. „Gott sei Dank, dass ich jetzt mal abgelöst bin, das hältst du auf Dauer nicht aus. Jetzt ist endlich der Mythos Ferstl-Streif erledigt", freute sich Josef Ferstl, dass endlich mal wieder ein Deutscher auf der Streif in Kitzbühel triumphierte.

21. Januar 2001
Jutta Kleinschmidt gewinnt die Rallye Dakar

Dieser Sieg ist bislang einmalig. Der Motorsport wird weiterhin von Männern dominiert. Rennfahrerinnen sind immer noch die Ausnahme. Eine Pionierin auf diesem Gebiet ist Jutta Kleinschmidt. 2001 schrieb die damals 38-jährige Deutsche Motorsportgeschichte, indem sie die prestigeträchtige Rallye Dakar, das härteste Motorsportrennen der Welt, gewann. Nach 20 Etappen und insgesamt 70:42:06 Stunden Fahrtzeit war es vollbracht. Bei ihrer siebten Teilnahme an der Wüstenrallye bejubelte Kleinschmidt mit ihrem deutschen Beifahrer Andreas Schulz den Sieg im Mitsubishi Pajero Evolution. „Das kann man im ersten Moment gar nicht begreifen. Das ist schon ein tolles Gefühl", sagte sie nach dem Gewinn der Rallye Dakar. Bereits zwei Jahre zuvor hatte Kleinschmidt mit ihrer schwedischen Beifahrerin Tina Thörner für Aufmerksamkeit gesorgt, als sie in der Gesamtwertung auf den dritten Platz fuhr. Eine Frau als Rallye-Dakar-Siegerin hatte es bis dahin und seitdem nie wieder gegeben. Die deutsche Presse feierte Kleinschmidt als „Wüstenfüchsin". Dass sie mit ihrem Erfolg Sportgeschichte schrieb, interessierte die 38-Jährige nicht allzu sehr. „Die erste Frau zu sein, ist nicht das Wichtigste für mich. In erster Linie bin ich ein Fahrer. Ich fahre Rallyes, aber nicht gegen die Männer, nicht für die Frauen, sondern nur für mich selbst. Das alleine zählt", sagte Kleinschmidt. Ein Jahr später belegte die Deutsche bei der Rallye Dakar den zweiten Platz. 2007 fuhr Kleinschmidt ihre 13. und letzte Rallye Dakar.

22. Januar 1973
Der „Sunshine Showdown" zwischen George Foreman und Joe Frazier

Auf diesen WM-Kampf hatte die Boxwelt gewartet. In der jamaikanischen Hauptstadt Kingston traf Joe Frazier, der amtierende Schwergewichtsweltmeister in den Verbänden WBA und WBC, auf seinen Herausforderer George Foreman. Der Kampf ging als „Sunshine Showdown" in die Geschichtsbücher ein. Beide waren zu diesem Zeitpunkt noch unbesiegt. Foreman gewann alle seine 37 Kämpfe, Frazier seine 29 Duelle. Frazier, Kampfname „Smokin' Joe", wurde 1971 weltberühmt, indem er Muhammad Ali die erste Niederlage zufügte. In Kingston erlebte Frazier die wohl größte Demontage eines amtierenden Weltmeisters in der Boxgeschichte. Bereits in der ersten Runde schlug Foreman den Weltmeister dreimal zu Boden, der letztendlich nur durch die Ringglocke gerettet wurde. Nachdem Frazier in der zweiten Runde zum insgesamt sechsten Mal zu Boden ging, brach der Ringrichter den ungleichen Kampf schließlich ab. Foreman wurde dadurch zum ersten Mal Schwergewichtsweltmeister. Nicht nur für die gesamte Boxwelt, auch für Foreman, Kampfname „Big George", kam diese Demontage überraschend. „Wenn ich sage, dass ich zuversichtlich war, dass ich Joe Frazier schlagen könnte, würde ich lügen. Ich habe so hart trainiert wie nie zuvor, und ich hatte Rhythmus. Aber war ich zuversichtlich? Nein, war ich nicht. Ich hatte damals kein Selbstvertrauen", blickte Foreman auf den „Sunshine Showdown" zurück. Foreman zeigte sich vor allem beeindruckt von den Nehmerqualitäten Fraziers. „Die Leute reden oft darüber, wie Joe Frazier in diesem Kampf sechsmal niedergeschlagen wurde. Aber das Erstaunliche ist, dass er sechsmal aufgestanden ist. Ich habe so etwas noch nie gesehen", sagte Foreman, für den der „Sunshine Showdown" der Startschuss zu einer Weltkarriere war.

23. Januar 1983

Björn Borg verkündet Karriereende mit nur 26 Jahren

Diese Nachricht schockte die Tenniswelt. Die schwedische Zeitung *Kvallposten* veröffentlichte eine Geschichte, in der Borg seinen Rückzug vom Tennissport bekannt gab. „Ich kann nicht 100 Prozent geben. Und wenn ich das nicht tun kann, wäre es nicht fair mir selbst gegenüber, weiterzumachen. Tennis sollte Spaß machen, wenn du auf dem Weg an die Spitze bist. Ich fühle diesen aber nicht mehr. Deshalb höre ich auf", erklärte Borg, der zu diesem Zeitpunkt gerade einmal 26 Jahre alt war. „Es macht mir noch Spaß, ein einziges Match zu spielen, aber nicht mehr Spaß genug, ein ganzes Turnier durchzustehen. Da muss man in jedem Spiel an die Grenzen gehen, und das konnte ich nicht mehr. Ich fühlte mich so wenig motiviert, dass eine Niederlage mir nichts bedeutete. Aber das ist nicht mein Spiel", äußerte sich der Schwede weiter. Borg war ein knappes Jahrzehnt das Gesicht im Tennis und löste mit seinem Rock'n'Roll-Image einen weltweiten Boom des „weißen Sports" aus. Mit 24 Jahren hatte der kühle Schwede bereits elf Grand-Slam-Titel auf seinem Konto. Fünfmal in Folge gewann er in Wimbledon, sechsmal siegte er bei den French Open. Die Fans und Spielerkollegen waren geschockt und traurig über den frühen Rücktritt von Borg. Viele rechneten damit, dass der Schwede noch viele Jahre das Herrentennis dominieren würde. Mit dem Rückzug vom Profitennis meinte es Borg dann aber doch nicht ganz so ernst. Im März 1983 trat er zwei Monate nach seiner Rücktrittsäußerung in Monte Carlo an und schied in der zweiten Runde aus. Im Juli 1984 spielte Borg in Stuttgart – und verlor gleich in der ersten Runde. Das waren dann aber auch seine einzigen Turnierteilnahmen für viele Jahre. Borg wurde Geschäftsmann und war unter anderem Namensgeber für eine schwedische Kleidungs- und Parfümmarke. Im Alter von 34 Jahren versuchte sich Borg noch einmal an einem Comeback und scheiterte kläglich. Bei zwölf Turnieren verlor er jeweils immer in der ersten Runde. Durch sein hohes Alter und das Festhalten an seinem veralteten Holzschläger war er nicht mehr konkurrenzfähig und beendete schließlich 1993 endgültig seine Karriere.

24. Januar 2023
Pistenkönigin Mikaela Shiffrin krönt sich zur Rekordfahrerin

Dieser Sieg hatte historische Bedeutung für den Ski-Alpinsport. Mikaela Shiffrin ist die mit großem Abstand beste Fahrerin in den Disziplinen Slalom und Riesenslalom. Beim Riesenslalom am Kronplatz in Italien raste die 27-jährige US-Amerikanerin zu ihrem 83. Weltcupsieg. Damit krönte sich Shiffrin zur alleinigen Rekordhalterin bei den Damen. „Ich hatte ein bisschen Angst vor diesem Tag, weil ich fürchtete, dass meine Gefühle verrücktspielen würden. Es war einfach so toll, hier zu fahren. Die Bedingungen waren perfekt. Für mich ist es nach all den Jahren immer noch schwer zu glauben, dass ich als Führende meine mentale Stärke im zweiten Durchgang behalten kann. Das nehme ich nicht als selbstverständlich hin", jubelte sie über ihren Rekord. Zwei Wochen zuvor hatte Shiffrin in Kranjska Gora in Slowenien mit ihrem 82. Weltcupsieg den Rekord ihrer Landsfrau Lindsey Vonn eingestellt. „In meinen Augen ist sie die beste Skiläuferin, die je gelebt hat. Sie ist eine unglaubliche Sportlerin. Sie hat eine nahezu perfekte Slalomtechnik", sagte Vonn über Shiffrin. Während Shiffrin ihre Stärken in den technischen Disziplinen Slalom und Riesenslalom ausspielte, war Vonn in den Geschwindigkeitsdisziplinen Abfahrt und Super-G erfolgreich. Nachdem sie den Rekord an Weltcupsiegen bei den Damen gebrochen hatte, nahm Shiffrin den Allzeitrekord bei den Herren ins Visier. Die 86 Weltcupsiege von Ingemar Stenmark aus Schweden schienen in Stein gemeißelt zu sein, bis Shiffrin kam. Im März 2023 stellte Shiffrin den Uraltrekord von Stenmark zunächst ein und übertraf ihn dann auch noch.

25. Januar 1995
Der Kung-Fu-Tritt von Eric Cantona

Es gibt Fußballer, die eher mit Skandalen in Erinnerung geblieben sind als mit ihren Leistungen auf dem Platz. Der Franzose Eric Cantona gehört dazu. Beim Premier-League-Spiel zwischen Manchester United und Crystal Palace sorgte Cantona für eines der brutalsten Fouls der Fußballgeschichte – nicht an einem Gegenspieler, sondern an einem Zuschauer. Mit einem Kung-Fu-Tritt sprang Cantona in Richtung des Crystal-Palace-Fans Matthew Simmons, der ihn und seine Mutter zuvor beleidigt haben soll. Der Franzose flog wenige Momente davor mit einer Roten Karte vom Platz und wollte in Richtung Katakomben gehen, als beim Franzosen die Sicherungen durchbrannten. Cantona sprang ab und rammte seinen rechten Fuß in Richtung Brust des Crystal-Palace-Anhängers. Die Szenen vom Eklat gingen um die Welt und machten den ohnehin stets rebellierenden Cantona zum Bad Boy des Fußballs. Der 29-Jährige wurde wegen des Kung-Fu-Tritts vom englischen Verband und dem internationalen Fußballverband FIFA mit einer achtmonatigen Sperre belegt und entkam nur knapp einer zweiwöchigen Gefängnisstrafe. Nach seiner Sperre kehrte Cantona zu Manchester United zurück und beendete 1997 mit dem Titelgewinn in der Premier League seine Karriere. Den Kung-Fu-Tritt hat der Franzose nie bereut, stattdessen sei dieser der Höhepunkt seiner Laufbahn gewesen. „Ach, ich habe ihn gar nicht hart genug getroffen. Ich hätte viel fester zutreten müssen", erzählte Cantona und erklärte, dass diese Aktion auch für die Fans gewesen sei. „Für mich ist es das Wichtigste, dass ich in diesem Augenblick nur ich selbst war. Vielleicht träumen viele davon, diese Art von Menschen zu treten. Ich habe es für die Fans getan. Das gibt ihnen eine Art von Freiheit", lautete die eigenwillige Begründung von Cantona. Der Franzose hatte Glück, dass er nicht noch länger gesperrt wurde, da er während seiner Sperre bei einem Freundschaftsspiel ohne Zuschauer mitwirkte. „Es war nur ein Freundschaftsspiel, aber der Journalist saß oben in einem Baum und machte ein Foto. Unglücklicherweise fiel er nicht runter. Am nächsten Tag war es in der Zeitung und der englische Verband wollte mich noch länger sperren", sagte Cantona.

26. Januar 2020
Basketballlegende Kobe Bryant stirbt bei Helikopterabsturz

1.346 Spiele in der National Basketball Association (NBA), 33.634 erzielte Punkte, fünf NBA-Meisterschaftstitel mit den Los Angeles Lakers, zweimal Olympiasieger mit den USA, 81 erzielte Punkte in nur einem Spiel: Die 20-jährige sportliche Karriere von Kobe Bryant liest sich beeindruckend. Bryant, Spitzname „Black Mamba", hat Basketball in den 2000er-Jahren geprägt. Leider war das Leben von Bryant viel zu früh beendet, als es an einem Sonntagmorgen in der Nähe von Los Angeles zu einer Tragödie kam. Bryant war auf dem Weg mit dem Helikopter nach Thousand Oaks, einer Kleinstadt in Kalifornien, um mit seiner 13-jährigen Tochter Gianna ein Turnier in der nach ihm benannten *Mamba Sports Academy* zu besuchen. Der Helikopter stürzte bei nebligen Bedingungen in den Bergen nahe der kalifornischen Stadt Calabasas ab. Neben Kobe Bryant und Tochter Gianna starben sieben weitere Menschen. Der Schock in der Sportwelt war riesig. „Worte können meinen Schmerz nicht beschreiben. Ich habe Kobe geliebt – er war für mich wie ein kleiner Bruder. Wir haben oft miteinander gesprochen und ich werde diese Konversationen sehr vermissen", sagte Basketballlegende Michael Jordan. „Ich werde mich immer daran erinnern, wie ich nach Spielen nach Hause gekommen bin, um zu sehen, wie du das vierte Viertel dominierst. Du hast so viele rund um die Welt inspiriert, mich eingeschlossen. Du wirst immer vermisst werden. Du wirst immer in Erinnerung bleiben. Du wirst immer geliebt werden", sagte Dirk Nowitzki. Bryant spielte in seiner Karriere nur für die Los Angeles Lakers. In seinem letzten Spiel im Jahr 2016 erzielte er überragende 60 Punkte. „Wie viele Kinder können sagen, dass sie für ihr Lieblingsteam spielen und ihre ganze Karriere dort verbringen durften?", sagte Bryant zu seinem Karriereende. Seine Trikotnummern 8 und 24, die er bei den Los Angeles Lakers getragen hatte, werden nicht mehr vergeben.

27. Januar 1998
Karsten „Katze" Braasch vernascht die Williams-Schwestern im Mann-Frau-Vergleich

Dieses Ereignis hat Kultstatus in der Tennisszene. Am Rande der Australian Open 1998 ließ sich die damals 17-jährige Serena Williams zur Aussage hinreißen, dass sie Spieler in den Top 200 der Herren-Weltrangliste besiegen würde. Dies nahm Karsten Braasch, Spitzname „Katze", zum Anlass, die Herausforderung anzunehmen. Während des Grand-Slam-Turniers in Melbourne kam es zum Showdown zwischen Braasch, einem bekennenden Kettenraucher, und den Williams-Schwestern Venus und Serena. Braasch, zum damaligen Zeitpunkt die Nummer 203 der Welt, spielte zunächst einen Satz gegen Serena und dann einen gegen Venus. „Meine Trainingsvorbereitung beinhaltete eine gemütliche Runde Golf am Morgen, gefolgt von einigen Radlern. Ich tauchte auf dem Platz angemessen entspannt auf", sagte Braasch. Der Deutsche machte sich sogar das Handicap, zu Beginn des

Matches nur einen Aufschlag zu haben. „Ich fühlte mich so entspannt, dass ich mich nicht mal richtig aufgewärmt habe. Wir haben angefangen zu spielen und ich raste zu einer 5:0-Führung. Schließlich habe ich mein Match gegen Serena mit 6:1 gewonnen", erinnerte sich Braasch. „Es war sehr schwer. Ich hätte nicht gedacht, dass es so schwer wird. Ich habe Schläge gemacht, die auf der WTA-Tour Gewinnschläge gewesen wären, aber er hat sie einfach erreicht", sagte Serena nach der Niederlage. Nach der Niederlage von Serena versuchte Venus ihr Glück. „Das Match gegen Venus war sehr ähnlich. Es endete mit einem 6:2 für mich", sagte Braasch. Der Deutsche spielte nicht annähernd sein bestes Tennis, wie einige Beobachter berichteten. „Ich denke nicht, dass sie jemals einen Spieler in den Top 500 besiegen können, weil ich heute wie ein Typ, der auf Platz 600 notiert ist, gespielt habe", erzählte Braasch hinterher.

28. Januar 1991
Boris Becker wird erstmals Nummer eins der Weltrangliste

Auf diesen Tag hatte Boris Becker jahrelang hingearbeitet. Der Deutsche war endlich am Ziel. Erstmals listete die Tennis-Weltrangliste Becker auf Platz eins. Einen Tag zuvor hatte Becker seinen Traum wahr werden lassen, indem er das Finale bei den Australian Open 1991 gegen Ivan Lendl in vier Sätzen gewann. „Das ist ein unglaublicher Moment für mich. Ich kann nicht viel sagen, es tut mir leid", versuchte der sonst so redselige Becker bei der Siegerehrung Worte für seinen historischen Meilenstein zu finden. Direkt nach den Australian Open stand erstmals ein Deutscher im Herrentennis an der Spitze der offiziellen Weltrangliste. Für Becker war dies eine große Genugtuung, denn selbst in seinem erfolgreichsten Jahr, 1989, hatte er den Sprung auf Platz eins nicht geschafft. „Damals gab es so ähnlich wie im Boxen zwei Weltranglisten. Es gab die ITF-Weltrangliste, da war ich 1989 schon die Nummer eins mit den zwei Grand-Slam-Siegen und dem Davis-Cup-Sieg. Bei der ATP-Rangliste war ich es nicht. Damals gab es das System, je mehr Turniere man spielte, desto größer wurde der Teiler. Es war schlecht für einen, mehr Turniere zu spielen. Ich war damals jung und wollte mehr spielen", erklärte Becker im Jahr 2016 die damalige Weltranglisten-Arithmetik. Nach drei Wochen als Nummer eins wurde Becker schließlich abgelöst. Neun weitere Wochen als Weltranglistenerster folgten im Laufe des Jahres 1991. „Das war ein absoluter Höhepunkt. Letztendlich spielt es keine Rolle,, wann man die Nummer eins wird, wenn man sich das vorgenommen hat. Entscheidend ist, dass man es erreicht hat. Damals ging ein Traum in Erfüllung", blickte Becker 25 Jahre nach seinem Meilenstein zurück. Der 28. Januar hat besondere Bedeutung in der Karriere von Boris Becker. An diesem Tag wurde er nicht nur das erste Mal Nummer eins der Welt, fünf Jahre später, am 28. Januar 1996, gewann der Deutsche bei den Australian Open seinen sechsten und letzten Grand-Slam-Titel.

29. Januar 2012
Die perfekte 100 von Snowboardlegende Shaun White

Snowboard ist vergleichsweise eine junge Sportart. Kein anderer Sportler steht für den Aufstieg von Snowboard wie Shaun White. Der US-Amerikaner war bereits als Teenager der Superstar der Szene. Die *Winter X Games*, die seit 2002 stets in Aspen im US-Bundesstaat Colorado ausgetragen werden, haben den größten Stellenwert in der Snowboardszene. Und hier machte sich White unsterblich, indem er im Jahr 2012 als erster Snowboarder einen perfekten Lauf mit der Wertung 100 in den Schnee legte. Als White zu seinem zweiten Finallauf antrat, hatte er bereits die Goldmedaille in der Super Pipe, eine größere Version der herkömmlichen Half Pipe, sicher. Doch der US-Amerikaner wollte noch mehr: den perfekten Lauf. Er gelang ihm tatsächlich, obwohl er sich in den Tagen zuvor am linken Knöchel verletzt hatte. „Das ist surreal. Ich wollte diese 100 schon immer. Ich kam hierher wie auf einer Mission. Ich konnte nicht in der Slope Pipe teilnehmen, das hat mich niedergeschlagen. Ich saß herum mit meinem gekühlten Knöchel und habe mich gefragt, ob ich heute überhaupt teilnehmen kann. Ich habe diese Sorge und den Zorn, dass ich nicht beim Slope Pipe dabei sein konnte, in die Super Pipe übertragen", freute sich White. Der US-Amerikaner gewann insgesamt drei Goldmedaillen in der Half Pipe bei den Olympischen Winterspielen sowie 15-mal Gold bei den Winter X Games. „Ich war der Name des Sports. Ich war der Sport!", sagte White gewohnt forsch bei den Olympischen Winterspielen 2022 in Peking, als er das letzte Mal in der Half Pipe antrat.

30. Januar 2016

Angelique Kerber gewinnt die Australian Open und springt in den Yarra River

Viel fehlte nicht und Angelique Kerber wäre bei den Australian Open 2016 in der ersten Runde ausgeschieden. Die Deutsche hatte gegen die Japanerin Misaki Doi Matchball gegen sich und kam letztendlich doch noch weiter. Knapp zwei Wochen später durfte Kerber über den ganz großen Coup jubeln: den ersten Grand-Slam-Titel im Tennis, und das mit einem Finalsieg gegen die aktuelle Nummer eins der Welt. Kerber besiegte Serena Williams in einem hochklassigen Finale mit 6:4, 3:6, 6:4. „Mein Traum ist wahr geworden an diesem Abend. Dafür habe ich hart gearbeitet. Das waren die besten zwei Wochen meines Lebens", freute sich die Deutsche. Am nächsten Morgen löste Kerber ihre Wettschulden ein und sprang in den Yarra River in Melbourne. Die Deutsche hatte ihrem Trainer Torben Beltz zuvor versprochen, im Falle des Turniersiegs bei den Australian Open im Yarra River gegenüber der Tennisanlage im Melbourne Park zu baden. „Ich bin ein Grand-Slam-Champion, das klingt so verrückt. Dieser Moment wird für immer in meinem Kopf, in meinem Bauch und in meinem Herzen sein. So ein Gefühl hatte ich noch nie. In diesen zwei Wochen hat sich alles verändert. Jetzt will ich mehr gewinnen", sagte Kerber nach ihrem Coup. Und sie gewann auch mehr: zwei weitere Grand-Slam-Titel bei den US Open und in Wimbledon, Olympia-Silber und den Sprung auf Platz eins der Weltrangliste.

31. Januar 2016

Die deutschen „Bad Boys" werden sensationell Handball-Europameister

Dieser Titel kaum aus dem Nichts! Die deutsche Handball-Nationalmannschaft ging als klarer Außenseiter in die Europameisterschaft 2016 in Polen und jubelte am Ende über den zweiten EM-Titel nach 2004. Ohne sechs verletzte Stammspieler und mit dem jüngsten Team im Turnier spielten sich die selbsternannten „Bad Boys" in einen Rausch. Dabei begann das Turnier für das Team von Bundestrainer Dagur Sigurdsson mit einer erwarteten Niederlage gegen Spanien – 29:32.

Doch danach begeisterten die deutschen Handballer mit Spielwitz, Kampfgeist und einer überragenden Abwehr. Nach sechs Siegen zog das Team ins Finale ein. Der Gegner hieß wie im Auftaktspiel Spanien. Dieses Mal war es ein Spiel mit völlig unterschiedlichen Vorzeichen. Die deutsche Abwehr, allen voran Torhüter Andreas Wolff, brachte die Spanier zur Verzweiflung. 24:17 hieß es am Ende für Deutschland – EM-Titel! „Die Leistung heute war natürlich überragend, die Abwehr- und die Torhüterleistung. Dafür braucht man kein Bundestrainer zu sein, um das zu sehen. Ich bin überglücklich, überstolz und fassungslos! Man kann das fast nicht glauben", sagte Deutschlands isländischer Trainer Sigurdsson. So wenige Gegentore in einem EM-Finale hatte noch nie eine Mannschaft zugelassen. „Uns ist eine Euphorie überkommen, die uns zum Titel getragen hat. Kaum zu glauben, dass wir die jüngste Mannschaft des Turniers waren", sagte Torhüter Andreas Wolff, der im Endspiel 48 Prozent der Würfe parierte – eine Wahnsinnsquote!

FEBRUAR: PUNKTEREKORD UND OLYMPIA-EXOTEN

1. Februar 1995
Vorlagenkönig John Stockton bricht NBA-Rekord

Die beiden wohl besten Basketballspieler, die nie einen Titel in der National Basketball Association (NBA) gewonnen haben, sind sicherlich John Stockton und Karl Malone. Das Duo spielte jahrelang bei Utah Jazz groß auf: Stockton als Passgeber und Malone als Vollstrecker. Die beiden, Spitzname „Stockalone", hatten auch das Pech, in der Ära von Basketball-Legende Michael Jordan zu spielen. Dass Basketball ein Teamsport ist, bewiesen Stockton und Malone eindrucksvoll. Stockton setzte seine Mitspieler stets eindrucksvoll in Szene und ging in die NBA-Geschichte als Vorlagenkönig ein. Beim 129:89-Sieg von Utah Jazz gegen die Denver Nuggets setzte sich Stockton an die Spitze in der Statistik mit den meisten Vorlagen in der NBA in der regulären Saison. Der US-Amerikaner übertraf den Rekord von „Magic" Earvin Johnson, als er seine 9.992. Vorlage zu einem Korbtreffer gab, den passenderweise sein kongenialer Teamkollege Malone machte. Im Anschluss applaudierten die Zuschauer zahlreiche Minuten lang und würdigten den Rekord des neuen Vorlagenkönigs. „Meine Teamkollegen haben dafür gesorgt, dass der Rekord passiert. Es gab so viele unglaubliche Treffer, die ich nicht vergessen werde. Malone ist verantwortlich für so viele davon. Es passt, dass gerade er diesen Treffer versenkte", sagte Stockton über die Rekordvorlage. Der US-Amerikaner schraubte seinen eigenen Rekord in schwindelerregende Höhe und beendete seine Karriere mit 15.806 Vorlagen in der regulären Saison – mehr als 3.000 Vorlagen mehr als der Zweitplatzierte Jason Kidd.

2. Februar 2004

Roger Federer wird erstmals Nummer eins der Welt

Dieser Moment hatte sich lange Zeit vorher schon abgezeichnet. Nach dem Finaleinzug bei den Australian Open 2004 war klar, dass Roger Federer erstmals den Tennisthron besteigen würde. Der Schweizer löste einen Tag nach seinem ersten Titelgewinn in Melbourne Andy Roddick als Weltranglistenersten ab. „Was für ein fantastischer Start ins Jahr, die Australian Open zu gewinnen und die neue Nummer eins der Welt zu sein. Es ist mir sehr wichtig, meine Spitzenposition möglichst lange zu verteidigen. Dass ich jetzt noch mehr der Mann bin, den jeder schlagen will, ist klar. Als Nummer eins kann ich nicht weiter nach oben kommen, also muss ich mich fortan über Bestätigungen und Turniersiege freuen", kommentierte Federer. Gesagt, getan! Der Schweizer blieb 237 Wochen in Folge lang an der Spitze der Weltrangliste – einsamer Rekord bei Damen und Herren. Federer war für insgesamt 310 Wochen die Nummer eins der Welt. Der Nummer-eins-Rekord von Federer im Herrentennis schien für die Ewigkeit bestimmt zu sein. Doch im Laufe seiner Karriere verpasste es der Schweizer, durch unglückliche Niederlagen und weniger gespielte Turniere als die Konkurrenz, noch mehr Wochen als Nummer eins hinzuzufügen. Und so brach Novak Djokovic den Weltranglistenrekord von Federer und trieb diese Bestmarke in schwindelerregende Höhe. Den Rekord als älteste Nummer eins der Welt mit 36 Jahren und 320 Tagen hält Federer aber weiterhin.

3. Februar 2008

„Helmet Catch" verdirbt den
New England Patriots die perfekte Saison

Einer der spektakulärsten „Catches" in der Geschichte des American Footballs verdarb den New England Patriots um Star-Quarterback Tom Brady die perfekte NFL-Saison 2007/2008. Nachdem das Team von der Ostküste der USA in der regulären Saison alle 16 Saisonspiele gewonnen hatte, standen alle Zeichen darauf, dass die Patriots das zweite Team nach den Miami Dolphins im Jahr 1973 werden könnten, das eine gesamte Saison ohne Niederlage spielt. Nach zwei weiteren Erfolgen in den Play-offs zogen die Patriots in den Super Bowl XLII ein, in dem sie haushoher Favorit gegen die New York Giants waren. Als die Patriots 2:42 Minuten vor Schluss mit 14:10 in Führung gingen, lag die perfekte Saison bereits in der Luft. Als Giants-Quarterback Eli Manning beim dritten Versuch bei einer verbleibenden Spielzeit von 1:15 Minuten so sehr unter Druck gesetzt wurde, dass der sogenannte *Sack* unausweichlich schien, nahm die perfekte Saison der Patriots immer mehr Formen an. Doch Manning ging nicht zu Boden, befreite sich vom Druck und warf einen Pass auf Wide Receiver David Tyree, den dieser spektakulär mithilfe seines Helms fing. Der Fang ging als „Helmet Catch" in die Geschichtsbücher ein und verdarb den Patriots die perfekte Saison. Denn wenige Augenblicke später warf Manning den spielentscheidenden Touchdown zum Super-Bowl-Sieg der New York Giants. „Wir sind wahnsinnig enttäuscht. Es wird sehr schwierig, diese Niederlage in den kommenden Monaten zu verdauen. Ich muss dieses Spiel und die gesamte Saison jetzt erst einmal Revue passieren lassen. Wir waren so gut vorbereitet", sagte der tief enttäuschte Tom Brady über die verpasste historische Chance auf die perfekte Saison. Für Tyree, der eher im sogenannten *Special Team* als in der Offensive zum Einsatz kam, war der Super Bowl XLII das Spiel seines Lebens. Neben dem „Helmet Catch" erzielte er auch den ersten Touchdown der Giants. „Dieser Spielzug war von oben bis unten ein komplettes Wunder. Ich bin dankbar, Teil der Geschichte zu sein. Es ist einer der denkwürdigsten Spielzüge", erinnerte sich Tyree an seinen „Helmet Catch". Vier Jahre später trafen die Patriots und Giants erneut im Super Bowl aufeinander. Und wieder triumphierte Quarterback Eli Manning als Außenseiter mit den Giants.

4. Februar 2007
Deutsche Handball-Nationalmannschaft krönt „Wintermärchen" mit Weltmeistertitel

Nach dem „Sommermärchen" um die Fußball-Weltmeisterschaft 2006 in Deutschland folgte ein halbes Jahr später das „Wintermärchen" der deutschen Handball-Nationalmannschaft bei der Heim-Weltmeisterschaft. Für die Mannschaft von Bundestrainer Heiner Brand, die vor dem Turnier als klarer Außenseiter gehandelt wurde und auf viele Spieler verletzungsbedingt verzichten musste, wurde es ein Mammutprogramm mit zehn Spielen in 16 Tagen. Eine riesengroße

Handballeuphorie erfasste ganz Deutschland. Den passenden Song für die Handball-Weltmeisterschaft steuerte die Kölner Karnevalsband *Höhner* bei. Der Titel: *Wenn nicht jetzt, wann dann?* Als geschlossene Einheit erreichte das deutsche Team mit viel Kampfkraft und Spielwitz nach einigen Krimisiegen das Finale gegen Polen, gegen die man in der Vorrunde verloren hatte. Im Endspiel zeigte die Mannschaft die beste Turnierleistung und gewann mit 29:24 – der dritte WM-Titel für die deutschen Handballer nach 1938 und 1978. „Mir fehlen die Worte, ich weiß nicht, was ich sagen soll. Ich kann es noch gar nicht fassen. Ich habe vor drei Wochen nicht für möglich gehalten, dass so etwas passieren kann. Es wird dauern, bis ich das kapiere", sagte Bundestrainer Brand. „Ich musste 36 Jahre alt werden, um das zu erleben. Andere bei uns, die haben die Frechheit und nehmen das mit 23 schon mit. Das ist eigentlich eine Unverschämtheit", sagte Kapitän Markus Baur mit einem Augenzwinkern. Die Spieler feierten ausgelassen den WM-Titel mit Pappkronen auf dem Kopf sowie angeklebten Schnurrbärten als Hommage an Bundestrainer Brand, dessen Markenzeichen sein Schnauzbart ist. „Wir sind so nach vorne getragen worden, dass Teile der Mannschaft besser gespielt haben als jemals vorher oder nachher", blickte Brand später auf das „Wintermärchen" der deutschen Handballer zurück.

5. Februar 1999
Das NBA-Debüt von Dirk Nowitzki

Die deutschen Erwartungen an dieses Match in der National Basketball Association (NBA) waren riesig. Nur wenige Deutsche schaffen es in die beste Basketballliga der Welt. Für Dirk Nowitzki ging sein NBA-Traum im Jahr 1998 in Erfüllung, als er als 19-jähriger Zweitligaspieler des DJK Würzburg als neunter Spieler des Drafts von den Milwaukee Bucks verpflichtet, aber kurz darauf in einem Gegengeschäft an die Dallas Mavericks transferiert wurde. Auf sein erstes NBA-Spiel musste Nowitzki warten, denn die NBA-Saison 1998/1999 startete wegen eines Spielerstreiks erst drei Monate später als üblich. Nowitzkis Debüt in der NBA fand ausgerechnet bei den Seattle SuperSonics statt, bei denen der Deutsche Detlef Schrempf zum Superstar avancierte. An seinen ersten Einsatz bei den Dallas Mavericks hat Nowitzki keine guten Erinnerungen. Ihm gelang in der Partie kaum etwas, bloß zwei Freiwürfe verwandelte er. Die Dallas Mavericks unterlagen den

Seattle SuperSonics mit 88:92. „Es gab einen Hype, da waren überall deutsche Medien. Ich war vor Ehrfurcht erstarrt. Es war eines der schlechtesten Spiele meiner Karriere", sagte Nowitzki im Rückblick auf sein NBA-Debüt. Sein deutscher Kollege Schrempf bot ihm nach dem Spiel seine Hilfe an, um sich in der NBA zurechtzufinden. „Das war auch eine tolle Erfahrung: Detlef hat mir nach dem Spiel seine Nummer gegeben, ich habe seine Familie treffen können", erinnerte sich Nowitzki. Nach dem „schlechtesten Spiel meiner Karriere" bestritt „Dirkules" 1.521 weitere Partien für die Dallas Mavericks. Aus dem deutschen Nobody entwickelte sich das „German Wunderkind".

6. Februar 2002
Der FC St. Pauli wird zum Weltpokalsiegerbesieger

Wenn es darum geht, den kultigsten Fußballclub in Deutschland zu küren, dann werden viele als Antwort FC St. Pauli geben. Einer der unvergesslichsten Momente in der Historie der Kiez-Kicker aus Hamburg ereignete sich am 21. Spieltag in der Bundesligasaison 2001/2002. An einem Mittwochabend in St. Pauli empfing der Tabellenletzte den amtierenden Champions-League-Sieger FC Bayern München. Die Bayern gewannen zwei Monate zuvor auch den Weltpokal mit einem Sieg über den Südamerika-Meister Boca Juniors. Für die meisten Spieler von St. Pauli wurde dies zum Spiel ihres Lebens. 20.735 Zuschauer am Millerntor erlebten, wie ihre Jungs Fußballgeschichte schrieben. St. Pauli spielte den FC Bayern in der ersten Halbzeit an die Wand und kreierte Großchancen im Überfluss. Mit der 2:0-Führung durch Tore von Thomas Meggle und Nico Patschinski waren die Bayern zur Pause noch gut bedient. Kurz vor Schluss traf Willy Sagnol für den Weltpokalsieger zum 1:2. Nach dem Abpfiff glich das Hamburger Millerntor einem Tollhaus. „Dieses Spiel ist eines der schönsten meines Lebens. Wir waren heute einfach siegesgeiler als die Bayern. Jeder von uns hat sein Herz in die Hand genommen und sich diesen Triumph verdient", jubelte St. Paulis Kapitän Holger Stanislawski. Auch Stürmer Marcel Rath war nach der Sensation voller Euphorie. „Wir haben heute Geschichte geschrieben – das ist der blanke Wahnsinn. Geil, geil, geil", jubelte er. Nach dem heroischen Sieg gegen den FC Bayern München gelang dem FC St. Pauli ein Marketingcoup. Der Verein brachte in Anlehnung an die Vereinsfarben braune T-Shirts mit dem Vereinslogo sowie dem Slogan „Weltpokalsiegerbesieger" und dem Jahr 2002 auf den Markt. Die Nachfrage nach den T-Shirts war dermaßen riesig, dass die erste Auflage mit 400 Exemplaren in Windeseile vergriffen war. In zehn Jahren hatten sich die Weltpokalsiegerbesieger-Shirts mehr als 100.000-mal verkauft. Obwohl St. Pauli in jener Bundesligasaison anschließend als Tabellenletzter abstieg, überstrahlte dieser magische Abend alles. Der Slogan „Weltpokalsiegerbesieger" entwickelte sich zum Kulturgut im deutschen Fußball. „Es gibt so kleine Abschnitte im Leben eines Sportlers, die bleiben einfach. Und das ist ein Spiel, das bleibt für einen St. Paulianer", erinnerte sich Stanislawski gegenüber dem *NDR*.

7. Februar 2023
LeBron James bricht den Punkterekord in der NBA

Dieser Rekord schien für die Ewigkeit bestimmt zu sein. Bis er kam: LeBron James, Spitzname „King James". Zahlreiche Basketballlegenden, darunter Michael Jordan und Kobe Bryant, haben sich am Punkterekord von Kareem Abdul-Jabbar die Zähne ausgebissen. 38.387 Punkte in der regulären Saison erzielte Abdul-Jabbar in seiner Karriere in der National Basketball Association (NBA). Knapp 39 Jahre hielt sein Rekord. LeBron James kam bereits nach dem Abschluss an der Highschool in die NBA. Ungewöhnlich damals, da die meisten NBA-Profis aus den USA erst nach dem College in die NBA wechseln. Der Siegeszug von James begann 2003 bei den Cleveland Cavaliers, als er am 29. Oktober 2003 mit einem Sprungwurf aus fünf Metern seine ersten Punkte erzielte. Nach sieben Jahren in Cleveland zog es ihn weiter zu den Miami Heat, danach führte sein Weg zurück zu den Cleveland Cavaliers und machte die nächste Station bei den Los Angeles Lakers. Mit allen Teams gewann James den NBA-Titel, mit allen Teams wurde er der wertvollste Spieler in den Finalspielen. Den Punkterekord von Abdul-Jabbar in der regulären Saison jagte James verbissen hinterher. Den Rekord für die meisten Punkte allgemein inklusive Play-off-Spiele hatte der US-Amerikaner längst einkassiert. Doch der Rekord für die meisten Punkte in der regulären Saison ist in den USA eine viel größere Sache, da er auch besser zu vergleichen ist. In seinem 1.410. NBA-Spiel war es dann endlich so weit. Der 38-Jährige schrieb im Trikot der Los Angeles Lakers Basketballgeschichte, indem ihm ein sehenswerter Zwei-Punkte-Wurf gelang, um den Rekord zu brechen. Die Arena in Los Angeles explodierte. Fast alle Zuschauer hatten bereits vorher ihr Mobiltelefon gezückt, um diesen sporthistorischen Moment festzuhalten. Das Spiel wurde für 15 Minuten unterbrochen, um den Rekord von James zu ehren. Auch Kareem Abdul-Jabbar war anwesend, um seinem Nachfolger zu gratulieren. „LeBron hat dieses Spiel von Anfang an dominiert. Er macht das seit fast 20 Jahren. Man muss ihm Respekt zollen, wie er dominiert und wie er seine Teams zu Meisterschaften geführt hat", sagte Abdul-Jabbar. James sagte bei der Zeremonie mit tränenreicher Stimme: „In der Gegenwart von jemandem so Einzigartigen wie Kareem zu sein, ist herausragend. Bitte einen Applaus für den Captain. Applaus auch für meine Mutter, meine Frau, meine Kinder. Ich wäre nicht ich ohne eure Hilfe. Ich hätte mir das in Millionen Jahren niemals erträumen können." Angesprochen darauf, ob das Brechen des Punkterekords ihn noch zum besten Basketballspieler der Geschichte machte, sagte James: „Jeder hat seinen Favoriten, jeder entscheidet das für sich selbst. Ich weiß, was ich gebracht habe, und ich habe das Gefühl, dass ich der Beste bin, der dieses Spiel je gespielt hat. Aber es gibt so viele großartige Spieler, und ich bin froh, dass ich Teil des Ganzen bin." Die Zahlen, bis auf die Anzahl der NBA-Titel und die Auszeichnungen als wertvollster Spieler der Saison, sprechen für James. Was herausragend ist: Obwohl James ein Punktejäger ist, steht er in der Liste mit den meisten Vorlagen in der NBA auf Platz vier – eine überragende Leistung. „Ich bin von Natur aus eigentlich kein Scorer. Ich liebe es eigentlich mehr, meine Mitspieler in Szene zu setzen", sagt James über sich selbst. Einen großen Traum hat James noch. Er möchte so lange in der NBA weiterspielen, bis er mit seinem Sohn Bronny zusammenspielt.

8. Februar 1976
Rosi Mittermaier wird zur „Gold-Rosi"

1976 war ihr Jahr – ein neuer deutscher Superstar des Sports wurde geboren. Bei den Olympischen Winterspielen 1976 in Innsbruck wurde aus Skifahrerin Rosa Katharina Mittermaier die „Gold-Rosi". Ihre Paradedisziplin war der Slalom. Ein Abfahrtsrennen hatte die 25-jährige Deutsche bis zu diesem Zeitpunkt noch nicht gewonnen. Der Fokus beim Abfahrtsrennen lag mehr auf ihrer drei Jahre jüngeren Schwester Evi, die zwei Monate zuvor ihren ersten Weltcupsieg in der Abfahrt holte. Rosi Mittermaier gelang in Innsbruck der Lauf ihres Lebens. Mit mehr als einer halben Sekunde Vorsprung raste sie zur Goldmedaille in der Abfahrt. In den Tagen darauf folgten der Olympiasieg im Slalom und die Silbermedaille im Riesenslalom, dazu auch noch der Sieg in der Kombination (bestehend aus Abfahrt und Slalom), die nicht als olympisches Rennen, sondern als Weltmeisterschaft gewertet wurde. Die Presse taufte die Bayerin in „Gold-Rosi" um. Ihr Charisma mit ihrer fröhlichen und bescheidenen Art machte aus ihr einen Superstar, dem die Herzen zuflogen. „Zu Hause war die Hölle los. In vier Wochen hat die Post, die hat das gezählt, um die 20.000 Briefe gebracht. Das war ein ganzes Zimmer voller Päckchen und Briefe auf der Winkelmoosalm. Um unser Haus ist kein Gras mehr gewachsen, weil so viele Leute kamen. Die Fotografen sind ins Haus gestürzt und haben die Fotoalben durchstöbert", blicke Mittermaier im Interview mit dem *Donaukurier* zurück. Mittermaier gewann 1976 zudem als erste Deutsche den Gesamtweltcup im Ski alpin. Auf dem Höhepunkt ihrer Karriere hörte sie auf, blieb aber danach weiterhin ein Werbestar. „Man hat ja damals noch nichts verdient, man war Amateur. Dann gab es die Chance, dass ich mir eine Existenz aufbauen konnte. Und ich hätte wahrscheinlich auch gar keine Ruhe mehr gehabt, um zu trainieren. Außerdem hätte ich nicht mehr gewinnen können: Ich hatte den Weltcup und die olympischen Medaillen – mehr gibt es nicht", begründete sie diesen Schritt im Rückblick. Sie heiratete den Skifahrer Christian Neureuther. Die beiden wurden das Vorzeigepaar des deutschen Sports. Ihr Sohn Felix entwickelte sich als Skifahrer später ebenfalls zum deutschen Sportstar. Am 4. Januar 2023 starb Mittermaier im Alter von 72 Jahren nach einer schweren Erkrankung.

9. Februar 1998
Georg Hackl rodelt sich endgültig zur Legende

Wenn es ums Rennrodeln geht, dann fällt als Allererstes sein Name: Georg Hackl, liebevoll „Hackl Schorsch" genannt. Bei den Olympischen Winterspielen 1998 in Nagano rodelte der 31-Jährige in einer eigenen Liga und sicherte sich nach 1992 in Albertville und 1994 in Lillehammer die dritte Goldmedaille in Folge. In jedem der vier Läufe gelang Hackl die Bestzeit, obwohl der Deutsche beim Start nie zu den schnellsten Rodlern zählte. Im Eiskanal glänzte der Bayer, den man gerne auch als „rasende Weißwurst" bezeichnete, mit seinem Fahrgefühl und deklassierte letztendlich die Konkurrenz. Was Hackl auszeichnete, war seine Besessenheit, seinen Schlitten immer schneller zu machen. In zahlreichen Stunden arbeitete er daran, die Kufen seines Rennschlittens zu schleifen. „Manche schrauben an ihrem Auto, ich an meinem Schlitten. Mit dem Unterschied, dass ich den Schlitten selbst baue und die sich ihr Auto irgendwann gekauft haben. Es ist jedenfalls ein gutes Gefühl, im Rennen mit dem Schlitten unterwegs zu sein, den man selbst entworfen hat", sagte Hackl einst dem *Spiegel*. Die Detailarbeit im Vorfeld der Olympischen Winterspiele 1998 in Nagano zahlte sich vollkommen aus. „Es ist ein unglaubliches Gefühl", sagte Hack nach seinem dritten Olympiagold. Sein Erfolgsgeheimnis in Nagano? „Flach auf dem Bauch liegen, ein schneller Schlitten und ein geheimes Wachs", sagte er mit einem Lachen. Nach dem Gewinn seiner dritten Goldmedaille wurde der „Hackl Schorsch" im Jahr 1998 zu Deutschlands Sportler des Jahres gewählt. Hackl gewann zusätzlich noch zwei Silbermedaillen bei den Olympischen Winterspielen 1988 und 2002. Seine schlagfertige Art stets mit einem lockeren Spruch auf den Lippen machte Hackl zu einem der populärsten Sportler in Deutschland.

10. Februar 2022
Natalie Geisenberger rodelt sich zur erfolgreichsten deutschen Winterolympionikin

Was Georg Hackl im Rodeln für die Männer ist, das ist Natalie Geisenberger bei den Frauen: eine olympische Ikone. Bei den Olympischen Winterspielen 2022 in Peking rodelte sich Geisenberger zur erfolgreichsten deutschen Sportlerin bei Olympischen Winterspielen. Die Erfolgsgeschichte begann 2010 in Vancouver, als die Deutsche die Bronzemedaille errang. Es folgten die Olympiasiege 2014 in Sotchi und 2018 in Pyeongchang jeweils im Einzel und in der Teamstaffel. In Peking gehörte Geisenberger nicht zu den absoluten Favoritinnen auf die Goldmedaille, zuvor dachte sie sogar wegen der schwierigen Verhältnisse während der Corona-Pandemie in China an einen Olympiaverzicht. Doch Geisenberger trat an und rodelte sich zunächst zu ihrem dritten olympischen Einzel-Gold in Serie und dann auch mit ihren Rodelkollegen Johannes Ludwig sowie Tobias Arlt und Tobias Wendl zum Olympiasieg in der Teamstaffel. Mit sechs Goldmedaillen und einer Bronzemedaille ist Geisenberger seitdem die erfolgreichste Deutsche bei

Olympischen Winterspielen. Dank der Erfolge in Peking überflügelte sie die Eisschnellläuferin Claudia Pechstein. „Es ist schon cool, aber für mich ist das gar nicht so wichtig, ob es schon mal jemanden gab, der so erfolgreich ist wie ich. Vielleicht kommt das irgendwann, wenn ich älter bin", sagte Geisenberger über ihren olympischen Rekord.

11. Februar 1990
Mike Tyson verliert Nimbus der Unbesiegbarkeit

Diese Niederlage schockte die Boxwelt. Der als unschlagbar geltende Mike Tyson verlor alle seine drei WM-Titel gegen einen Nobody. Im Alter von 20 Jahren schlug sich Tyson zum jüngsten Weltmeister im Schwergewicht. Es folgten neun erfolgreiche Kämpfe, in denen der US-Amerikaner mit dem Kampfnamen „Iron Mike" nicht nur seine Titel im Verband WBC verteidigte, sondern auch die Titel in den Verbänden WBA und IBF gewann. Dann kam der Kampf gegen seinen Landsmann James Douglas, der nicht nur Tyson, sondern auch die Boxszene überraschte. Alle rechneten mit einem schnellen K.-o.-Sieg von Tyson, der in seinen vorherigen 37 Profikämpfen 33 davon durch K. o. gewonnen hatte. Doch Douglas, Kampfname „Buster", hielt voll dagegen. Es hätte alles anders kommen können. Tyson schlug Douglas kurz vor Ende der achten Runde zu Boden, doch der Gong rettete den Herausforderer vor der Niederlage. Zwei Runden später drehte Douglas voll auf, brachte Tyson ins Taumeln und schickte ihn schließlich auf die Matte. Tyson konnte nicht mehr rechtzeitig aufstehen. Seine WM-Titel und der Nimbus der Unbesiegbarkeit waren futsch. Don King, Tysons umtriebiger Manager, legte jedoch Protest gegen die Wertung ein, da der Ringrichter zu spät mit dem Zählen begonnen haben soll, als Douglas in der achten Runde zu Boden ging. Während der Verband WBC zunächst darüber nachdachte, den Kampf nicht zu werten, bestanden die Verbände WBA und IBF auf der regulären Wertung des Kampfs. Für Douglas war es seine persönliche Sternstunde. „Erst ein rechter Uppercut, dann eine Rechte, Linke, Rechte und noch eine Linke, und Mike Tyson lag am Boden. Als ich sah, wie er seinen Mundschutz suchte, wusste ich, dass ich ihn richtig getroffen hatte. Das war meine Nacht, die größte Sensation der Boxgeschichte, im Sport überhaupt, war perfekt", sagte er der *Welt am Sonntag*. Douglas verlor in seinem nächsten Kampf gegen Evander Holyfield die drei WM-Gürtel. Zu einem

Rematch mit Tyson kam es nie. „Die Niederlage hat ihn gebrochen, nahm ihm den Nimbus der Unbesiegbarkeit. Er glaubte, keiner könne ihn auch nur ansatzweise gefährden. Doch dann geschieht das Unvorstellbare, er geht K. o., liegt am Boden, dieses Tier, diese Kampfmaschine, die seine bisherigen Gegner wie ein Bulldozer plattgemacht hatte. Aus Tyson wurde danach ein anderer Mensch. Sein Leben in der Hölle begann", sagte Douglas der *Welt am Sonntag*.

12. Februar 1998
Philip Boit: Der erste Afrikaner bei Olympischen Winterspielen

Den Reiz von Olympia macht nicht nur die Jagd auf Gold, Silber und Bronze und die Emotionen, die damit verbunden sind, aus. Es sind vor allem die Gute-Laune-Geschichten, die einem ein großes Lächeln ins Gesicht zaubern. Bis zu den Olympischen Winterspielen 1998 in Nagano hatte noch kein Afrikaner an Winterspielen teilgenommen – bis er kam. Philip Boit sorgte in Nagano für die schönste Olympiageschichte. Boit ist ein starker Mittelstreckenläufer in der Leichtathletik. Er eiferte seinem Onkel Mike nach, der über die 800-Meter-Distanz bei den Olympischen Sommerspielen 1972 in München Bronze gewann. Boit lief die 800 Meter ebenfalls in einer Zeit, die in den meisten Ländern zur Olympiateilnahme gereicht hätte. Das Problem: Er stammt aus dem Läuferland Kenia, in dem die Konkurrenz riesig ist. Seinen Olympiatraum wollte er nicht aufgeben. Es müsste doch eine weitere Sportart geben, bei dem sein Ausdauertalent von Vorteil sein könnte? Und die gab es: Skilanglauf. Boit wurde aufmerksam auf eine Kampagne von Sportartikelhersteller Nike, der Kenianer für den Skilanglauf suchte. Boit war der ideale Mann für dieses Projekt. Und so reiste der Kenianer im Jahr 1996 nach Finnland, um das Skilaufen zu lernen. Schnee hatte Boit bis dahin noch nie gesehen. „Ich bin auf meinen Trainer zugestürzt und wollte wissen: ‚Was ist hier los?' Und der hat geantwortet: ‚Beruhige dich, Philip, das ist nur Schnee'", sagte er über seine erste Begegnung mit dem Schnee. Nun wurde der Schnee zum treuen Begleiter. Boit quälte sich für seinen Olympiatraum – mit Erfolg. Er qualifizierte sich für die Olympischen Winterspiele 1998 in Nagano. Als der Kenianer über 10 Kilometer im klassischen Stil an den Start ging, schrieb er Sportgeschichte: der erste Afrikaner bei Olympischen Winterspielen. Das Ergebnis war nur Nebensache: Nach 47 Minuten und 25 Sekunden kam Boit im Ziel an, 20 Minuten langsamer als Olympiasieger Björn Daehlie. „Sie haben geschrien: ‚Go Kenia, go Philip.' Es war so, als ob ich eine Medaille gewonnen habe, auch wenn ich Letzter wurde", sagte Boit über seinen olympischen Moment. Daehlie zeigte sich beeindruckt von Boits Mission. Der Norweger zögerte die Medaillenzeremonie hinaus und wartete im Ziel auf den olympischen Exoten, um ihm seine Bewunderung auszudrücken. Es war der Beginn einer engen Freundschaft zwischen dem erfolgreichsten Langläufer der Geschichte und dem 26-jährigen Kenianer, der seinen Traum erfolgreich lebte. Wenig später kam Boits erstes Kind zur Welt. Er gab ihm den Vornamen Daehlie. Als Daehlie seinen neuen Freund im Ziel begrüßte, soll dieser laut Daehlie zu ihm gesagt haben: „Bei den nächsten Olympischen Spielen in Salt Lake City werde ich dich schlagen." Boit blieb dem Skilanglauf treu, startete auch bei den Olympischen Winterspielen 2002 in Salt Lake City und 2006 in Turin und beendete bei der Weltmeisterschaft in Oslo seine Karriere – in den Armen von Björn Daehlie.

13. Februar 1998
Hermann Maier wird nach Horrorsturz zum „Herminator"

Der Atem stockte, als Hermann Maier an jenem 13. Februar bei den Olympischen Winterspielen 1998 in Nagano im Abfahrtsrennen beim Ski alpin 40 Meter durch die Luft segelte, auf die Skipiste knallte und durch die Fangzäune nach mehrfachen Überschlägen im Tiefschnee landete. Nach 18 Sekunden und einem der fürchterlichsten Stürze der Olympiageschichte war der Goldtraum des Österreichers futsch. Maier hatte bis dahin die Weltcupsaison dominiert. Der Olympiasieg in der Abfahrt, seinem ersten olympischen Rennen überhaupt, sollte die logische Folge sein. Nach dem Horrorsturz ging der bange Blick in Richtung Maier. Wie durch ein Wunder hatte er sich nicht schwer verletzt, sondern sich nur leichte Blutergüsse und Prellungen an Knie und Schulter zugezogen. „Ich wollte das Rennen unter allen Umständen gewinnen. Ich war so gierig danach, vor allem, weil ich die ganze Saison schon dominiert habe. Olympische Spiele sind für einen Sportler das Größte. Ich habe irrsinnig beschleunigt und mir gedacht, dass ich noch enger fahren möchte als im Training. Ich bin hin zu diesem Tor und in der Rechtskurve rutschte mir der linke Ski weg. Ich versuchte, mich mit dem rechten Fuß abzustützen. Aber es gab dann einen Trampolineffekt", blickte Maier im Jahr

2010 auf seinen Sturz zurück. Als der Sturz noch frisch war, sagte der Österreicher. „Es geht mir nicht so gut. Wenn ich jetzt noch Gold gewinne, bin ich unsterblich." Und tatsächlich kam es zum Wunder. Drei Tage später siegte Maier in dominanter Weise im Super-G-Rennen. Olympiasieg nach dem Horrorsturz: Aus Hermann Maier wurde der „Herminator", in Anlehnung an seinen österreichischen Landsmann Arnold Schwarzenegger, der durch seine Rolle des Terminators zum Filmstar aufstieg. Der Spitzname „Herminator" sollte Maier fortan begleiten.

Beim Olympiasieg im Super-G kam Maier zugute, dass das Rennen, das einen Tag nach seinem Sturz hätte stattfinden sollen, zweimal wegen Nebels auf den nächsten Tag verschoben wurde. Nach der Goldmedaille im Super-G holte sich Maier auch den Olympiasieg im Riesenslalom. Danach war er endgültig das Gesicht der Olympischen Winterspiele in Nagano. „Ich war wohl zu schnell für die Kurve. Ich stieg hoch und dachte mir, das ist nicht wie bei United Airlines", scherzte Maier später über seinen Horrorsturz. Die Legende des „Herminators" schrieb dann noch ein weiteres Kapitel. Nach einem schweren Motorradunfall im Sommer 2001 zog er sich einen Unterschenkelbruch zu. Es drohte sogar die Beinamputation. Maier verpasste zwar die Olympischen Winterspiele 2002 in Salt Lake City, kehrte aber wieder in den Skizirkus zurück und gewann 2004 zum vierten und letzten Mal den Gesamtweltcup.

14. Februar 1988
„Eddie, the Eagle" fliegt in die Herzen der Fans

Es ist eine der schönsten Wohlfühlgeschichten der Olympischen Spiele. Bei den Winterspielen 1988 in Calgary erfüllte sich Michael Edwards seinen Lebenstraum von der Olympiateilnahme. „Als ich acht, neun Jahre alt war, habe ich erstmals bewusst die Olympischen Spiele im Fernsehen gesehen und dachte: ‚Wow! Es muss großartig sein, für sein Land an so etwas teilzunehmen.' Das wollte ich auch. Wie auch immer", sagte Edwards. Bloß in welcher Sportart? Als Edwards die Vierschanzentournee 1985/1986 im Fernsehen verfolgte, war er Feuer und Flamme. Skispringen, das soll es für ihn sein, zumal es keinen Briten gab, der diese Sportart betrieb. Er suchte sich professionelle Hilfe, um das Skispringen zu erlernen. Und tatsächlich, es klappte! Edwards nahm 1987 an der Weltmeisterschaft in Oberstdorf teil. Zwar wurde Edwards abgeschlagen Letzter in der Konkurrenz, doch seine 73,5 Meter brachten ihm nicht nur den britischen Rekord, sondern auch die Olympiateilnahme ein Jahr später in Calgary. Der Hype um den Skisprung-Exoten Edwards nahm immer mehr zu. Er bekam den Spitznamen „Eddie, the Eagle" verpasst. Auf der Startrampe konnte man den fliegenden Adler schon von Weitem erkennen. Denn Edwards trug aufgrund seiner starken Weitsichtigkeit dicke Brillengläser, die ihm das Springen erschwerten, da die Brillengläser häufig beschlugen. Am Valentinstag bei den Olympischen Winterspielen in Calgary hatte Edwards dann seinen großen Moment, von dem er als Kind immer geträumt hatte: Olympia. Sein Motto: Dabei sein ist alles! Edwards flog auf der Normalschanze zweimal 55 Meter weit und belegte damit abgeschlagen den 58. und letzten Platz. Doch die Herzen der Fans hatte „Eddie, the Eagle" mit seinem Auftritt für sich gewonnen. Auch auf der Großschanze belegte der Brite den letzten Platz. Edwards avancierte dennoch zum Medienstar. „Woran ich mich erinnere? An die Menschenmassen, die mir zugejubelt haben. An den Mut, den ich aufbringen musste, um von den Schanzen zu springen. Und dass ich mich wie ein David gegen Goliath gefühlt habe. Der kleine Engländer, der gegen die großen Skinationen antritt. Das werde ich sicher nie vergessen. Und dass ich wahrscheinlich der Einzige war, der das olympische Motto dort richtig gelebt hat: ‚Dabei sein ist alles!' Alle anderen wollten unbedingt Medaillen. Mir hat es genügt, dass ich dabei sein durfte", sagte Edwards rückblickend zu seinem Olympiamoment. Seine Karriere als Skispringer endete abrupt, als er sich 1989 bei einem Sprung das Schlüsselbein brach. Zwar wollte Edwards weitermachen mit dem Skispringen und unbedingt noch einmal bei Olympia dabei sein, doch das Internationale Olympische Komitee (IOC) änderte die Regeln, sodass es Exoten wie „Eddie, the Eagle" schwerer hatten, sich für Olympia zu qualifizieren. Diese Regelung wurde bekannt als „Eddie, the Eagle"-Regel. Im Jahr 2016 wurde die Lebensgeschichte von Michael Edwards von Hollywood verfilmt.

15. Februar 2018

Aljona Savchenko und Bruno Massot laufen mit der Kür ihres Lebens zum Olympiasieg

Diese Kür war ein Meisterwerk! Bei den Olympischen Winterspielen 2018 in Pyeongchang ging der Lebenstraum von Eiskunstläuferin Aljona Savchenko in Erfüllung. Endlich klappte es mit dem Olympiasieg. Fünfmal hatte Savchenko mit ihrem langjährigen Partner Robin Szolkowsky den Weltmeistertitel gewonnen. Bei Olympia reichte es 2010 in Vancouver und 2014 in Sotchi nur zur Bronzemedaille. „Bronze war scheiße", murmelte Savchenko damals vor sich hin. Während Szolkowsky 2014 seine Karriere beendete, wollte Savchenko ihren Traum vom Olympiasieg nicht aufgeben. Die gebürtige Ukrainerin suchte sich einen neuen Partner mit dem Franzosen Bruno Massot, der schließlich auch die deutsche Staatsbürgerschaft erhielt. Bei Olympia 2018 in Pyeongchang geriet das große Ziele Olympiagold in weite Ferne, als Massot im Kurzprogramm patzte und das Paar vor der Kür nur auf dem vierten Platz lag. Doch dann kam die traumhafte Kür, die neue Maßstäbe im Eiskunstlauf setzte und zu der er es sogar eine Dokumentation gibt. 159,31 Punkte erhielten Savchenko und Massot für die „Kür ihres Lebens" – gleichbedeutend mit Weltrekord. Die beiden Deutschen mussten jedoch noch die Kür der drei vor ihnen platzierten Paare abwarten, ob ihre Weltrekordkür auch zur Goldmedaille reichte. Es gelang tatsächlich. „Das ist der Moment meines Lebens. Es ist eine wunderschöne Geschichte", freute sich Savchenko über die Erfüllung ihres Lebenstraums. Einen Monat später gewannen Savchenko und Massot auch noch den Weltmeistertitel. Es war die letzte professionelle Kür der beiden.

16. Februar 2002

Steven Bradbury: Der unwahrscheinlichste Olympiasieger

Olympia schreibt die schönsten Geschichten. Und es beweist: Im Sport ist fast alles möglich. Die unglaubliche Geschichte um den unwahrscheinlichsten Goldmedaillengewinner in der Olympiageschichte ereignete sich bei den Olympischen Winterspielen 2002 in Salt Lake City. Steven Bradbury siegte im Shorttrack über die 1.000-Meter-Distanz und gewann die erste Goldmedaille für Australien bei Olympischen Winterspielen. Der 28-jährige Bradbury war selbst so schockiert über die vielen glücklichen Umstände, die zu seinem Olympiasieg führten. „So viel Glück hatte vermutlich noch kein Olympiasieger zuvor. Durfte ich die Goldmedaille überhaupt annehmen?", fragte er sich. Im Viertelfinallauf überquerte Bradbury als Dritter das Ziel, was nicht zur Teilnahme am Halbfinale gereicht hätte. Doch der Zweitplatzierte wurde nach dem Rennen wegen Behinderung eines anderen Shorttrackers disqualifiziert, sodass der Australier doch ins Halbfinale einzog. Von dort an änderte Bradbury seine Strategie. Da er wusste, dass das Tempo seiner Mitläufer zu schnell für ihn war, reihte er sich am Ende des Feldes ein, in der Hoffnung, dass Stürze passieren würden. Und tatsächlich: Im Halbfinale stürzten in der letzten Runde drei der fünf Läufer, sodass Bradbury als Zweiter über die Ziellinie fuhr und sich damit für das Finale qualifizierte – sein erstes olympisches Finale im Einzel überhaupt. Seine Gegner im Finale waren mit zahlreichen Goldmedaillen dekoriert. Bradburys Strategie blieb weiterhin, sich mit Sicherheitsabstand ans Ende des Feldes zu setzen und auf ein Wunder zu hoffen. Es passierte wirklich: das Wunder von Salt Lake City. In der letzten Kurve stürzten vier Läufer, Bradbury indes fuhr seelenruhig über die Ziellinie zur Goldmedaille. Australien hatte seinen ersten Olympiasieger bei Winterspielen, es war zudem die erste Goldmedaille aus der südlichen Hemisphäre bei Winterspielen. „Ich dachte mir: ‚O mein Gott. Ich habe Gold.' Ich wusste nicht, wie ich reagieren sollte, ob ich jubeln oder mich verstecken sollte. Ich war mir nicht sicher, ob ich Gold überhaupt verdiene. Nach einigen Minuten war mir klar: Ich verdiene die Medaille. Nicht für die 90 Sekunden des Finales. Aber für die zwölf langen Jahre auf dem Weg zu diesem Tag", sagte Bradbury, der in seiner Heimat zum Helden avancierte. „Doing a Bradbury" wird in Australien zum Sprichwort, was so viel bedeutet wie: Du hast zwar keine Chance, aber nutze sie. Bradburys Biografie trug später den passenden Titel *Last man standing*.

17. Februar 1980
Wo ist Behle?

Die sportliche Karriere von Skiläufer Jochen Behle ist recht schnell erzählt. Ein Weltcupsieg über 50 Kilometer im klassischen Stil, sechs Teilnahmen bei Olympia mit zwei vierten Plätzen in der Staffel. Knapp 20 Jahre war Behle das Gesicht des deutschen Skilanglaufsports. Im Anschluss an seine aktive Karriere übernahm Behle das Amt des Bundestrainers und machte aus Deutschland eine der führenden Nationen im Skilanglauf. Deutschlandweit bekannt wurde Behle durch seine erste Olympiateilnahme 1980 in Lake Placid. Im 15-Kilometer-Rennen, seinem ersten olympischer Lauf, führte der 19-jährige Behle nach fünf Kilometern nach den Zwischenzeiten aller Läufer das Rennen völlig überraschend an. Lag da etwa eine Sensation in der Luft? Die Fernsehkameras zeigten aber dann lange kein Bild mehr vom Außenseiter aus Deutschland, was Fernsehkommentator Bruno Moravetz ungeduldig machte. Es folgte ein Ausspruch, der als geflügeltes Wort in die deutsche Geschichte einging. „Behle haben wir noch nicht gesehen. Wo ist Behle?", kommentierte Moravetz für das *ZDF*, als der junge Deutsche nicht zu sehen war. Nach zunehmender Zeit, in der von Behle jede Spur fehlte, wirkte Moravetz immer verzweifelter. „Was ist mit Behle? Wo ist Behle? Wir wissen nichts, wir sehen ihn nicht. Behle ist weg", kommentierte er. „Behle haben wir noch nicht gesehen. Haben sie was gegen Behle oder ist er nicht da oder was ist denn los?", fragte sich Moravetz ungläubig. „Wo ist Behle?" Ja, wo war Behle denn? Für den zuständigen Fernsehregisseur war Behle noch ein unbeschriebenes Blatt, er habe ihn daher nicht gekannt und nicht gezeigt. Verschwunden war Behle aber nicht. Er konnte an die starke Anfangsphase im Rennen nicht anknüpfen und landete am Ende auf dem zwölften Platz. Mit dem Ausspruch „Wo ist Behle?" wurde der Skilangläufer zu einer deutschen Berühmtheit, obwohl die großen sportlichen Erfolge ausblieben. Sänger Westernhagen nahm das geflügelte Wort zum Anlass und kreierte den Song *Wo ist Behle?*. „Ohne diesen Spruch wäre bei mir sicherlich vieles anders gelaufen. Der Spruch ist mit mir verbunden, und ich werde ihn wohl auch nicht mehr loswerden", sagte Behle.

18. Februar 1984
Katharina Witt wird zur Eisprinzessin

Sie galt das „schönste Gesicht des Sozialismus". Katharina Witt flogen nicht nur die Herzen in der damaligen DDR zu, sondern auch im Rest der Welt. Der Stern von Witt ging zwar schon vor den Olympischen Winterspielen 1984 in Sarajevo auf, doch es war ihr Auftritt in Sarajevo, der die 18-Jährige zum Weltstar machte. „Für eine Sportlerin ist es das Größte, bei den Olympischen Spielen dabei sein zu dürfen und wenn man da auch noch eine Chance auf eine Medaille hat, muss man die Gelegenheit am Schopfe packen", blickte Witt zurück. Und sie nutzt ihre Chance. Witt lief und sprang im Eiskunstlaufen zur Goldmedaille. „Nach den Olympischen Spielen in Sarajevo kennt nicht nur die Eislaufwelt meinen Namen. In den USA werde ich nun ins Herz geschlossen. Ein amerikanischer Reporter textet von Sarajevo in seine Redaktion: ,Er habe Brooke Shields auf Schlittschuhen gesehen', und laut einer Sportillustrierten seufzt ein hart gesottener Fernsehreporter: ,Wenn das das wahre Gesicht des Sozialismus ist, dann kann Amerika von mir aus sozialistisch werden. Aber wieso verdammt kommt sie nicht aus Hollywood?"', beschrieb Witt die Ereignisse nach ihrem ersten Olympiasieg. Vier Jahre später gewann Witt bei den Olympischen Winterspielen in Calgary erneut die Goldmedaille. Nach zwei Olympiasiegen, vier Weltmeister- und sechs Europameistertiteln beendete Witt im Alter von 22 Jahren ihre Karriere. 1994 kam es zum Comeback. Bei den Olympischen Winterspielen in Lillehammer landete sie auf dem siebten Platz. Im Laufe der Jahre blieb Witt ein Medienstar. Wie beliebt die Deutsche ist, zeigte sich, als sie sich 1998 für das Männermagazin *Playboy* auszog. Das Exemplar mit Witt auf dem Titel war weltweit ausverkauft, erst das zweite Mal in der Geschichte des *Playboy* nach Marilyn Monroe.

19. Februar 1998

Die „Wilde Hilde" rast im Slalom ihres Lebens zu Gold

Das Jahr 1998 im Ski alpin hätte für die deutschen Damen kaum besser laufen können. Am Ende der Saison belegten Katja Seizinger, Martina Ertl und Hilde Gerg die Plätze eins bis drei im Gesamtweltcup. Bei den Olympischen Winterspielen 1998 in Nagano war es zwar Seizinger, die mit zwei Goldmedaillen in der Abfahrt und der Kombination sowie einer Bronzemedaille im Super-G hervorstach, doch für das riesengroße Ausrufezeichen sorgte Hilde Gerg, die den Slalom ihres Lebens absolvierte und völlig überraschend die Goldmedaille gewann. Die Spezialdisziplinen von Gerg waren eher die schnellen Rennen in der Abfahrt und im Super-G, doch in Nagano attackierte die 22-Jährige auch die Slalomstangen und raste zum Olympiasieg. „Die Sonne schien, es war ungewöhnlich warm an dem Tag und der Schnee deshalb sehr schwer und tief. Die Ausgangsposition nach dem ersten Durchgang war eigentlich nicht so gut: Deborah Compagnoni aus Italien lag nach dem ersten Durchgang mit mehr als einer halben Sekunde vor mir, das ist einiges. Und dann habe ich im letzten Drittel auch noch einen blöden Fehler gemacht und rutsche in einem Rechtsschwung weg. Ab da dachte ich: Okay, jetzt muss ich alles geben, und habe mich echt reingeschmissen. Ja, doch, man denkt schon viel bei so einem Lauf. Und heute glaube ich: Wäre mir der Fehler nicht passiert, hätte ich nicht gewonnen", erinnerte sich Gerg in ihrer Biografie, die passenderweise *Der Slalom meines Lebens* heißt, an ihren Goldlauf in Nagano. Ihr kompromissloser Fahrstil führte dazu, dass der bekannte *ARD*-Reporter Gerd Rubenbauer die damals 19-Jährige bei den Olympischen Winterspielen 1994 in Lillehammer in „Wilde Hilde" taufte. Gergs Spitzname war stets ein treuer Begleiter in ihrer Karriere. Dabei gefiel ihr die Bezeichnung zunächst gar nicht. „Ich habe das damals negativ empfunden, als ungestüm, ungezähmt, als hätte ich mich nicht unter Kontrolle. Jetzt denke ich: Es steht einfach dafür, Sachen zu machen und nicht alles zu hinterfragen", schrieb Gerg in ihrer Biografie *Der Slalom meines Lebens*.

20. Februar 2018

Gold, Silber und Bronze: Den deutschen nordischen Kombinierern gelingt der „Sweep"

Gold, Silber und Bronze für Deutschland bei den Olympischen Winterspielen 2018 in Pyeongchang in der nordischen Kombination. In der Sportfachsprache nennt man dies einen „Sweep", wenn ein Land alle Medaillen gewinnt. Im Wettkampf über die Großschanze mit anschließendem 10-Kilometer-Lauf sprintete Johannes Rydzek seinen Teamkollegen Fabian Rießle und Eric Frenzel im Schlussspurt davon. Gold, Silber und Bronze für Deutschland. Dieser „Sweep" hatte eine Vorgeschichte. Denn vier Jahre zuvor bei den Olympischen Winterspielen 2014 in Sotschi war die Ausgangslage ähnlich. Die Chance auf einen deutschen Dreifacherfolg war da. Die Deutschen Rydzek, Rießle und Björn Kircheisen sowie zwei Norweger kämpften um die Medaillen. Kurz vor dem Ziel fuhr Rießle seinem Teamkollegen Rydzek in die Ski, der daraufhin stürzte. Auch Kircheisen wurde behindert. Aus der Traum von drei deutschen Medaillen. Rießle sicherte sich noch die Bronzemedaille und ließ einen verärgerten Rydzek zurück. Die Norweger lachten über die „deutschen Superclowns". Vier Jahre später kam es zu einem ähnlichen Bild vor dem Ziel: Drei Deutsche und dieses Mal nur ein Norweger kämpften um die Medaillen. Rydzek und Rießle hatten von ihrem Missgeschick von Sotschi gelernt, kamen sich nicht in die Quere und bejubelten den deutschen Dreifachsieg. „Das war wirklich ein Rennen in einer perfekten Form, ein geiler Fight. Ich habe mir gesagt: Kopf aus und alles geben, was du hast. Ich konnte erst hinter der Ziellinie glauben, dass ich es gepackt habe", freute sich Olympiasieger Rydzek. „Das macht uns stolz. Die Mannschaft ist wieder zusammengewachsen und dadurch ist so etwas Großes zustande gekommen. Dass es so geklappt hat, ist schon unwahrscheinlich. Da muss alles passen", sagte Bundestrainer Hermann Weinbuch. Zwei Tage später sicherte sich das deutsche Team auch die Goldmedaille in der Staffel. Aus den „deutschen Superclowns" vier Jahre zuvor wurden die „deutschen Dominierer".

21. Februar 2010

Magdalena Neuner überrascht nach Doppelgold mit Startverzicht

Der deutsche Star bei den Olympischen Winterspielen 2010 in Vancouver? Ganz klar, Magdalena Neuner! Die 23-Jährige räumte drei Medaillen im Biathlon ab: zweimal Gold und einmal Silber. Im Massenstart über 12,5 Kilometer lief und schoss sich Neuner zu ihrer zweiten Goldmedaille in Vancouver. „Zwei Goldmedaillen – das ist Wahnsinn. Ich baue mir einfach keinen Druck mehr auf, weil ich weiß, was ich kann. Ich dachte, ich laufe einfach mal los. Aber jetzt habe ich, schwupps, mein zweites Gold – wunderbar", freute sich Neuner nach dem Rennen. Einige Stunden nach dem erreichten Doppelgold ließ die Deutsche fast alle Pressvertreter und die Fans staunend zurück, als sie im Deutschen Haus in Vancouver ihren Verzicht auf die Teilnahme an der Staffel, die zwei Tage später stattfinden sollte, verkündete. „Für mich war das heute mein letztes Rennen. Ich bin mit den Olympischen Spielen fertig. Es war meine Entscheidung, Bundestrainer Uwe Müssiggang hat es mir überlassen. Ich habe gemerkt, dass ich vom Kopf her doch ziemlich fertig bin. Jetzt hoffe ich, dass die anderen vier ein gutes Rennen machen und ihre Medaille holen", verkündete Neuner. Dass die beste Biathletin im Feld freiwillig auf die Staffel verzichtete und damit die guten Chancen auf die dritte Goldmedaille sausen ließ, wurde kontrovers diskutiert. „Für mich geht es nicht mehr toller", meinte Neuner, die sich mental ausgelaugt fühlte. „Für mich ist das die absolut richtige Entscheidung. Man muss nach drei Medaillen auch mal die Kirche im Dorf lassen. Und immerhin haben drei von uns fünf Olympiastarterinnen noch keine Medaille. Es wäre traurig, wenn es dann wegen mir nicht klappen würde", begründete sie ihre Entscheidung. Aber: Die Chancen für ihre Teamkolleginnen auf eine Staffelmedaille wären selbst mit einer Teilnahme von einer geschwächten Neuner sicherlich noch größer gewesen. So wurde Neuner in der Staffel durch die erfahrene Martina Beck ersetzt. Das deutsche Team sicherte sich zwar die Bronzemedaille, doch die Frage, die im Raum stand, war: Hat Neuners Verzicht die deutsche Staffel die Goldmedaille gekostet?

22. Februar 1980
Das „Miracle on Ice" in Lake Placid

Dieses Spiel ist das wohl denkwürdigste der Eishockeygeschichte. Bei den Olympischen Winterspielen 1980 in Lake Placid ist der Kalte Krieg zwischen den USA und der Sowjetunion das beherrschende Thema. Wenige Wochen zuvor hatte US-Präsident Jimmy Carter verkündet, dass die USA die Olympischen Sommerspiele in Moskau im gleichen Jahr boykottieren werden. Beim Eishockeyturnier standen alle Vorzeichen auf den erneuten Olympiasieg der Sowjetunion. Die „Sbornaja", wie das Eishockeyteam der Sowjetunion genannt wird, hatte bei den letzten vier olympischen Turnieren stets die Goldmedaille gewonnen. Alles andere als der fünfte Olympiasieg in Folge wäre einer Sensation gleichgekommen. Von dem US-Team erwartete man trotz des Heimvorteils nicht allzu viel, da dieses nur aus Amateur- und Collegespielern bestand. In einem komplizierten Turnierformat, in dem es kein richtiges Finale gab, starteten die US-Amerikaner mit einem 2:2 gegen Schweden. Ein Unentschieden, das später Gold wert war. Nach vier Siegen in den folgenden Spielen zogen die USA in die Finalrunde mit vier Teams ein. Dort wartete im ersten von zwei Spielen die übermächtige Sowjetunion, die ihre Gruppe mit fünf Siegen und 51:11-Toren beendete. Allerdings nahm die Sowjetunion nur zwei Punkte für den Sieg gegen den Zweitplatzierten Finnland mit in die Wertung für die Finalrunde. Die USA und Schweden nahmen jeweils einen Punkt für ihr Unentschieden in ihrem Duell mit in die Finalrunde. Im Duell gegen den haushohen Favoriten Sowjetunion hielt das US-Team gut mit und lag im dritten Drittel nur mit 2:3 zurück. Mit einem Doppelschlag innerhalb von einer Minute gelangen den USA die 4:3-Führung, die sie unter dem frenetischen Heimpublikum in Lake Placid über die Zeit retteten. TV-Reporter Al Michaels war völlig aus dem Häuschen, als die Sensation wahr wurde. Er prägte mit seiner Kommentierung auch den Begriff „Miracle on Ice". „Elf Sekunden, noch zehn Sekunden, der Countdown geht jetzt richtig los [...] Morrow vor auf Silk [...] fünf Sekunden noch in diesem Spiel! Noch vier! Glauben Sie an Wunder? Ja!!! Unglaublich!", kommentierte Michaels. Die namenlose US-Mannschaft hatte die übermächtig erscheinende Sowjetunion tatsächlich besiegt. Zwei Tage später gewannen die USA auch gegen Finnland und wurden dadurch Olympiasieger, die Sowjetunion musste sich mit Silber begnügen. Die Eishockeyspieler der USA avancierten zu Nationalhelden und wurden von Präsident Carter im Weißen Haus empfangen. Bis heute ist Lake Placid ganz eng mit dem „Miracle on Ice" verbunden. Natürlich waren die Ereignisse in Lake Placid Stoff für Hollywood. Im Jahr 2004 erschien ein Film über das Wunder auf dem Eis. Nach dem sensationellen Olympiasieg 1980 warten die USA immer noch auf die nächste Goldmedaille im Herren-Eishockey.

23. Februar 1994
Markus Wasmeier rast sensationell zum zweifachen Olympiasieg

Er galt als Auslaufmodell, als er zu den Olympischen Winterspielen 1994 nach Lillehammer reiste. Kaum einer traute Skifahrer Markus Wasmeier bei seinen letzten Olympischen Spielen noch etwas zu. Zählte der Deutsche 1988 und 1992 noch zum Favoritenkreis auf die Medaillen, erwartete man von dem 30-Jährigen in Lillehammer nicht viel. Als er in seinem ersten Rennen, der Abfahrt, auf einem enttäuschenden 36. Platz landete, war die Häme groß. „Im Deutschen Haus haben meine Familie und ich nicht mal einen Platz bekommen. Ich kam mir vor wie ein Verbrecher", sagte er einst. Nach dem Tiefpunkt seiner Karriere folgten dann die schönsten Momente in der Karriere von Wasmeier. Zunächst gewann er sensationell die Goldmedaille im Super-G und dann auch noch im Riesenslalom mit zwei Hundertstelsekunden Vorsprung. Einen deutschen Olympiasieger bei den Herren im Ski alpin hatte es 58 Jahre nicht gegeben, einen doppelten Olympiasieger erst recht nicht. „Das ist noch unglaublicher als im Super-G. Weil ich damit noch weniger gerechnet habe. Das ist mein dritter Frühling. Das ist die Krönung zur Krönung, der absolute Höhepunkt meiner Karriere", sagte der überglückliche Wasmeier, der im Jahr 1994 dann auch zu Deutschlands Sportler des Jahres gewählt wurde. Wasmaier hatte es allen Kritikern gezeigt, die ihn vor den Olympischen Winterspielen in Lillehammer abgeschrieben hatten. Aus dem Auslaufmodell wurde ein deutscher Sportheld. „Ich habe nie gezweifelt. Dafür bekommst du natürlich Häme. Aber danach wusste ich: Solange du an dich glaubst, kannst du es schaffen", blickte er zurück. Kurz nach dem doppelten Olympiasieg beendete Wasmeier seine Karriere. Besonders kurios: In regulären Weltcuprennen siegte er nie im Riesenslalom. Aber er fuhr in dieser Disziplin nach dem Weltmeistertitel 1985 schließlich auch zum Olympiasieg.

24. Februar 2018

Ester Ledecka wird zur Schneekönigin von Pyeongchang

Eine olympische Goldmedaille zu gewinnen: Das ist eine ultimative Leistung. Eine olympische Goldmedaille in zwei unterschiedlichen Sportarten zu gewinnen: Das ist eine absolute Rarität. Eine olympische Goldmedaille in zwei unterschiedlichen Sportarten bei den gleichen Olympischen Spielen zu gewinnen: Das ist eine Einmaligkeit. Geschafft hat dies Ester Ledecka bei den Olympischen Winterspielen 2018 in Pyeongchang. Die Tschechin, deren hauptsächliche Sportart Snowboard im Parallel-Riesenslalom und Parallel-Slalom ist, wollte es auch als Skifahrerin wissen. Als Ledecka in Pyeongchang beim Super-G an den Start ging, war sie als 68. im Gesamtweltcup im Ski alpin platziert. Es folgte ein Traumlauf, den Ledecka mit Startnummer 26 in den Schnee hinlegte. Als die Tschechin im Ziel mit einer Hundertstelsekunde Vorsprung die Führung übernahm, staunte sie ungläubig über ihre Zeit. „Ich war sehr überrascht. Ich dachte, die Zeit ist falsch, die werden sie in einigen Sekunden korrigieren", sagte sie. Doch es war kein Traum. Die Zeit stimmte, es war der Olympiasieg im Super-G. Eine Woche später, am 24. Februar, machte Ledecka das Unmögliche möglich. Die 22-Jährige gewann auch in ihrer Sportart Nummer eins, dem Parallel-Riesenslalom im Snowboard, ebenfalls die Goldmedaille. „Das war mein größter Traum, seit ich ein kleines Kind war. Das fühlt sich wirklich verrückt an. Momentan macht mir beides Spaß und solange das so ist, muss ich mich nicht für eine Sportart entscheiden", jubelte Ledecka. Und so blieb es. Die Tschechin fuhr weiterhin zweigleisig. Während sie im Snowboard weiterhin dominierte, etablierte sie sich auch als Skifahrerin, die um Siege kämpfte. Den historischen Doppelerfolg von Pyeongchang konnte Ledecka bei den Olympischen Winterspielen 2022 in Peking nicht wiederholen. Sie gewann erneut die Goldmedaille im Parallel-Riesenslalom im Snowboard, im Super-G fuhr sie auf Platz fünf.

25. Februar 2018

Sekunden fehlen Deutschland
zum olympischen Eishockeywunder

Es fehlten nur wenige Sekunden und der deutschen Eishockey-Nationalmannschaft wäre eine der größten Sensationen der Olympiageschichte gelungen. 56 Sekunden vor Schluss führte Deutschland im Finale des Eishockeyturniers bei den Olympischen Winterspielen 2018 in Pyeongchang mit 3:2 gegen Russland. Jonas Müller hatte 3:16 Minuten vor Schluss die 3:2-Führung für Deutschland erzielt. Die Goldmedaille war zum Greifen nah. Doch dann wurden die deutschen Eishockeycracks aus ihren Träumen gerissen. Obwohl die Russen in Unterzahl spielten, erzielten sie den Ausgleich. Sie nahmen den Torhüter vom Eis und konnten somit Fünf gegen Fünf spielen. In der Verlängerung war es eine Strafzeit für Deutschland, die das olympische Eishockeywunder zunichtemachte. In Überzahl gelang Russland der Treffer zum Gewinn der Goldmedaille. „Wir waren für drei Minuten Olympiasieger. Das ist sehr bitter. Aber wir sind natürlich auch wahnsinnig stolz", sagte der deutsche Kapitän Moritz Müller. Aber auch die Silbermedaille für das deutsche Team war ein großes Eishockeywunder. Als krasser Außenseiter fuhr das Team nach Pyeongchang. Nachdem die ersten beiden Gruppenspiele verloren gegangen waren, stand Deutschland kurz vor dem Aus. Der Sieg im Penaltyschießen gegen Norwegen brachte nicht nur den ersten olympischen Sieg für das deutsche Team seit 16 Jahren, sondern auch den Einzug in die K.-o.-Phase. Nach nervenaufreibenden Siegen gegen die Schweiz und Schweden jeweils in der Verlängerung hieß es zunächst Halbfinale für Deutschland. Dort gelang der nächste Coup gegen den amtierenden Olympiasieger aus Kanada. 4:3, Silber und die erste Olympiamedaille nach 1976 war sicher. Zum noch größeren Eishockeywunder fehlten schließlich nur 55,5 Sekunden. „Es gibt keinen Grund, nicht stolz zu sein. Auch wenn es jetzt natürlich wehtut. Es gehört immer ein bisschen Glück dazu. Aber wer hätte gedacht, dass wir überhaupt so weit kommen? Hey, Silber!", sagte Patrick Reimer, der den Siegtreffer der Russen von der Strafbank verfolgen musste.

26. Februar 2002

Johann „Juanito" Mühlegg: Vom angeblichen Wunderläufer zum Dopingbetrüger

Spanien und die Olympischen Winterspiele: eine Kombination, die nicht zusammenpasst. Bis zu den Olympischen Winterspielen 2002 in Salt Lake City konnte Spanien nur zwei Medaillen gewinnen. Dann kam er und machte Spanien plötzlich zur Wintersportnation: Johann Mühlegg. Der Name hört sich nicht spanisch an? Stimmt, denn Johann Mühlegg ist eigentlich Deutscher und startete seit 1999 nach jahrelangen Querelen mit dem Deutschen Skiverband für Spanien. Der Vorwurf des Allgäuers an den damaligen Skilanglauf-Bundestrainer: Er habe Mühleggs Elektrolytgetränke „verhext", sodass er keine Topleistung bringen konnte. Die Streitereien mit dem Deutschen Skiverband wurden im Laufe der Zeit immer grotesker, sodass Mühlegg aus dem deutschen Team ausgeschlossen wurde und Zuflucht beim spanischen Skiverband fand. Plötzlich entwickelte sich der Deutsche als Spanier vom Mitläufer zum Siegläufer sowie zum Gewinner des Gesamtweltcups im Jahr 2000. Bei den Olympischen Winterspielen 2002 in Salt Lake City schlug schließlich seine große Stunde. Er erlief sich drei Goldmedaillen in dominanter Weise: über 10, 20 und 50 Kilometer. Spanien hatte einen neuen Nationalhelden. „Juanito" Mühlegg, der Skilanglauf-Überflieger aus dem Allgäu. Das Problem: Mühlegg war nicht sauber. Nach einer unangemeldeten Dopingkontrolle in Salt Lake City platzte am letzten Tag der Olympischen Winterspiele kurz nach dem 50-Kilometer-Rennen und wenige Augenblicke vor der Schlussfeier in Salt Lake City die Bombe. Mühlegg wurde positiv auf das Blutdopingmittel Epo getestet – einer der größten Dopingskandale der Olympischen Winterspiele folgte. Der Olympiasieg über die 50 Kilometer wurde ihm sofort aberkannt. „Mein Gegenargument ist die B-Probe. Und die warte ich eben noch ab", grinste Mühlegg im Fernsehsender *ZDF*, als er zur positiven A-Probe befragt wurde. Seine fadenscheinige Begründung lieferte er nach. „Ich habe die letzten fünf Tage eine spezielle Diät gemacht, zwei Tage nur Proteine und drei Tage nur Kohlenhydrate. Außerdem hatte ich letzte Nacht Durchfall und die Höhenlage spielt auch eine Rolle. Erst einmal bin ich aber auch darüber zufrieden, dass mir die ersten beiden Goldmedaillen geblieben sind", erklärte Mühlegg. Am 26. Februar, zwei Tage nach dem Sieg über 50 Kilometer, war das Ergebnis der B-Probe da. Ebenfalls positiv! Mühlegg verlor daraufhin seine Goldmedaille über 50 Kilometer endgültig, später wurden ihm auch seine anderen beiden Goldmedaillen aberkannt. Der angebliche „Wunderläufer" wurde als Dopingbetrüger enttarnt. Die Spanier entzogen ihrem „Juanito" ihre Liebe. Aus „Juanito" wurde wieder Johann, der nach Ablauf seiner zweijährigen Dopingsperre nicht als Skilangläufer zurückkehrte. Mühlegg verschwand von der Bildfläche, zog nach einigen Jahren nach Brasilien und sprach nie wieder über den wohl größten Dopingskandal bei Olympischen Winterspielen.

27. Februar 2010
Sturzdrama um Anni Friesinger-Postma endet mit Freudentränen

Diese Slapstickeinlage war eine der bizarrsten Szenen bei den Olympischen Winterspielen 2010 in Vancouver. Die deutsche Eisschnelllauflegende Anni Friesinger-Postma bestritt im Halbfinale der Teamverfolgung ihr letztes Rennen. Ihre beiden Kolleginnen Stephanie Beckert und Daniela Anschütz-Thoms machten im Duell gegen die USA in der Schlussrunde dermaßen Dampf, dass Friesinger-Postma kaum noch mithalten konnte. Sie strauchelte und verlor den Anschluss an ihre Kolleginnen. Das Problem: Die Zeitmessung würde nur beendet werden, wenn die Letzte der drei Eisschnellläuferinnen ins Ziel kommt. Auf der Zielgeraden stürzte Friesinger-Postma aufs Eis. Mit Schwimmbewegungen ruderte sie in Richtung Ziellinie. Mit einem gekonnten Scherenschlag stoppte sie die Zeitmessung. Friesinger-Postma hämmerte ihre Faust wütend aufs Eis, in der Annahme, dass ihr Sturz das deutsche Team den Einzug ins Finale gekostet habe. Erst einige Sekunden später bemerkte die 33-Jährige, dass es doch noch gereicht hatte und weinte Freudentränen. Mit 23 Hundertstelsekunden kam das deutsche Team vor den USA ins Ziel. Dem gekonnten Scherenschlag im Liegen von Friesinger-Postma sei Dank. „Ich dachte nur: Du musst jetzt rutschen, du musst irgendwie ins Ziel krabbeln und die Zeit stoppen. Deswegen habe ich auch den Schlittschuh nach vorne gerissen, denn da steckt der Zeitmesser dran. Der Kick hat's wohl noch gebracht. Trotzdem, zu der Situation kann ich nur sagen: Bitte nie wieder! Jetzt tut mir alles weh: Hüfte, Schulter, Finger", sagte Friesinger-Postma zu ihrer Slapstickeinlage. Wenig später gewannen die deutschen Eisschnellläuferinnen auch das Finale gegen Japan und sicherten sich die Goldmedaille – nach einem weiteren Drama. Mit 1,14 Sekunden Führung gingen die Deutschen in die Schlussrunde und retteten von ihrem Vorsprung zwei Hundertstelsekunden ins Ziel. Nicht mit dabei beim Finaldrama war Friesinger-Postma, die nach ihrem Sturz nicht für den Finallauf nominiert wurde, was zuvor aber auch geplant war. Dennoch erhielt Friesinger-Postma ihre verdiente Goldmedaille – die dritte und letzte ihrer Karriere. „Es war schrecklich, das Finale von außen zu sehen. Aber am Ende steht der Olympiasieg. In diesem Gold steckt so viel Geschichte", sagte sie nach dem Gewinn der Goldmedaille. Daniela Anschütz-Thoms stellte nach den zwei dramatischen Läufen innerhalb weniger Stunden treffend fest: „Was da abging, kann man gut als Krimi verkaufen."

28. Februar 1988
Olympia feiert Jamaikas Bobmannschaft

„Das geht über eure Vorstellungskraft, Jamaika hat eine Bobmannschaft." Wer diesen Spruch nicht kennt, hat den Film *Cool Runnings* aus dem Jahr 1994 nicht gesehen. Passend zu den Olympischen Winterspielen 1994 in Lillehammer kam *Cool Runnings* in die deutschen Kinos und wurde zum Kassenschlager. Der Film erzählt die Geschichte der jamaikanischen Bobmannschaft bei den Olympischen Winterspielen 1988 in Calgary. Was mittlerweile Tradition ist, war 1988 eine riesengroße Sensation. Dass ein sonnenverwöhntes Land wie Jamaika mit einer Bobmannschaft durch den Eiskanal bei Olympia flitzte, war so lange undenkbar, bis es tatsächlich gemacht wurde. „Die Idee für dieses Team hatten zwei Amerikaner, George Fitch und William Maloney, die geschäftlich in Jamaika waren und ein Seifenkistenrennen sahen. Sie meinten, es sähe wie ein Bobrennen aus, dem das Eis fehlte. Ich hielt das damals für die beknackteste Idee aller Zeiten", sagte Devon Harris, einer der vier Pioniere im jamaikanischen Bobsport, zur Entstehungsgeschichte. Mit seinen Teamkollegen Dudley Stokes, Michael White und Caswell Allen qualifizierte sich Harris für Olympia. Im Zweierbob gingen Stokes und White an den Start und überraschten mit dem 30. Platz von 41 Startern. Die Königsdisziplin, der Viererbob, stand noch bevor. Das Jamaika-Quartett avancierte mit seiner Gute-Laune-Geschichte neben „Eddie, the Eagle" im Skispringen zum Star der Olympischen Winterspiele in Calgary. Im ersten Lauf hielt das Team überraschend gut mit. Im vierten Lauf stürzte der Bob nach einem Fahrfehler und rutschte sekundenlang durch den Eiskanal, ehe er kurz vor dem Ziel zum Stoppen kam. Damit wurde das Team im Endergebnis nicht gewertet. Unter dem Applaus der Zuschauer gingen die vier Jamaikaner ins Ziel. Der letzte Tag der Olympischen Winterspiele 1988 in Calgary endete mit einem Gänsehautmoment. Die Jamaikaner fanden schließlich Gefallen am Bobfahren. „Es begann wie in einer Komödie. Vieles, was wir zunächst gemacht haben, war komisch. Aber im Laufe der Jahre wurden wir zu Wettbewerbern und agierten auf dem höchsten Level. Das war ebenso eine Reise", sagte Dudley Stokes, der Pilot von Jamaikas Bob, der auch 1992, 1994 und 1998 an Olympia teilnahm. Bis 2002 war Jamaikas Bobmannschaft stets bei Olympia dabei. Nach einer zwölfjährigen Olympiapause ist das Team seit 2014 wieder dabei.

MÄRZ: BOXWELTMEISTER UND WUTREDE

1. März 1949
„Brown Bomber" Joe Louis verkündet sein Karriereende

Er gilt als einer der besten Boxer der Historie: Joe Louis wurde als „Brown Bomber" zum gefeierten Schwergewichtsboxer vor, während und nach dem Zweiten Weltkrieg. Zwischen 1937 und 1949 regierte Louis das Schwergewicht. Er ist damit der am längsten ununterbrochen amtierende Weltmeister, 26-mal verteidigte er seinen Titel. Einige seiner Sprüche entwickelten sich zu geflügelten Worten, darunter: „Du kannst rennen, aber du kannst dich nicht verstecken", und: „Jeder möchte in den Himmel, aber niemand möchte sterben." Vor allem seine beiden Kämpfe gegen den Deutschen Max Schmeling in den Jahren 1936 und 1938 sorgten für weltweites Interesse. Als Louis am 1. März 1949 im Alter von 34 Jahren sein Karriereende verkündete und als Weltmeister abtrat, hatte er zu diesem Zeitpunkt nur einen Kampf verloren. Gegen Schmeling im Jahr 1936 durch einen K. o. in der zwölften Runde. Alle weiteren 57 Kämpfe hatte er eindeutig gewonnen. Anderthalb Jahre später kam der „Brown Bomber" zurück in den Ring – wegen Steuerschulden sah er sich dazu gezwungen. Seinen Comeback-Kampf verlor Louis nach Punkten. Nach acht weiteren Siegen verlor er schließlich seinen letzten Kampf gegen Rocky Marciano, dessen großes Vorbild Joe Louis war. Marciano siegte in der achten Runde durch technischen K. o. und soll der Legende nach in seiner Umkleide geweint haben. „Der Junge hat mich mit zwei Schlägen ausgeknockt. Schmeling hat dafür noch 100 Schläge gebraucht. Aber da war ich auch noch jünger. Da kann man mehr einstecken", sagte Louis nach seinem letzten Kampf.

2. März 1962
Das 100-Punkte-Spiel von Wilt Chamberlain

Man muss vorsichtig sein, wenn man behauptet, dass ein Rekord für die Ewigkeit bestimmt ist. Der Rekord von Basketballspieler Wilt Chamberlain hält aber bereits mehr als 60 Jahre. 31.419 Punkte hat Chamberlain in seiner Karriere in der National Basketball Association (NBA) erzielt. Damit ist der US-Amerikaner immer noch in den Top Ten der besten Scorer in der NBA. Was aber weitaus erstaunlicher ist: Chamberlain erzielte 100 Punkte in einem einzigen Spiel – geschehen bei dem 169:147-Sieg seiner Philadelphia Warriors gegen die New York Knicks. 46 Sekunden vor Schluss machte Chamberlain die 100 perfekt. Eine Schallmauer, die wohl nie wieder durchbrochen wird. Am nächsten kam Kobe Bryant mit 81 erzielten Punkten in einem Spiel im Jahr 2006. Von seinen 63 Würfen traf Chamberlain 36 für zwei Punkte ins Ziel – die Drei-Punkte-Linie in der NBA wurde erst im Jahr 1979 übernommen. Hinzu kamen 28 (von 32) verwandelte Freiwürfe. Für Chamberlain war vor allem die gute Freiwurfquote eine große Überraschung. „Ich bin der schlechteste Freiwerfer der Welt. An diesem Abend traf ich 87,5 Prozent, das zeigt, dass jeder einmal Glück haben kann", blickte Chamberlain in seiner Biografie *Wilt* auf sein 100-Punkte-Spiel zurück. Die insgesamt 316 erzielten Punkte im Spiel zwischen den Philadelphia Warriors und den New York Knicks sind ebenso ein Rekord, der in Stein gemeißelt scheint. Dass Chamberlain, der in seiner Karriere sechsmal mehr als 70 Punkte warf, an diesem Abend ein 100-Punkte-Spiel ablieferte, lag nicht nur am schlechten Gegner, sondern auch an seinen Teamkameraden. „Meine Mitspieler wollten es so. Sie gaben mir immer wieder den Ball, obwohl sie völlig freie Würfe hatten. Ich denke, ich habe wirklich zu viel geworfen, vor allem im vierten Viertel, als jeder wollte, dass ich 100 Punkte mache", sagte Chamberlain.

3. März 1875

Das erste Eishockeyspiel in der Halle

Wenn es um die beliebtesten Wintersportarten geht, dann liegt Eishockey sehr weit vorne. Wobei: Längst ist Eishockey eine Ganzjahressportart, da es nicht wie zur Anfangszeit im Freien gespielt wird, sondern in der Halle. Das erste offizielle Eishockeyspiel in der Halle fand – wie soll es auch anders sein – im Mutterland der Sportart statt: in Kanada. Im Victoria Skating Ring in Montreal trafen sich zwei Mannschaften mit neun Spielern und Schiedsrichter, um „Hockey", so wie die Sportart in Kanada und den USA heißt, zu spielen. Initiiert wurde das Spiel von James Creighton, einem 24-jährigen Ingenieur, der Mitglied des Victoria Skating Clubs und gleichzeitig Eiskunstlaufschiedsrichter war. Creightons Idee: Man könne doch die Eishalle, Victoria Skating Ring, welche den Eiskunstläufern vorbehalten war, doch auch für Eishockey nutzen. Und so organisierte Creighton ein Spiel, bestehend aus Mitgliedern aus dem Victoria Skating Club und einigen Studenten der McGill University. Gespielt wurde wie heute üblich über 60 Minuten sowie mit einem hölzernen Puck, um die Gefahr für Zuschauer zu minimieren. Wie viele Zuschauer in den Victoria Skating Ring kamen, ist unbekannt. Die Zeitung *Montreal Gazette* schrieb von „einer sehr großen Zuschauerzahl". Das Ergebnis des Spiels (2:1 für das Team von Initiator Creighton) war reine Nebensache. Wichtig ist, dass dieser Tag als Geburtsstunde des Halleneishockeys gilt. Die Eisfläche bei Eishockeyspielen orientiert sich bis heute an den Abmessungen des Victoria Skating Rings. „Das Spiel wurde um halb zehn beendet und die Zuschauer zogen sich, mit der Unterhaltung des Abends sehr zufrieden, zurück", schrieb die *Montreal Gazette*.

4. März 1989

Der Wunderspringer Javier Sotomayor

Olympiasieger, mehrmaliger Weltmeister, eine Ikone. Es gibt wenige Leichtathleten, die eine Disziplin so geprägt haben wie Javier Sotomayor. Der Kubaner ist der Wunderspringer im Hochsprung und der wohl größte Sportstar, den Kuba hatte. Seine beiden Weltrekorde, Freiluft und in der Halle, haben auch mehr als 30 Jahre nach dem Aufstellen immer noch Bestand. Bei der Hallen-Weltmeisterschaft am 4. März 1989 in Budapest gelang Sotomayor ein Sprung über 2,43 Meter – Weltmeistertitel und Weltrekord. Sotomayor sprang einen Zentimeter höher als der alte Weltrekord vom deutschen Wunderspringer Carlo Thränhardt. 1993 verbesserte der Kubaner auch seinen eigenen Freiluftrekord auf die unfassbare Höhe von 2,45 Meter. „Schon mit 14 Jahren bin ich zwei Meter gesprungen und ab diesem Moment habe ich mich der Aufgabe gewidmet, der Beste zu werden. Als ich mit 16 Jahren 2,33 Meter übersprang, hielt ich mich, ohne es gewesen zu sein, für den Besten der Welt. Ich hatte Glück und die erforderliche Qualität", sagte Sotomayor im Interview mit dem *Spiegel* über sein Talent fürs Hochspringen. Dabei litt der Mann für die großen Höhen zunächst an Höhenangst. „Das stimmt, aber ich konnte sie später komplett überwinden." Ein Fallschirmsprung half, um seine Angst zu überwinden. Sotomayor glaubt, dass er dank der technischen Entwicklung heutzutage noch höher gesprungen wäre als zu seiner besten Zeit: 2,47 oder 2,48 Meter. Dass sein Hallenweltrekord sowie der in der Freiluft heute immer noch Bestand haben, überrascht Sotomayor.

5. März 1993
Ben Johnson wird lebenslang gesperrt

Dieses Foto ging um die Welt. Als Ben Johnson im 100-Meter-Finale bei den Olympischen Sommerspielen 1988 in Seoul in der Weltrekordzeit von 9,79 Sekunden über die Ziellinie lief, hob er triumphierend den Zeigefinger. Der Kanadier hatte seinen großen Widersacher, den US-Amerikaner Carl Lewis, nach dem WM-Titel ein Jahr zuvor ein weiteres Mal bezwungen. Drei Tage später kam die Gewissheit: Johnson war beim Rennen mit dem anabolen Steroid Stanozolol gedopt. Olympiasieg und Weltrekord waren damit futsch. Dabei hatte er nach dem Rennen noch getönt: „Dieser Rekord wird fünf Jahre halten – oder sogar 100 Jahre." Der Dopingfall um Ben Johnson war der bislang größte Skandal in der Olympiageschichte. Im Rückblick war dieses Olympiafinale das „schmutzigste Rennen aller Zeiten", da sich später herausstellte, dass neben Johnson sechs der acht Finalläufer während ihrer Karriere verbotene Substanzen zu sich nahmen. Die Goldmedaille ging zwar an Carl Lewis, doch auch um ihn hielten sich hartnäckige Dopinggerüchte. Johnson wurde zum Synonym für die dopingverseuchte Leichtathletik zur damaligen Zeit. „Die ganze Welt hat mich als Verlierer abgestempelt und als Betrüger, aber ich war nicht der Einzige, der betrogen hat. Alle wussten es, aber ich war der Einzige, auf den gezeigt wurde", sagte Johnson. Nach einer zweijährigen Sperre nach der positiven Probe in Seoul wollte es der Kanadier noch einmal wissen. Er lief jedoch hinterher. Bei den Olympischen Sommerspielen 1992 in Barcelona schied er als Letzter seines Halbfinallaufs aus. Nachdem Johnson bei einem Rennen in Montreal im Jahr 1993 erneut des Dopings überführt wurde, zog der Leichtathletikweltverband Konsequenzen und sprach eine lebenslange Sperre gegen Johnson aus. Alle Versuche des Kanadiers, das lebenslange Startverbot anzufechten, scheiterten, sodass Johnson neben Lance Armstrong als der größte Dopingsünder in die Sportannalen einging. Später gestand Johnson, dass er seit 1981 verbotene Mittel zu sich genommen habe, weil es damals alle getan haben. „Warum sollte ich hart trainieren und sauber sein, wenn die anderen es nicht sind? Im Fernsehen hast du nie gesehen, wie wir uns für den Erfolg gequält haben. Wir haben unsere Körper an die Grenze getrieben", sagte Johnson.

6. März 1964
Cassius Clay wird zu Muhammad Ali

Wenn es um den populärsten, größten und einflussreichsten Sportler des 20. Jahrhunderts geht, dann kommt man an seinem Namen nicht vorbei: Muhammad Ali. Für viele ist er nicht nur der größte Boxer aller Zeiten, sondern auch die größte Sportpersönlichkeit der Geschichte. 61 Kämpfe, 56 Siege, mehrmaliger Weltmeister. Muhammad Ali hat 20 Jahre das Schwergewichtsboxen geprägt. „Schwebe wie ein Schmetterling, stich wie eine Biene", „Ich bin der Größte" oder: „Es ist schwer, bescheiden zu sein, wenn man so großartig ist, wie ich es bin." Ali kämpfte nicht nur mit seinen Fäusten, sondern auch mit Worten. Dabei begann seine Karriere nicht als Muhammad Ali, sondern unter seinem bürgerlichen Namen Cassius Marcellus Clay. Wenige Tage nachdem Ali als Cassius Clay nach seinem 20. Kampf erstmals Schwergewichtsweltmeister wurde, kündigte er seinen Namenswechsel an. Er bekannte sich zur religiösen Organisation „Nation of Islam" und nannte sich fortan Muhammad Ali. „Cassius Clay ist ein Sklavenname. Ich habe ihn nicht gewählt, und ich will ihn nicht. Ich bin Muhammad Ali, der

Name eines Freien, und ich verlange, dass ihn die Leute verwenden, wenn sie mit mir und über mich reden", sagte Ali. Fortan kämpfte der US-Amerikaner unter seinem neuen Namen, unter dem er schließlich weltberühmt wurde. Als Ali 1967 den Wehrdienst verweigerte, wurde ihm nicht nur der Titel aberkannt, sondern er wurde auch vom Boxsport ausgeschlossen und zu einer fünfjährigen Gefängnisstrafe verurteilt – jedoch auf Bewährung. Mit seiner Haltung zum Vietnamkrieg entwickelte sich Ali zur politischen Figur. „Ich habe keinen Streit mit dem Vietcong. Kein Vietcong hat mich jemals Nigger genannt", sagte Ali und begründete die Verweigerung des Wehrdiensts wie folgt: „Nein, ich werde nicht 10.000 Meilen von zu Hause entfernt helfen, eine andere arme Nation zu ermorden und niederzubrennen, nur um die Vorherrschaft weißer Sklavenherren über die dunkleren Völker der Welt sichern zu helfen." Im Oktober 1970 durfte Ali nach jahrelangem Rechtsstreit wieder in den Boxring und wurde später auch freigesprochen. In den nächsten Jahren lieferte er sich etliche Ringschlachten mit anderen Boxern, unter anderem den „Fight of the Century", den „Rumble in the Jungle" und den „Thrilla in Manila".

7. März 2016
Das Dopinggeständnis von Maria Sharapova

Als Maria Sharapova in Los Angeles eine Pressekonferenz einberief, dachte man an ein mögliches Karriereende oder an eine neue Geschäftsidee der ehemaligen Weltranglistenersten im Tennis. Stattdessen überraschte Sharapova mit der Aussage, dass sie nach dem verlorenen Australian-Open-Viertelfinale gegen Serena Williams im Januar 2016 positiv auf das Dopingmittel Meldonium getestet wurde. „Ich habe einen großen Fehler gemacht", räumte die Russin ein. Sie habe jahrelang das Herzmittel Meldonium genommen, das bis Ende 2015 nicht auf der Dopingliste gestanden hatte. „Ich habe nicht auf die Liste geschaut", erklärte Sharapova im Hinblick darauf, dass Meldonium mit Beginn 2016 auf die Dopingliste gesetzt wurde. Sharapova wurde zunächst rückwirkend für zwei Jahre gesperrt. Nach ihrem Einspruch wurde die Sperre um neun Monate verkürzt. Am 26. April 2017 kehrte Sharapova beim WTA-Turnier in Stuttgart auf die Tennisbühne zurück. Nach der Dopingsperre konnte Sharapova, die insgesamt fünf Grand-Slam-Turniere gewann und insgesamt 21 Wochen die Weltrangliste anführte, an ihre Glanzzeiten nicht mehr anknüpfen. Sie gewann nur noch ein WTA-Turnier und beendete am 26. Februar 2020 ihre Karriere. „Wie lässt man das einzige Leben zurück, das man je gekannt hat? Ich habe mein Leben dem Tennis gegeben. Tennis hat mir die Welt gezeigt", sagte Sharapova, die durch ihren Wimbledon-Sieg im Alter von 17 Jahren zum Weltstar des Sports aufstieg.

8. März 1971
Muhammad Ali, Joe Frazier und der „Fight of the Century"

Nachdem sich Cassius Clay in Muhammad Ali umbenannte und nach dreijähriger Sperre wieder in den Boxring durfte, machte er zunächst da weiter, wo er aufgehört hatte: mit Siegen. Ali gewann seine Kämpfe Nummer 30 und 31, ehe es zum Duell mit Joe Frazier kam. Frazier schnappte sich in Abwesenheit von Ali die Titel der Boxverbände WBA und WBC. Für viele galt Frazier, Kampfname „Smokin' Joe", aber als Schwergewichtsweltmeister, der nur den Platz für den wahren Champion, eben Muhammad Ali, warm hielt. Beide bislang ungeschlagenen Boxer bekamen für den Kampf 2,5 Millionen US-Dollar – eine schwindelerregende Summe für damalige Verhältnisse. Ali heizte das Duell mit Beleidigungen gegenüber Frazier zusätzlich an. Der Kampf wurde im Vorfeld als „Fight of the Century" angekündigt, und er hielt Wort. Die Zuschauer im altehrwürdigen Madison Square Garden in New York bekamen einen hochspannenden Kampf geboten, den Frazier im Laufe der Zeit immer mehr dominierte. Den K. o. konnte Ali zwar mit letzter Kraft vermeiden, doch nach 15 spektakulären Runden war das Urteil eindeutig: einstimmiger Punktsieg für Frazier, der damit seine WM-Gürtel behielt und Ali die erste Niederlage zufügte. „Ich hasse Niederlagen. Aber sind Niederlagen das Ende? Eine Niederlage kann eine wertvolle Erfahrung sein, und trotzdem möchte ich lieber als Sieger aufhören", schrieb Ali in seiner Biografie über den „Fight of the Century". Die Niederlage gegen Frazier machte Ali menschlich. In den folgenden Jahren entwickelte sich Ali zu einem der beliebtesten Sportler weltweit. Gegen Frazier trat Ali noch zwei weitere Male an, beide Male siegte er. Unvergessen ist das dritte Duell am 1. Oktober 1975, das als „Thrilla in Manila" in die Boxgeschichte einging.

9. März 1986
Die Mega-Aufholjagd der Kölner Haie

Acht Meisterschaften im Eishockey konnte der Kölner EC „Die Haie" e. V. seit seiner Gründung im Jahr 1972 gewinnen. Seit 1994 heißt der Verein so, wie er berühmt wurde: Kölner Haie. An ein Match denken die Fans der Kölner Haie besonders gerne zurück. Und zwar an das zweite Spiel in der Finalserie um die Meisterschaft 1986 – ausgerechnet beim Erzrivalen, der Düsseldorfer EG. Die Kölner Haie lagen an der Brehmstraße in Düsseldorf nach dem zweiten Drittel mit 1:5 zurück und starteten im letzten Abschnitt eine Mega-Aufholjagd. Zwischen der 48. und 55. Minute gelang den Haien, bei dem der deutsche Rekordnationalspieler Udo Kießling sowie der spätere NHL-Profi Uwe Krupp spielten, fünf Treffer. Endstand: 6:5! Der Düsseldorfer Stadionsprecher hatte die Fans dabei schon aufgerufen, sich Tickets für das vierte Finalspiel zu holen. Besonders bitter für Düsseldorf: Sie hatten bereits das erste Finalspiel in Köln ebenfalls mit 5:6 verloren. Im dritten Drittel führten die Düsseldorfer mit 5:3, auch hier kam Köln zurück und schoss in der Schlussminute das Siegtor. Nach dem zweiten 6:5-Sieg hatten die Kölner Haie die Moral des Erzrivalen gebrochen. Im dritten Spiel siegten die Haie mit 6:1 und holten ihre vierte Meisterschaft. Es war zudem der Beginn der erfolgreichsten Ära in der Vereinsgeschichte der Kölner Haie, die auch in den beiden Jahren danach die Meisterschaft gewannen.

10. März 1998
„Ich habe fertig": Die Wutrede von Giovanni Trapattoni

Als Giovanni Trapattoni, Trainer beim FC Bayern München, an einem Dienstagnachmittag vor die Presse trat, erwartete man das übliche Frage- und Antwortspiel mit den Journalisten. Stattdessen brach es aus dem Italiener heraus. Er redete sich emotional seinen Frust von der Seele und erlangte damit nicht nur im Fußball Kultstatus. Sein Team hatte zwei Tage zuvor am 25. Spieltag gegen den FC Schalke mit 0:1 verloren und somit das dritte Spiel in Folge in der Bundesliga verloren. Mit sieben Punkten Rückstand auf den Tabellenführer 1. FC Kaiserslautern war die Titelverteidigung außer Reichweite. Nach der Pleitenserie kritisierten einige Bayern-Spieler Trapattoni öffentlich. Auf der Pressekonferenz legte Trapattoni dann einen dreiminütigen Auftritt hin und schuf mit seinem gebrochenen Deutsch Wortkreationen und Aussprüche, die mittlerweile fester Bestandteil der deutschen Sprache sind. Hier der letzte Teil der denkwürdigen Trapattoni-Rede im Wortlaut: „Ein Trainer ist nicht ein Idiot! Ein Trainer sehen, was passieren in Platz. In diese Spiel es waren zwei, drei oder vier Spieler, die waren schwach wie eine Flasche leer! Strunz! Strunz ist zwei Jahre hier, hat gespielt zehn Spiele, ist immer verletzt. Was erlauben Strunz? Letzte Jahre Meister geworden mit Hamann eh ... Nerlinger. Diese Spieler waren Spieler und waren Meister geworden. Ist immer verletzt! Hat gespielt 25 Spiele in diese Mannschaft, in diesem Verein! Muss respektieren die andere Kollegen! Haben viel nette Kollegen, stellen sie die Kollegen in Frage! Haben keinen Mut an Worten, aber ich weiß, was denken über diese Spieler! Mussen zeigen jetzt, ich will, Samstag, diese Spieler mussen zeigen mich e seine Fans, mussen allein die Spiel gewinnen. Ich bin müde jetzt Vater diese Spieler, eh, verteidige immer diese Spieler! Ich habe immer die Schulde über diese Spieler. Einer ist Mario, einer, ein anderer ist Mehmet! Strunz dagegen egal, hat nur gespielt 25 Prozent diese Spiel! Ich habe fertig!" Die Aussprüche „Was erlauben Strunz?", „Flasche leer" und: „Ich habe fertig", entwickelten sich zu geflügelten Wörtern. „Ich bin eben ein spontaner Mensch. Zunächst war ich zurückhaltend, doch plötzlich ging mein Temperament mit mir durch", sagte Trapattoni über seine Wutrede. Dass er mit seinem Ausspruch „Ich habe fertig" in einem Band mit historischen Zitaten steht, macht den Italiener stolz. „Dort steht es nun neben Zitaten wie ‚I have a dream' von Martin Luther King, um nur eines zu nennen. Nicht schlecht", sagte Trapattoni. Thomas Strunz wurde wegen der Wutrede zum Symbolbild der satten Bayern-Spieler. „Sein Name war überall, die Öffentlichkeit und die Medien machten sich lustig über ihn. Das war nicht meine Absicht gewesen. Ich denke, Thomas und alle meine Spieler können heute über meinen Auftritt lachen", sagte Trapattoni rückblickend.

11. März 1991
Monica Seles stößt Steffi Graf vom Weltranglistenthron

Nicht einmal zwei Jahre nach ihrem ersten Turniersieg auf der WTA-Tour avancierte Monica Seles im Alter von 17 Jahren und drei Monaten erstmals zur Nummer eins der Welt im Damentennis. Und nicht nur das: Die gebürtige Jugoslawin brach damit den Nummer-eins-Rekord von Tracy Austin als jüngste Weltranglistenerste. Den Rekord als jüngste Nummer eins verlor Seles sechs Jahre später an Martina Hingis. Seles löste Steffi Graf an der Spitze der Weltrangliste ab. Die Deutsche hatte zuvor die Spitzenposition 186 Wochen in Folge innegehabt. „Teenager sind gefüllt mit einer naiven Unbesiegbarkeit, die zu riesigen Leistungen führen kann. Das zeigt, welche Kraft der Verstand hat", sagte Seles über ihre riesengroßen Erfolge in jungen Jahren. „Es ist so, als ob das bereits passiert ist. Seitdem ich auf der WTA-Tour bin, hat jeder gesagt: ‚Sie ist die nächste Nummer eins.' Ich habe mich gewundert, wenn ich nicht die Nummer eins geworden wäre, wäre ich dann bloß eine weitere Überfliegerin. Aber nun habe ich es geschafft. Und ich möchte diese Position behalten, ich muss Turniere gewinnen, ansonsten könnte ich die kürzeste Nummer eins werden", erzählte Seles, nachdem sie den Tennisthron bestieg. In den folgenden Jahren entwickelte sich zwischen Seles und Graf ein großer Zweikampf um die Spitzenposition im Damentennis. Auf dem Höhepunkt ihres Erfolgs wurde Seles am 30. April 1993 beim Turnier am Hamburger Rothenbaum von einem gestörten Steffi-Graf-Fan mit einem Küchenmesser in den Rücken gestochen. Seles war insgesamt 178 Wochen die Nummer eins der Welt, 65 Wochen davon wurde sie neben Graf als Co-Nummer-eins geführt.

12. März 2003 🚴

Der tragische Tod von Andrey Kivilev führt zur Helmpflicht im Radsport

Es heißt das Rennen zur Sonne. Das Straßenradrennen Paris-Nizza gehört seit 90 Jahren zu den Klassikern im Radsport. Im Jahr 2003 wurde die Rundfahrt durch einen tödlichen Unfall überschattet. Auf der zweiten Etappe von La Clayette nach Saint-Étienne stürzte Andrey Kivilev 40 Kilometer vor dem Ziel und erlitt dabei schwere Kopf- und Gesichtsverletzungen. Der Kasache, Viertplatzierter bei der Tour de France 2001, wurde sofort ins nächstgelegene Krankenhaus gebracht. Kivilev fiel ins Koma. Eine Notoperation konnte dem 29-Jährigen nicht mehr das Leben retten. Am 12. März, wenige Stunden nach dem Unfall, verstarb Kivilev an den Folgen seines schweren Sturzes. Auf der dritten Etappe rollte das Starterfeld geschlossen ins Ziel, vorneweg die sieben Teamkollegen von Kivilev vom Rennstall Cofidis. Die Tragödie um Kivilev hätte verhindert werden können, wenn der Kasache bei seinem Sturz einen Helm getragen hätte. „Der Helm hätte die Bereiche der gebrochenen Schädeldecke abgedeckt und ihm vielleicht sein Leben retten können", teilte Jean-Jacques Menuet, der Teamarzt der französischen Cofidis-Mannschaft, mit. Nach dem Tod von Kivilev flammte die Diskussion um eine Helmpflicht im Radsport wieder auf. Diese sollte bereits im Jahr 1991 eingeführt werden, doch viele Fahrer protestierten bei der Paris-Nizza-Rundfahrt gegen diese Regelung. Kivilevs Tod sowie zwei weitere tödliche Stürze in den Jahren zuvor führten zum Umdenken. Wenige Wochen später wurde die Helmpflicht im Radsport vom Radsportweltverband UCI eingeführt. Zunächst gab es noch die Ausnahme, dass die Fahrer bei Bergankünften mit einem Anstieg von mindestens fünf Kilometern auf den Helm verzichten können. Diese Regelung wurde schließlich aber auch einkassiert, sodass die Radfahrer jedes Rennen komplett mit Helm bestreiten müssen.

13. März 2022 🏈
Tom Brady verkündet Rücktritt vom Rücktritt

Diese Nachricht hatte sich einige Tage zuvor abgezeichnet. Am 1. Februar 2022 machte es Tom Brady dann offiziell. Der erfolgreichste American-Football-Spieler der Geschichte verkündete sein Karriereende in der National Football League (NFL). „Ich habe meine NFL-Karriere geliebt, und jetzt ist es an der Zeit, meine Zeit und Energie auf andere Dinge zu konzentrieren, die meine Aufmerksamkeit erfordern. Meine Karriere war eine nervenaufreibende Reise, weit jenseits dessen, was ich mir hätte vorstellen können, und voller Höhen und Tiefen", schrieb der 44-Jährige in einem Brief. 20 Saisons spielte der größte Quarterback, den es je gab, für die New England Patriots, mit denen er sechsmal den Super Bowl gewann. Anschließend wechselte er zu den Tampa Bay Buccaneers. Gleich in seiner ersten Saison führte er die Buccaneers zum ersten Super-Bowl-Triumph. Nach der zweiten Saison mit den Buccaneers und dem Brechen sämtlicher Rekorde als Quarterback entschloss sich Brady, eine Woche nach der Play-off-Niederlage mit den Buccanners zu seinem Karriereende. „Ich habe in der vergangenen Woche viel nachgedacht und mir schwierige Fragen gestellt. Und ich bin so stolz auf das, was wir erreicht haben. Meine Teamkollegen, Trainer, Mitstreiter und Fans verdienen 100 Prozent von mir, aber im Moment ist es das Beste, wenn ich das Spielfeld der nächsten Generation von engagierten Sportlern überlasse", schrieb Brady. Das Ende einer glorreichen Sportkarriere war dies dann aber nicht. Nach nur 40 Tagen in Footballrente entschied sich Brady um und erklärte am 13. März seinen Rücktritt vom Rücktritt. „In den vergangenen zwei Monaten habe ich begriffen, dass mein Platz immer noch auf dem Feld ist und nicht auf der Tribüne. Diese Zeit wird kommen. Aber es ist nicht jetzt. Ich liebe meine Mitspieler und ich liebe meine Familie, die mich unterstützt. Sie machen das alles möglich. Ich komme zurück für meine 23. Saison in Tampa", sagte Brady über seine kurzen Tage im Ruhestand. Nach der dritten Saison mit den Tampa Bay Buccaneers, in der der Star-Quarterback in der ersten Play-off-Runde scheiterte, machte Brady im Alter von 45 Jahren endgültig Schluss. „Ich höre auf, endgültig dieses Mal. Ich weiß, dass es beim letzten Mal ein großes Tamtam gegeben hat. Als ich heute Morgen aufgewacht bin, habe ich gedacht: Ich drücke jetzt einfach auf den Aufnahmeknopf und lasse euch das wissen. Wird nicht zu lange dauern; man kriegt nur einen superemotionalen Essay am Karriereende, und ich hatte meinen schon letztes Jahr. Danke an alle, dass ich meinen Traum leben durfte", sagte Brady genau ein Jahr nach seinem ersten Rücktritt mit tränenerfüllter Stimme.

14. März 1987
Katharina Witt läuft die Kür ihres Lebens

Im Alter von 14 Jahren ging ihr Stern bei der Eiskunstlauf-Weltmeisterschaft in Dortmund auf, mit 16 Jahren gewann sie Silber bei der Weltmeisterschaft, und mit 21 Jahren war sie auf dem Zenit angekommen. Katharina Witt absolvierte im Jahr 1987 bei der Eiskunstlauf-Weltmeisterschaft in Cincinnati die Kür ihres Lebens. Bereits beim Training schauten 5.000 Zuschauer in der Halle zu, was Witt extra motivierte. „Das macht einige Eisläufer eher nervös. Ich wiederum hasse leere Bänke – auch im Training. Wohin soll ich denn lächeln? Wen darf ich anflirten? Die leere Halle? Nee, danke", sagte die Ostdeutsche. Nach dem Pflichtprogramm lag Witt nur auf Platz fünf. Doch nach einem erfolgreichen Kurzprogramm schob sie sich auf den zweiten Platz, um schließlich mit der Kür ihres Lebens zum dritten Mal nach 1984 und 1985 Weltmeisterin zu werden. „Das Ende erlebe ich fast wie in Trance, habe das Gefühl, durchs Programm zu fliegen und die Zuschauer tragen mich noch zum letzten Doppel-Axel. Es klappt einfach alles. Es wird meine technisch schwierigste und wertvollste Kür meiner gesamten Karriere sein und bleiben. Nach meiner Kür bekomme ich vom Publikum eine Standing Ovation und hätte am liebsten jeden einzeln in der gesamten Halle umarmt", schilderte Witt, die zum Song *I like to be in America* aus dem Film *West Side Story* das Publikum und die Kampfrichter begeisterte.

15. März 2015
Max Verstappen wird jüngster Formel-1-Fahrer

Zu jung, um ein Auto zu fahren, aber alt genug, um in einem Formel-1-Wagen zu sitzen. Als die Formel-1-Saison 2015 mit dem Großen Preis von Australien in Melbourne begann, richteten sich die Augen vor allem auf Max Verstappen. Mit 17 Jahren und 166 Tagen wurde der Niederländer zum jüngsten Fahrer in der Formel-1-Geschichte. Verstappen hatte das Benzin im Blut von seinem Vater Jos vererbt bekommen, der 107 Rennen in der Königsklasse des Motorsports fuhr. Verstappen ging in Melbourne für den Rennstall Toro Rosso an den Start und zeigte im Qualifying, dass er bereits im Teenageralter einer der besten Fahrer ist: Platz 12 von 20 Startern. „Ich bin gut vorbereitet und bereit. Es kann losgehen, ich kann es kaum erwarten. Meine Vorbereitung war extrem professionell. Ich muss auf der Strecke beweisen, dass mein Alter keine Rolle spielt", zeigte sich Verstappen vor dem Rennwochenende zuversichtlich. Vor dem Rennen hagelte es aber auch viel Kritik bezüglich der Entscheidung, aus einem minderjährigen Teenager einen Formel-1-Fahrer zu machen. „Eine Formel-1-Karriere sollte man nicht einfach wie ein verfrühtes Weihnachtsgeschenk bekommen. Das ist noch schlimmer, als wenn 18-jährige Jungs zum Geburtstag einen Ferrari bekommen – denn Max bekommt schon mit 17 das beste Spielzeug der Welt", urteilte Ex-Weltmeister Jacques Villeneuve. Dass es in der Formel 1 nicht nur auf das fahrerische Talent, sondern auch auf einen zuverlässigen Wagen ankommt, bekam der 17-Jährige bei seinem Debütrennen zu spüren. In der 34. Runde schied Verstappen, zwischenzeitlich Neunter im Rennen, mit einem Motorschaden aus. Das Label „der Jüngste" zog sich durch die weitere Karriere des Niederländers. Verstappen wurde der jüngste Fahrer, der in die Punkteränge fuhr (17 Jahre und 180 Tage) sowie der jüngste Sieger eines Formel-1-Rennens (18 Jahre und 228 Tage). Sebastian Vettel als jüngsten Formel-1-Weltmeister abzulösen, verpasste das Wunderkind des Motorsports hingegen.

16. März 1996

Mike Tyson wird nach Gefängnisstrafe wieder Boxweltmeister

Nachdem Mike Tyson am 11. Februar 1990 sensationell alle seine drei Weltmeistertitel im Schwergewicht durch eine K.-o.-Niederlage gegen James „Buster" Douglas verloren hatte, folgte auch in seinem Privatleben der nächste Tiefschlag. Tyson wurde 1992 aufgrund von Indizien der Vergewaltigung schuldig gesprochen. Das Urteil: sechs Jahre Haft, drei davon auf Bewährung. Als Tyson aus dem Gefängnis entlassen wurde, wollte er allen noch einmal zeigen, dass er der beste Schwergewichtsboxer ist. Nach zwei klaren Siegen bekam Tyson seinen Weltmeisterschaftskampf im Verband WBC gegen Frank Bruno zugesprochen – im Box-Mekka Las Vegas mit einer unglaublichen Gage von 30 Millionen US-Dollar. Den Briten hatte Tyson im Jahr 1989 durch technischen Knock-out in der fünften Runde besiegt.

Und auch in diesem Kampf beherrschte „Iron Mike" seinen Gegner nach Belieben. Nach drei Runden brach der Ringrichter den ungleichen Kampf ab – technischer Knock-out. Tyson, der „baddest man on the planet", hatte es wieder geschafft: Weltmeister im Schwergewicht. „Ich ging von der ersten Runde an auf den Knockout. Ich feuerte einen Haufen Schläge ab, weil ich wusste, dass Bruno sich meiner Power nicht widersetzen konnte", sagte Tyson, der Bruno damit in Boxrente schickte. „Mike Tyson war besser, als ich dachte", zeigte sich der Brite nach der Niederlage überrascht über die Schlagkraft von Tyson, die er im Vergleich zu ihrem ersten Kampf sieben Jahre zuvor überhaupt nicht eingebüßt hatte.

17. März 1994
Weltrekord: Toni Nieminen fliegt über 200 Meter

Skispringen ist eine der komplexesten Sportarten. Es kommt immer wieder vor, dass Skispringer, die in einer Saison dominieren, danach abstürzen. Toni Nieminen ist einer von ihnen. Der Finne wurde gefeiert als Wunderkind. Im Alter von 16 Jahren sprang Nieminen in der Weltcupsaison 1991/1992 in einer eigenen Liga. Er gewann insgesamt acht Springen, darunter drei bei der Vierschanzentournee, die er damit auch deutlich gewann. Bei den Olympischen Winterspielen 1992 in Lillehammer gewann er die Goldmedaille von der Großschanze sowie mit der Mannschaft. Nach seiner Fabelsaison folgte der Absturz, auch weil er körperliche Probleme bekam, da er noch nicht ausgewachsen war, sowie auch die Motivation fehlte. „Es ist eine sehr lange Geschichte, zu erzählen, warum ich an meine Siege 1992 bei Olympia und im Gesamtweltcup nicht mehr anknüpfen konnte. Es waren vor allem zwei Dinge, die weitere größere Erfolge verhinderten: mein Kopf – und der Druck von außen. Ich wollte einfach Spaß haben, wie jeder andere junge Mensch in meinem Alter. Wahrscheinlich war mein sportlicher Erfolg zu früh gekommen, und ich konnte nun dem Druck nicht mehr standhalten", sagte er gegenüber *nordicsports*. Ein dickes Ausrufezeichen setzte Nieminen dann doch noch einmal in seiner Karriere. Beim Weltcup auf der Skiflugschanze in Planica in Slowenien gelang dem damals 18-Jährigen ein historischer Sprung. Nieminen flog als erster Springer über 200 Meter und landete bei 203 Metern. Kurz zuvor sprang der Österreicher Andreas Goldberger auf 202 Meter, doch er musste mit beiden Händen in den Schnee greifen, sodass dieser Sprung nicht als gültiger Versuch anerkannt wurde. Dann kam Nieminen und segelte zum neuen Weltrekord. „Es war windig und sehr warm, eigentlich zu warm. Im Aufzug zur Schanze hinauf sah ich Andreas Goldberger. Von seinem Missgeschick bei dem Rekordsprung hatte ich schon gehört. Er tat mir leid, doch auf mich wirkte er trotzdem zufrieden und glücklich. An einen Rekordsprung dachte ich nicht. An den Sprung selbst kann ich mich nicht mehr erinnern. Es ging einfach zu schnell. Aber es ist ein großartiges Gefühl gewesen, als ich auf der Anzeigetafel sah, dass ich über 203 Meter weit gesprungen bin", erinnerte sich Nieminen gegenüber *nordicsports*. Sein Rekordsprung hatte allerdings nur wenige Stunden Bestand. Einen Tag später flog der Norweger Espen Bredesen auf 209 Meter. Mittlerweile liegt der Skiflugweltrekord bei 253,5 Meter, aufgestellt vom Österreicher Stefan Kraft in Vikersund in Norwegen.

18. März 2012
Magdalena Neuner läuft ihr letztes Rennen

Kurz, aber gewaltig: So kann man die Biathlonkarriere von Magdalena Neuner zusammenfassen. Einen Monat nach ihrem 25. Geburtstag beendete die Deutsche ihre illustre Karriere: zwei Olympiasiege, zwölfmal Weltmeisterin und dreimal den Gesamtweltcup gewonnen. Zwischen 2007 und 2012 war Neuner das prägende Gesicht bei den Damen im Biathlon. In ihrem letzten Rennen im Massenstart beim Weltcup in Chanty-Mansijsk (Russland) belegte sie den sechsten Platz. Einen Tag zuvor hatte sich Neuner zum dritten Mal die Große Kristallkugel für den Gewinn des Gesamtweltcups gesichert. „Ich bin froh, dass ich dieses Rennen heute so genießen konnte – vom Anfang bis zum Schluss. Es fühlt sich nicht wie Abschied an. Jetzt beginnt etwas Neues", sagte Neuner nach ihrem letzten Rennen. Dass sie als Beste der Saison ihre Karriere beendete, machte die 25-Jährige sehr stolz. „Das ist ein richtig toller Abschluss. Die Große Kugel habe ich mir dieses Jahr echt verdient und es zeigt, dass ich die Beste bin. Da kann ich vielleicht noch leichter loslassen", sagte Neuner. Ihr frühes Karriereende begründete sie damit, dass sie eine Familie gründen wollte. „Ich bin mir sicher, dass ich nicht zurückkomme. Es war eine tolle Zeit, aber ich wollte immer auf dem Höhepunkt aufhören. Jetzt werde ich woanders Siege feiern." Und genau das tat die erfolgreichste deutsche Biathletin der Geschichte. Neuner ist dreifache Mutter und lebt ein „normales Leben" in ihrer Heimatstadt Wallgau.

19. März 1986 ⚽
Das Fußballwunder von der Grotenburg

FC Bayer 05 Uerdingen, dieser Fußballverein entwickelte sich in den 1980er-Jahren zum Kult. Nachdem Uerdingen im Jahr 1985 sensationell den DFB-Pokal im Finale gegen den FC Bayern München gewinnen konnte, bedeutete dies die Teilnahme am Europapokal der Pokalsieger. In der Bundesligasaison 1985/1986 spielten sich die Uerdinger in einen Rausch. In der Abschlusstabelle stand ein nie für möglich gehaltener Platz drei zu Buche. Für eine der größten Fußballstorys der deutschen Geschichte sorgte Uerdingen aber im Europapokal der Pokalsieger im Viertelfinale im deutsch-deutschen Duell gegen Dynamo Dresden, den Pokalsieger der DDR. Uerdingen ging mit der Bürde einer 0:2-Niederlage aus dem Hinspiel in Dresden ins Rückspiel in der Grotenburg-Kampfbahn, wie damals das Stadion in dem Stadtteil von Krefeld hieß. Aufgrund der Auswärtstorregel musste Uerdingen also mit drei Toren Abstand gewinnen, um ins Halbfinale einzuziehen. Das angespannte Verhältnis zwischen der Bundesrepublik Deutschland und der DDR verlieh diesem Duell noch zusätzliche Brisanz. Nachdem Uerdingen zur Halbzeit mit 1:3 zurücklag, waren die Chancen auf ein Weiterkommen gegen null. Mindestens fünf Tore hätte man in der zweiten Halbzeit schießen müssen – ein aussichtsloses Unterfangen. Und so verließen zahlreiche Uerdingen-Fans aus Enttäuschung die Grotenburg-Kampfbahn in der Annahme, dass nichts mehr passieren würde. Einige Fernsehzuschauer im *ZDF* reagierten wütend, da dieses Spiel – übrigens das erste Livespiel aus Uerdingen überhaupt – den Vorzug vor dem parallel stattfindenden Spiel des FC Bayern München im Europapokal der Landesmeister erhielt. Der Forderung nach dem Abbruch der Übertragung angesichts der drohenden Blamage gab das *ZDF* jedoch nicht nach. Diejenigen, die das Stadion verließen und den Fernseher ausschalteten, verpassten das vielleicht größte deutsche Wunder im Europapokal. „Jungs, auch wenn es aus und vorbei ist, blamiert euch nicht weiter, verabschiedet euch anständig aus dem Europapokal", sagte Uerdingen-Trainer Karl-Heinz Feldkamp zu seinen Spielern. Dann passierte in der zweiten Halbzeit das Wunder von der Grotenburg – was auch möglich wurde durch den verletzungsbedingten Ausfall des Dresdner Torhüters. Mit sechs Toren in 29 Minuten drehten die Uerdinger das Spiel. 7:3, Einzug ins Halbfinale. „Wir sind permanent nach vorne gerannt. Das war reinstes Harakiri.

Unsere Angriffe rollten wie Lawinen über die Dresdner her", erinnerte sich Uerdingen-Torwart Werner Vollack im Gespräch mit der *Welt*. Zum Matchwinner wurde Verteidiger Wolfgang Funkel, der drei Tore, zwei davon vom Elfmeterpunkt, erzielte. „Nach dem 4:3 habe ich gespürt, dass wir es schaffen können", sagte Funkel. Dresdens Frank Lippmann, der ein Tor erzielte, nutzte das Spiel zur Flucht in den Westen. Dabei hätte Lippmann wegen Disziplinlosigkeiten eigentlich zu Hause bleiben sollen. Doch die Stasi mischte sich ein und befahl die Nominierung. Lippmann flüchtete nach dem Spiel über die Hotelgarage und setzte sich nach Nürnberg ab, wo Verwandte von ihm lebten. „Das war der Zeitpunkt, an dem ich mir dachte: Wenn du es jetzt nicht machst, dann wohl nie", erinnerte sich Lippmann. Es war eine weitere unglaubliche Geschichte an diesem besonderen Pokalabend in der Grotenburg-Kampfbahn.

20. März 1993
Henry Maske wird Weltmeister und löst Boxboom in Deutschland aus

Dass der Boxsport in Deutschland in den 1990er-Jahren eine Renaissance erlebte, hat vor allem mit einem Namen zu tun: Henry Maske. Der gebürtige Brandenburger holte mit seinem Image als „Gentleman-Boxer" seine Sportart aus der Schmuddelecke in Deutschland. Im Kampf um die Weltmeisterschaft im Halbschwergewicht im Verband IBF stand Maske in Düsseldorf dem amtierenden Champion „Prince" Charles Williams gegenüber. Williams war seit mehr als fünf Jahren Weltmeister im Halbschwergewicht. Im vielleicht besten Kampf seiner Karriere boxte Maske taktisch klug und ließ den schlagstarken Williams am langen Arm verhungern. „Irgendwann habe ich ihn so weit gebracht, dass ich ihn führte und er nur Reagierender im Ring war", blickte Maske zurück. Nach den zwölf Runden und der Leistung des Deutschen war klar. Es musste einen neuen Weltmeister geben. Der Ringsprecher verkündete den klaren, einstimmigen Punktsieg: „Neuer Weltmeister: Henry Maske, Deutschland!" Es war die Geburtsstunde eines neuen Sportstars und der Beginn eines nie dagewesenen Boxbooms in Deutschland. „In den Monaten vor dem WM-Kampf waren viele der Meinung: Maske, der ist doch nur eine Eintagsfliege! Der schafft das sowieso nicht. Aber dadurch steigerte sich automatisch das Interesse, weil jeder eben wissen wollte, ob ich nicht doch den Titel hole. Die Neugier hat gesiegt – und am Ende hatte jeder, was er wollte. Deutschland seinen Weltmeister, ich war am Ziel meiner Träume und *RTL* hatte mit 3,6 Millionen Zuschauern endgültig den Beweis, dass man weiter auf Boxen setzen sollte", blickte Maske im Interview mit *spox.com* auf seinen ersten WM-Kampf zurück. Im Laufe der nächsten Jahre waren es bis zu 18 Millionen Zuschauer, die sich die Kämpfe von „Gentleman" Henry Maske nicht entgehen lassen wollten. Mit seinem kultivierten Auftreten und seinem eleganten Boxstil sprach Maske ein breites Publikum und vor allem auch viele Frauen an.

21. März 1982
Der besondere Tag von Lothar Matthäus

Der 21. März ist ein besonderer Tag im Leben von Lothar Matthäus. Er hat an diesem Tag nicht nur Geburtstag, er feierte an diesem Tag auch sein Startelfdebüt für die deutsche Fußball-Nationalmannschaft, und das gegen Brasilien im legendären Maracana-Stadion vor 170.000 Zuschauern. Kein deutsches Länderspiel fand jemals vor einer größeren Kulisse statt. Viel mehr geht nicht. Im Freundschaftsspiel gegen Brasilien sollte Matthäus an seinem 21. Geburtstag Brasiliens Spielmacher Zico, genannt der „weiße Pelé", ausschalten. Matthäus gelang dies blendend. Deutschland verlor zwar das Spiel in Brasilien mit 0:1, dennoch war Matthäus der gefeierte Spieler des Abends, da Zico gegen ihn keinen Stich sah. „Ein guter Mann muss das schon sein, sonst spielte er nicht in der Mannschaft der Deutschen", sagte Zico hinterher, der den Namen Matthäus zuvor noch nicht gehört hatte. Drei Tage später spielte die deutsche Nationalmannschaft in Argentinien. Und wieder wurde Matthäus eine besondere Aufgabe zuteil. Dieses Mal war sein Gegenspieler Diego Armando Maradona, der genauso wie Zico gegen Matthäus blass blieb. „Den Maradona habt ihr heute Abend doch genauso wenig gesehen wie den Zico, oder?", sagte Matthäus nach diesen beiden Spielen in seiner gewohnt forschen Art. Die Leistungen des Deutschen überzeugten auch Mannschaftskapitän Karl-Heinz Rummenigge. „Eine weitere Erkenntnis ist die, dass Lothar Matthäus in die enge Auswahl der Nationalmannschaft gehört, was vor den beiden Spielen nicht unbedingt als sicher gelten konnte. Sowohl gegen Zico als auch gegen Maradona war er der Sieger." Matthäus selbst avancierte wie Zico und Maradona zu einem Weltstar und ist mit 150 Einsätzen für Deutschland

Rekordnationalspieler. „Das waren meine ersten internationalen Ausrufezeichen. Es waren erste kleine Meilensteine", sagte Matthäus über die beiden Startelfdebüts in der deutschen Nationalmannschaft.

22. März 1973
Chris Evert gegen Martina Navratilova:
Die größte Rivalität im Damentennis beginnt

Keine Frage: Martina Navratilova gegen Chris Evert ist die Mutter aller Rivalitäten im Tennis. Kein Duell gab es im Profitennis häufiger. Zwischen 1973 und 1988 spielten die beiden 80-mal gegeneinander, 60 Matches waren Endspiele. Navratilova beschrieb die Rivalität als das „amerikanische Mädchen von nebenan gegen die muskulöse Lesbe". Die Bilanz spricht mit 43:37 für Navratilova, die auch die wichtigen Spiele meist für sich entschied. 14-mal trafen sich Navratilova und Evert in einem Grand-Slam-Finale, zehnmal siegte Navratilova. In ihrem allerersten Duell spielten die beiden Tennisikonen aber nicht in einem Endspiel gegeneinander, sondern in der ersten Runde, beim Turnier in Akron im US-Bundesstaat Ohio. Evert, damals 18 Jahre alt, siegte gegen die 16-jährige Navratilova mit 7:6, 6:3 und gewann schließlich das Turnier. „Das Schöne an unserer Rivalität war nicht nur, dass wir so oft gegeneinander gespielt haben, sondern der Kontrast. Wir waren wie Tag und Nacht. Sie war aggressiv, ich war eine Konterspielerin. Sie war muskulös, ich nicht. Sie kam aus einem kommunistischen Land, ich war eine Amerikanerin aus dem Land der Freiheit. Sie war emotional, ich war cool", sagte Evert über die gemeinsame Rivalität. Auch für Navratilova zählen die vielen Duelle mit Evert zur größten Sportrivalität der Historie. „Ohne Zweifel ist sie das. Es ist die Langlebigkeit. Du hast Qualität und Quantität. Die meiste Zeit waren wir die Nummern eins und zwei. Es war einzigartig. Es ist schwer, das zu kopieren." Ein Match zwischen Evert und Navratilova stach besonders wegen seiner Kuriosität hervor. Es war das 41. Duell zwischen den beiden – 1981 im Finale des Sandplatzturniers in Amelia Island. Evert verpasste ihrer ewigen Rivalin Navratilova den „Double Bagel", also ein 6:0, 6:0. Es war das erste Mal, dass eine ehemalige Nummer eins die Höchststrafe erhielt.

23. März 2022
Das überraschende Karriereende von Ashleigh Barty

Dieser Rückzug verblüffte die Tenniswelt. Ashleigh Barty verkündete ihr sofortiges Karriereende – und das als aktuelle Weltranglistenerste. „Heute ist ein schwerer Tag voller Emotionen für mich, weil ich meinen Rücktritt vom Tennis bekannt gebe", sagte Barty einen Monat vor ihrem 26. Geburtstag – kein Alter für eine Tennisspielerin. „Ich habe das nicht mehr in mir. Den physischen Antrieb, dieses emotionale Verlangen und alles, was es braucht, um dich selbst der absoluten Spitze zu stellen. Ich bin verbraucht. Ich habe alles gegeben und das ist für mich Erfolg. Ich bin sehr glücklich damit. Ich weiß, dass Leute das womöglich nicht verstehen. Das ist okay", begründete die Australierin ihre Entscheidung. Zu diesem Zeitpunkt führte sie die Weltrangliste 114 Wochen in Folge an. Barty hatte wenige Wochen zuvor Geschichte geschrieben, als sie als erste Australierin nach 44 Jahren die Australian Open gewinnen konnte. Neben dem Heimtitel in Australien siegte sie auch in Wimbledon und bei den French Open. Der Finalerfolg bei den Australian Open war das letzte Match in der Karriere von Barty. Neben Pete Sampras ist die Australierin die zweite Spielerin, die ihre Karriere mit einem Grand-Slam-Titel im Einzel beendet hat.

24. März 1973
Der erste Trikotsponsor in der Fußball-Bundesliga

Werbung ist im professionellen Sport nicht mehr wegzudenken, vor allem im Fußball. Mittlerweile wird alles vermarktetet, was möglich ist: vom Stadionnamen bis zu Banden im Stadion. Trikotsponsoring gibt es in der Fußball-Bundesliga seit 1973. Eintracht Braunschweig war der erste Verein, der sein Trikot vermarkten ließ. Ein Hubertus-Hirsch mit einem Kreuz darüber sollte die Trikots der Braunschweiger Spieler zieren. Das Logo gehörte zur Marke *Jägermeister* – ein Kräuterlikör. Als Eintracht Braunschweig mit der Idee an den Deutschen Fußball-Bund (DFB) herantrat, war dieser empört. Ein Trikotsponsoring wäre nicht mit den Werten des deutschen Fußballs vereinbar, so die Devise des Deutschen Fußball-Bundes. Die Aufschrift Jägermeister dürfe unter keinen Umständen zu sehen sein. Der Fall sorgte für bundesweites Aufsehen, er landete schließlich vor dem Bundesgerichtshof. „Die Schiedsrichter hatten den Auftrag, nicht anzupfeifen, wenn ein Jägermeister-Trikot zu sehen war. Aber das war das, was ich wollte, denn dadurch wurde ja diskutiert", schilderte Jägermeister-Chef Günter Mast die Situation. Mast wollte aber unbedingt die Jägermeister-Werbung auf den Braunschweig-Trikots unterbringen. Und Eintracht Braunschweig brauchte unbedingt Geld. Mast und der Verein kamen schließlich auf eine Idee, wie sie das DFB-Verbot umgehen könnten. In der Vereinssatzung machten sie aus dem Löwen, das eigentliche Wappentier von Eintracht Braunschweig, den Hubertus-Hirsch von Jägermeister zum neuen Vereinsemblem. Der Jägermeister-Schriftzug sollte zwar nicht zu sehen sein auf den Trikots, aber aufgrund der Bekanntheit der Marke und des gestiegenen öffentlichen Interesses war allen klar, dass es eine indirekte Werbung für Jägermeister war. Mast soll 100.000 D-Mark für das Sponsoring bezahlt haben. Der DFB stimmte zähneknirschend zu, sodass Eintracht Braunschweig im Heimspiel gegen den FC Schalke 04 zum ersten Bundesligaverein mit Trikotsponsoring wurde – wenn auch indirekt. Das Ergebnis des Spiels (1:1) geriet dabei zur Nebensache. „Wir haben uns darüber amüsiert", sagte Braunschweig-Spieler Klaus Gerwien über das große mediale Interesse an dem Spiel. Ein halbes Jahr später erlaubte der DFB Trikotsponsoring in der Fußball-Bundesliga und öffnete damit die Tür für alles, was noch folgen sollte. „Er hat damit wahrscheinlich den größten wegweisenden Schritt in der Geschichte der Bundesliga gemacht", sagte Paul Breitner, der eine Saison für Eintracht Braunschweig spielte. Der Verein behielt 14 Jahre den Hubertus-Hirsch als Vereinsemblem, bis 1987 der Löwe auf die Trikots zurückkehrte.

25. März 2014
Der FC Bayern München und die früheste Meisterschaft

Jedes Jahr, wenn der Frühling voranschreitet und die Temperaturen die 20-Grad-Marke überschreiten, sieht man feiernde Fußballer in kurzen Hosen und Trikots – fast immer die vom FC Bayern München –, welche den Gewinn der deutschen Meisterschaft bejubeln. Im Jahr 2014 waren die Bilder anders. Unter den Trikots sah man zahlreiche Langarmshirts, bei einigen Spielern sogar Handschuhe, als der FC Bayern München den 24. Deutschen Meistertitel feierte. Der Grund: Es war die früheste Meisterschaft in der Geschichte der Fußball-Bundesliga. Mit einem 3:1-Auswärtssieg bei Hertha BSC fixierte der FC Bayern München bereits am 27. Spieltag den Titelgewinn – und das nicht wie gewohnt bei angenehmen Temperaturen, sondern bei klirrender Kälte. Im Jahr zuvor hatten die Bayern am 28. Spieltag vorzeitig die deutsche Meisterschaft gewonnen. Nun waren sie sogar noch einen Spieltag eher dran nach dem 19. Bundesligasieg in Folge. „Ich bin zufrieden, ob ein Spiel früher oder später, das spielt jetzt keine Rolle. Glückwunsch an alle für diese Riesensaison. Dieser Meistertitel ist für Uli. Er ist die wichtigste Person im Verein", sagte Trainer Pep Guardiola über die früheste Meisterschaft der Bundesligageschichte und sprach Vereinspräsident Uli Hoeneß an, der wenige Tage zuvor zu einer dreieinhalbjährigen Haftstrafe verurteilt wurde. Nach dem frühesten Meistertitel in der Bundesliga ließen es die Bayern ruhig angehen, holten aus den nächsten drei Spielen nur einen Punkt und verpassten es so, ihren eigenen Punkterekord am Ende einer Bundesligasaison, aufgestellt im Jahr zuvor, zu verbessern.

26. März 1988
Eiskönigin Katharina Witt wird zum vierten Mal Weltmeisterin und wechselt zu den Profis

Als Katharina Witt zur Eiskunstlauf-Weltmeisterschaft 1988 in Budapest anreiste, hatte die Deutsche alles gewonnen, was es zu gewinnen gibt: zweimal Olympiagold, dreimal Weltmeisterin, sechsmal Europameisterin. Und so war es nicht verwunderlich, dass Witt, damals erst 22 Jahre alt, sich dazu entschied, nach der Weltmeisterschaft in Budapest ins Profilager zu wechseln. „Am Tag der Kür fällt es mir ungewöhnlich schwer, mich zu konzentrieren. Den ganzen Tag über höre ich den Song *I had the time of my life* aus dem Film *Dirty Dancing*. Und in meinem Kopf kreist es ununterbrochen: Dies wird das letzte Mal sein. Ein letztes Mal die ‚Carmen', ein letztes Mal die Schlittschuhe zum Wettkampf zubinden. Ein letztes Mal sechs Minuten Einlaufen. Alles scheint an diesem Tag ein letztes Mal zu werden. Vielleicht ist es auch diese Wehmut und Traurigkeit, die mir die Beine schwer werden lässt, an diesem Abend und mein gewohntes Temperament schwindet", schrieb Witt über ihre vorerst letzte Kür. Trotz der eher durchwachsenen Kür waren die Punktrichter gnädig und gaben ihr die Noten, die zu ihrem vierten Weltmeistertitel reichten. „Ein großer Teil des Eiskunstlaufens ist Emotion. Bei Emotionen lässt man sich auch mal vom Augenblick hinreißen. Und Emotion lässt sich nicht werten, bewerten. Aber lebt dieser Sport nicht auch davon? Vielleicht waren die Kürnoten bei dieser Weltmeisterschaft in Budapest für mich auch ein kleines Abschiedsgeschenk", sagte Witt. Nach zahlreichen Auftritten in großen professionellen Eisshows kehrte Witt sechs Jahre später als Amateurin auf die Eisfläche zurück. Mit dem siebten Platz bei den Olympischen Winterspielen 1994 in Lillehammer beendete sie schließlich ihre Karriere als Eiskunstläuferin.

27. März 2004
Sven Ottke tritt ungeschlagen ab

Nur wenige Boxer können von sich behaupten, nie einen Kampf verloren zu haben. Sven Ottke ist einer von ihnen. Der Deutsche entschied sich spät zu einer Profikarriere im Boxen. Nach drei Teilnahmen an Olympischen Sommerspielen (1988, 1992 und 1996) ohne Medaille als Amateurboxer wagte Ottke den Sprung zu den Profis und bestritt im Jahr 1997 im Alter von 29 Jahren seinen ersten Kampf im Supermittelgewicht. Mit seinem 13. Sieg im 13. Kampf erkämpfte sich Ottke am 30. Mai 1998 den Weltmeistertitel im Verband IBF. Es folgte im Jahr 2003 auch der Titelgewinn im Verband WBA. Auch seinen 34. Profikampf gestaltete Ottke in Magdeburg siegreich und bezwang den Schweden Armand Krajnc nach Punkten. Als der 36-jährige Deutsche zum 21. Mal seine WM-Gürtel verteidigt hatte, ließ er im Ring die Bombe platzen. „Ich habe immer gesagt, dass ich gern hier in Magdeburg aufhören möchte und das tue ich hiermit", richtete sich Ottke an die Fans in der Halle sowie vor dem Fernseher und trat als ungeschlagener Weltmeister ab. „Irgendwann muss doch Schluss sein. Die Schinderei im Trainingslager fiel mir zusehends schwerer, auch weil zuletzt Rückenprobleme auftraten. Einen besseren Ort und einen besseren Zeitpunkt hätte ich nicht finden können. Meiner Tochter Rebecca hatte ich schon vor drei Jahren versprochen, aufzuhören", begründete Ottke sein Karriereende. Seine Ehefrau Gaby traf die Entscheidung genauso unvorbereitet wie die Fans. „Sie ist jetzt ein wenig angezickt", sagte Ottke. Der Deutsche erarbeitete sich im Ring den Spitznamen „Phantom", weil er wieselflink auf den Beinen war und von seinen Gegnern kaum getroffen werden konnte. Seine Kämpfe gewann er daher auch meist mit viel Übersicht und taktischem Geschick – und nicht mit Schlaghärte. Nur sechs seiner 36 gewonnenen Profikämpfe endeten durch K. o.

28. März 2004

Der Beginn der Rivalität zwischen Roger Federer und Rafael Nadal

Das „Tennisgenie" gegen den „Stier aus Manacor". Die Matches zwischen Roger Federer und Rafael Nadal elektrisierten die Sportwelt. Besonderen Reiz erfuhr diese Rivalität durch die unterschiedlichen Spielstile. Federer, mit seiner eleganten Leichtigkeit, und Nadal, der mit seiner intensiven Spielweise jeden Ballwechsel angeht, als wäre er ein Matchball, haben das Herrentennis auf eine neue Stufe geführt. Beim ATP-Turnier in Miami im Jahr 2004 trafen die beiden erstmals aufeinander. Auf der einen Seite der 22-jährige Federer, der knapp zwei Monate zuvor erstmals die Nummer eins der Welt wurde und der dominierende Spieler auf der ATP-Tour war. Auf der anderen Seite der 17-jährige Nadal, der bereits drei ATP-Titel vorzuweisen hatte und damals die Nummer 34 im ATP-Ranking war. Federer ging als klarer Favorit in die Drittrundenpartie in Miami. Dass Nadal zum Angstgegner von Federer im weiteren Verlauf werden sollte, wurde gleich beim ersten Duell der beiden deutlich. Der Spanier spielte eines der besten Matches seiner noch jungen Karriere und siegte glatt mit 6:3, 6:3. „Ich habe fast perfektes Tennis gespielt", sagte Nadal. Federer war voll des Lobes für den Teenager. „Er hat einige unglaubliche Schläge gemacht. Ich habe vorher viel von ihm gehört und einige seiner Matches gesehen. Daher war es keine große Überraschung", kommentierte Federer die erste Niederlage gegen Nadal. 40-mal standen sich Federer und Nadal gegenüber. Bilanz: 24:16 für Nadal. Auf und abseits des Platzes gehen beide höchst freundschaftlich miteinander um. Von Rivalität ist nie etwas zu hören, stattdessen von großem Respekt für den anderen. „Wir haben ein sehr gutes Verhältnis zueinander. Ich habe großen Respekt vor Roger. Er ist eine sehr bedeutsame Person für unseren Sport. Ich habe ihn noch nie wie einen Rivalen gesehen", sagte Nadal über den Schweizer. „Natürlich wollen wir beide unbedingt gewinnen, aber unsere Spiele laufen jederzeit in einem fairen Rahmen ab und das spüren auch die Fans. Es ist sicher anders als bei einem Boxkampf oder als früher teilweise im Tennis. Wir zeigen, dass es auch mit guten Manieren geht", beschrieb Federer die Situation dieser einmaligen Sportlerbeziehung. Passend dazu spielte Federer sein letztes Karrierematch im Doppel an der Seite von Nadal – seinem Freund und Rivalen.

29. März 1999
Wayne Gretzky knackt Torrekord im Eishockey

Der beste Eishockeyspieler der Welt? Auf diese Frage kann die Antwort nur Wayne Gretzky lauten. Der Kanadier, Spitzname „The Great One", hält sämtliche Rekorde in der prestigeträchtigsten Eishockeyliga NHL (National Hockey League). Viermal gewann Gretzky den *Stanley Cup*, zehnmal erhielt er die *Art Ross Trophy* für den Rekordscorer in der NHL (Tore plus Vorlagen). Neunmal wurde er als wertvollster Spieler in der regulären Saison ausgezeichnet. Im Jahr 1989 knackte Gretzky den Scoringrekord in der NHL und überflügelte sein großes Vorbild Gordie Howe. An einem Rekord von Howe biss sich Gretzky jedoch lange Zeit die Zähne aus: den Rekord für die meisten Tore in der NHL sowie in der World Hockey Association (WHA), in der sowohl Gretzky als auch Howe einige Zeit spielten. Howe erzielte insgesamt 1.071 Tore – 869 in der NHL und 202 in der WHA. In seinem letzten Jahr als Profi knackte Gretzky im Trikot der New York Rangers den Uraltrekord von Howe. Beim 3:1-Sieg im Stadtduell zwischen den New York Rangers und den New York Islanders gelang dem 38-Jährigen sein 1.072. Profitor in den nordamerikanischen Hockeyligen – 1.016 in der NHL und 56 in der WHA. Zwei Minuten vor Schluss traf der Kanadier zum 2:1 für die Rangers und stieg zum alleinigen Rekordhalter bei der Anzahl der Tore auf. Sieben Wochen zuvor hatte Gretzky mit Howe gleichgezogen und wartete dann eine gefühlte Ewigkeit auf diesen Rekord. „Das Wichtigste ist, dass es solch ein großes Tor war. Ich bin glücklich, dass es ein Tor war, das eine Bedeutung für das Team hat. Diese Marke wird ganz schön schwer zu knacken sein", sagte Gretzky über sein Rekordtor. Es blieb tatsächlich Gretzkys letztes Tor in seiner Karriere. Möglicherweise hat er damit einen Rekord für die Ewigkeit aufgestellt. Drei Wochen später spielte der Kanadier sein letztes Spiel. Auch wenn er sämtliche wichtigen Rekorde im Eishockey hält, bleibt Gordie Howe für Gretzky dennoch das Nonplusultra. „Howe ist mein Idol, ich habe immer gesagt: Er war der Beste, der je Eishockey gespielt hat", sagte er.

30. März 1980 ⚽
Der tragische Unfall von Joachim Deckarm

Wenn man nach den besten und bekanntesten deutschen Handballspielern fragt, dann fällt immer auch sein Name: Joachim Deckarm, genannt „Jo". Im Jahr 1979 war der 25-Jährige ein Weltstar im Handball: mehrmaliger deutscher Meister sowie Europacupsieger mit dem VfL Gummersbach. Deckarm führte die deutsche Handball-Nationalmannschaft 1978 zum ersten Weltmeistertitel nach 40 Jahren. „Er hat immer gewusst, dass Handball Mannschaftssport ist. Das war seine große Stärke", sagte Freund und Mannschaftskamerad Heiner Brand über den damals besten Handballer der Welt. Mit 25 Jahren hatte Deckarm bereits 104 Länderspiele bestritten, ehe ein tragischer Unfall sein Leben für immer veränderte. Im ungarischen Tatabanya krachte Deckarm im Halbfinal-Rückspiel im Europapokal der Pokalsieger mit dem Ungarn Lajos Panovics dermaßen unglücklich zusammen, dass er mit dem Hinterkopf auf dem Hallenboden aufschlug und das Bewusstsein verlor. Mit einem doppelten Schädelbasisbruch, einem Gehirnhautriss und schweren Gehirnquetschungen kam Deckarm ins Krankenhaus, wo er zwei Stunden operiert wurde. 131 Tage lag er im Koma, bevor er das Bewusstsein wiedererlangte. Der Starspieler vom VfL Gummersbach lebt seitdem im Rollstuhl und verlor durch den Unfall zunächst die Fähigkeit zu sprechen. Auch wenn er seitdem ein Pflegefall ist, kämpfte sich Deckarm zurück ins Leben und lernte alles neu. Er entwickelte sich zum Vorbild in der deutschen Gesellschaft. Sein Lebensmotto: Ich will, ich kann, ich muss. Mit seinen Mannschaftskollegen, mit denen er 1978 Weltmeister wurde, entstand ein unzertrennbares Band. „Es ist ein großes Gefühl, zu der Mannschaft zu gehören. Seit 1978 ist dieses Gefühl beibehalten worden", sagte Deckarm. Auch das Leben des Ungarn Lajos Panovics änderte sich nach dem unglücklichen und tragischen Zusammenstoß mit Deckarm. „Joachim lag regungslos da wie ein Stein. Sein Gesicht schwoll sofort an. Aus seiner Nase lief Blut. Ich rief sofort nach unserem Masseur, dann nach dem Mannschaftsarzt. Es war auch gleich die Erste Hilfe da, die ihn dann in die Kabine brachte", erinnerte sich Panovics im Interview mit der *Welt*. Auch wenn es ein Unfall war, musste sich Panovics immer wieder Schuldzuweisungen anhören, die ihn schwer belasteten. „Ich würde so gern mein Gehirn abschalten, doch es geht nicht. Immer wieder kommen die Erinnerungen hoch. Ich werde die Situation ein Leben lang nicht vergessen", sagte Panovics. Zwischen Deckarm und Panovics entwickelte sich im Laufe der Zeit eine Freundschaft.

31. März 1997
Martina Hingis wird zur jüngsten Nummer eins im Damentennis

Man muss vorsichtig sein, wenn man behauptet, dass ein Rekord für die Ewigkeit bestimmt ist. Es fällt jedoch schwer zu glauben, dass es irgendwann eine Spielerin im Damentennis geben wird, die in einem noch jüngeren Alter die Weltrangliste anführen wird als Martina Hingis. 16 Jahre und 182 Tage! So jung war die Schweizerin bei ihrem ersten Tag als Nummer eins der Welt. Vor dem WTA-Turnier in Miami stand bereits fest, dass Hingis Steffi Graf vom Weltranglistenthron stoßen wird. Hingis wollte in Miami unter Beweis stellen, dass sie die Weltranglistenführung zu Recht verdient. Sie fühlte sich verpflichtet, mit Stil den Sprung auf Platz eins zu schaffen. Und genau das tat die Teenagerin auch mit dem Turniersieg in Miami. „Es geht immer nur um Tiger Woods. Ich bin besser als er. Ich war länger an der Spitze und ich bin jünger. Ich bin einfach besser", sagte die Schweizerin einige Jahre später. Hingis blieb im weiteren Karriereverlauf 209 Wochen die Nummer eins der Welt. Die sogenannte *Swiss Miss* wurde ihrem Ruf als Wunderkind gerecht und gewann alle ihre fünf Grand-Slam-Titel im Einzel im Teenageralter. Mit 22 Jahren war die Karriere von Hingis wegen Verletzungsproblemen zu Ende. 2006 kehrte sie zurück, konnte aber an ihre Glanzzeiten nicht anknüpfen. Unrühmlicher Schlusspunkt in der Einzelkarriere von Hingis war eine positive Dopingprobe beim Wimbledon-Turnier 2007. Die Schweizerin wurde positiv auf Kokain getestet und später für zwei Jahre gesperrt. Für Hingis hatte die Sperre aber keine Auswirkungen auf ihre Karriere, da sie am 1. November 2007 ihren endgültigen Rücktritt wegen anhaltender Verletzungen bekannt gab. Von Juli 2013 bis Oktober 2017 spielte Hingis im Doppel und beendete als Nummer eins im Doppel endgültig ihre Karriere.

APRIL: SCHUTZSCHWALBE UND PHANTOMTOR

1. April 1998
Der Torfall von Madrid

Halbfinalrückspiel in der Champions League im Fußball: Real Madrid gegen Borussia Dortmund. Der Rekordmeister im Europapokal der Landesmeister gegen den amtierenden Champions-League-Sieger. 85.000 Zuschauer im legendären Stadion Santiago Bernabeu fieberten dem Anstoß entgegen. Doch dieser kam nicht. Warum? Ein Tor kippte um im Santiago Bernabeu. Die Madrider Fans waren dermaßen heiß auf das Spiel, dass sie auf einen Schutzzaun kletterten und damit durch die enorme Belastung nicht nur den Schutzzaun zu Boden rissen, sondern auch das Tor, das mit dem Zaun verbunden war. Was sich dann abspielte, war kein Aprilscherz, sondern glich einer Komödie. Im Fernsehsender *RTL* wurde die versuchte Reparatur des Tors und die spätere Suche nach einem Tor humoristisch begleitet von Moderator Günther Jauch und Kommentator Marcel Reif. „Für alle die, die nicht rechtzeitig eingeschaltet haben: Sie haben etwas verpasst. Das erste Tor ist schon gefallen", witzelte Jauch. Jauch und Reif schaukelten sich bei der Kommentierung der amüsanten Ereignisse in Madrid immer mehr hoch. „Sie brauchen unbedingt ein schnelles Tor", sagte Jauch. „Das würde dem Spiel guttun. Noch nie hätte ein Tor einem Spiel so gut getan wie heute hier. Ein ganz frühes Tor", witzelte Reif. Nachdem schließlich ein Ersatztor vom Trainingsgelände in Madrid besorgt wurde, konnte das Spiel nach 76-minütiger Verspätung angepfiffen werden. Das Spiel an sich geriet schließlich zur Nebensache. 12,5 Millionen Fernsehzuschauer erfreuten sich am Spektakel beim „Torfall von Madrid". Als die Partie angepfiffen wurde, schauten nur noch die Hälfte zu. Madrid siegte schließlich mit 2:0 gegen Dortmund, zog ins Finale ein und gewann dann auch erstmals seit Gründung der Champions League den Wettbewerb. Jauch und Reif wurden für ihre Art des Kommentierens des „Torfalls von Madrid" mit dem *bayerischen Fernsehpreis* ausgezeichnet und für den *Adolf-Grimme-Preis* nominiert. Als Madrid und Dortmund fünf Jahre später erneut in der Champions League aufeinandertrafen, standen für den Fall der Fälle drei Ersatztore im Santiago Bernabeu bereit.

2. April 1974 ⚽
Der Fußballtempel Westfalenstadion wird eröffnet

Wenn man nach dem beliebtesten Fußballstadion in Deutschland fragt, dann ist die Antwort meist eindeutig: das Westfalenstadion in Dortmund. Der Fußballtempel ist bei den Fans Kult. 81.365 Plätze fasst das Westfalenstadion. Die Südtribüne mit 24.454 Plätzen ist die größte Stehplatztribüne der Welt, die „Gelbe Wand" ist legendär. Die Stimmung in Dortmund ist stets einmalig. Gebaut wurde das Westfalenstadion, das seit 2005 Signal Iduna Park heißt, anlässlich der Fußball-Weltmeisterschaft 1974 in Deutschland – mit einer Kapazität für 54.000 Zuschauer. Allerdings kam Dortmund nur zum Zug, weil Köln seine Bewerbung als WM-Austragungsort zurücknahm. Aufgrund von Sparmaßnahmen errichtete man in Dortmund ein reines Fußballstadion ohne Laufbahn für Leichtathleten. Fans und Spieler waren begeistert, als das Westfalenstadion zwei Monate vor WM-Beginn eröffnet wurde. „Dieses Fußballstadion wird auf der Welt nur durch das Azteken-Stadion in Mexiko-City übertroffen", jubelte der deutsche Nationaltrainer Helmut Schön. „Das Stadion hat nur einen Nachteil. Es befindet sich nicht in Köln", sagte Köln-Spieler Wolfgang Overath mit einem Schmunzeln. Das offizielle Eröffnungsspiel im Westfalenstadion bestritt Borussia Dortmund, damals nur in der Zweiten Liga, gegen den Erzrivalen FC Schalke 04. Schalke siegte mit 3:0. Davor fand noch ein Vorspiel statt. Die Damenmannschaften des Dortmunder TBV Mengede 08 und des VfB Waltrop trafen aufeinander. Die Dortmunder Spielerin Margarethe Schäferhof erzielte den ersten Treffer im neuen Westfalenstadion. Durch die vier WM-Spiele in Dortmund wurde das Westfalenstadion dank seiner einzigartigen Stimmung weltberühmt. Von einer „Fußballoper" und einem „deutschen Wembley-Stadion" war die Rede. Und auch Borussia Dortmund brachte das Stadion Glück. „Das Westfalenstadion war für Borussia der Schlüssel zum Wiederaufstieg in die Erste Bundesliga", sagte der damalige Dortmund-Torhüter

Horst Bertram. Mittlerweile ist Dortmund nach dem FC Bayern München der erfolgreichste Fußballverein der Bundesliga. Das Westfalenstadion hatte daran einen großen Anteil. Die britische Zeitung *The Times* kürte das Westfalenstadion im Jahr 2009 zum besten Stadion auf der Welt. Das Fazit: „Dieses Bauwerk wurde für den Fußball und seine Fans erstellt. Jedes Europacupfinale sollte hier an diesem Ort stattfinden."

3. April 1999 ⚽
Die Beißattacke und der Kung-Fu-Tritt von Oliver Kahn

FC Bayern München gegen Borussia Dortmund. Dieses Duell in der Fußball-Bundesliga wird durch die Medien stets zum deutschen Klassiker hochstilisiert. Eines der denkwürdigsten Duelle zwischen den beiden Mannschaften fand am 24. Spieltag der Bundesligasaison 1998/1999 im Dortmunder Westfalenstadion statt. Vier Tore, eine Rote Karte, eine Gelb-Rote Karte, ein verschossener Elfmeter, viele Emotionen und mittendrin auch noch Bayern-Torwart Oliver Kahn, der für die größten Aufreger dieses irrsinnigen Spiels sorgte. Für die Bayern, die zu dieser Zeit die Bundesligatabelle souverän anführten, entwickelte sich das Spiel in Dortmund zunächst zum Alptraum. Nach 13 Minuten ging Dortmund durch den Treffer von Heiko Herrlich in Führung. Zu viel für den erfolgsbesessenen Oliver Kahn, der zu Beginn des Spiels von den Dortmunder Fans mit Bananen beworfen wurde. Für Kahn war es das erste Gegentor nach 736 Minuten. Kurz danach prallte Kahn mit dem Torschützen Herrlich leicht zusammen. Der Bayern-Torwart näherte sich daraufhin mit einer Beißattacke in Draculamanier dem Hals des Dortmunder Stürmers. „Ich hatte nach langer Zeit wieder ein Gegentor kassiert und das hat mich ziemlich geärgert. Und meine Situation in der Nationalmannschaft war auch nicht gerade rosig, es gab Kritik an mir", sagte Kahn später im Rückblick auf diesen Moment. „Als er auf mich zukam und seine Nase an meinen Hals drückte, war ich schon überrascht. Gebissen hat Kahn mich nicht, nur geknabbert, jedenfalls hatte ich kein Loch im Hals", sagte Herrlich über die Szene. Für Kahn kam es noch schlimmer. Herrlich traf in der 32. Minute nach einem leichten Patzer von Kahn zum 2:0. Nachdem Bayern-Spieler Sammy Kuffour kurz danach wegen eines üblen Fouls vom Platz flog, sah alles nach einer Niederlage für die Bayern aus. Kahn drehte schließlich durch. In einer Abseitsszene flog er mit einem ausgestreckten Bein in einer Art Kung-Fu-Tritt in Richtung Dortmund-Stürmer Stephane Chapuisat. „Ich habe ihn zum Glück gesehen und mir gedacht: ‚Besser, du gehst jetzt nicht zum Ball'", sagte Chapuisat. Auch in dieser Szene gab es nicht mal eine Gelbe Karte für den Torwart. In der zweiten Halbzeit flog dann Dortmund-Spieler Stefan Reuter mit einer Gelb-Roten Karte vom Platz. Bayern schaffte den 2:2-Ausgleich, Dortmund verschoss zudem noch einen Elfmeter. Thema des Spiels trotz des turbulenten Verlaufs waren aber die beiden Ausraster von Kahn. „Wenn man eine bestimmte Klasse besitzt in Deutschland, dann muss man damit leben, dass man permanent angegriffen wird und dass man richtiggehend fertiggemacht wird", sagte Kahn nach dem Spiel. Jahre später beschrieb er seine Beißattacke und den Kung-Fu-Tritt wie folgt: „Das war der Höhepunkt meiner Aggressionen, die sich je in mir entladen haben. Da war irgendeine innere Kraft, die signalisieren wollte: Ich mag nicht mehr."

4. April 2009 ⚽
Tor des Jahres von Grafite bringt VfL Wolfsburg in Richtung deutscher Meistertitel

Es war eine der größten Überraschungen der Fußball-Bundesliga, als der VfL Wolfsburg im Jahr 2009 deutscher Meister wurde. Nach der Hinrunde lag Wolfsburg nur auf Platz neun in der Tabelle. Dank einer überragenden Rückrunde mit insgesamt 14 Siegen aus 17 Spielen sicherten sich die Wolfsburger den ersten deutschen Meistertitel. Ein wichtiger Meilenstein auf dem Weg zum Titel ereignete sich am 26. Spieltag im Spitzenspiel zwischen Wolfsburg und dem FC Bayern München. Beide Mannschaften lagen zu diesem Zeitpunkt mit der gleichen Punktzahl, dem identischen Torverhältnis auf dem geteilten zweiten Platz. Zur Pause stand es 1:1, in der zweiten Halbzeit passierten dann 14 magische Minuten in Wolfsburg, in denen die Wolfsburger mit ihrem magischen Dreieck um Zvjezdan Misimovic, Edin Dzeko und Grafite den FC Bayern München schwindelig spielten. Höhepunkt war das Traumtor zum 5:1 vom Brasilianer Grafite, der nach einem Solo im Strafraum der Bayern per Hacke den Ball sehenswert ins Netz beförderte – es wurde schließlich auch zum Tor des Jahres gewählt. „Mein Tor ging in die Geschichte der Bundesliga ein, unglaublich", sagte Grafite rückblickend. Dabei wollte Wolfsburg-Trainer Felix Magath seinen Stürmer gar nicht auflaufen lassen. „Er hatte ein geschwollenes Sprunggelenk, sodass er für mich gar nicht zur Verfügung stand. Am Freitagmorgen kam er zum Training mit seiner Sporttasche. ,Grafite, was willst du denn mit der Tasche?', Ich will spielen, sagte er zu mir", erinnerte sich Magath. Grafite spielte tatsächlich und erzielte das 4:1 und 5:1 beim historischen Sieg gegen die Bayern. Wolfsburg übernahm mit dem achten Bundesligasieg in Serie die Tabellenführung und gab diese bis zum Saisonende nicht mehr her. Maßgeblichen Anteil an der Wolfsburger Meisterschaft hatte das kongeniale Sturmduo Grafite und Edin Dezeko. Die 54 erzielten Treffer (28 von Grafite, 26 von Dzeko) sind immer noch Rekord eines Sturmduos in einer Bundesligasaison. Der klare Sieg gegen die Bayern mit dem Tor des Jahres zum Abschluss von Grafite hatte Signalwirkung für den restlichen Saisonverlauf des VfL Wolfsburg. „Es war verrückt. Zehn Minuten nach dem Tor hat mich Magath ausgewechselt und jeder auf der Bank beglückwünschte mich für das Tor. In dem Moment konnte ich das gar nicht so richtig verstehen. Nach dem Spiel war ich in der Mixed Zone bei allen möglichen Medienvertretern. Als ich dann zurück in die Kabine kam, umarmten mich alle meine Mitspieler und wir haben gemeinsam gefeiert. Denn wir hatten gerade einen der größten Klubs Europas 5:1 besiegt. Als ich aber am nächsten Tag die Schlagzeilen und TV-Sendungen sah, begriff ich erst, was mir da gelungen war", sagte Grafite rückblickend im Interview mit *Sport1* zu seinem Traumtor.

5. April 1984

Kareem Abdul-Jabbar bricht Punkterekord in der NBA

Nicht Michael Jordan, nicht Kobe Bryant und auch nicht Dirk Nowitzki. Den Punkterekord in der National Basketball Association (NBA) hielt Kareem Abdul-Jabbar für eine sehr lange Zeit. 38.387 Punkte erzielte der 2,18 Meter große Center in seiner Karriere in der regulären Saison ohne Play-off-Spiele. Im Jahr 1984 brach Abdul-Jabbar den damaligen Punkterekord von Wilt Chamberlain, der 31.419 Punkte warf. Im Spiel der Los Angeles Lakers, für die Abdul-Jabbar 14 Jahre lang spielte, gegen die Utah Jazz bekam der 36-Jährige neun Minuten vor Spielende einen Pass von Earvin „Magic" Johnson, den er sicher im Korb versenkte. Mit dem 22. Punkt an diesem Abend und insgesamt 31.421 Punkten in seiner Karriere überflügelte Abdul-Jabbar den bisherigen Rekordhalter Chamberlain. Die 18.389

Zuschauer im Thomas and Mack Center in Las Vegas, damals für einige Spiele die Heimstätte der Utah Jazz, flippten regelrecht aus. Die Teamkollegen der Los Angeles Lakers beglückwünschten ihn zur neuen Bestmarke. Das Spiel wurde kurzzeitig unterbrochen, um diesen denkwürdigen Moment in der Basketballgeschichte gebührend zu feiern und Abdul-Jabbar zu interviewen. Dabei wollte Lakers-Trainer Pat Riley seinen Startspieler vom Feld nehmen, damit er den Rekord im Heimspiel in Los Angeles brechen konnte. Doch Abdul-Jabbar wollte nicht mehr auf den Rekord warten. „Ich habe sogar davon geträumt. Es war verrückt. Es war wie bei einem Wettrennen. Ich sah Wilt, dem ich auf den Fersen war und dem ich immer näherkam", sagte Abdul-Jabbar über den neuen Punkterekord. Im Laufe der nächsten fünf Jahre schraubte er seinen Rekord in schwindelerregende Höhe – insgesamt 38.387 Punkte. Anschließend haben sich an dieser Bestmarke zahlreiche Basketballlegenden, die auf Abdul-Jabbar folgten, die Zähne ausgebissen. „Der Rekord kann gebrochen werden. Wenn ich das geschafft habe, dann kann das auch jemand anders erreichen", sagte Abdul-Jabbar nach seinem Karriereende über seine Bestmarke. Und genauso kam es auch. LeBron James schaffte es im Jahr 2023 nach knapp 39 Jahren, den Punkterekord von Abdul-Jabbar zu brechen – ausgerechnet auch im Trikot der Los Angeles Lakers.

6. April 1986
Bernhard Langer wird erste Nummer eins im Golf

Als am 6. April 1986 erstmals die Weltrangliste im Golf ausgewiesen wurde, stand er ganz oben: der 28-jährige Bernhard Langer. Kein deutscher Spieler hat den Golfsport so geprägt wie der Anhauser. Mehr als 45 Jahre ist Langer Golfprofi – eine unfassbare Karriere. Langer kam auf dem Weg zur ersten Nummer eins im Golf zugute, dass er ein Jahr vorher das Masters in Augusta, das bedeutendste Golfturnier der Welt, gewonnen hatte und die Weltrangliste eine Woche vor seiner Titelverteidigung eingeführt wurde. Drei Wochen behielt Langer die Spitzenposition. Nachdem er als Nummer eins der Welt abgelöst wurde, kehrte er zwar nicht noch einmal auf den Golfthron zurück, aber seinen Legendenstatus baute der Deutsche Jahr für Jahr immer weiter aus. „Im Golf ist es schwer, überheblich zu werden. Jeder bekommt immer mal wieder einen Dämpfer. Golf ist gewissermaßen das Spiel der Demut. Man braucht natürlich ein gesundes Selbstvertrauen zum Erfolg oder auch zum Durchstehen von Misserfolgen", sagte Langer über seine Sportart. Langer hat den Golfsport in Deutschland, der lange Zeit kaum beachtet wurde, durch seine Erfolge wach geküsst. „Ich wollte immer ein Vorbild sein für die Jugend und hoffe, dass mir das über die Jahre hinweg gelungen ist", sagte Langer.

7. April 2002
Die Geburtsstunde des „Golden Boy": Timo Boll wird erstmals Europameister

Timo Boll ist der mit Abstand erfolgreichste Tischtennisspieler aus Deutschland. Vor ihm haben sogar die Chinesen, die dominierende Nation im Tischtennis, den größten Respekt. Boll wurde nicht nur die erste Nummer eins aus Deutschland, sondern ist mit 37 Jahren auch der älteste Weltranglistenerste der Geschichte. Bolls Stern ging bei der Europameisterschaft 2002 in Zagreb auf, bei der der 21-Jährige Europameister im Einzel und Doppel wurde. Im Endspiel im Einzel besiegte er den Griechen Kalinikos mit 4:2 in den Sätzen. „Das war sehr eng. Kreanga hat im offenen Spiel fast jeden Ball gewonnen. Ich habe die kleinen Punkte gemacht und zum Glück ist mir noch ein Aufschlag eingefallen. Das zählt auch", sagte Boll über seinen Premierentitel bei der Europameisterschaft. Der Cheftrainer des Deutschen Tischtennis-Bundes, Dirk Schimmelpfennig, prophezeite Boll eine glänzende Karriere. „Timo hat den Titelkämpfen den Stempel aufgedrückt. Sein Erfolg im Einzel-Finale war der i-Punkt. Es muss jetzt das Ziel sein, ihn auch auf Weltebene ganz nach vorne zu bringen. Vielleicht war das der Start der Golden Boys. Timo hat das Potenzial, um die Chinesen zu schlagen", sagte Dirk Schimmelpfennig. Und so kam es auch. Boll wurde zum dominierenden Spieler aus Europa und spielte mit den Chinesen auf Augenhöhe. Bei Weltmeisterschaften gewann er zweimal Bronze im Einzel. Bei Europameisterschaften siegte er im Jahr 2021 zum achten Mal im Einzel. Im Team führte der „Golden Boy" Deutschland zu vier olympischen Medaillen, jeweils zweimal Silber und Bronze. „Viele denken, dass man als Tischtennisspieler gut reagieren muss. Doch die Kunst ist vielmehr, sich in den Gegner hineinzuversetzen, die Züge des anderen vorherzusehen und die eigenen vorauszuplanen. Es macht mir Spaß, meinen Gegner taktisch und spielerisch auszuhebeln – schon vor ihm zu wissen, wo er den Ball hinspielen wird. Das ist dann wie Hochgeschwindigkeitsschach", sagte Boll über die Faszination Tischtennis.

8. April 1989
Steffen Fetzner und Jörg Roßkopf werden sensationell Tischtennis-Weltmeister

Tischtennis ist in Deutschland eine der populärsten Sportarten. Mehr als eine halbe Million Spieler sind im Deutschen Tischtennis-Bund aktiv. Für den großen Boom im deutschen Tischtennis sorgte der sensationelle Weltmeistertitel durch Steffen „Speedy" Fetzner und Jörg „Rossi" Roßkopf bei der Heim-Weltmeisterschaft 1989 in Dortmund. Fetzner, 20 Jahre alt, und Roßkopf, 19 Jahre alt, schafften das Unmögliche und holten sich die Goldmedaille im Doppel. Im Halbfinale besiegten die beiden Spieler von Borussia Düsseldorf die chinesischen Titelverteidiger Chen Longcan und Wei Qingguang, die drei Jahre kein Match verloren hatten. In einem dramatischen Finale gewannen Fetzner und Roßkopf gegen die polnisch-jugoslawische Paarung Leszek Kucharski/Zoran Kalinic mit 21:19 im dritten Satz. Mehr als 10.000 Zuschauer in der Dortmunder Westfalenhalle feierten den ersten und bislang einzigen Weltmeistertitel der deutschen Herren im Tischtennis. „Das Gefühl in diesem Moment ist nicht in Worte zu fassen. Das waren Freude, Glück und Emotionen pur! Es hat auch einige Tage, sogar Wochen gedauert, um das alles zu realisieren", blickte Fetzner zurück. „Es ist kein Tag wie jeder andere. Es ist ein toller Tag, ein tolles Gefühl, damals etwas für den Tischtennissport erreicht zu haben", erinnerte sich Roßkopf. Die beiden lösten einen Tischtennisboom in Deutschland aus, auch weil ihre Erfolge nachhaltig waren. Im Doppel gewannen die beiden unter anderem noch die Silbermedaille bei den Olympischen Sommerspielen 1992 in Barcelona. Roßkopf glänzte zusätzlich im Einzel und gewann den Europameistertitel 1992 sowie die Bronzemedaille bei den Olympischen Sommerspielen 1996 in Atlanta. Roßkopf wurde zum prägenden Gesicht des deutschen Tischtennis und hat als langjähriger Bundestrainer einen großen Anteil an den Erfolgen der nachfolgenden Generation um Timo Boll und Dimitar Ovcharov, die noch erfolgreicher waren als Roßkopf. „Die WM 1989 war ein großes Ereignis, ein Riesenerlebnis für viele Menschen. Und in Deutschland so einen Titel zu gewinnen, ist etwas Besonderes gewesen", sagte Roßkopf.

„Ich denke schon, dass wir durch unseren Sieg einen Tischtennisboom ausgelöst haben, ohne den viele Dinge im Tischtennissport wie die Professionalisierung nicht umsetzbar gewesen wären. Denn in der Zeit nach dem Titel sind viele Leute in die Vereine gekommen. Die Zahl der Mitglieder und der Vereinsmannschaften stieg an, auch die Zuschauerzahlen schnellten in die Höhe. Das Medieninteresse und die Präsenz im Fernsehen waren unglaublich, viele Bundesliga- und Europapokalspiele wurden live im TV gezeigt. Auch der Sponsorenzuspruch erreichte neue Dimensionen", erklärte Fetzner die Auswirkungen des Tischtenniswunders von Dortmund im Jahr 1989.

9. April 1896 ⚭
Carl Schuhmann wird erster deutscher Olympiasieger

Am 6. April 1896 begann eine neue Zeitrechnung im modernen Sport mit der ersten Austragung der Olympischen Sommerspiele in Athen. Deutschland schickte 19 Athleten nach Griechenland. Zum ersten deutschen Olympiastar avancierte der 26-jährige Carl Schuhmann. Drei Tage nach der Eröffnung der Olympischen Sommerspiele, am 9. April 1896, gewann Schuhmann drei Goldmedaillen an einem Tag, wobei die Medaillen für den Sieger bis 1904 nur aus Silber waren. Nachdem Deutschland die Mannschaftswettbewerbe im Turnen am Barren und am Reck gewann, siegte Schuhmann auch in der Einzelwertung im Pferdsprung. Was aber noch erstaunlicher ist: Der Deutsche wurde zwei Tage später auch im Ringen im griechisch-römischen Stil Olympiasieger, obwohl er mit 1,63 Meter Körpergröße der kleinste Teilnehmer war. Nachdem Schuhmann alle Gegner im Ringen bezwungen hatte, soll der griechische König Georg I. zu ihm gesagt haben: „Sie sind der populärste Mann in Griechenland, populärer als ich." Wie vielseitig Schuhmann war, zeigte, dass er auch an Leichtathletikwettbewerben sowie am Gewichtheben teilnahm, bei dem er eine Medaille als Vierter knapp verpasste. Dass Schuhmann überhaupt nach Athen mit seinen Turnkollegen reiste, geschah auf Eigeninitiative. Denn die Deutsche Turnerschaft hielt nichts von der olympischen Idee von Olympiabegründer Pierre de Coubertin und boykottierte die ersten Olympischen Sommerspiele der Neuzeit. Schuhmann missachtete die Vorgabe der Deutschen Turnerschaft und machte sich dann unsterblich als erster deutscher Olympiasieger.

10. April 2019

Das letzte Spiel von Dirk Nowitzki

Wenn es um Dirk Nowitzki geht, dann kommen Fans und Journalisten aus dem Schwärmen nicht heraus. Ob es noch einmal solch einen bedeutenden Basketballer aus Deutschland geben wird? Es sind nicht nur die Leistungen auf dem Platz, die Nowitzki zur internationalen Sportlegende machten, sondern auch sein Verhalten außerhalb des Platzes. Nowitzki ist mit Sicherheit einer, wenn nicht der normalste und bodenständigste Weltstar, den es je gegeben hat. 21 Saisons spielte Nowitzki in der National Basketball Association (NBA) für die Dallas Mavericks. In 1.522 Spielen erzielte der Deutsche 31.560 Punkte – der sechstbeste Wert der NBA-Geschichte. Nowitzki wurde 2007 als erster Europäer überhaupt zum MVP der NBA gewählt, 2011 führte er die Dallas Mavericks zum ersten Titel der Clubgeschichte. Sein letztes Spiel bestritt der damals 40-Jährige ausgerechnet beim Dauerrivalen San Antonio Spurs. 20 Punkte erzielte der Deutsche zum Abschluss, seinen letzten Korb warf er 50 Sekunden vor Schluss mit seinem berühmt-berüchtigten „Fadeaway Jump Shot". Anschließend wurde Nowitzki ausgewechselt, 18.629 Zuschauer in der Arena der San Antonio Spurs verneigten sich vor der großartigen Karriere des Deutschen. „Ich habe versucht, so gut es geht, meine Gefühle zusammenzuhalten. Aber hier und da war es schwer", sagte Nowitzki nach seinem letzten Spiel und kündigte an: „Ich werde viel Zeit mit den Kids verbringen, ein bisschen Tennis spielen und Spaß haben, ein bisschen Wein trinken und die Seele und den Körper mal baumeln lassen." Einen Tag vorher hatte Nowitzki sein letztes Heimspiel für die Dallas Mavericks bestritten und anschließend sein Karriereende bestätigt. Dabei gelangen ihm noch einmal 30 Punkte, womit er Michael Jordan als ältesten Spieler ablöste, dem diese Punktezahl in einem NBA-Spiel gelang. „Das war mein letztes Heimspiel. Aber ich werde hier bleiben, das ist mein neues Zuhause, mit meiner Frau und meinen Kids. Ich bin ein Texaner geworden, danke euch allen", sagte Nowitzki. Der Spieler und der Mensch Dirk Nowitzki werden unvergessen bleiben.

11. April 1896

Die besonderen Olympiasiege von Tennisspieler John Boland

Tennis war eine von neun Sportarten bei den ersten Olympischen Sommerspielen 1896 in Athen. 15 Teilnehmer nahmen an der Konkurrenz im Herren-Einzel teil, einer von ihnen war der Ire John Pius Boland. Doch Boland war für das Teilnehmerfeld eigentlich gar nicht vorgesehen. Der 25-jährige Student aus Oxford machte Urlaub in Athen und besuchte einen Freund aus Griechenland, Thrasyvoalos Manaos, der zwei Jahre zuvor an der Universität von Oxford einen Vortrag über die Olympischen Spiele gehalten hatte. Manaos war zufälligerweise Mitglied im Olympischen Komitee und meldete Boland spontan für das Einzel an, obwohl dieser ohne richtige Tennisausrüstung nach Athen gekommen war. Boland, ein passionierter Spieler, wollte gar nicht beim olympischen Tennisturnier antreten und nur aus Freizeitgründen in Athen Tennis spielen. Als Manaos ihn anflunkerte und sagte, dass Tennisspielen nur auf der Olympiaanlage in Athen möglich sei, stimmte Boland zu, besorgte sich eine Hose, Schuhe mit Ledersohlen und Absätzen und „so etwas Ähnliches wie einen Tennisschläger", wie er selbst sagte. Und tatsächlich: Der Ire holte sich die Goldmedaille – zum Leidwesen der Griechen. Boland besiegte im Finale Dionysius Kasdaglis mit 7:5, 6:4, 6:1. Und auch im Doppel ging Boland kurzfristig an den Start, nachdem der Deutsche Friedrich Traun aufgrund der Verletzung seines Landsmanns ohne Partner dastand. Boland durfte einspringen und mit Traun, den er in der ersten Runde im Einzel besiegt hatte, gemeinsam Doppel spielen. Und auch hier war Boland erfolgreich und gewann nach dem Olympiagold im Einzel auch die Goldmedaille im Doppel. Die Tenniskarriere von Boland ging nach dem doppelten Triumph nicht weiter. Er entschied sich, in die Politik zu gehen.

12. April 2015 🚲
John Degenkolb gewinnt Rad-Klassiker Paris-Roubaix

Dieses Rennen gilt als das prestigeträchtigste Eintagesrennen im Radsport, auch weil es so anspruchsvoll ist. Die Strecke von Paris nach Roubaix wird auch als „Hölle des Nordens" bezeichnet. Warum? Die Gesamtstrecke, die meist circa 255 Kilometer umfasst, ist schon schwer genug, die 57,5 Kilometer, die über Kopfsteinpflaster gefahren werden, machen den Eintagesklassiker Paris-Roubaix zur „Königin der Klassiker". Seit 1896 wird von Paris nach Roubaix gefahren. Nur zwei Deutsche konnten dieses legendäre Rennen gewinnen. Josef Fischer bei der Premiere und John Degenkolb 119 Jahre später. Sieben Fahrer kämpften im Jahr 2015 kurz vor dem Ziel um den Sieg. Es war Degenkolb, der sich im Sprint durchsetzte und sich damit einen Kindheitstraum erfüllte. „Ich bin so glücklich und stolz. Das übertrifft alles. Das ist das Rennen, von dem ich immer geträumt habe, es einmal zu gewinnen. Ich musste so hart arbeiten. Es ist einfach unglaublich", sagte Degenkolb, der wenige Wochen zuvor mit Mailand-Sanremo bereits einen weiteren Klassiker gewonnen hatte. Degenkolb war damit der erst dritte Fahrer, der im gleichen Jahr sowohl bei Mailand-Sanremo als auch bei Paris-Roubaix siegte. Der Deutsche zeigte im Jahr 2018, dass er auf der Fahrt über das Kopfsteinpflaster zu den Besten gehört. Denn er gewann seine erste Tour-de-France-Etappe, die ausgerechnet nach Roubaix führte, bei der es fast 22 Kilometer über Kopfsteinpflaster ging.

13. April 1995 ⚽
Die „Schutzschwalbe" von Andreas Möller

„Eine Schwalbe macht noch keinen Sommer", heißt ein beliebtes Sprichwort. Bei einer Schwalbe im Fußball kochen die Emotionen stets hoch. Und manchmal kann eine Schwalbe auch den Lauf der Bundesligageschichte ändern. Als Borussia Dortmund am 26. Spieltag der Bundesligasaison 1994/1995 am Gründonnerstag-Abend auf den Karlsruher SC traf, war Dortmund Tabellenführer – punktgleich mit dem SV Werder Bremen. Den Dortmundern winkte die erste deutsche Meisterschaft seit 1963. Der Dortmunder Meisterplan geriet im Spiel gegen den Karlsruher SC aber ins Stottern, nachdem der KSC bis 15 Minuten vor Schluss mit 1:0 führte. Doch dann kam eine Aktion von Dortmund-Spieler Andreas Möller, die als Mutter aller Schwalben in die Fußballgeschichte einging. Möller hob im Strafraum der Karlsruher ab, ohne dass er überhaupt berührt wurde. Schiedsrichter Günther Habermann fiel darauf rein und gab Elfmeter für Dortmund. „Wenn ich ihnen sagen würde, das war eine Schwalbe, dann würde ich den Vogel beleidigen. So große gibt's gar nicht", kommentierte TV-Reporter Werner Hansch die Aktion. Möller sprach später von einer „Schutzschwalbe", um einem Foul von Karlsruher-Verteidiger Dirk Schuster zuvorzukommen. Möller schwieg nach seiner Schwalbe, es blieb beim Elfmeter für Dortmund. „Bei jedem anderen Trainer wäre ich vielleicht zum Schiedsrichter gegangen und hätte es zugegeben. Bei ihm aber nicht", sagte Möller hinterher. Gemeint war Karlsruhe-Trainer Winfried Schäfer. Dieser war nach der Schwalbe fuchsteufelswild. „Wenn man so unsportlich ist, wie er sich heute verhalten hat, eine Mannschaft so zu bestrafen. Das spricht Bände. Bringen Sie bitte jeden Tag die Szene von Andy Möller im Fernsehen, damit der Fußball wieder sauber wird", kommentierte Schäfer. Möller wurde durch seine „Schutzschwalbe" zum Buhmann in der Bundesliga. Das DFB-Sportgericht sperrte den Dortmunder für zwei Spiele und verdonnerte ihn zu einer Geldstrafe von 10.000 D-Mark. Außerdem verlor Möller zeitweise seinen Platz in der deutschen Nationalmannschaft. Den Elfmeter nach der „Schutzschwalbe" verwandelte Michael Zorc, Dortmund siegte dann noch durch ein Tor von Matthias Sammer mit 2:1 und wurde am Saisonende deutscher Meister. Der Karlsruher SC verpasste dagegen den Einzug in den Europapokal.

14. April 1985
Bernhard Langer gewinnt das Masters

Was Wimbledon für den Tennissport ist, das ist das Masters für den Golfsport – das prestigeträchtigste Golfturnier der Welt. Nur zwei deutsche Siege gab es im Golfmekka beim Masters in Augusta im US-Bundesstaat Georgia. Für beide Siege war Bernhard Langer verantwortlich: die deutsche Golfikone. Als Langer im Jahr 1985 auf dem Weg zu seinem ersten Masters-Sieg war, glaubte kaum jemand an einen Sieg des 27-jährigen Deutschen. Am Schlusstag lag Langer zwar mit drei Schlägen auf den Führenden sehr gut im Rennen, doch einen Sieg des Anhauseners in Augusta konnte man sich irgendwie nicht vorstellen. Und tatsächlich: Langer spielte auf den letzten Löchern groß auf und holte sich den Masters-Sieg und damit auch das weltberühmte *Grüne Jackett*, das der Sieger nach seinem Triumph anziehen darf. Langer gewann als erst dritter Nicht-Amerikaner beim Masters und löste mit seinem Sieg einen Golfboom in Deutschland aus. „Ich mag die letzten neun Löcher lieber als die ersten neun. Und das hat meine Scorekarte mit einer 33 auch gezeigt. Es ist ein Traum wahr geworden", sagte Langer, nachdem er Deutschland auf die Golf-Landkarte gebracht hatte. Sein Masters-Sieg führte auch dazu, dass er ein knappes Jahr später als erster Spieler überhaupt die Golf-Weltrangliste anführte. „Nachdem ich es einmal gewonnen habe, bin ich mir sicher, dass ich es ein weiteres Mal gewinnen kann", kündigte Langer an und behielt recht. 1993 siegte er erneut beim Masters. „Augusta National ist ein Platz für Strategen – und das Festhalten an einer bestimmten Taktik, das überlegte Herangehen an die Löcher ist immer meine Stärke gewesen", blickte Langer auf seine beiden Siege beim Masters in Augusta zurück.

15. April 1989
Die Katastrophe von Hillsborough verändert den englischen Fußball

Es ist eine Katastrophe, die den englischen Fußball bis ins Mark traf und danach seine Fankultur komplett verändern sollte. Im Halbfinale des FA-Cups standen sich der FC Liverpool und Nottingham Forest im Hillsborough-Stadion in Sheffield gegenüber. Als die Partie angepfiffen wurde, warteten noch tausende Fans, hauptsächlich aus Liverpool, außerhalb des Stadions auf den Einlass. Der Ansturm der Fans war dermaßen groß, dass Extratore geöffnet wurden, um einen schnelleren Einlass zu gewähren. Dies führte jedoch dazu, dass sich im Stadion der Druck auf die ohnehin schon überfüllten Stehplatzränge verschärfte. Es kam zu einer Massenpanik. Zahlreiche Zuschauer wurden gegen die Sicherheitszäune gedrückt, von der Menge niedergetrampelt und zu Tode gequetscht. 96 Zuschauer, fast ausnahmslos Liverpool-Fans, kamen bei der Massenpanik im Hillsborough-Stadion ums Leben, 766 wurden verletzt, teilweise schwer. In der sechsten Minute wurde das Spiel abgebrochen. Die Rettungskräfte wurden viel zu spät ins Stadion gelassen, sodass Menschenleben hätten gerettet werden können. Die Polizei schob die Schuld auf die Liverpool-Fans, die angeblich betrunken randaliert hätten und teilweise ohne gültige Karten ins Stadion drängten. Erst 27 Jahre später wurden die Zuschauer von jeglichem Fehlverhalten durch eine Untersuchungskommission freigesprochen. Schwerwiegende Fehler der Polizei führten zur tödlichen Katastrophe, stellte die Untersuchungskommission fest. „Es ist ein Ort, wo schlimme Dinge passiert sind, wo schlechte Menschen nicht ihren Job nicht gut gemacht haben. Ein gespenstischer Ort. Ein Ort, an dem 96 Menschen starben – bei einem Fußballspiel. Das darf nie wieder passieren", sagte Richie Greaves, einer der Überlebenden der Katastrophe von Hillsborough in einer Dokumentation vom *NDR*. Einige Jahre später erweiterte der FC Liverpool sein Vereinswappen mit dem legendären Songtitel *You'll never walk alone*, zudem fügte man zwei Flammen hinzu, um an die Opfer der Katastrophe von Hillsborough zu erinnern. Der FC Liverpool gewann 22 Tage später das Wiederholungsspiel in Manchester mit 3:1 und siegte danach auch im Finale des FA-Cups. Die Ereignisse im Hillsborough-Stadion sowie die Katastrophe im Heysel-Stadion in Brüssel vier Jahre zuvor, als im Finale des Europapokals der Landesmeister 39 Zuschauer getötet wurden, hatten zur Folge, dass Stehplätze in England abgeschafft wurden, sodass sich auch die komplette Fankultur in England veränderte. Die Zuschauerkapazität in den meisten Stadien musste dadurch verringert werden, wodurch auch die Ticketpreise anstiegen. Zwar verbesserte sich die Sicherheit in den englischen Stadien durch massive Investitionen, doch für viele Zuschauer ging das Stehplatzverbot zulasten der Atmosphäre im Stadion. Mittlerweile gehört die Stimmung in englischen Stadien zur besten in der Welt – trotz ohne Stehplätze.

16. April 2003

Der letzte Korb von Michael Jordan

Für den Großteil der Basketballfans ist die Frage nach dem größten Basketballspieler der Geschichte leicht zu beantworten: Es ist Michael Jordan, ohne Wenn und Aber. Jordan brachte Basketball in den 1980er- und 1990er-Jahren auf eine neue Stufe. Zweimal beendete Jordan seine Karriere, zweimal kam er zurück. Im Jahr 2003 bestritt der damals 40-Jährige sein letztes Spiel, in Diensten der Washington Wizards, mit denen er zwei Jahre recht erfolglos spielte. Seine großen Erfolge hatte Jordan mit den Chicago Bulls, mit denen er sechsmal Meister in der National Basketball Association (NBA) wurde. Fünfmal wählte man „Air Jordan" zum MVP, dem wertvollsten Spieler in der NBA. „In meiner Laufbahn habe ich mehr als 9.000 Würfe verschossen. Ich habe fast 300 Spiele verloren. 26-mal war ich derjenige, der das Spiel gewinnen konnte und ich habe daneben geworfen. Ich bin immer und immer wieder gescheitert. Und genau deshalb bin ich erfolgreich", sagte Jordan einst über seine unglaubliche Karriere. „Manche Leute wollen, dass es geschieht, einige Leute wünschen, dass es geschieht, und andere Leute lassen es geschehen." Das ist einer der Lieblingssprüche von Jordan, der in seiner Zeit mit den Chicago Bulls den Unterschied ausmachte. Keiner sprang so elegant durch die Luft zum Korb wie der US-Amerikaner. In seinem letzten Spiel erzielte Jordan für die Washington Wizards im Auswärtsspiel bei den Philadelphia 76ers 15 Punkte. Kurz vor Schluss forderten die Zuschauer mit „We want Mike"-Rufen die Einwechslung von Jordan, der lange Zeit auf der Bank saß. Der „Greatest of all time" des Basketballs wurde schließlich eingewechselt und kurz danach gefoult. Die zwei fälligen Freiwürfe verwandelte er zielsicher – es waren die letzten Körbe in seiner Karriere. Anschließend verließ Jordan das Feld und wurde von der gesamten Halle minutenlang gefeiert. „Ich habe Basketball nie als selbstverständlich betrachtet. Ich bin Basketball gegenüber immer ehrlich gewesen, und Basketball war immer ehrlich zu mir", sagte Jordan nach seinem endgültigen Karriereende.

17. April 1875
Die Sportart Snooker wird geboren

Billard wird sicher fast jeder schon mal gespielt haben. Aber Snooker? Diese Sportart ist dermaßen komplex, dass man sich nicht herantraut. Dennoch fasziniert Snooker die Zuschauer mit den spektakulären Schlägen der Ballkünstler mit dem Queue. Im Jahr 1875 wurde Snooker erfunden – vom britischen Offizier Neville Chamberlain. Der 21-Jährige langweilte sich mit der britischen Kolonialarmee im indischen Jabalpur. Der Monsunregen in Indien zwang die Soldaten, drinnen zu bleiben. Im Offizierskasino schlug Chamberlain die Zeit tot und experimentierte mit verschiedenen, damals gängigen Billarddisziplinen wie English Billards, Blackpool oder Pyramidenbillard. Chamberlain spielte eine Partie Blackpool gegen einen Kadetten. Dem Kadetten gelang dabei ein dermaßen guter Stoß, sodass es Chamberlain nahezu unmöglich war, im Anschluss daran einen korrekten Stoß zu machen. „You are real snooker", schimpfte Chamberlain. Der

Begriff *Snooker* war damals eine abfällige Bemerkung gegenüber dem Kadetten. Chamberlain war von dem Stoß des jungen Kadetten dermaßen begeistert, dass er ein Spiel mit der weißen Spielkugel sowie 15 roten Kugeln, einer schwarzen, grünen, gelben und pinkfarbenen Kugel aufbaute. Der Grundstein für Snooker, wie man es heute kennt, war gelegt. Einige Jahre später fügte Chamberlain dem Spiel noch eine blaue und eine braune Kugel hinzu. Als Chamberlain von Indien zurück nach Großbritannien reiste, brachte er seine Idee des Snookers unter die Leute. In Großbritannien gehört Snooker zu den beliebtesten Sportarten. Es ist kein Zufall, dass das wichtigste Event, die Weltmeisterschaft im Crucible Theatre in Sheffield, stets um den 17. April, dem Geburtstag des Snookers, ausgetragen wird.

18. April 1994
Uta Pippig gewinnt den Boston-Marathon

Einmal im Leben einen Marathon laufen. Das ist das große Ziel von vielen Hobbyläufern. Die 42,195 Kilometer haben eine magische Anziehungskraft. Als bedeutendster Marathon gilt neben dem Lauf bei den Olympischen Spielen der Boston-Marathon, der jedes Jahr am dritten Montag im April, am Feiertag Patriot's Day, ausgetragen wird. In den 1990er-Jahren dominierten bei den Frauen noch nicht die Marathonläuferinnen aus Afrika. Die europäischen Läuferinnen hielten nicht nur mit, sondern sie siegten auch, allen voran Uta Pippig. Die Deutsche lief beim Boston-Marathon 1994 als Erste über die Ziellinie. Die 2:21:45 Stunden bedeuteten nicht nur die beste Zeit, die Pippig je in ihrer Karriere lief, sondern damals auch die drittschnellste je gelaufene Zeit. Der Sieg beim Boston-Marathon brachte Pippig die Ehre, mit dem damaligen US-Präsidenten Bill Clinton zu joggen. „Es war eine Tradition, dass die Gewinner des Boston-Marathons ins Weiße Haus eingeladen wurden. Ich bin zweimal mit Präsident Clinton gejoggt. Wir liefen einige Meilen entlang des schönen Potomac Rivers, begleitet vom Secret Service, auch in Laufsachen. Entgegenkommende Läufer grüßten von Zeit zu Zeit: ‚Guten Morgen, Mister President.' Das wiederholte sich einige Male auf der Strecke. Dann kam ein Läufer uns entgegen, grüßte: ‚Guten Morgen, Uta.' Alle lachten, auch Präsident Clinton", schilderte Pippig im Interview mit dem *Stern*. Die Deutsche war Mitte der 1990er-Jahre das Nonplusultra im Marathon. Auch

1995 und 1996 siegte sie beim Boston-Marathon. Sie ist damit die einzige Läuferin, die den Boston-Marathon dreimal in Folge gewann. Neben drei Siegen beim Boston-Marathon siegte Pippig auch dreimal in Berlin und einmal in New York. Bei Weltmeisterschaften und Olympischen Spielen klappte es dagegen nie mit einer Medaille. Bei den Olympischen Sommerspielen 1996 in Atlanta ging Pippig als große Favoritin an den Start, nachdem sie vier Jahre lang jeden großen Marathon gewinnen konnte. Doch der Körper streikte. Pippig führte zwischenzeitlich, gab aber nach 35 Kilometern wegen einer Stressfraktur in der Hüfte erstmals bei einem Marathon auf. „Die extreme Belastung und ein Problem mit den Schuhen, in denen ich auf der regennassen Straße keinen perfekten Halt hatte, waren die Gründe für die einsetzenden Beschwerden. Das erste Mal im Leben auszusteigen, das ist schon traurig. Ich dachte zeitweilig, ich könnte noch zu einer Medaille laufen, aber da hatte ich mich verkalkuliert, deswegen blieb ich noch so lange im Rennen, bevor ich aufgab", sagte Pippig.

19. April 1991
„The Battle of the Ages" zwischen George Foreman und Evander Holyfield

Wenn man eine Liste erstellen würde mit den bedeutendsten Schwergewichtsboxern, dann wären George Foreman und Evander Holyfield sicherlich darunter. Foreman, Kampfname „Big George", als ältester Schwergewichtsweltmeister der Geschichte, und Holyfield, Kampfname „The Real Deal", als einziger Schwergewichtsboxer, der viermal Weltmeister wurde. Die beiden Boxlegenden trafen einmal aufeinander. Die erste Titelverteidigung von Holyfield, nachdem er sich alle drei WM-Gürtel der Verbände IBF, WBA und WBC schnappte, lief gegen den 42-jährigen Holyfield. Aufgrund des 14-jährigen Altersunterschieds der beiden Boxer wurde der Kampf als „The Battle of the Ages" vermarktet. Die siebte Runde im Kampf, in dem sowohl Foreman als auch Holyfield schwere Treffer kassierten, kürte man zur besten Boxrunde des Jahres 1991. Holyfield behielt zwar nach einem einstimmigen Punktsieg alle WM-Gürtel, doch Foreman bewies, dass er mit seinen 42 Jahren immer noch wettbewerbsfähig war. „Ich habe George mit allem, was ich hatte, geschlagen. Fünf Jahre lang habe ich Kerle mit allem, was ich hatte, geschlagen und sie sind zu Boden gegangen. George jedoch nicht. Er hat mir gezeigt, dass er nicht alt ist", zeigte sich Holyfield beeindruckt von der Leistung Foremans. „He won the points, but I proved the point", sagte Foreman nach der Niederlage. Was so viel bedeutet wie: „Er hat zwar den Kampf gewonnen, aber ich habe es allen gezeigt." Foreman sagte auch: „Wenn du leben kannst, kannst du träumen. Ich bin mit dem Träumen noch nicht fertig." Drei Jahre später schlug sich Foreman mit 45 Jahren zum ältesten Schwergewichtsweltmeister der Geschichte.

20. April 2003
Der traurigste Sieg von Michael Schumacher

307 Rennen ist Michael Schumacher in der Formel 1 gefahren, 91 Rennen hat er gewonnen. Das schwerste Rennen fuhr Schumacher beim Großen Preis von San Marino in Imola im Jahr 2003. Wenige Stunden vor dem Rennen ereilte die beiden Schumacher-Brüder Michael und Ralf die Nachricht, dass ihre Mutter Elisabeth verstarb. Nachdem die Mutter wegen einer Leberzirrhose einige Tage zuvor zusammenbrach und ins künstliche Koma versetzt wurde, wachte sie nicht mehr auf. Sowohl Michael als auch Ralf Schumacher entschieden sich, das Rennen in Imola zu fahren. Die beiden Brüder kämpften zu Rennbeginn um die Spitze. Ralf Schumacher wurde schließlich Vierter, Michael Schumacher siegte mit Trauerflor im Ferrari und gewann sein erstes Saisonrennen. Nach Feiern war Schumacher selbstverständlich nicht zumute. Nach seinem traurigsten Sieg in seiner Karriere vergoss er auf dem Podest Tränen. An den obligatorischen Interviews nahm Schumacher nicht teil. Bei der Pressekonferenz nach dem Rennen erschien stellvertretend Ferrari-Teamchef Jean Todt. „Es war sehr schwierig für ihn, aber er hat es getan, weil er fühlte, dass er es machen wollte, und er hat fantastische Arbeit für das Team geleistet. Aber ich denke, es ist wichtig, dass er zeigt, was er für ein Mensch ist. Das ist vielleicht das Wichtigste heute", sagte Todt. In der WM-Endabrechnung gewann Schumacher mit zwei Punkten Vorsprung auf den Finnen Kimi Räikkönen seinen sechsten WM-Titel. Ohne den traurigsten Sieg im schwersten Rennen hätte Schumacher die WM womöglich nicht gewonnen.

21. April 1985
Der erste Formel-1-Sieg von Ayrton Senna

„Jeder Fahrer hat sein Limit. Mein Limit ist ein ganz anderes." Das sagte einst Ayrton Senna, einer der schillerndsten Formel-1-Fahrer, die es je gegeben hat. Der Brasilianer verstarb viel zu früh, als er beim Rennen in Imola im Jahr 1994 nach einem Unfall tödlich verunglückte. „Der Rennsport und der Wettkampf liegen mir im Blut. Das ist ein Teil von mir, Teil meines Lebens. Ich habe das mein ganzes Leben lang getan und es steht über allem", sagte Senna. 41 WM-Rennen gewann Senna, dreimal wurde er Weltmeister. Den Gewinn seines ersten WM-Rennens feierte der damals 25-jährige Brasilianer beim Großen Preis von Portugal in Estoril. Man sagt, dass sich die Klasse eines guten Formel-1-Fahrers vor allem in einem Regenrennen zeigt. Fahrerisch gehörte Senna zu den Besten aller Zeiten. Und das bewies er in Estoril. Er ging von der Pole-Position an den Start und deklassierte in seinem Lotus im Regenrennen die Konkurrenz. Den Drittplatzierten überrundete er, der Zweitplatzierte hatte beim Schwenken der Zielflagge mehr als eine Minute Rückstand. Nach dem Sieg seines ersten WM-Rennens weinte Senna Tränen der Freude. Von seinem Teamchef im Lotus-Team, Peter Warr, bekam er den Spitznamen „The Magic" verpasst. „Einer der besten Momente meiner Karriere war mein erster Formel-1-Sieg in Portugal im Regen. Es war auch das Wochenende meiner ersten Pole-Position. Zusammen mit meinem ersten WM-Titel war es einer der besten, wenn nicht der beste Moment in meiner bisherigen Karriere. Es war ein Rennen voller Erinnerungen und voller Aufregung – ein Rennen, das ich ganz sicher für den Rest meines Lebens im Gedächtnis behalten werde", sagte Senna einige Jahre später über seinen ersten Formel-1-Sieg.

22. April 1995
Axel Schulz wird um Weltmeistertitel im Schwergewicht betrogen

Es war eine historische Chance, die Boxer Axel Schulz nutzte – der erste deutsche Schwergewichtsweltmeister seit Max Schmeling im Jahr 1932. Doch die Kampfrichter sahen es völlig anders. Dass der bis dato in der Boxszene unbekannte Schulz überhaupt einen Weltmeisterkampf gegen den amtierenden Champion George Foreman bekam, war schon eine große Überraschung. Der 45-jährige Foreman wurde fünf Monate zuvor dank eines „Lucky Punchs" zum ältesten Schwergewichtsweltmeister der Geschichte. Um seinen Titel nicht sofort wieder zu verlieren, suchte Foreman für seine erste Titelverteidigung im Boxverband IBF den laut Regularien schwächstmöglichen Herausforderer, den er bekommen könnte. Der Deutsche Axel Schulz sollte nur ein Übergangsstopp für weitere große Kämpfe sein. „Ich hielt ihn für einen extrem durchschnittlichen Kämpfer. Ich dachte wirklich: Das wird einfach. In der dritten, vielleicht in der vierten Runde haue ich ihn k. o", erzählte Foreman viele Jahre später. Doch in Las Vegas zeigte Schulz den Kampf seines Lebens und war für fast alle Zuschauer und Experten der bessere Boxer an diesem Abend. In der Schlussrunde fehlte Schulz nicht viel für den K.-o.-Schlag gegen den amtierenden Weltmeister. Nach den zwölf Runden riss der 26-Jährige jubelnd die Hände in die Luft. Doch die Boxsensation blieb aus. Schulz wurde um den Weltmeistertitel betrogen. Während ein Kampfrichter den Kampf unentschieden wertete, sahen zwei Kampfrichter den 46-jährigen Foreman knapp vorne. Die Zuschauer quittierten die umstrittene Entscheidung mit Buhrufen. „Also umhauen hätte ich ihn natürlich müssen, um das ganze Ding wasserfest zu machen. Aber da ich nicht der ganz große Puncher war, wollte ich nach Punkten gehen – und für mich habe ich den Kampf gewonnen", blickte Schulz auf den Kampf zurück, der ihn berühmt machte. Aus dem Deutschen wurde der Weltmeister der Herzen. Hinter dem skandalösen Urteil vermutete man als Grund, dass man einen möglichen Kampf zwischen Foreman und Mike Tyson, der kurz zuvor aus dem Gefängnis entlassen wurde, nicht aufs Spiel setzen wollte. „Ich bin danach im Taxi gewesen und zu meinen Freunden gefahren. Und der Taxifahrer hat gesagt: ‚Dich haben sie heute betrogen, du musst hier nichts bezahlen'", erzählte Schulz, der durch den Kampf zu einem der beliebtesten Sportler in Deutschland wurde. „Ich kam als Betrogener und nicht als Verlierer nach Hause." Einen Rückkampf gegen Foreman gab es indes nicht, da sich der US-Amerikaner weigerte. „Das Schulz-Lager bot mir damals viel Geld für ein Rematch mit Axel an. Aber ich sagte nur: ‚Auf gar keinen Fall!' Ich kam damals lebend aus dem ersten Duell heraus und wollte nichts mehr riskieren", sagte Foreman. Er legte seinen Titel nieder und machte den Weg frei für einen weiteren WM-Kampf von Axel Schulz, den der Deutsche im Dezember 1995 erneut auf skandalöse Weise verlor, weil sein Gegner Francis Botha gedopt war. Knapp 25 Jahre nach dem skandalösen Urteil gegen Foreman erhielt Schulz vom Verband IBF dann einen Ehrengürtel. „Den habe ich vom IBF-Präsidenten mit einer Entschuldigung bekommen. Ich fand das richtig gut. Das war eine tolle Geste", sagte Schulz.

23. April 1994
Das Phantomtor von Thomas Helmer

Es ist eine Szene aus dem Kuriositätenkabinett, eine Szene, die in keinem Rückblick auf die Geschichte in der Fußball-Bundesliga fehlen darf. Es lief die 26. Spielminute im Bundesligaspiel zwischen dem FC Bayern München und dem 1. FC Nürnberg, als eine Fehlentscheidung nach Ansicht der Fernsehbilder für ungläubiges Kopfschütteln sorgte. Nach einem Eckball kam Bayern-Verteidiger Thomas Helmer kurz vor dem Tor an den Ball. Mit dem Rücken zum Tor bugsierte Helmer den Ball am Tor vorbei. Doch zum Erstaunen aller Beteiligten, vor allem von Nürnberg-Torwart Andreas Köpke, entschied Schiedsrichter Hans-Joachim Osmers auf Tor. Linienrichter Jörg Jablonski hatte den Ball tatsächlich im Tor gesehen. Die Entscheidung stand, das Spiel ging regulär weiter. „Ich habe gemerkt, dass der Ball, als ich ihn mit der Hacke geschossen habe, vorbei war. Was davor war, wusste ich nicht. Andy Köpke lag hinter mir. Da war ich mir nicht sicher. Deswegen wusste ich nicht genau, was passiert ist", schilderte Helmer diese Situation im Rückblick. Und da es nicht schon kurios genug war, erzielte ausgerechnet Helmer auch noch das 2:0 – diesmal ein regulärer Treffer. Und es wurde noch kurioser. Nachdem Nürnberg den Anschlusstreffer schoss, bekam Nürnberg kurz darauf einen Elfmeter – ausgerechnet durch ein Foul von Helmer. Und ausgerechnet Ex-Bayern-Spieler Manfred Schwabl scheiterte beim ersten Elfmeter seiner Karriere kläglich. Das mögliche 2:2 hätte Nürnberg im Nachhinein den Klassenerhalt gesichert und womöglich auch kein Wiederholungsspiel bedeutet. Nach dem Phantomtor durch Helmer und der 1:2-Niederlage legten die Nürnberger aber Protest ein und bekamen recht. Da es sich beim Phantomtor nicht um eine Tatsachenentscheidung handelte, wurde das Spiel wiederholt – zum ersten Mal in der Bundesligageschichte nach einer Fehlentscheidung. Bayern siegte mit 5:0 und wurde deutscher Meister. Nürnberg stieg dagegen wegen der schlechteren Tordifferenz aus der Bundesliga ab. Wie es dazu kommen konnte, dass das Phantomtor anerkannt wurde, ließ sich nie genau klären. Schiedsrichter Osmers bekräftigte stets, dass er Helmer nach den heftigen Protesten der Nürnberger Spieler danach befragt habe, ob es ein Tor war. „Er blieb bei seiner Aussage: Der Ball war im Tor. Leider", sagte Osmers rückblickend. Helmer hingegen bestritt immer wieder, dass er vom Schiedsrichter nach der Aktion, die zum Phantomtor führte, je befragt wurde. „Wir haben nicht darüber geredet. Das war im Nachhinein sicher auch ein Fehler. Von mir und ihm. Ich habe auch nicht gejubelt, wie immer behauptet wird. Ich wusste ja gar nicht, was los war", sagte Helmer über sein Phantomtor gegenüber der *Sport Bild*. Was Helmer bis heute stört: Seine glanzvolle Karriere als Europameister 1996, dreimaliger deutscher Meister, zweimaliger DFB-Pokalsieger und vielen weiteren Erfolgen wurde immer wieder überstrahlt durch sein Phantomtor. „Manchmal denke ich, ich werde nur auf dieses Tor reduziert. Dieses Tor gehört zu meiner Karriere", sagte Helmer. Linienrichter Jablonski erklärte seinen folgenschweren Fehler im Gespräch mit dem *Kicker* einen Tag nach dem Phantomtor wie folgt: „Ich stehe genau an der Eckfahne und gucke in die Sonne. Der Spieler Helmer steht am hinteren Pfosten vor der Torlinie. Ich sehe, wie Köpke auf den Ball zustürzt und wie Helmer den Ball über die Linie bringt. Ich war hundertprozentig der Überzeugung, dass der Ball hinter der Linie war. Erste Zweifel kamen mir aber schon, als der Ball neben dem Tor lag. Zumal Köpke und einige Club-Spieler auf mich zustürmten. Ich habe nach bestem Wissen und Gewissen gehandelt."

24. April 2004
Vitali Klitschko boxt sich erneut zum Weltmeister

Die Klitschko-Brüder Vladimir und Vitali aus der Ukraine waren die großen Stars im Boxen im Schwergewicht in den 2000er- und 2010er-Jahren. Auch wenn Vitali, Kampfname „Dr. Eisenfaust", nie so lange Weltmeister war wie sein Bruder Vladimir, galt er in der Boxszene als der bessere Boxer. Nur zwei Kämpfe verlor Vitali Klitschko in seiner Karriere, in der seine K.-o.-Quote bei überragenden 87 Prozent lag. Wobei, so richtig verloren hatte er diese Kämpfe nicht. Im Jahr 2000 verlor er seinen Weltmeistertitel im Verband WBO in Berlin gegen den US-Amerikaner Chris Byrd. Klitschko brach den Kampf in der neunten Runde wegen eines Sehnenrisses in der Schulter ab. Bis dahin hatte er den Kampf klar dominiert. Auch seine zweite Niederlage war umstritten. Im Jahr 2003 war er Herausforderer gegen den Briten Lennox Lewis, der die Titel in den Verbänden IBO und WBC hielt.

Der Kampf in Los Angeles endete mit einem kleinen Skandal. Der Ringarzt empfahl dem Ringrichter, den Kampf abzubrechen, da Klitschko mehrere Platzwunden hatten. Der Kampf wurde als technischer K. o. für Lewis gewertet. Bis zum Abbruch lag Klitschko bei allen drei Kampfrichtern vorne. Neun Monate später bekam Klitschko in Los Angeles erneut die Chance, zum zweiten Mal Weltmeister zu werden. Um den vakanten Titel im Verband WBC traf er auf Corrie Sanders. Der Südafrikaner hatte ein Jahr zuvor Vitalis Bruder Vladimir sensationell in der zweiten Runde k. o. geschlagen. Klitschko wollte Revanche für seinen Bruder. In einem spektakulären Kampf musste der Ukrainer bereits in der ersten Runde schwere Treffer einstecken. Im Verlaufe des Kampfs dominierte Klitschko immer mehr. Was fehlte, war der K. o. Als Sanders immer mehr Treffer kassierte, brach der Ringrichter gegen Ende der achten Runde den Kampf ab – technischer K. o. „Was Sanders eingesteckt hat, war Wahnsinn. Das hätte ich nie für möglich gehalten. Wenn ich auch noch verloren hätte, wäre das ein großes Desaster für uns gewesen. Damit habe ich die Familienehre gerettet und meinen Traum erfüllt", sagte Klitschko, nachdem er zum zweiten Mal Weltmeister wurde. 230 Treffer brachte Klitschko gegen Sanders in Ziel. „Corrie Sanders war der am schwierigsten zu boxende Gegner, gegen den ich jemals gekämpft habe. Corrie war schnell, konnte einstecken und austeilen. Sein Stil war sehr gefährlich und lag mir nicht. Ich war sehr froh, dass ich diesen Kampf gewinnen konnte", sagte Klitschko im Rückblick gegenüber der *Sport Bild*. In den folgenden acht Jahren gewann Klitschko jeden Kampf und trat als amtierender Weltmeister zurück. Seit 2014 ist Klitschko Bürgermeister seiner Heimatstadt Kiew.

25. April 1947 ⚽
Der Geburtstag von Johan Cruyff

Wenn es darum geht, den besten Fußballer der Geschichte zu wählen, der weder Europameister noch Weltmeister geworden ist, dann kommt man an ihm nicht vorbei: Johan Cruyff. Er ist eine Ikone des Fußballs und der mit Abstand größte Spieler aus den Niederlanden. Cruyff wurde gerne als „Rembrandt des Fußballs" betrachtet, der seinen Sport als Spieler sowie als Trainer revolutionierte. Cruyff gilt als Erfinder des „Voetbal Totaal" – eine voll auf Angriff ausgerichtete Spielphilosophie. Das Motto von Cruyff als Spieler und als Trainer: Die Schönheit des Spiels war ihm wichtiger als die Ergebnisse. Als Spieler von Ajax Amsterdam wurde der Niederländer neunmal niederländischer Meister und gewann den Europapokal der Landesmeister dreimal in Serie. Mit dem FC Barcelona gewann er unter anderem einmal die spanische Meisterschaft. Bloß mit einem Weltmeistertitel oder einem Europameistertitel mit den Niederlanden klappte es nicht. Das 1:2 im WM-Finale 1974 gegen Deutschland zählt zu den bittersten Niederlagen von Cruyff, da die Niederländer bis dahin mit ihrer Art Fußball das Turnier dominiert hatten. „Natürlich hätte ich das Finale in München gerne gewonnen, aber dass man in der ganzen Welt noch immer über uns als die Mannschaft, die den schönsten Fußball gespielt hat, spricht, ist für mich ein größerer Sieg als der Gewinn des WM-Pokals", sagte Cruyff über das WM-Finale 1974. Auch als Trainer setzte Cruyff mit seiner Philosophie Maßstäbe. Unter ihm gewann der FC Barcelona viermal in Folge die Meisterschaft und einmal den Europapokal der Landesmeister. Einer seiner Spieler war Pep Guardiola, der viel von Cruyff für seine spätere Weltkarriere als Trainer lernte. „Sein Vermächtnis ist grenzenlos. Ich wusste nichts über Fußball, bis ich Cruyff traf. Durch ihn haben wir den Fußball erst verstanden", sagte Startrainer Pep Guardiola über die niederländische Fußballlegende. Johan Cruyff starb am 24. März 2016 im Alter von 68 Jahren an den Folgen von Lungenkrebs

26. April 1966 ⚭
München wird zur Olympiastadt gewählt

Olympische Spiele in Deutschland, seien es Sommer- als auch Winterspiele. Das ist seit Jahren ein Traum, der nicht in Erfüllung zu gehen scheint. Verglichen mit den vielen Medaillen, welche die deutschen Sportler im Sommer und Winter immer wieder gewinnen, fanden Olympische Spiele in Deutschland nur ganz selten statt. Zuletzt vor mehr als 50 Jahren. Im Jahr 1966 erklärte das Internationale Olympische Komitee (IOC) München zum Ausrichter der Olympischen Sommerspiele 1972. „The Games are awarded to ... Munich", verkündete IOC-Präsident Avery Brundage in Rom. München hatte sich gegen die Bewerber aus Montreal, Madrid und Detroit durchgesetzt. Nachdem Detroit im ersten Wahlgang ausgeschieden war, erhielt München im zweiten Durchgang mit 31 von insgesamt 49 Stimmen die Mehrheit gegenüber Montreal und Madrid. Münchens damaliger Bürgermeister Hans-Jochen Vogel erinnerte sich in der Zeitschrift *Spiegel* wie folgt an den

Bewerbungsprozess. „Sieben Monate vor Rom hatte ich noch nicht einmal über die Möglichkeit Olympischer Spiele in München nachgedacht. Im Oktober 1965 bat mich aber NOK-Chef Willi Daume kurzfristig um einen Termin im Rathaus. Am 28. Oktober saß er vor mir und fragte: ‚Herr Oberbürgermeister, sitzen Sie fest auf Ihrem Stuhl?' Ich habe aus Spaß geschaut, ob da am Stuhl irgendwas nicht in Ordnung war, dann aber natürlich den politischen Hintergrund der Frage ernst genommen: ‚Ja doch, ich sitze fest', war meine Antwort. Darauf Daume: ‚Ich schlage Ihnen vor, dass sich München um die Olympischen Spiele bewirbt.'" Bei der Abstimmung kam München angeblich ein Fauxpas der Stadt Montreal zu Hilfe. So soll der Bürgermeister von Montreal den Komiteemitgliedern des IOC vorgeschlagen haben, die sieben Dollar Übernachtungsgeld zu übernehmen im Falle eines Zuschlags für Montreal. Die meisten IOC-Mitglieder lehnten ab, auch um nicht in den Ruf der Bestechlichkeit zu geraten. So wurde München Olympiastadt und entwickelte sich durch die Olympischen Sommerspiele zu einer europäischen Metropole: Es entstand der Ruf einer Weltstadt mit Herz. Viele Projekte, die in München für die nächsten 30 Jahre geplant waren, wurden durch die Vergabe der Olympischen Sommerspiele in nur sechs Jahren realisiert. Die Stadt München profitiert noch heute von der Wahl zur Olympiastadt. 50 Jahre nach dem Olympischen Sommerspielen fanden die European Championships, Europameisterschaften verschiedener Sportarten, in einigen Sportstätten von Olympia 1972 in München statt. Das Event entwickelte sich zu einem gigantischen Erfolg.

27. April 2002
SC Magdeburg gewinnt die Handball-Champions-League

Seit 1992 gibt es die Champions League im Fußball. Ein Jahr später wurde die Champions League im Handball eingeführt. Seit der Gründung des Wettbewerbs kam der Titelträger siebenmal aus Deutschland. Den Anfang machte der SC Magdeburg im Jahr 2002. Inzwischen wird der Sieger in der Champions League in einem Final-Four-Turnier ermittelt. Zur damaligen Zeit gab es noch ein Endspiel mit Hin- und Rückspiel. Magdeburg traf im Finale auf den ungarischen Meister KC Vezprem. Nachdem Magdeburg das Hinspiel in Vezprem mit 21:23 verloren hatte, behielt die Mannschaft um Kultspieler Stefan Kretzschmar mit 30:25 die Oberhand und sicherte sich den ersten Champions-League-Titel einer deutschen Mannschaft.

„Es ist das Größte, diese Trophäe endlich nach Deutschland zu holen. Wir sind das beste Team Europas. Ich bin unglaublich stolz. Wir haben so lange auf diesen Erfolg hingearbeitet und sogar Spiele in der Bundesliga geopfert", sagte Trainer Alfred Gislason nach dem Titelgewinn. Das Spiel ging als „Wunder von Magdeburg" in die Geschichtsbücher ein. „Wir feiern heute, morgen und übermorgen und werden irgendwo auf der Straße liegen. Wenn uns jemand findet, bitte nach Hause bringen. Alfred natürlich auch", jubelte Magdeburg-Spieler Olafur Stefansson.

28. April 1967
Muhammad Ali werden alle Titel entzogen

Als Cassius Clay gewann er zum ersten Mal den Weltmeistertitel im Schwergewicht im Boxen, als Muhammad Ali entwickelte er sich zur Sportlegende. Einen Monat, nachdem Ali zum neunten Mal seine WM-Gürtel verteidigte, wurde seine Karriere als Boxer auf Eis gelegt. Ihm wurden seine Titel in den Verbänden WBA und WBC entzogen, er verlor seine Profilizenz im Boxen, einige Wochen später wurde er zudem zu einer Freiheitsstrafe von fünf Jahren sowie zu einer Geldbuße von 10.000 US-Dollar verurteilt. Die Haftstrafe musste er nach Zahlung einer Kaution zwar nicht antreten, die Karriere von Ali lag aber in Trümmern. Der Grund: Ali hatte den Wehrdienst in den USA verweigert und wollte unter keinen Umständen am Vietnamkrieg beteiligt sein. „Nein, ich werde nicht 10.000 Meilen von zu Hause entfernt helfen, eine andere arme Nation zu ermorden und niederzubrennen, nur um die Vorherrschaft weißer Sklavenherren über die dunkleren Völker der Welt sichern zu helfen", sagte Ali zum Vietnamkrieg. Aus dem Boxer mit der großen Klappe wurde endgültig eine politische Figur. Im Laufe der Jahre entwickelte sich Ali vom Landesverräter zum gefeierten Bürgerrechtler und zu einer Ikone des Sports. „Ich hatte den Titel nicht, weil ihn mir jemand überreicht hat oder wegen meiner Rasse und Religion, sondern weil ich ihn im Ring gewonnen habe. Diejenigen, die ihn mir jetzt wie bei einer Auktion nehmen wollen, tun nicht nur mir keinen Gefallen damit, sondern machen sich lächerlich. Sportfans und gerechte Menschen in Amerika werden solche Titelträger niemals akzeptieren", kommentierte Ali die Entscheidung, ihm seine Titel sowie die Profilizenz als Boxer zu entziehen. Dreieinhalb Jahre später durfte Ali wieder zurück in den Boxring und kämpfte sich schließlich mit zahlreichen denkwürdigen Ringschlachten in die Herzen der Sportfans.

29. April 1978 ⚽
12:0! Der höchste Sieg in der Fußball-Bundesliga

Köln oder Mönchengladbach? Das war die Frage am 34. und letzten Spieltag der Saison 1977/1978 in der Fußball-Bundesliga. Wird der 1. FC Köln zum dritten Mal deutscher Meister oder gewinnt Borussia Mönchengladbach zum vierten Mal in Folge die Meisterschaft? Vor dem letzten Spieltag hatten beide Vereine die gleiche Punktzahl. Doch Köln hatte den klaren Vorteil der um zehn Treffer besseren Tordifferenz. Außerdem traten die Kölner beim Tabellenletzten FC St. Pauli an, die bereits als Absteiger feststanden. Was sollte da schon schiefgehen? Es hätte eine Menge schiefgehen können. „Kann Gladbach 11 Tore schießen?" titelte die *Bild*-Zeitung vor dem Saisonfinale. Und tatsächlich: Gladbach spielte sich im Heimspiel gegen Borussia Dortmund in einen Rausch. Nach 22 Minuten stand es bereits 4:0, zur Halbzeit sogar 6:0. „Ich habe meinen Leuten noch in der Halbzeit gesagt: ‚Leute, wenn jetzt der 1. FC Köln durch unsere katastrophale Niederlage, die sich jetzt anbahnt, den deutschen Meistertitel verliert, das wäre schrecklich. Wir können das nie mehr wiedergutmachen'", sagte Dortmund-Trainer Otto Rehhagel seinen Spielern in der Halbzeit. Seine Ansprache half nichts. Gladbach erzielte Treffer um Treffer. „Uns wurde immer gezeigt. Noch zwei Tore, das hörte nie auf", sagte Gladbach-Stürmer Jupp Heynckes, der insgesamt fünf Tore erzielte. Es war gleichzeitig Heynckes' allerletztes Bundesligaspiel. Zum Meistertitel für Gladbach reichte der Kantersieg aber dennoch nicht. Die Kölner siegten auf St. Pauli am Ende souverän mit 5:0. Bis zur 69. Minute hatte es aber nur 2:0 gestanden. Statt der großen Freude über den Meistertitel überwog bei den Kölnern der Zorn gegenüber den Dortmundern, die sich hatten abschießen lassen. „Das ist ein Ding, was kaum zu fassen ist, was sich da abgespielt haben muss. Das 12:0 ist ein Skandal", sagte Köln-Spieler Herbert Neumann. Es stand sogar der Verdacht der Manipulation im Raum, der sich aber in Luft auflöste. Vielmehr war es so, dass an diesem Tag torhungrige Gladbacher auf überforderte Dortmunder trafen, die sich bereits gedanklich im Urlaub befanden. „Wer mich kennt, weiß, dass eine Manipulation nie im Bereich des Möglichen liegt", sagte Otto Rehhagel bezüglich des Manipulationsvorwurfs.

30. April 1993
Das Messerattentat auf Monica Seles

Es ist nicht nur das dunkelste Kapitel in der Geschichte des Hamburger Rothenbaums, sondern wahrscheinlich auch die dunkelste Stunde, die der Tennissport bislang erlebt hat. Es war ein warmer, sonniger Frühlingsabend, als sich die Tenniswelt für immer verändern sollte. Monica Seles, die Nummer eins der Welt, war kurz davor, beim WTA-Turnier in Hamburg ins Halbfinale einzuziehen, als sie während der Seitenwechselpause vom irren Steffi-Graf-Fan Günther Parche mit einem 22 Zentimeter langen Küchenmesser niedergestochen wurde. Die körperlichen Wunden nach dem Messerattentat verheilten schnell. Laut Aussage der Ärzte hätte Seles schon nach gut drei Monaten wieder auf dem Platz stehen können. Doch die seelischen Narben waren einfach zu groß, die eine schnelle Rückkehr in den Tenniszirkus unmöglich machten. „Ich bin niedergestochen worden auf dem Tennisplatz vor zehntausend Leuten. Es ist nicht möglich, distanziert darüber zu sprechen. Es veränderte meine Karriere unwiderruflich und beschädigte meine Seele. Ein Sekundenbruchteil machte aus mir einen anderen Menschen", gab Seles in ihrer Biografie *Getting a grip* offen zu. Parche kam nahezu ungeschoren davon. Zwei Jahre auf Bewährung aufgrund seiner abnormalen Persönlichkeit lautete die Strafe, die für das Opfer Seles unverständlich war. „Was für eine Botschaft sendet das in die Welt? Er kehrt zurück in sein Leben, aber ich kann es nicht, weil ich mich immer noch von dem Attentat erhole, das mich hätte umbringen können. Ich kann nicht verstehen, warum dieser Mensch nicht für seine Tat büßen musste." In Deutschland war Seles seit dem Messerattentat nie wieder. Mit dem Urteil gegen Günter Parche konnte sie sich nicht abfinden und kehrte Deutschland den Rücken zu. Obwohl sie gerne wieder in Deutschland spielen wollte, hielt sie an ihren Prinzipien fest. „Dies ist nun einmal das Land, das den Mann, der mich angegriffen hat, nicht ausreichend bestrafte", begründete sie ihre Entscheidung. Seles hatte mit Angstzuständen, Depressionen und Alpträumen zu kämpfen und begab sich in eine psychologische Therapie, ehe sie im August 1995 auf die WTA-Tour zurückkehrte. Zwar feierte sie bis zu ihrem Karriereende weitere große Erfolge, doch an ihre Dominanz im Damentennis vor dem Messerattentat konnte sie nicht mehr anknüpfen.

MAI: MINUTEN-MEISTER UND SCHALLMAUERN

1. Mai 1994
Der tragische Tod von Ayrton Senna

Dieses Wochenende ging als das schlimmste Rennwochenende in die Geschichte der Formel 1 ein. Zwei Todesfälle und ein schwerer Unfall überschatteten den Großen Preis von San Marino in Imola. Nachdem Rubens Barrichello im Freien Training einen schweren Unfall baute, war der Brasilianer kurzzeitig bewusstlos und verpasste mit einer gebrochenen Nase und einer Verletzung am Arm das restliche Wochenende. Einen Tag später krachte der Österreicher Roland Ratzenberger im Qualifying beim Versuch, eine schnelle Runde hinzulegen, mit 290 Stundenkilometern in die Betonmauer. Ratzenberger erlitt einen Schädelbasisbruch sowie einen Bruch der Halswirbelsäule und verstarb im Krankenhaus an den Folgen seiner Verletzungen. Es war erst das dritte Wochenende von Ratzenberger in der Formel 1. Trotz des Todesfalls wurde die Entscheidung getroffen, das Rennen am Sonntag zu starten. Auf der Pole-Position stand Ayrton Senna, der dreimalige Weltmeister aus Brasilien. Senna überlegte lange nach den tragischen Ereignissen in den Stunden zuvor, ob er überhaupt am Rennen teilnehmen sollte. Senna hatte in den beiden vorherigen Rennen ebenfalls auf der Pole-Position gestanden und schied in beiden Rennen nach Unfällen aus. Er entschied sich schließlich zum Start. Nachdem es gleich zu Rennbeginn einen Unfall gab, wurde das Rennen mit Einsatz des Safety-Cars weitergeführt. In der sechsten Runde wurde das Rennen mit einem fliegenden Start wieder freigegeben. In Führung liegend, war Senna vor Michael Schumacher. Kurze Zeit nach dem fliegenden Start verlor Senna bei 330 Stundenkilometern im Ausgang der Tamburello-Kurve die Kontrolle über seinen Williams und prallte nach einer Vollbremsung mit 211 Stundenkilometern gegen die Betonmauer. Das Rennen wurde sofort abgebrochen, Senna aus den

Trümmern seines Williams befreit und per Helikopter ins Krankenhaus geflogen. Um 14:16 Uhr Ortszeit ereignete sich der Unfall, um 18:40 Uhr bestätigte die behandelnde Ärztin Sennas Tod. Das Rennen war nach dem tödlichen Unfall Sennas fortgesetzt worden mit Michael Schumacher als Sieger, der beim Unfall direkt hinter Senna fuhr. „Es war etwa zwei Stunden nach dem Rennen, als jemand zu mir kam und sagte, dass es schlecht aussieht. Ich meinte, er liegt zwar im Koma, aber das bedeutet nichts Schlimmes. Er meinte wieder, es sehe nicht gut aus. Etwas später kam jemand zu mir und erzählte mir, dass er tot sei. Eine Minute später kam der Nächste und meinte, er läge noch im Koma. Es gab zu diesem Zeitpunkt so wenige Informationen, dass man nicht wusste, was man glauben soll. Und ich glaubte immer noch nicht, dass er tot ist. Ich konnte einfach nicht daran denken. Ich dachte nur, er wird wieder Champion sein. Er verpasst vielleicht ein oder zwei Rennen und dann kommt er wieder zurück. Das Schlimmste waren die zwei Wochen danach. Als ich akzeptieren musste, dass er tatsächlich gestorben war. Das war einfach erschütternd", blickte Schumacher auf Sennas tödlichen Unfall zurück. Mit Senna verlor die Formel 1 einen der charismatischsten Rennfahrer, den es je gab. Im Cockpit von Senna fand man eine österreichische Flagge, die Senna wohl im Falle eines Sieges in Imola zum Gedenken an den verstorbenen Roland Ratzenberger geschwenkt hätte. Sennas Tod hatte zur Folge, dass in der Formel 1 zahlreiche Sicherheitsvorkehrungen eingeführt wurden und die Rennstrecke in Imola stark modifiziert wurde, um die Geschwindigkeit zu drosseln.

2. Mai 1998

Der 1. FC Kaiserslautern wird als Aufsteiger deutscher Fußballmeister

So etwas hat es in der Fußball-Bundesliga noch nie gegeben. Eine Wiederholung dieses Ereignisses? Das scheint derzeit ausgeschlossen. Der 1. FC Kaiserslautern gewann die deutsche Fußballmeisterschaft – und das als Aufsteiger. Als der 1. FC Kaiserslautern im Jahr 1996 als Gründungsmitglied in einem Herzschlagfinale im Abstiegskampf aus der Fußball-Bundesliga abstieg, weinte Kaiserslauterns Starspieler Andreas Brehme bittere Tränen. Sein ehemaliger Nationalmannschaftskollege Rudi Völler, der mit seinem Verein Bayern Leverkusen im direkten Duell am letzten Spieltag den Klassenerhalt schaffte, musste Brehme trösten. Trotz des Abstiegs blieben fast alle wichtigen Spieler aus Kaiserslautern dem Verein treu. Mit Otto Rehhagel wurde ein Trainer verpflichtet, der den sofortigen Wiederaufstieg verwirklichen sollte. Die wundervolle Reise des 1. FC Kaiserslautern nahm ihren Anfang. Der Wiederaufstieg in die Bundesliga gelang ohne große Probleme. Als Kaiserslautern am ersten Spieltag der Saison 1997/1998 beim aktuellen Meister FC Bayern München mit 1:0 gewann, war dies bereits eine Sensation. Was im Laufe der Saison dann noch zusätzlich passieren sollte, glich einem Fußballmärchen. Kaiserslautern spielte sich in einen Rausch und sicherte sich am 33. Spieltag mit einem 4:0 gegen den VfL Wolfsburg den Meistertitel, da der FC Bayern München nicht über ein 0:0 beim MSV Duisburg hinauskam. „Als das 0:0 in Duisburg bekannt gegeben wurde, brachen in der Stadt alle Dämme. Ich feierte zusammen mit dieser fantastischen Mannschaft die größte Sensation, die ich in meiner Karriere erlebt habe. So reisten wir am 34. Spieltag schon als Meister nach Hamburg. Das letzte Spiel meiner Karriere bestritt ich in meiner Heimatstadt. Zwei Jahre zuvor hatte ich noch an Rudis Schulter geweint – und durfte jetzt die Schale in den Himmel stemmen. Kann man sich ein schöneres Ende dieser Geschichte vorstellen?", erinnerte sich Andreas Brehme in der Zeitschrift *11 Freunde* über Kaiserslauterns Meisterschaft als Aufsteiger. Für Brehme ging damit auch seine glanzvolle Karriere zu Ende. Nach Kaiserslauterns Husarenstück schnupperten in den Jahren danach zwei Mannschaften an dem gleichen Wunder. Die TSG 1899 Hoffenheim war 2008 als Aufsteiger Tabellenerster nach der Hinrunde, stürzte dann aber in der Rückrunde ab. RB Leipzig sicherte sich 2017 als Aufsteiger die Vizemeisterschaft.

3. Mai 1975
Christa Vahlensieck läuft Marathonweltrekord

Der Marathonlauf bei den Frauen ist eine vergleichsweise junge Disziplin in der Leichtathletik. Zwar liefen die Frauen die Königsdisziplin bei den Laufstrecken in der Leichtathletik schon weitaus früher, doch bis Anfang der 1970er-Jahre wurde den Frauen der Start bei Marathons offiziell verboten, weil lange Laufstrecken als unweiblich und gesundheitsschädigend galten. Als die Frauen endlich offiziell bei Marathons antreten durften, lief sich die Deutsche Christa Vahlensieck in den

Vordergrund. „Ich habe mit 13 Jahren mit Leichtathletik angefangen, musste am Anfang aber immer kurze Strecken laufen", sagte Vahlensieck über das damalige Laufverbot für Langstrecken. Mit 24 Jahren lief die Deutsche ihren ersten Marathon und absolvierte diesen knapp unter drei Stunden. Keine Frau hatte jemals zuvor solch eine Zeit geschafft. Im Jahr 1975 schlug dann die große Stunde von Vahlensieck, als die 25-Jährige beim Marathon in Dülmen zu einer neuen Weltrekordzeit lief: 2:40:15 Stunden. Ihr Rekord hielt fünf Monate. Zwei Jahre später gelang Vahlensieck in Berlin erneut ein Weltrekord: 2:34:47 Stunden. „Eine Weltbestzeit war toll, aber kaufen konnte man sich dafür nichts. Aber es ist schon schön, in der Marathonhistorie erwähnt zu werden", sagte Vahlensieck über ihre zwei Weltrekorde. Die Deutsche gewann 1989 in Wien kurz vor ihrem 40. Geburtstag ihren 21. und letzten Marathon.

4. Mai 1949
Der Flugzeugabsturz des AC Turin

Der Fußballverein FC Turin blickt auf eine bewegende Historie zurück. Vor allem ein Ereignis hat sich in der DNA des Clubs festgesetzt. Im Jahr 1949 kam fast die gesamte Mannschaft des Vereins, der damals noch AC Turin hieß, bei einem Flugzeugabsturz ums Leben. Der AC Turin war in den 1940er-Jahren das Nonplusultra im italienischen Fußball. Die Mannschaft strebte die fünfte italienische Meisterschaft in Folge an. 93 Heimspiele in Serie war „Il Grande Torino", wie die Mannschaft genannt wurde, unbesiegt, als eine schreckliche Tragödie die Geschichte des Vereins für immer verändern sollte. Nach einem Freundschaftsspiel in Lissabon kehrte die Mannschaft mit dem Flugzeug nach Turin zurück. Beim Landeanflug auf den Turiner Flughafen herrschten erschwerte Bedingungen mit dichtem Nebel mit einer Sichtweite von nur 40 Metern. Das Flugzeug kollidierte mit der Basilika von Superga auf dem 675 Meter hohen Gipfel des Hügels. Alle 31 Insassen kamen ums Leben, darunter 18 Spieler vom AC Turin. Drei Spieler waren nicht an Bord, da ihre Pässe zu spät ausgestellt wurden, darunter der Verteidiger Sauro Toma. „Sie waren wie meine Brüder. Ich erinnere mich noch, als ob es gestern war", blickte Toma im Gespräch mit der *USA Today* zurück. Die Flugzeugtragödie traf den italienischen Fußball bis ins Mark. Denn der AC Turin stellte auch den Großteil der Spieler der italienischen Nationalmannschaft. 500.000

Menschen waren beim Trauerzug durch Turin dabei. „Ich erinnere mich noch sehr genau daran. Ich glaube, dass alle Jungen oder Männer meiner Generation ganz genau wissen, wo sie damals waren und was sie gemacht haben, als die Nachricht bekannt wurde", erzählte Rino Tommasi, langjähriger Journalist bei der *Gazetta dello Sport*. Der italienische Fußballverband erklärte den AC Turin nach dem Flugzeugabsturz zum Meister. Es waren zwar noch vier Spieltage zu spielen, der Vorsprung der Turiner war aber ohnehin groß genug. Ein Nachwuchsteam bestritt die letzten Saisonspiele. Beim ersten Heimspiel nach der Tragödie war das Turiner Stadion komplett gefüllt. 30.000 Zuschauer schauten sich in Stille das Spiel an. Das Trauma im italienischen Fußball war dermaßen groß, dass die italienische Nationalmannschaft ein Jahr später zur Fußball-Weltmeisterschaft in Brasilien statt mit dem Flugzeug mit dem Schiff anreiste.

5. Mai 1956 ⚽
Deutscher Torhüter Bert Trautmann wird nach Genickbruch zur englischen Fußballlegende

Deutschland ist eine Torhüternation: Sepp Maier, Toni Schumacher, Bodo Illgner, Oliver Kahn, Jens Lehmann und Manuel Neuer sind nur einige namhafte Torhüter aus Deutschland. Wenn man die Frage stellt, wer der größte deutsche Torhüter ist, der nie ein Länderspiel für die deutsche Nationalmannschaft absolviert hat, dann ist es eindeutig Bert Trautmann, dessen Leben auch verfilmt wurde. Der Deutsche wurde während des Zweiten Weltkriegs von britischen Truppen gefangen genommen. Nach seiner Freilassung blieb er in England und unterschrieb bei Manchester City einen Vertrag. Die anfänglich große Skepsis der Fans von Manchester City gegenüber dem Deutschen verflog schnell, da Trautmann mit starken Leistungen überzeugte und sich schnell einen Namen als überragender Torhüter machte. „Ich wollte den Leuten zeigen, dass ich ein guter Torwart und ein guter Deutscher war und die Dinge liefen gut für mich an diesem Tag. Aber dass die Spieler beider Teams mir nach Ende des Spiels applaudierten und die Fulham-Fans mich mit Standing Ovations feierten, ist etwas, das ich nie vergessen werde", sagte er über sein erstes Spiel für Manchester City auswärts in London gegen den FC Fulham. Ein besonderes Spiel machte Trautmann zur Legende: das FA-Cup-Finale zwischen Manchester City und Birmingham City. Trautmann verletzte sich in der 75. Minute schwer, als er mit einem gegnerischen Stürmer zusammenstieß. Der Deutsche erlitt einen Genickbruch und wurde bewusstlos. Zum damaligen Zeitpunkt waren noch keine Auswechslungen erlaubt. Um den bevorstehenden Sieg im FA-Cup bei der 3:1-Führung von Manchester City nicht zu gefährden, blieb Trautmann trotzdem auf dem Feld und spielte gefangen „in einem dunklen Tunnel" weiter und sicherte seinem Team den Titel im FA-Cup. Bei der anschließenden Siegerehrung sagte Trautmann zu Prinz Philipp bezüglich seiner Schmerzen: „Alles nicht so schlimm. Es fühlt sich ein wenig so an wie Zahnweh." Erst einige Tage später wurde festgestellt, dass sich Trautmann beim Zusammenstoß einen Genickbruch zugezogen hatte. Nach sieben Monaten Pause konnte der Torhüter wieder für Manchester City spielen. Bis zum Jahr 1964 hütete Trautmann das Tor von Manchester City und absolvierte 508 Spiele. Das Weiterspielen mit einem Genickbruch, der tödlich hätte enden können, machte den Deutschen zu einer Legende in England. 1956 wählte man ihn zu Englands Fußballer des Jahres. Die Fans von Manchester City kürten Trautmann im Jahr 2007 zum besten Spieler aller Zeiten ihres Vereins. „Ich wusste nicht genau, was passierte, aber so waren die Fußballer zu diesen Zeiten – härter im Nehmen als heute", sagte Trautmann Jahre später über die Aktion im FA-Cup-Finale, die ihn weltbekannt machte.

6. Mai 1954
Roger Bannister durchbricht Schallmauer im Laufen

Es scheint immer unmöglich, so lange, bis man es tut. Als schier unmöglich galt es sehr viele Jahre, die Meile (1.609,344 Meter) unter vier Minuten zu laufen. Zahlreiche Läufer bissen sich an dieser Schallmauer die Zähne aus. Die Meile unter vier Minuten zu laufen, war der „Mount Everest des Laufsports". Doch dann kam Roger Bannister und zeigte allen Athleten, dass es nur so lange unmöglich ist, bis es einer schafft. Der Brite bereitete sich auf seinen Weltrekordversuch auf der Leichtathletikbahn der University of Oxford akribisch vor. Mit seinem österreichischen Trainer Franz Stampfl plante Bannister jedes Detail. Im Geiste ging Bannister seinen Lauf immer wieder durch, stellte sich bildlich vor, wie er als erster Mensch die Meile unter vier Minuten laufen würde. Doch kurz vor dem Weltrekordversuch kamen Bannister Zweifel. Die Windbedingungen schienen ihm nicht ideal genug zu sein für seinen geplanten Rekord. „Wenn du heute diese Chance nicht nutzt, wirst du dir je vergeben können?", impfte sein Trainer Franz Stampfl den damals 25-Jährigen ein. Bannister ging an den Start. „Ich habe mich mental sehr sorgfältig und konzentriert vorbereitet. Ganz bewusst habe ich versucht, eine Jetzt-oder-nie-Haltung einzunehmen, denn mir war klar, dass ich andernfalls Gefahr laufen würde, mir eine Chance entgehen zu lassen und jener geistigen Reaktion anheimzufallen, die unter Sportlern so weit verbreitet ist – nämlich, dass es immer ein nächstes Mal gibt und der richtige Tag einfach noch nicht gekommen ist", sagte Bannister später. Dem Briten gelang tatsächlich das für viele Jahre unmöglich Gehaltene. Mit zwei Tempomachern lief er als erster Mensch die Meile unter vier Minuten: 3:59,4 Minuten. „Ich wusste, dass ich es geschafft habe, noch bevor ich die Zeit gehört habe", sagte Bannister. Was in den kommenden Wochen passierte, war tatsächlich noch spannender. Am 21. Juni 1954 unterbot John Landy den Rekord und lief die Meile in 3:57,9 Minuten. Wenige Wochen später liefen sowohl Bannister und Landy in einem Lauf unter vier Minuten – mit Bannister als Sieger. Im weiteren Verlauf des Jahres 1954 sowie im Jahr 1955 liefen einige weitere Läufer, die lange an der magischen drei scheiterten, ebenfalls die Meile unter vier Minuten. Der Rekordlauf von Bannister zeigte eindeutig, dass eine Grenze nur im Kopf vorkommt. Wird diese Grenze von jemandem durchbrochen, wird der Glaube an das Unmögliche auch bei anderen verfestigt – der Roger-Bannister-Effekt war an diesem Tag geboren.

7. Mai 1991 ⚽
„Mach et, Otze": Der Kultspruch um Frank Ordenewitz

272 Spiele in der Fußball-Bundesliga, einmal deutscher Meister, dreimal Vizemeister, zwei Spiele für die deutsche Nationalmannschaft. Es war eine sehr gute Karriere, die Frank Ordenewitz hinlegte. Zum Kultkicker avancierte Ordenewitz, Spitzname „Otze", durch ein besonderes Spiel samt Auswirkungen. Im Halbfinale des DFB-Pokals zwischen dem 1. FC Köln und dem MSV Duisburg gelang Köln-Stürmer Ordenewitz das zwischenzeitliche 2:0. Zu diesem Zeitpunkt wusste Ordenewitz aber, dass er im Finale nicht spielberechtigt ist, weil er in der ersten Halbzeit die Gelbe Karte sah. Es war Ordenewitz' zweite Gelbe Karte im laufenden DFB-Pokalwettbewerb, was zur Folge hatte, dass er für das Endspiel gesperrt

gewesen wäre. Mit Köln-Trainer Erich Rutemöller diskutierte Ordenewitz einen möglichen Ausweg, um im Finale doch spielen zu dürfen. Und dieser Ausweg war, dass der Köln-Stürmer mit einer Roten Karte vom Platz fliegen müsste. Denn dann wäre er im DFB-Pokalfinale spielberechtigt gewesen, da er die Rote Karte in einem Bundesligaspiel hätte absitzen können. Ordenewitz holte sich am Spielfeldrand die Erlaubnis von Rutemöller ein, um eine Rote Karte zu provozieren. „Wenn du nach Berlin willst, dann tu es, in Gottes Namen", soll Rutemöller zu Ordenewitz gesagt haben. Und der Stürmer handelte, er foulte einen Duisburger Spieler, schoss danach den Ball weg und kassierte in der 85. Minute von Schiedsrichter Markus Merk die Rote Karte. In Unterzahl gelang den Kölner noch das 3:0. Ordenewitz hatte sein Ziel erreicht. Doch der Stürmer hatte nicht mit der Ehrlichkeit seines Trainers gerechnet. Als Rutemöller auf die Rote Karte von Ordenewitz angesprochen wurde, sagte der Trainer vor laufender TV-Kamera: „Otze hat mit mir kurz gesprochen. Ich meine, man sollte ihm die Chance nicht nehmen, ins Pokalendspiel zu kommen. Dann habe ich gesagt: ‚Mach et!'". Aus diesen Wörtern entstand danach der Ausspruch „Mach et, Otze", der als geflügeltes Wort in die deutsche Sportgeschichte einging. Die Ehrlichkeit von Rutemöller rief dann aber den DFB auf den Plan. Ordenewitz versuchte zwar, die Situation zu retten, indem er sagte, dass die Rote Karte nicht inszeniert war: „Ich bringe mich doch nicht selbst um Punktprämien, mit mir ist der Gaul durchgegangen." Doch der DFB handelte und sperrte Ordenewitz nicht für die Bundesliga, sondern für das Pokalfinale. Außerdem bekamen Rutemöller (5.000 D-Mark) und Ordenewitz (2.000 D-Mark) eine Geldstrafe aufgebrummt. Im Endspiel gegen seinen ehemaligen Verein Werder Bremen durfte Ordenewitz nicht spielen. Köln verlor schließlich das Finale im Elfmeterschießen. Trainer Rutemöller musste sich den Spott seiner Kollegen aufgrund seiner Ehrlichkeit und Naivität anhören. Einige Wochen nach dem verlorenen Pokalfinale wurde er in Köln entlassen. „Ein bisschen ärgere ich mich immer noch im Stillen. Man hat mir danach Blauäugigkeit und Naivität vorgeworfen und da war ja auch etwas Wahres dran. Es ist halt so aus mir rausgesprudelt, ich wollte auch nicht lügen. Danach war die ganze Freude über den Finaleinzug weg", blickte Rutemöller im Interview mit dem Deutschen Fußball-Bund (DFB) zurück. Es dauerte trotz des „Mach et, Otze!"-Vorfalls, bis der DFB seine Wettspielordnung änderte, sodass eine Sperre nur für den jeweiligen Wettbewerb gelten kann. Besonders kurios: Drei Jahre zuvor, ebenfalls am 7. Mai, machte Ordenewitz positive Schlagzeilen. Als er im Spiel mit seinem damaligen Verein Werder Bremen gegen seinen späteren Verein 1. FC Köln ein Handspiel im eigenen Strafraum verübte, wurde Ordenewitz nach Protesten der Kölner nach dieser Situation befragt. Ordenewitz gab das Handspiel zu, sodass es Elfmeter für die Kölner gab. Für seine Ehrlichkeit bekam Ordenewitz danach den Fair-Play-Preis des Fußballweltverbandes FIFA sowie eine Summe von 50.000 Schweizer Franken, mit denen er eine Stiftung für bedürftige Kinder ins Leben rief.

8. Mai 1974 ⚽
Der 1. FC Magdeburg gewinnt den Europapokal der Pokalsieger

Das Jahr 1974 war für den Fußball in der DDR ein historisches. Die DDR besiegte bei der Fußball-Weltmeisterschaft im ersten und einzigen Duell die Bundesrepublik Deutschland mit 1:0, einige Wochen zuvor gewann der 1. FC Magdeburg den Europapokal der Pokalsieger. Es sollte der einzige internationale Titel einer Vereinsmannschaft aus der DDR bleiben. Magdeburg besiegte im Finale in Rotterdam als klarer Außenseiter den AC Mailand mit 2:0. In der Magdeburger Erfolgself stand Jürgen Sparwasser, der bei der Fußball-Weltmeisterschaft das goldene Tor beim 1:0-Sieg gegen Deutschland erzielte. Besonders kurios: Die Magdeburger erschienen bei der Siegerehrung in weißen Bademänteln. Diese bekamen die Sieger gegen die Kälte im Rotterdamer Stadion überreicht. „An dem Abend war es ziemlich kalt, und es hat geregnet. Damit sich niemand erkältet, hat der Veranstalter jedem von uns einen Bademantel gegeben. Auf allen Fotos während der Siegerehrung sieht man uns in diesen Bademänteln. Danach hatten wir sie schon alle eingepackt, da mussten wir sie wieder herausrücken und zurückgeben", erinnerte sich Wolfgang Seguin, Torschütze des 2:0, im Interview mit dem *MDR*. Nur 4.641 Zuschauer kamen ins Stadion De Kuip. Das lag zum einen daran, dass die Fans vom 1. FC Magdeburg nicht nach Rotterdam reisen durften und zum anderen an der haushohen Favoritenrolle des AC Mailand. Alle rechneten mit einem klaren Erfolg der Mailänder. Maßgeblichen Anteil am nationalen wie internationalen Erfolg der Magdeburger hatte der Trainer Heinz Krügel, der aus der No-Name-Truppe ein Erfolgsteam formte. „Ich habe mir vorgenommen, aus diesem guten Spielerreservoir eine gute und schlagstarke Mannschaft zu formen", sagte Krügel im Jahr 1971 beim Amtsantritt. Drei Jahre später führte er Magdeburg als einzige DDR-Vereinsmannschaft zu einem internationalen Titel. „Er war nicht nur Trainer, sondern auch Psychologe. Er hat zu uns gesagt: ‚Ihr seid meine Diamanten, ihr müsst nur noch geschliffen werden.' Das hat uns so selbstsicher gemacht, dass wir daran selbst geglaubt haben", erzählte Wolfgang Seguin dem *MDR* über den Erfolgstrainer.

9. Mai 1993
Die Siegertränen von Michael Stich

Viele Jahre warteten die Zuschauer beim Tennisturnier in Hamburg, eines der ältesten Tennisturniere der Welt, auf den nächsten deutschen Sieger am Rothenbaum. Nach dem Erfolg von Wilhelm Bungert im deutschen Finale gegen Christian Kuhnke im Jahr 1964 standen mit Karl Meiler, Hans-Joachim Plötz, Boris Becker und Michael Stich vier Deutsche im Finale. Viermal wurde die Hoffnung auf den deutschen Sieger nicht erfüllt. Nachdem Stich 1992 noch das Finale verloren hatte, schlug ein Jahr später seine große Stunde. Der Elmshorner, der als Kind jedes Jahr zum Turnier nach Hamburg fuhr, über Hecken kroch und über Zäune kletterte, um sich die Spiele anzuschauen, erfüllte sich seinen Kindheitstraum und siegte als bislang letzter Deutscher am Rothenbaum – dem damals prestigeträchtigsten Turnier in Deutschland. Nach dem Finalsieg gegen den Russen Andrei Chesnokov sah man den sonst so kühl wirkenden Norddeutschen so emotional, gelöst und glücklich wie selten auf dem Tennisplatz. „Mein Sieg am Rothenbaum ist für mich der emotionalste Moment meiner Karriere gewesen, noch emotionaler als der Wimbledon-Sieg. Als Kind hatte ich mir so sehr gewünscht, hier eines Tages zu gewinnen. Als es dann geschafft war, kamen die Emotionen hoch", sagte Stich. Unvergessen ist seine tränenreiche Liebeserklärung an seine damalige Frau Jessica Stockmann bei der Siegerehrung, welche dem Dauerrivalen von Boris Becker viele Sympathien einbrachten. Die Bilder von seiner Siegesrede mag Stich sich aber bis heute nicht anschauen, weil sie ihm etwas peinlich sind, wie er dem *Hamburger Abendblatt* mitteilte. Seit dem Titelgewinn von Stich im Jahr 1993 wartet man beim Turnier am Hamburger Rothenbaum auf den nächsten deutschen Turniersieger.

10. Mai 1970

Das „Flying Goal" von Bobby Orr bringt den Boston Bruins den Stanley Cup

Es ist eines der legendärsten Bilder der Sportgeschichte. Es zeigt den kanadischen Eishockeyspieler Robert Gordon „Bobby" Orr, wie er waagerecht in der Luft steht und jubelnd die Arme in die Höhe streckt. Er hatte gerade mit seinem Tor dafür gesorgt, dass die Boston Bruins den Stanley Cup in der National Hockey League (NHL) gewannen. Im Boston Garden stand es nach drei Dritteln 3:3 zwischen den Boston Bruins und den St. Louis Blues. Die Bruins führten in der Finalserie mit 3:0. Es fehlte nur noch ein weiteres Tor für den vierten Sieg, der gleichzeitig den Gewinn des Stanley Cups bedeutet hätte – den ersten Triumph der Bruins seit 29 Jahren. Nach 40 Sekunden in der Verlängerung entschied Bobby Orr die Finalserie mit seinem Tor. Das Besondere dabei. Bei der Abgabe des Schusses wurde Orr gefoult, indem ein Spieler der St. Louis Blues ihm ein Bein stellte. Die Folge: Orr flog nach Abgabe des Schusses in die Luft, in der Gewissheit, dass sein Schuss ins Tor ging. Ein Sportfotograf drückte im richtigen Augenblick auf den Auslöser und hielt diese denkwürdige Szene in einem Foto fest. Geboren war das „Flying Goal". „Ich hatte etwas Glück in der Aktion. Ich habe alles versucht, die Scheibe irgendwie auf das Tor zu bekommen, was mir auch gelang. Als ich mich dann umsah, da sah ich bereits, wie der Puck tatsächlich den Weg in das Tor fand. Also bin ich jubelnd abgesprungen", sagte Orr zu seinem „Flying Goal". Zwei Jahre später holte Orr mit den Boston Bruins erneut den Stanley Cup und avancierte als Verteidiger zum Topscorer in der NHL. Genau 40 Jahre nach dem „Flying Goal" widmete man vor der Heimstätte der Boston Bruins ihrem ehemaligen Starspieler eine Statue. Sie zeigt den jubelnden Bobby Orr bei seinem „Flying Goal".

11. Mai 1997 ♘

Schachweltmeister Garry Kasparov verliert gegen Computer Deep Blue

Wer ist besser: Mensch oder Maschine? Diese Frage wurde in den 1990er-Jahren im Schach gestellt. Der Schachweltmeister Garry Kasparov nahm im Jahr 1996 die Herausforderung an und stellte sich dem Duell gegen den Schachcomputer *Deep Blue*. Nach sechs gespielten Partien setzte sich der Russe mit 4:2 durch. Ein Jahr später kam es zum Rematch zwischen Kasparov und Deep Blue, das am 3. Mai 1997 startete und acht Tage später, am 11. Mai 1997, endete. Zwar gewann Kasparov die erste Partie, doch nach sechs gespielten Partien hieß das Endergebnis diesmal: 3 ½:2 ½ für den Computer Deep Blue. Im sechsten Duell holte sich Deep Blue den entscheidenden Sieg, nachdem die drei Partien zuvor unentschieden geendet hatten. Zum ersten Mal setzte sich ein computerbasiertes Schachsystem gegen einen amtierenden Weltmeister unter regulären Turnierbedingungen durch. Kasparov hatte vor den Duellen mit Deep Blue stets davon gesprochen, „die Ehre der Menschheit zu verteidigen". Schachgroßmeister Viktor Kortschnoi reagierte mit Häme auf die Niederlage von Kasparov. „Niemand hat Kasparov gebeten, die Ehre der Menschheit zu verteidigen, aber vor allem hat ihn niemand gebeten, diese dann auch noch zu verlieren", sagte Kortschnoi. Der Sieg von Deep Blue gegen den Schachweltmeister Kasparov markierte einen Meilenstein in der Computergeschichte. Mittlerweile haben Menschen beim Schach keine Chance mehr gegen die Maschinen.

12. Mai 2018 ⚽

Der Hamburger SV steigt aus der Fußball-Bundesliga ab

Als der 1. FC Köln im Jahr 1998 als 15. von 16 Gründungsmitgliedern der Fußball-Bundesliga abstieg, blieb nur noch ein Verein übrig, der seit 1963 dauerhaft Mitglied der Bundesliga war: der Hamburger SV. Als „Dino" wurde der HSV im Laufe der Jahre vermarktet, im Volksparkstadion zeigte eine Uhr an, seit wann der HSV in der Bundesliga spielt. Doch nachdem der HSV Ende der 1970er-Jahre und Anfang der 1980er-Jahre das Nonplusultra in der Bundesliga war, ging es mit Beginn der 2010er-Jahre immer weiter bergab mit dem HSV. 2014 und 2015 konnten sich die Hamburger nur über die Relegation in der Bundesliga halten. Im Jahr 2018 war es dann schließlich so weit. Am letzten Spieltag stieg der HSV als Tabellen-17. aus der Bundesliga ab. Die berühmte HSV-Uhr mit der Anzeige der Bundesligazugehörigkeit kam bei 54 Jahren, 261 Tagen, null Stunden, 36 Minuten und sechs Sekunden zum Stillstand. Der „Dino" starb aus. „Ich habe nicht geglaubt, dass ich noch einmal absteige mit dem HSV, solange ich auf der Erde lebe", sagte HSV-Legende Uwe Seeler. Am letzten Spieltag brauchte der HSV einen Heimsieg sowie eine Niederlage des VfL Wolfsburg, um noch auf den 16. Platz vorzurücken, der für die Relegation berechtigt hätte. Der HSV erfüllte zwar seine Pflicht, doch eine Wolfsburger Niederlage blieb aus, sodass der HSV nach 55 durchgängigen Jahren in der Bundesliga den Gang in die Zweite Liga antreten musste. „Ich wusste schon, dass es schwer wird, wenn man von anderen abhängig ist. Wir haben die letzten Jahre auch schon Wunder erlebt, aber immer wieder Wunder gibt es nicht", sagte Seeler über seinen Herzensverein, für den er in 476 Spielen 404 Tore schoss. Bei Fertigstellung dieses Buchs spielt der HSV weiterhin in der Zweiten Liga. Aus dem HSV, der nicht aus der Bundesliga absteigen konnte, ist inzwischen der HSV geworden, der nicht in die Bundesliga aufsteigen kann. Bei fünf Anläufen auf die Rückkehr in die Bundesliga scheiterte der HSV immer knapp. In den ersten drei Jahren in der Zweiten Liga wurde man stets Vierter, im vierten und fünften Jahr scheiterte man als Tabellendritter der Zweiten Liga in der Relegation gegen den Tabellen-16. der Bundesliga. So ganz ausgestorben ist der „Dino" aber dennoch nicht. Das Maskottchen des HSV ist auch nach dem Abstieg aus der Bundesliga ein Dinosaurier geblieben.

13. Mai 1909 🚲

Der erste Giro d'Italia beginnt

Nach dem großen Erfolg der Tour de France, die im Jahr 1903 geboren wurde, kam man auch in Italien auf die Idee, eine Radrundfahrt durch Italien zu veranstalten. Am 13. Mai 1909 war es so weit: Der erste Giro d'Italia begann in Mailand mit einer 397 Kilometer langen Etappe bis nach Bologna. Ins Leben gerufen wurde der Giro d'Italia von der italienischen Sporttageszeitung *La Ga-*

zetta dello Sport. Ähnlich wie sechs Jahre zuvor in Frankreich hatte man die Hoffnung, durch die Radrundfahrt die Bekanntheit und die Auflage der La Gazzetta dello Sport zu erhöhen. 127 Fahrer nahmen am ersten Giro d'Italia teil, nur fünf von ihnen kamen nicht aus Italien. Dario Beni gewann die erste Etappe des Giro d'Italia und durfte sich als erster Radfahrer das inzwischen legendäre Rosa Trikot für den Gesamtführenden überstreifen. Nach insgesamt acht Etappen kamen nur 49 Fahrer ins Ziel. Der Italiener Luigi Ganna gewann den ersten Giro d'Italia. Im Laufe der Jahre hat sich der Giro d'Italia als zweitwichtigstes Etappen-Radrennen der Welt nach der Tour de France etabliert. Erst sieben Fahrern in der Geschichte des Radsports gelang es, zunächst den Giro d'Italia im Mai und dann auch die Tour de France im Juli zu gewinnen: Fausto Coppi, Jacques Anquetil, Eddy Merckx, Bernard Hinault, Stephen Roche, Miguel Indurain und Marco Pantani. Deutsche Fahrer spielten in der Gesamtwertung beim Giro d'Italia ganz selten eine große Rolle. Die besten Platzierungen sind der jeweils fünfte Platz von Kurt Stöpel (1932) und Dietrich Thurau (1983). Sieben Deutsche fuhren zwischenzeitlich im Rosa Trikot des Gesamtführenden. Jens Heppner trug das Trikot im Jahr 2002 zehn Tage lang.

14. Mai 2016
Gabriel Medina gelingt der erster „Backflip" im Surfen

Der bekannteste Surfer der Welt? Das ist für die meisten der US-Amerikaner Kelly Slater, der als Pionier des Surfens gilt. Der erste Surfer, der einen „Backflip", also einen Rückwärtssalto, in einem Wettkampf erfolgreich hinlegte, wird immer Gabriel Medina sein. Dem Brasilianer gelang dieses Kunststück beim Oi Rio Pro in Rio de Janeiro, ein Event der World Surfing League. Die fünf Wettkampfrichter zogen für den „Backflip" des 22-Jährigen in der zweiten Runde allesamt die perfekte Note 10. Nachdem er seinen Move vollbracht hatte, zog Medina achselzuckend die Schultern nach oben und konnte nicht glauben, dass ihm etwas Historisches gelungen war. Vier Jahre zuvor hatte Medina bereits im Training einen „Backflip" gestanden. Nun gelang ihm dies als erster Surfer in einem Wettkampf, wodurch er weltweit bekannt wurde. Trotz seines „Backflips" gewann Medina das Event letztendlich nicht und landete auf Platz drei. In seiner Karriere wurde der Brasilianer bislang zweimal Surfweltmeister. „Ich wurde ermutigt von meinem Vater. Er gab mir ein Bord und lehrte mich das Surfen. Zunächst wollte ich nur zum Spaß surfen, aber dann habe ich an Wettbewerben teilgenommen und war gut dabei. Seitdem ich ein Kind war, habe ich mir das Ziel Weltmeister gesetzt", sagte Medina.

15. Mai 2004
Roy Jones Junior und das Ende des Mythos

Nicht viele Boxer können von sich behaupten, Weltmeister in mehreren Gewichtsklassen gewesen zu sein, vor allem in der Königsklasse, dem Schwergewicht. Die Karriere von Roy Jones Junior kannte lange Zeit nur eine Richtung: nach oben. Der US-Amerikaner dominierte im Mittelgewicht, danach auch im Halbschwergewicht. Seine einzige Niederlage kassierte er durch eine Disqualifikation, weil er seinen knienden Gegner Montell Griffin kurz vor dessen K. o. unerlaubt schlug. Sein Mythos als einer der weltbesten Boxer der Geschichte befeuerte Roy Jones Junior, indem er Griffin im Rückkampf in der ersten Runde k. o. schlug. Der Siegeszug des US-Amerikaners im Halbschwergewicht ging immer weiter. Dann entschloss er sich, einige Kilos anzutrainieren, um auch Weltmeister im Schwergewicht zu werden. Den WM-Kampf gegen John Ruiz im Verband WBA gewann Jones Junior klar nach Punkten. Es sollte aber nur ein kurzer Ausflug ins Schwergewicht gewesen sein. Er entschied sich, wieder abzuspecken, um wieder im Halbschwergewicht anzutreten. Dort gewann er seinen ersten Kampf gegen Antonio Tarver umstritten nach Punkten. Seine eher mittelmäßige Leistung begründete er damit, dass er durch den Gewichtsverlust seine Spritzigkeit verloren habe. Im nächsten Kampf werde man aber wieder den wahren Jones Junior sehen. Der Mythos der Unbesiegbarkeit von Jones Junior wurde schließlich im Rückkampf gegen Tarver zerstört. Taver setzte kurz vor dem Kampfbeginn gleich die erste Duftmarke in Richtung seines Landsmanns, als der Ringrichter die beiden obligatorisch fragte, ob es noch Fragen gebe. „Ich habe eine Frage. Wirst du heute eine Entschuldigung haben, Roy?", sagte Tarver. In der zweiten Runde nutzte Tarver dann eine Schwäche in der Defensive von Jones Junior gnadenlos aus und schickte den als unbesiegbar Geltenden mit einer harten Linken zu Boden. „Wir haben beide zur gleichen Zeit geschlagen. Ich hätte jeden anderen mit diesem Schlag ausgeknockt. Es war der perfekte Schlag", sagte Tarver. Für einige Boxexperten war der K. o. durch Tarver ein „Lucky Punch". Was sicher war: Es war das Ende des Mythos Roy Jones Junior. „Ich hatte ihn, wo ich ihn haben wollte. Ich tat das, was ich wollte. Ich war schneller und stärker als das letzte Mal. Ich wurde bloß erwischt. Ich nehme an, Gott wollte mich dem zumindest einmal aussetzen. Meine rechte Hand war oben und ich konnte den Schlag nicht kommen sehen. Keine Ausreden. Er hat mich mit einem guten Schlag erwischt", kommentierte Jones Junior seine Niederlage. Von diesem schweren Knock-out konnte sich der US-Amerikaner nie wirklich erholen. Den dritten Kampf gegen Tarver verlor er eindeutig nach Punkten und kämpfte dabei ungewöhnlich passiv. Bis zu seinem Karriereende verlor Jones Junior vier weitere Male, dreimal durch K. o.

16. Mai 1994
Tennis-Wunderkind Jennifer Capriati wird verhaftet

Dieses Polizeifoto ging um die Welt. Es zeigte eines der größten Wunderkinder im Tennis: Jennifer Capriati – starrer Blick, mit einem Ring im Nasenflügel und einem Hemd, das sie seit Tagen getragen hatte. Die 18-jährige US-Amerikanerin wurde wegen Marihuanabesitz inhaftiert. Capriati war am Tiefpunkt angelangt, nachdem sie im Tennis einen rasanten Aufstieg hingelegt hatte. Aus der Prinzessin wurde ein heruntergekommenes Punk-Kid. „Sie hat Potenzial und sollte behutsam entwickelt werden. Betrachten Sie Ihre Tenniskarriere nüchtern. Behalten Sie den Spaß bei! Seien Sie vorsichtig, dass Sie Ihren Fortschritt nicht zu schnell erzwingen." So hieß es in einer Beurteilung eines Tenniscamps über Jennifer Capriati mit dem Rat an die Eltern, es langsam angehen zu lassen. Die US-Amerikanerin war damals neun Jahre alt. Stefano Capriati ignorierte aber diese Einschätzung und formte seine Tochter zum neuen Wunderkind im Tennis. Als „achtes Weltwunder" wurde Capriati bezeichnet, als sie mit 13 Jahren bei ihrem ersten Profiturnier ins Finale vorstieß. Mit 14 erreichte sie bei den French Open 1990 das Halbfinale und knackte einige Rekorde, unter anderem als jüngste Top-Ten-Spielerin aller Zeiten. „Zu viel, zu früh" hieß es immer wieder in Richtung Stefano Capriati, der die Karriere seiner Tochter generalstabsmäßig plante. „Wenn die Frucht reif ist, isst du sie", entgegnete er den Kritikern. „Kinder brennen nicht aus, Eltern tun das", erklärte Stefano Capriati, der seine Tochter mit Eiscreme zu Höchstleistungen drillte. Seiner Tochter schien das Leben auf der Tour zu gefallen. „Warum sollte ich meine Freunde beneiden? Sie sind es, die mich beneiden.

Sie trinken eine Limo im Einkaufszentrum, ich sehe die ganze Welt." Mit 16 Jahren gewann „Jenny Baby" die Goldmedaille bei den Olympischen Sommerspielen 1992 in Barcelona mit einem Finalsieg gegen Steffi Graf und war vorläufig auf dem Höhepunkt ihrer Karriere angekommen. Doch dann begann die Teenagerin zu rebellieren. Capriati zog von zu Hause aus und wurde Ende 1993 beim Ladendiebstahl erwischt. Wenig später wurde sie wegen des Besitzes von Marihuana inhaftiert. Die Folge: ein Foto mit der Miami-Polizeiakte 94-9816, das im kollektiven Gedächtnis haften blieb. Sie besuchte für eine Woche eine Rehaklinik und dachte sogar über ihren Freitod nach. „Ich war nicht glücklich mit mir selbst, meinem Tennis, meinem Leben, meinen Eltern, meinen Trainern, meinen Freunden. Wenn ich in den Spiegel blickte, sah ich dieses verzerrte Bild. Ich war so hässlich und fett. Ich wollte mich einfach nur umbringen", gestand Capriati. Die Karriere von Capriati schien mit 18 Jahren bereits zu Ende. Das ehemalige Wunderkind wurde nur noch als „Moppel-Jenny" verspottet. Immer häufiger traf man Capriati in Burgerbuden an. Doch die US-Amerikanerin befreite sich aus ihrem Tal der Tränen und griff noch einmal an. Mit der Unterstützung ihres Vaters spielte sie sich wieder in die Weltspitze und krönte 2001 ihr Comeback mit dem Triumph bei den Australian Open. Im gleichen Jahr wurde sie Weltranglistenerste. „Ich bin der lebende Beweis, dass Licht am Ende des Tunnels ist, auch wenn du denkst, dass es am schlimmsten ist. Du kontrollierst alles. Glaube einfach an dich. Du baust dich selbst auf oder ruinierst dich selbst", erklärte Capriati.

17. Mai 1974
FC Bayern München gewinnt zum ersten Mal den Europapokal der Landesmeister

Drei deutsche Vereine konnten bislang die Champions League im Fußball, ehemals Europapokal der Landesmeister, gewinnen: FC Bayern München, Hamburger SV und Borussia Dortmund. Während den Hamburgern und Dortmundern dies nur einmal gelang, errang der FC Bayern München sechs Titel. Im Jahr 1974 triumphierten die Bayern als erste deutsche Mannschaft im Europapokal der Landesmeister. Am 17. Mai 1974 trafen die Bayern im Brüsseler Heysel-Stadion auf den spanischen Meister Atletico Madrid. Das Finale ging in die Verlängerung. Bayerns Titeltraum schien zu zerplatzen, als die Madrilenen durch ein Freistoßtor in der 114. Minute in Führung gingen. Georg Schwarzenbeck traf nach einem 25-Meter-Schuss in der letzten Minute der Verlängerung zum 1:1-Ausgleich. „Warum ich geschossen habe, kann ich nicht erklären. Auch im Nachhinein nicht. Das muss mit Instinkt zu tun gehabt haben, denn Überlegung war es nicht", sagte Bayern-Verteidiger Schwarzenbeck über das wichtigste Tor seiner Karriere. Die Folge: Das Spiel musste wiederholt werden, weil das Elfmeterschießen damals noch nicht eingeführt war. Zwei Tage später kam es erneut im Brüsseler Heysel-Stadion zum Wiederholungsspiel. Kamen im ersten Finalspiel 49.000 Zuschauer ins Stadion, waren es beim zweiten Finalspiel nur 23.000 Zuschauer. Der FC Bayern München spielte im Wiederholungsspiel groß auf. Nach einem der besten Spiele in der Vereinsgeschichte siegten die Bayern nach jeweils zwei Toren von Gerd Müller und Uli Hoeneß mit 4:0 – der erste Triumph im Europapokal der Landesmeister war vollbracht. Im folgenden Jahr beendeten die Bayern die Bundesliga nur auf dem zehnten Platz, gewannen aber den Europapokal der Landesmeister erneut, woraufhin sie als Titelverteidiger für den kommenden Wettbewerb erneut qualifiziert waren. Und auch im Jahr 1976 siegten die Bayern und machten den Titel-Hattrick im Europapokal der Landesmeister perfekt.

18. Mai 2022 ⚽
Eintracht Frankfurt gewinnt die Europa League

Als Eintracht Frankfurt im Jahr 2016 kurz vor dem Abstieg aus der Fußball-Bundesliga stand und in die Relegation musste, konnte man nicht ahnen, dass sechs Jahre später der größte Erfolg der Vereinsgeschichte zu verzeichnen ist. Frankfurt blieb in der Bundesliga, und die Erfolgsgeschichte begann. 2018 gewann Frankfurt den DFB-Pokal im Finale gegen den FC Bayern München und qualifizierte sich damit für die Europa League, in der sie in der Saison 2018/2019 mit attraktivem Fußball und leidenschaftlicher Stimmung begeisterten. Frankfurt zog ins Halbfinale ein und scheiterte dort nur knapp im Elfmeterschießen gegen den FC Chelsea. Die Heldengeschichte um Eintracht Frankfurt war damit aber noch nicht abgeschlossen. In der Saison 2021/2022 spielten sich die Frankfurter in der Europa League erneut in einen Rausch, verloren in zwölf Partien kein Spiel und zogen somit nach magischen Europapokalabenden ins Finale der Europa League ein. Dort traf Eintracht Frankfurt in Sevilla auf die Glasgow Rangers. In einem Finalkrimi krönten die Frankfurter ihr Europapokalmärchen mit dem Gewinn der Europa League – dem größten Erfolg der Vereinsgeschichte. Auch wenn man 1980 bereits den Vorgängerwettbewerb, den UEFA Cup, gewonnen hatte, überstrahlte dieser Erfolg alles. Im Elfmeterschießen gegen die Glasgow Rangers verwandelte Stürmer Rafal Borre, der in der regulären Spielzeit das 1:1 schoss, den letzten Elfmeter zum 5:4-Sieg. „Wir sind alle die Helden. Wir wussten, wir sind dran. Es gibt nicht einen Helden, wir alle. Ohne die Fans hätten wir es nicht geschafft", sagte Frankfurt-Torwart Kevin Trapp. Die leidenschaftliche und mitreißende Unterstützung der Frankfurter Fans hatte einen maßgeblichen Anteil an der magischen Reise durch Europa. „Wir haben immer an uns geglaubt. Vom ersten Tag an. So haben wir einen Spirit entwickelt, der uns bis zum Schluss getragen hat", sagte Trainer Oliver Glasner. „Es gibt eigentlich kein Wort, das beschreiben kann, was ich empfinde. Wir bringen jetzt den Europapokal nach Frankfurt. Darauf haben der Verein und die Fans 42 Jahre lang gewartet. Heute ist der schönste Tag meiner Karriere", jubelte Trapp. Am Tag nach dem Gewinn der Europa League empfingen 200.000 Fans die Mannschaft zu einer gigantischen Party am Frankfurter Römer.

19. Mai 2001 ⚽
FC Schalke 04: Vom Vier-Minuten-Meister zum „Meister der Herzen"

Es ist bis heute das wohl dramatischste Ende um die Meisterschaft in der Fußball-Bundesliga. In der Saison 2000/2001 sollte es für den FC Schalke 04 endlich klappen mit dem ersten Meistertitel seit Gründung der Bundesliga im Jahr 1963. Vor dem 33. Spieltag lag Schalke im Meisterschaftskampf dank des besseren Torverhältnisses gegenüber dem FC Bayern München auf Platz eins. Am 33. Spieltag wurde Schalke das erste Mal ins Tal der Tränen gestürzt, als nahezu zeitgleich Schalke in der 90. Minute in Stuttgart mit 0:1 verlor und die Bayern ihr Heimspiel gegen Kaiserslautern durch ein Tor in der 90. Minute gewannen. Der Traum von der Meisterschaft schien ausgeträumt zu sein für Schalke. Am 34. Spieltag blieb die Hoffnung auf ein kleines Fußballwunder. Schalke musste sein Heimspiel gegen Unterhaching gewinnen und auf eine Niederlage der Bayern beim Hamburger SV hoffen. Nachdem Schalke gegen Unterhaching nach 27 Minuten mit 0:2

zurücklag, waren die kleinen Hoffnungen auf den Meistertitel schon fast dahin. Nach dem zwischenzeitlichen Ausgleich zum 2:2 und dem erneuten Rückstand zum 2:3 gewann Schalke die Partie mit drei Toren in den letzten 17 Minuten mit 5:3. Was es für den Meistertitel brauchte, war aber noch eine Niederlage der Bayern in Hamburg. Bis zur 90. Minute stand es 0:0 in Hamburg, als urplötzlich Sergej Barbarez den HSV durch einen Kopfball mit 1:0 in Führung brachte. Plötzlich überschlugen sich die Ereignisse. Im Gelsenkirchener Parkstadion – es war das letzte Heimspiel des FC Schalke 04 in diesem Stadion – rasteten die Fans komplett aus. Der so lang ersehnte Meistertitel war zum Greifen nah. Premiere-Reporter Rolf Fuhrmann verkündete nach Abpfiff in Gelsenkirchen gegenüber Schalkes Sportdirektor Andreas Müller: „Es ist zu Ende in Hamburg. Schalke ist Meister." Schalkes Manager Rudi Assauer streckte daraufhin jubelnd die Faust in die Luft. Es gab kein Halten mehr im Parkstadion. Die Fans stürmten den Rasen in der Annahme, dass ihr Verein deutscher Meister sei. Das Dumme bloß: In Hamburg war noch gar nicht Schluss. Nach einem Rückpass nahm HSV-Torwart Matthias Schober – ausgerechnet ein Leihspieler aus Schalke – den Ball mit der Hand auf. Schiedsrichter Markus Merk entschied auf indirekten Freistoß im Strafraum der Hamburger – ob es tatsächlich ein absichtlicher Rückpass war, darüber wird bis heute vehement gestritten. Den Freistoß in der 94. Minute tippte Bayern-Kapitän Stefan Effenberg an, Abwehrspieler Patrick Anderson, der zwei Jahre kein Tor schoss, drosch den Ball in die kurze Ecke ins Netz. 1:1, Bayern war erneut deutscher Meister, Schalke im Tal der Tränen. Für 4:38 Minuten war Schalke deutscher Meister. „Die Fans haben gefeiert. Irgendwelche Kollegen von ihnen haben gesagt: Das Spiel ist zu Ende. Es ist noch nicht zu Ende. Neben mir war immer jemand mit einem Kopfhörer und sagte: Es ist noch nicht zu Ende. Genau das ist dann passiert, was ich gesagt habe. Wenn es zu Ende ist, können wir feiern. Aber wir haben vorher gefeiert. Und wer vorher feiert, feiert meistens umsonst", sagte Schalke-Manager Rudi Assauer völlig niedergeschlagen. „Ich glaube ab heute nicht mehr an den Fußball-Gott", sagte Assauer weiter. Den Schalkern wurde schließlich der Titel „Meister der Herzen" verliehen.

20. Mai 2000 ⚽
Das folgenschwere Eigentor von Michael Ballack begründet den Mythos „Vizekusen"

Wenn von dem Begriff „Vizekusen" die Rede ist, dann wissen Fußballfans sofort Bescheid. Es geht um Bayer 04 Leverkusen, dem bis heute der Stempel des ewigen Zweiten anhaftet, obwohl die Leverkusener 1988 den UEFA Cup sowie 1993 den DFB-Pokal gewannen. Danach ist die Vereinsgeschichte von Bayer 04 Leverkusen eine von Pleiten, Pech und Pannen. Als Leverkusen im Jahr 2002 in der Bundesliga auf Platz zwei landete und die Finals in der Champions League und im DFB-Pokal verlor, war der Begriff „Vizekusen" in aller Munde. Der Grundstein für den Mythos „Vizekusen" wurde am letzten Spieltag der Bundesligasaison 1999/2000 gelegt. Die Leverkusener führten die Tabelle vor dem 34. Spieltag mit drei Punkten vor dem FC Bayern München an und spielten mit insgesamt 73 Punkten die Saison ihres Lebens. Im letzten Spiel bei der SpVgg Unterhaching, die bereits den Klassenerhalt sicher hatten, brauchte es nur ein Unentschieden, damit Leverkusen erstmals deutscher Meister wird. 14-mal in Folge hatte die Mannschaft von Trainer Christoph Daum nicht verloren. Mindestens ein Punktgewinn in Unterhaching, einem kleinen Vorort von München, schien nur reine Formsache zu sein. „Letztes Spiel Unterhaching, die letzte Hürde und die nehmen wir auch noch. Samstag, 17.15 Uhr, sind wir Meister. Basta! Wir sind auf Sieg programmiert, da hält uns keiner mehr auf", verkündete Trainer Daum siegessicher. Doch für die Leverkusener geriet die Reise nach Unterhaching zum Alptraum. In der 20. Minute misslang ein Klärungsversuch von Michael Ballack im eigenen Strafraum. Der damalige Shootingstar im deutschen Fußball traf mit einem Eigentor ins eigene Netz. Halb so wild, sollte man meinen, da den Leverkusern ein Unentschieden zum Meistertitel gereicht hätte und noch genügend Zeit blieb. Doch die Leverkusener waren sichtlich schockiert durch das tragische Eigentor von Ballack. Nichts war mehr zu sehen von dem Spielwitz, der die Mannschaft in den letzten Monaten ausgezeichnet hatte. Als Unterhachings Spieler Markus Oberleitner in der 72. Minute mit einem Kopfball zum 2:0 für Unterhaching traf, zerplatzte der sicher geglaubte Titelgewinn der Leverkusener endgültig – da der FC Bayern München parallel im Heimspiel gegen den SV Werder Bremen siegte. Wegen der besseren Tordifferenz wurden die Bayern schließlich

Meister. Im Vorfeld hatten die Bayern den Unterhachingern Weißbier, Bratwürste und Brezeln „bis zum Abwinken" für einen Sensationssieg versprochen. Die Niederlage gegen den Fußballzwerg Unterhaching mit dem tragischen Eigentor von Ballack begründete den Mythos „Vizekusen". „So etwas zerreißt einem die Seele", sagte Ballack. „In der Kabine ist eine Stimmung wie auf dem Zentralfriedhof von Chicago. Du kannst hinfallen, aber du musst wieder aufstehen. Und wir stehen wieder auf", sagte Trainer Daum über den verpassten Meistertitel, den dritten in vier Jahren mit ihm als Trainer. Im Jahr 2010 ließ sich Bayer 04 Leverkusen den Begriff „Vizekusen" beim Patentamt schützen und hält bis mindestens 2030 die Rechte an diesem Begriff.

21. Mai 1997 ⚽
„Eurofighter" vom FC Schalke 04 gewinnen den UEFA Cup

Als „Eurofighter" ging die Fußballmannschaft vom FC Schalke 04 in die Geschichtsbücher ein. Die „Königsblauen" zogen nach Siegen über Roda Kerkrade, Trabzonspor, Club Brügge, Valencia CF und CD Teneriffa ins Finale des UEFA Cups ein. Dort trafen die Schalker auf den klaren Favoriten Inter Mailand. Damals wurde der UEFA-Cup-Sieger noch mit einem Hin- und Rückspiel ermittelt. Schalke siegte zu Hause im Hinspiel mit 1:0. Zwei Wochen später hatten die Schalker bereits anderthalb Hände am Pott, als es kurz vor Schluss 0:0 stand. Ein später Treffer von Inter Mailand in der 85. Minute riss die Schalke zunächst aus den Titelträumen. Es ging in die Verlängerung, in der es keine weiteren Tore gab. So musste das Elfmeterschießen den Gewinn des UEFA Cups entscheiden. Und hier waren die Schalker eiskalt. Nachdem die ersten drei Schalker ihre Elfmeter verwandelten und Inter Mailand zwei Elfmeter verschoss, besiegelte der Elfmeter vom Belgier Marc Wilmots, genannt „das Kampfschwein", den Schalker Triumph im UEFA Cup. „Mein Gott, was für ein Abend. Als ich den Pott hochhob, zitterten mir vor Aufregung die Knie – viel mehr als bei meinem Elfmeter. Den habe ich eigentlich ziemlich cool reingehauen", sagte der Schalker Kapitän Olaf Thon, der im Elfmeterschießen zum 2:0 traf. 25.000 mitgereiste Schalker feierten im San Siro in Mailand den größten Erfolg der Vereinsgeschichte. Besonders legendär war auch, wie Trainer Huub Stevens auf den Schalker Triumph reagierte. Nachdem Wilmots den „goldenen Schuss" versenkte, notierte Stevens erst den verwandelten Elfmeter in seinem Notizbuch, steckte die Kappe auf den Stift und schloss sich dann dem Siegesrausch an.

22. Mai 1987
Der Geburtstag von Novak Djokovic

Wenn es um die Frage nach dem besten Tennisspieler der Geschichte ging, hieß viele Jahre die Antwort: Roger Federer oder Rafael Nadal. Inzwischen muss man festhalten, dass Novak Djokovic in den meisten Rekordlisten vorne liegt. Die Argumente sind, was die Erfolge betrifft, auf der Seite des „Djokers". „Ich halte mich für den Besten, und ich glaube, dass ich der Beste bin. Sonst würde ich nicht so selbstbewusst davon sprechen, Grand Slams zu gewinnen und Geschichte zu schreiben. Ob ich der beste Spieler aller Zeiten bin, überlasse ich anderen. Es ist sehr schwer, die verschiedenen Epochen des Tennis zu vergleichen", sagte Djokovic bezüglich der Frage nach dem besten Tennisspieler der Geschichte. Der Serbe gewann einige Turniere, die weder Federer oder Nadal gewinnen konnten und hält den Rekord für die meisten Wochen als Nummer eins der Weltrangliste nicht nur im Herrentennis, sondern im Tennis insgesamt. Djokovic hat jeden wichtigen Titel in seiner Karriere gewonnen mit einem kleinen Schönheitsfleck. Ein Olympiasieg, im Einzel oder im Doppel, fehlt ihm noch. Das haben ihm Federer (Gold im Doppel) und Nadal (Gold im Einzel und Doppel) noch voraus. Als Siebenjähriger träumte Djokovic nicht nur von einer Tenniskarriere, sondern der Beste der Welt zu sein. „Beim Tennis liebe ich Vorhand, Rückhand und Volleys. Damit besiege ich meine Gegner. Während des Tages habe ich Schule, trainiere am Nachmittag, beende danach meine Hausaufgaben und dann spiele ich Tennis am Abend. Tennis ist für mich eine Verpflichtung. Mein Ziel ist es, die Nummer eins der Welt zu sein", sagte der siebenjährige Djokovic. Der Serbe wuchs in den Trümmern Belgrads in dem vom Jugoslawien-Krieg verwüsteten Land auf und träumte gegen jeden Widerstand seinen Tennistraum. „Ich wuchs in Serbien im Krieg auf, in einer schwierigen Zeit. Wir mussten in einer Schlange für Brot, Milch und Wasser anstehen. Diese Dinge machen dich stärker und hungriger auf Erfolg", sagte er. Mit seiner Resilienz auf dem Platz, seiner überragenden Beinarbeit, seiner Flexibilität und dem besten Returnspiel, das es je gab, schrieb Djokovic immer wieder Tennisgeschichte. Obwohl er längst die meisten Rekorde gebrochen hat, lautet sein Motto weiterhin: „Ich möchte die gleiche Sache, seitdem ich sieben Jahre alt bin. Ich möchte die Nummer eins sein."

23. Mai 2001 ⚽
Elfmeterkrimi in Mailand: Der FC Bayern gewinnt erstmals die Champions League

Nachdem der FC Bayern München im Jahr 1999 auf dramatische Weise das Finale der Champions League im Fußball verlor, war die Enttäuschung nach dem Sekundentod in der Nachspielzeit gegen Manchester United riesig. Genauso riesig war aber auch die Gier nach dem ersten Titelgewinn in der 1992 gegründeten Champions League. Die Bayern hatten zwischen 1974 bis 1976 dreimal in Folge den Europapokal der Landesmeister gewonnen, danach aber nicht mehr im Königswettbewerb im europäischen Fußball triumphiert. Im Jahr 2001 schafften es die Bayern erneut in das Finale der Champions League. Im Giuseppe-Meazza-Stadion in Mailand, genannt San Siro, hieß der Finalgegner FC Valencia. Die Bayern gingen als Favorit in das Endspiel, bekamen aber früh einen Schock verpasst, als Valencia in der dritten Minute durch einen Foulelfmeter in Führung ging. Vier Minuten später pfiff der Schiedsrichter wieder Elfmeter – diesmal für die Bayern. Doch Mehmet Scholl scheiterte. In der zweiten Halbzeit erzielte Bayern-Kapitän Stefan Effenberg den 1:1-Ausgleich – es war erneut ein Elfmeter. Nach dem 1:1 in der regulären Spielzeit und keinen weiteren Toren in der Verlängerung musste die Entscheidung im Elfmeterschießen fallen. Obwohl zwei der ersten vier Elfmeter der Bayern verschossen wurden, hielt Torhüter Oliver Kahn seine Mannschaft mit zwei starken Paraden im Spiel. Als Kahn den siebten Elfmeter von Valencia ebenfalls entschärfte, hatten die Bayern den Champions-League-Titel gewonnen – 5:4 im Elfmeterschießen, der erste Triumph in der Königsklasse nach 25 Jahren. „Ich weiß selbst nicht, wie ich das gemacht habe. Das war wie im Rausch, ich war in einem Trancezustand und habe die Zuschauer um mich herum gar nicht wahrgenommen", sagte Kahn über die drei gehaltenen Elfmeter, die allesamt gut geschossen waren. „Ich war zweimal der Ohnmacht nahe, und dann hat uns Olli Kahn mit seinen Paraden den Titel gesichert. Er ist der beste Torwart der Welt", sagte Bayern-Trainer Ottmar Hitzfeld über den Helden des Abends.

24. Mai 2014
Real Madrid gewinnt „La Decima"

Kein Fußballverein hat wohl einen größeren Mythos als Real Madrid. Die Aura der Königlichen mit dem Spitznamen „Los Blancos" in Anlehnung an die weiße Spielkleidung ist riesengroß. Die meisten Fußballspieler träumen davon, einmal für Real Madrid zu spielen. Der Mythos entstand mit Einführung des internationalen Wettbewerbs Europapokal der Landesmeister, deren ersten fünf Ausgaben Real Madrid gewann. Als Madrid im Jahr 2002 den neunten Titel in dem nun Champions League heißenden Wettbewerb gewann, fieberte der Verein dem zehnten Erfolg in der Königsklasse des Fußballs entgegen. Doch auf „La Decima" mussten die Madrilenen lange Zeit warten. Auch die Verpflichtung von Superstar Cristiano Ronaldo im Jahr 2009 brachte zunächst nicht das lang ersehnte „La Decima". Im Jahr 2014 war es dann aber so weit. Real Madrid erreichte nach zwölf Jahren wieder das Finale in der Champions League und traf in Lissabon im spanischen Endspiel auf den Stadtrivalen Atletico Madrid. Und die Königlichen holten sich ihr „La Decima" - auf dramatische Weise. Bis in die dritte Minute der Nachspielzeit führte Atletico Madrid mit 1:0, ehe Real Madrids Abwehrchef Sergio Ramos mit einem Kopfballtor die Verlängerung erzwang. Dort spielten die Königlichen groß auf und siegten mit 4:1. „Ich habe diesen Ball nicht mit meinem Kopf, sondern mit meiner Seele reingemacht. Nach diesem Moment sagte ich zu meiner Mutter: ‚Jetzt kann ich in Ruhe sterben'", sagte Sergio Ramos über das 1:1 in der Nachspielzeit – das beste Tor in seiner Karriere. Der dramatische Sieg und das Erreichen von „La Decima" hat den Mythos Real Madrid, der in den Jahren zuvor etwas gelitten hatte, wieder neu befeuert. „Dieses Tor hat etwas verändert. Von diesem Moment an wurden wir sehr stark in Europa und die gegnerischen Teams hatten Angst vor uns", sagte Luka Modric, der in den folgenden Jahren mit Real Madrid vier weitere Male die Champions League gewann. Mit nun 14 Triumphen in der Königsklasse des Fußballs ist Real Madrid unangefochten der erfolgreichste Fußballclub in Europa.

25. Mai 1935
Jesse Owens und „die größten 45 Minuten der Sportgeschichte"

Wenn man nach den größten Leichtathleten der Geschichte fragt, dann fällt sein Name immer wieder: Jesse Owens. Der Sprinter und Weitspringer aus den USA setzte in den 1930er-Jahren Maßstäbe in der Leichtathletik. Mit seinen vier Goldmedaillen bei den Olympischen Sommerspielen 1936 in Berlin wurde US-Sprinter Jesse Owens endgültig zur Legende. Ein Jahr zuvor sorgte Owens für die „größten 45 Minuten der Sportgeschichte", wie es oft beschrieben wird. Geschehen ist dies beim „Big Ten Championships"-Meeting der Leichtathletik im Ferry Field in Ann Arbor im US-Bundesstaat Michigan. Innerhalb von 45 Minuten stellte Owens zahlreiche Weltrekorde auf. Einige sprechen von vier Weltrekorden, andere wiederum von sechs. Los ging es um 15:15 Uhr mit dem Lauf über 100 Yards. Da die USA nicht das metrische System verwenden, wurden Läufe mit anderen Distanzen ausgetragen. Der Leichtathletik-Weltverband führte lange Zeit Weltrekorde sowohl im metrischen System als auch im Yard-System (Fuß und Zoll). Über die 100 Yards stellte der 21-Jährige mit 9,4 Sekunden den aktuellen Weltrekord ein. Die meisten Zeitmesser stoppten Owens sogar bei 9,3 Sekunden, doch da von allen Läufern die langsamste Zeitstoppung herangezogen wurde, blieb es „nur" bei der Einstellung des Weltrekords. Es ging direkt weiter zum Weitsprung, bei dem Owens um 15:25 Uhr eine Weite von 8,13 Meter in den Sand setzte – der erste Sprung über die damals magische 8-Meter-Marke. Dieser Weltrekord hielt 25 Jahre lang bis 1960. Anstatt noch weitere Sprünge zu machen, ging Owens um 15:34 Uhr direkt weiter zum Lauf über die 220 Yards (201,68 Meter). Auch über diese Distanz lief der US-Amerikaner eine neue Fabelzeit und kam nach 20,3 Sekunden ins Ziel. Diese Zeit galt gleichzeitig auch als Rekord über die 200 Meter, sodass Owens mit diesem Lauf gleich zwei Weltrekorde brach. Um 16 Uhr folgte der finale Akt bei den „größten 45 Minuten der Sportgeschichte". Über die 220 Yards Hürden lief Owens 22,6 Sekunden. Auch diese Zeit wurde gleichzeitig als Weltrekord über die 200 Meter Hürden gewertet. Somit stellte Owens innerhalb von 45 Minuten sechs Weltrekorde auf. „Ich wollte einfach nur gute Leistungen abliefern. Über Weltrekorde habe ich mir keine Gedanken gemacht", sagte Owens im Rückblick über seinen Traumtag. Der Legende nach soll Owens sogar gehandicapt in die Veranstaltung gegangen sein, da er sich bei einer „freundschaftlichen Rauferei" eine Verletzung des Rückenwirbels zugezogen haben soll. Owens Teamkollege Mel Walker war Zeitzeuge der „größten 45 Minuten der Sportgeschichte". „Es waren etwa 5.000 Zuschauer vor Ort – die meisten wegen Jesse Owens. Er war damals der einzige Leichtathlet, der die Zuschauer in Massen anzog. Wenn er lief, waren alle ganz still und schauten bewundernd zu", sagte Walker.

26. Mai 1999
Der Sekundentod vom FC Bayern München im Champions-League-Finale

Vom Bayern-Dusel ist häufig die Rede, wenn der FC Bayern München in der Fußball-Bundesliga kurz vor Schluss glücklich gewinnt. Dem Glück der Bayern in der Bundesliga steht das Pech in der Champions League gegenüber. Regelmäßig scheiden die Bayern als bessere Mannschaft unglücklich in der Champions League aus. Der Höhepunkt der tragischen Niederlagen ist das verlorene Champions-League-Finale im Jahr 1999 im Camp Nou in Barcelona gegen Manchester United. Die Bayern starben den Sekundentod und verloren in der Nachspielzeit den sicher geglaubten Champions-League-Titel. Die Bayern gingen durch ein frühes Freistoßtor von Mario Basler in der sechsten Minute in Führung. Im Laufe der Spielzeit waren die Bayern klar überlegen und hätten viel höher führen können. Das Glück war aber nicht auf ihrer Seite. Mehmet Scholl traf mit einem Lupfer nur den Pfosten, Carsten Jancker traf mit einem Fallrückzieher die Latte. Kurz vor Schluss machte sich die Bayern-Bank aufgrund der spielerischen Überlegenheit schon zum Jubeln bereit für den ersten Landesmeistertitel nach 23 langen Jahren. Doch dann begann die Nachspielzeit, die in einem Drama endete. Nach einer Ecke von David Beckham missglückte ein Befreiungsschlag von Thorsten Fink. Der Ball landete wenig später beim eingewechselten Teddy Sheringham, der den 1:1-Ausgleich markierte. Für die Bayern kam es aber noch schlimmer. 102 Sekunden später gab es wieder eine Ecke für Manchester. Beckham schoss in den Strafraum, Sheringham leitete per Kopf auf den ebenfalls eingewechselten Ole Gunnar Solskjaer weiter, der in der dritten Minute der Nachspielzeit mit seinem ausgestreckten rechten Bein ins Tor traf. Der Sekundentod der Bayern war besiegelt und hinterließ ratlose und verzweifelte Gesichter. „Ich dachte, wir sind im falschen Film", sagte Lothar Matthäus hinterher. Matthäus wurde in der 80. Minute für Thorsten Fink ausgewechselt und musste das Drama von der Seitenauslinie anschauen. Fans und auch einige Mitspieler nahmen es Matthäus übel, dass er sich kurz vor Schluss auswechseln ließ. Stefan Effenberg bezeichnete ihn später sogar als „Verpisser". „Ja, ich war müde. Aber im Nachhinein war der Wechsel vielleicht ein Fehler. Der Gegner hat dadurch den Respekt verloren und Selbstvertrauen getankt", sagte Matthäus im Rückblick auf den Sekundentod der Bayern. Besonders kurios war, dass Bayern-Präsident Franz Beckenbauer und Bayern-Edelfan Boris Becker gemeinsam mit UEFA-Präsident Lennart Johansson kurz vor Beginn der Nachspielzeit den Fahrstuhl nach unten nahmen, um zur Siegerehrung zu kommen – in der Gewissheit, dass für die überlegenen Bayern nichts mehr anbrennen würde. Als sie unten ankamen, hatte Manchester das Spiel gedreht. Dabei bemerkte Johansson zunächst nicht, dass sich während der Liftfahrt eines der größten Fußballdramen der Geschichte abspielte. Johansson wollte Bobby Charlton, eine Clublegende in Manchester, zunächst trösten, ehe dieser ihn aufklärte, dass Manchester das Finale gewonnen hatte. „Wir sind leer und können es nicht kapieren", haderte Bayern-Trainer Ottmar Hitzfeld mit dem Fußball-Gott. Alex Ferguson, Trainer von Manchester United, konnte auch Jahre später das Wunder in der Nachspielzeit nicht begreifen. „Wie wir dieses Spiel gewonnen haben? Selbst jetzt habe ich keine Ahnung. Es war Schicksal. Einfach Schicksal", sagte Ferguson dem *Spiegel*.

27. Mai 2001
Zehnkämpfer Roman Šebrle knackt die 9.000-Punkte-Schallmauer

Vier Laufdisziplinen sowie jeweils drei Wurf- und Sprungdisziplinen: Die Zehnkämpfer gelten in der Leichtathletik als die Könige der Athleten. Die Schallmauer von 9.000 Punkten im Zehnkampf zu erreichen, galt jahrelang als unmöglich. Roman Šebrle zeigte eindrucksvoll, dass so lange etwas unmöglich ist, bis es einer schafft. In Götzis in Österreich, dem wichtigsten Wettkampf für Zehnkämpfer neben internationalen Meisterschaften, gelang Šebrle das Husarenstück. Der 26-Jährige ging mit einer Bestleistung von 8.757 Punkten in den Wettkampf in

Götzis. Dass der Tscheche an jenem Wochenende die Schallmauer von 9.000 Punkten brechen würde, konnte man nicht ahnen. Eher traute man dies seinem Landsmann Tomáš Dvořák zu, der zwei Jahre zuvor die 9.000-Punkte-Marke nur um sechs Zähler verpasste. Šebrle startete mit zwei persönlichen Bestleistungen in den Wettkampf: 10,64 Sekunden über 100 Meter sowie 8,11 Meter im Weitsprung und lag anschließend lange auf Kurs in Richtung neuem Weltrekord. Als er in der achten Disziplin, dem Stabhochsprung, nur 4,80 Meter überquerte, schien der Traum von der 9.000-Punkte-Marke zu platzen. Die Ausgangslage vor dem abschließenden 1.500-Meter-Lauf war wie folgt: Šebrle musste 4:25,93 Minuten laufen, um auf 9.000 Punkte zu kommen. Das Problem: Seine Bestzeit lag bei 4:28,79 Minuten. Vor der letzten Runde sah es nicht danach aus, als ob der Tscheche eine neue persönliche Bestzeit laufen würde und damit den Weltrekord knacken würde. Doch der Tscheche mobilisierte die letzten Kräfte, rannte die letzten Meter, so schnell, wie er konnte und kam in 4:21,98 Minuten ins Ziel. 9.026 Punkte – die Schallmauer von 9.000 Punkten war durchbrochen. „Lieber sterben, als die Chance zu vergeben. Diese Marke ist mein großer Traum gewesen", jubelte Šebrle nach seinem geschichtsträchtigen Wettkampf. „Es ist der Schritt ins nächste Jahrtausend der Leichtathletik!", rief der *ORF*-Kommentator in seiner Livereportage. Der Tscheche war im Laufe der nächsten Jahre der dominierende Zehnkämpfer, wurde Welt- und Europameister sowie Olympiasieger. An seiner eigenen Bestmarke biss er sich aber stets die Zähne aus. Schneller als bei seinem Husarenstück in Götzis lief Šebrle die 1.500 Meter nicht mehr. „Es war mein Traumtag, es waren unglaubliche Gefühle. So hat sich vielleicht Neil Armstrong gefühlt, als er als erster Mensch den Mond erobert hat. Es ist einfach super, dass ich als Erster die Schallmauer durchbrochen habe. Das kann mir jetzt niemand mehr nehmen – was auch kommt", sagte Šebrle im Interview mit der *Welt*. Elf Jahre hielt sein Weltrekord, bis der US-Amerikaner Ashton Eaton 9.039 Punkte im Zehnkampf erzielte. Der Franzose Kevin Mayer schraubte den Weltrekord im Jahr 2018 auf 9.126 Punkte. Roman Šebrle wird immer der Erste sein, der die 9.000-Punkte-Schallmauer durchbrach.

28. Mai 1997

Riedles Doppelpack, Rickens Lupfer: Borussia Dortmund gewinnt die Champions League

Im Jahr 1992 wurde im Vereinsfußball aus dem Europapokal der Landesmeister die neu formierte Champions League. Es war nicht der FC Bayern München, der als erste deutsche Mannschaft die Champions League gewinnen sollte, sondern Borussia Dortmund. Nach den beiden deutschen Meistertiteln in den Jahren 1995 und 1996 gingen die Dortmunder mit breiter Brust in die Champions-League-Saison 1996/1997. Nach einer starken Saison qualifizierte man sich für das Finale gegen den Champions-League-Titelverteidiger Juventus Turin. Der Vorteil für die Dortmunder: Das Endspiel fand im Münchener Olympiastadion statt. Das Publikum war klar aufseiten der Dortmunder, die diesen Rückenwind mit ins Spiel nahmen. Nach einem Doppelschlag von Karl-Heinz Riedle innerhalb von fünf Minuten führte Dortmund nach 34 Minuten mit 2:0. Nachdem Juventus in der zweiten Halbzeit durch ein Traumtor mit der Hacke von Allesandro Del Piero zum 1:2 verkürzte, schlug in der 71. Minute dann die große Stunde von Lars Ricken. Der 20-jährige Ur-Dortmunder traf Sekunden nach seiner Einwechslung direkt mit der ersten Ballberührung mit einem sehenswerten Lupfer aus 26 Metern ins Tor. „Ricken, lupfen jetzt! JAAAAAAAA! – Fünf Sekunden auf dem Platz. Fünf Sekunden! Lars Ricken! Das sind Märchen, die gibt's nicht. Die Gebrüder Grimm drehen sich im Grabe um", bejubelte TV-Kommentator Marcel Reif auf *RTL* das Tor von Ricken, das die Fans von Borussia Dortmund im Jahr 2009 zum Tor des Jahrhunderts in der Vereinsgeschichte wählten. Es vergingen insgesamt acht Sekunden zwischen Rickens Einwechslung und dem entscheidenden 3:1. „Vor der Halbzeit gab es eine Situation, in der sich der Juventus-Torhüter rund 30 Meter von seinem Gehäuse entfernt hatte. Als ich das von der Bank aus sah, habe ich gesagt, dass ich den Ball bei meinem ersten Ballkontakt blind draufhaue", sagte Ricken. Und so kam es auch. Rickens Lupfer entschied das Finale. Dortmund gewann als erste deutsche Mannschaft die Champions League. Seit seinem Lupfertor ist Lars Ricken eine Ikone von Borussia Dortmund. „Mir haben am Borsigplatz Fans sogar ihre Kinder entgegengehalten, damit ich sie kurz berühre. In diesem Moment ist mir bewusst geworden, was diese Erfolge für die Fans von Borussia Dortmund bedeuten", erzählte Ricken in einem Interview mit *11 FREUNDE*.

29. Mai 1985 ⚽

Die Katastrophe von Heysel

Im Jahr 1985 standen sich im Endspiel um den Europapokal der Landesmeister im Fußball im Brüsseler Heysel-Stadion Juventus Turin und der FC Liverpool gegenüber. Dass Turin das Finale mit 1:0 gewann, geriet völlig zur Nebensache. Bei einer Massenpanik vor Anpfiff der Partie wurden 39 Menschen getötet und 454 Menschen teilweise schwer verletzt. Die Ereignisse gingen als Katastrophe von Heysel als eines der dunkelsten Kapitel in die Fußballgeschichte ein. Die Stimmung im maroden Heysel-Stadion war früh aufgeheizt. Schon lange vor dem Anstoß kam es zu Ausschreitungen zwischen den Fans von Juventus Turin und dem FC Liverpool. Zwischen den Fanblöcken der beiden Vereine sollte eigentlich ein Bereich mit neutralen Zuschauern sein. Doch in diesem Bereich waren nun größtenteils Turiner Fans platziert, da ein korrupter Funktionär der UEFA Tickets an ein italienisches Reisebüro verkauft hatte. Es flogen Steine und Raketen zwischen den beiden Fanlagern hin und her. Als die Liverpooler Fans den eigentlich neutralen, nur mit einem Maschendrahtzaun abgetrennten Bereich, in dem nun auch Turiner Fans standen, stürmten, kam es zur Massenpanik. Viele Fans wurden niedergetrampelt oder erstickten, indem sie gegen eine brüchige Mauer gedrückt wurden, welche dem Widerstand nicht standhalten konnte. Die beiden Mannschaften bekamen von der Katastrophe nicht viel mit. „Uns Spielern wurde die Wahrheit ja verschwiegen. Uns wurde von zwei, drei Toten erzählt. Wir mussten uns in der Kabine nur warm halten", sagte der Franzose Michel Platini, Starspieler von Juventus Turin. Die UEFA-Führung, die bei einer Spielabsage eine weitere Panik mit vielen weiteren Toten befürchtete, bat die beiden Mannschaften, zum Spiel anzutreten. Die beiden Kapitäne von Turin und Liverpool richteten per Stadiondurchsage Worte an die Fans, um die immer mehr eskalierende Situation zu beruhigen. „Der damalige UEFA-Präsident Jacques Georges hat uns angefleht zu spielen. ,Wenn jetzt alle Menschen das Stadion in Panik verlassen, werden alle Rettungswege verstopft', hat er gesagt", blickte Platini zurück. Knapp 90 Minuten nach dem eigentlichen Anstoß wurde das Finale angepfiffen. „Es war eine surreale Atmosphäre. Wir hatten kein Gefühl mehr, wir haben nichts mehr gespürt. Die sportliche Spannung war weg. Mit den Gedanken waren wir ganz woanders", erzählte Marco Tardelli in einer Dokumentation des *NDR* über die Katastrophe von Heysel. Turin gewann das Finale mit 1:0 durch einen verwandelten Foulelfmeter von Platini. „Leider haben wir gejubelt nach dem Spiel. Aber es war eine große Erwartung und Hoffnung, endlich mal den Pokal nach Turin zu holen. Als wir in der Nacht im Hotel im TV gesehen haben, was wirklich passiert ist, waren wir schockiert. Es war uns peinlich, dass wir gejubelt haben. Wir wurden noch trauriger, als wir das wirkliche Ausmaß erkannt haben. Wir haben den Pokal nie als wirklichen Sieg bewertet", schilderte Tardelli. Das *ZDF*, das das Finale im deutschen Fernsehen hätte zeigen sollen, brach die Übertragung vor Anpfiff „aus Achtung vor Leben" ab. Die Katastrophe von Heysel führte dazu, dass englische Vereine von der UEFA von internationalen Spielen ausgeschlossen wurden. Nach fünf Jahren endete die Sperre, für den FC Liverpool nach sechs Jahren.

30. Mai 2010 ⚽
THW Kiel gewinnt erstes Final-Four-Turnier der Champions League

Seit 2010 wird der Sieger der Champions League im Handball in einem Final-Four-Turnier ausgespielt – stets in Köln. Für die erste Auflage des Final Four qualifizierten sich der THW Kiel, die spanischen Clubs BM Ciudad Real und der FC Barcelona sowie der russische Meister Medwedi Tschechow. 2008 und 2009 lautete das Finale der Champions League, das noch im Format mit Hin- und Rückspiel ausgetragen wurde, THW Kiel gegen BM Ciudad Real. Den Kielern gelang beim Final Four in Köln die Revanche für die beiden unglücklich verlorenen Champions-League-Finals der beiden Vorjahre. 29:27 hieß es im Halbfinale für Kiel – Einzug ins Finale. Dort wartete der FC Barcelona. In der zweiten Halbzeit sah für den THW Kiel alles nach der dritten Niederlage in Folge in einem Champions-League-Finale aus. Barcelona führte mit sechs Toren 25:19. Dann schaltete Kiel den Turbo ein, glich nicht nur nach Toren aus, sondern gewann letztendlich mit 36:34 – es war der zweite Champions-League-Titel für den THW Kiel nach 2007. „Wir haben einen unglaublichen Charakter gezeigt, sahen in der 45. Minute wie der Verlierer aus, haben uns wieder reingekämpft und verdient gewonnen", sagte Kiel-Trainer Alfred Gislason. „Ich habe keine Worte. Ich kann nicht verstehen, dass wir das Spiel noch gedreht haben", sagte Kiel-Spieler Dominik Klein über die Aufholjagd. Aus deutscher Sicht ging damit eine überragende Europapokalsaison zu Ende. Neben dem Champions-League-Sieger THW Kiel gewann der TBV Lemgo den EHF-Cup, der VfL Gummersbach siegte im Europapokal der Pokalsieger.

31. Mai 2008
Der erste Weltrekord von Usain Bolt

Den größten Leichtathleten zu küren, ist aufgrund der Vielzahl der Disziplinen schwierig. Usain Bolt ist einer der bedeutendsten, wenn nicht sogar der größte Leichtathlet der Geschichte. Der Jamaikaner hat die Königsdisziplin der Leichtathletik, den 100-Meter-Lauf, geprägt. Bolt gewann 2008, 2012 und 2016 dreimal das olympische Triple: Gold über 100 Meter, 200 Meter und in der 4 x 100-Meter-Staffel. Allerdings wurde ihm die Goldmedaille über die 4 x 100-Meter-Staffel im Jahr 2016 aberkannt, weil sein Staffelkollege Nelson Carter nachträglich des Dopings überführt wurde. Bolts Stern ging bei der Leichtathletik-Weltmeisterschaft 2007 in Osaka auf, als er als 21-Jähriger die Silbermedaille über 200 Meter gewann. Im Jahr 2008 begann Bolt, die Sprintdistanzen zu dominieren wie kaum ein Sprinter zuvor. Beim Sportfest in New York lief Bolt seinen ersten Weltrekord. In 9,72 Sekunden sprintete er auf regennasser Bahn über die 100 Meter und verbesserte damit die Bestmarke seines Landsmanns Asafa Powell um zwei Hundertstelsekunden. „Es war ein großartiger Start. Ich habe hart daran gearbeitet", sagte Bolt über das Rennen, das in ihm den Glauben wachsen ließ, dass er neben den 200 Metern auch über die 100 Meter der Beste der Welt sein kann. Und so kam es auch. Bolt dominierte beide Konkurrenzen jahrelang. Im gleichen Jahr verbesserte er bei den Olympischen Sommerspielen in Peking den 100-Meter-Weltrekord auf 9,68 Sekunden sowie den 200-Meter-Weltrekord auf 19,30 Sekunden. Bei der Leichtathletik-Weltmeisterschaft 2009 in Berlin lief er dann die Fabelweltrekorde von 9,58 Sekunden über die 100 Meter sowie 19,19 Sekunden über die 200 Meter, die beide bis heute Bestand haben. Bolts Erfolgsgeheimnis, warum er so schnell lief: „Ich habe mir vorgestellt, dass alle die anderen Läufer große Spinnen sind. Dann bekam ich panische Angst."

JUNI: HAND GOTTES UND OHRBISSE

1. Juni 2013
Der FC Bayern München gewinnt das Triple

Eine Woche, nachdem der FC Bayern München im deutschen Champions-League-Finale gegen Borussia Dortmund gewonnen hatte, bot sich den Bayern die historische Chance auf das Triple im Fußball: Champions-League-Titel, nationaler Meister sowie nationaler Pokalsieger. Die Bayern waren in den Jahren 1999 und 2010 jeweils nah dran am Triple, verloren dann nach gewonnener Meisterschaft im Jahr 1999 sowohl das Champions-League-Finale als auch das DFB-Pokalfinale, im Jahr 2010 ging das Endspiel in der Champions League verloren. Im Jahr 2013 schien das Triple nur noch eine Formsache zu sein, nachdem die Bayern mit 25 Punkten Vorsprung deutscher Meister wurden und dann im Champions-League-Finale mit 2:1 gegen Borussia Dortmund siegten. Der Endspielgegner im DFB-Pokal war der VfB Stuttgart. Das Spiel lief zunächst, wie man es erwarten konnte. Die Bayern dominierten und führten nach 61 Minuten mit 3:0. Doch das Triple geriet noch einmal in Gefahr, als Stuttgart auf 2:3 verkürzen konnte. Letztendlich sicherte sich der FC Bayern München als siebter europäischer und als erster deutscher Fußballverein das Triple. Für Jupp Heynckes war es das letzte Spiel als Bayern-Trainer. Bereits viele Monate vor dem historischen Triple stand fest, dass Heynckes als Bayern-Trainer nicht mehr weitermachen würde und von Pep Guardiola ersetzt wird. „Das ist ein emotionaler Moment. Die Mannschaft hat sich und mir ein super Geschenk gemacht. Das Triple ist einzigartig. Das hat es in der Bundesliga noch nie gegeben", sagte Heynckes. „Es waren anstrengende Monate, für die wir uns jetzt belohnt haben", sagte Bayern-Kapitän Philipp Lahm zum Triple. Im Jahr 2020 wiederholte der FC Bayern München das Triple und ist damit neben dem FC Barcelona der einzige europäische Verein, der das Triple zweimal holen konnte.

2. Juni 2012 ⚽
Die perfekte Saison vom THW Kiel

Was der FC Bayern München im deutschen Vereinsfußball ist, das ist der THW Kiel im deutschen Vereinshandball: die mit Abstand beste Mannschaft mit bislang 22 Deutschen Meistertiteln. Im Jahr 2012 gelang dem THW Kiel die beste Saison der Vereinsgeschichte mit dem Triple aus Meistertitel, Champions League und DHB-Pokal. Nachdem die Kieler die Champions League gewannen, gab es eine Woche später noch das letzte große Saisonziel zu erreichen: die perfekte Saison. Vor dem 34. und letzten Spieltag hatten die Kieler alle 33 Saisonspiele gewonnen. Das letzte Spiel der Bundesligasaison, ein Heimspiel gegen den VfL Gummersbach, sollte nur noch Formsache sein auf dem Weg zur perfekten Saison. Und die Kieler lösten ihre letzte Aufgabe auf dem Weg zum Rendezvous mit der Handballgeschichte souverän: 39:29 gegen Gummersbach – vollendet war nicht nur die erste und bislang einzige perfekte Saison in der Handball-Bundesliga, sondern auch die erste im deutschen Profisport bei den Mannschaftssportarten. „Diese Mannschaft ist die beste Handballmannschaft, die es je gab", sagte Kiels Starspieler Filip Jicha. „Es ist ein unbeschreibliches Gefühl, und ich bin überwältigt, dass die Mannschaft das so geschafft hat", sagte THW-Trainer Alfred Gislason.

3. Juni 1986 🎾
Der Geburtstag von Rafael Nadal

Es gibt wohl kaum einen besseren Wettkämpfer sportübergreifend als Rafael Nadal. „Ich spiele jeden Punkt so, als ob mein Leben davon abhängt." So lautet die Devise von Rafael Nadal. Der Spanier hat mit seiner Willenskraft, seiner Fähigkeit, nie aufzugeben, wie schlecht es auch aussieht sowie mit seinem gefürchteten Vorhandspin neue Maßstäbe gesetzt im Tennis. Seine Duelle mit Roger Federer und Novak Djokovic haben über viele Jahre die Sportfans elektrisiert. „Ich habe in meiner Karriere gelernt, das Leiden zu lieben", sagte Nadal mal. Und wie er gelitten hat, um zu einem der besten und erfolgreichsten Tennisspieler – wenn nicht sogar der Allerbeste – aufzusteigen. Nadal gewann nahezu alles, was man im Tennis gewinnen kann. Seine 14 French-Open-Titel sind schier unmenschlich. Man lehnt sich nicht weit aus dem Fenster, wenn man festhält, dass es nie wieder solch einen dominanten Spieler auf Sandplatz geben wird wie den „Stier aus Manacor", wie der Mallorquiner auch genannt wird. Nadal ist neben Andre Agassi der einzige Spieler im Herrentennis, der alle Grand-Slam-Turniere sowie Olympiagold im Einzel gewann. Und nicht nur das: Er holte auch die Goldmedaille im Doppel. Seinen Geburtstag feierte Nadal fast immer bei seinem Lieblingsturnier, bei den French Open – entweder auf dem Platz oder mit einem spielfreien Tag. Achtmal musste er an seinem Geburtstag antreten, nur einmal verlor er – 2015 gegen Novak Djokovic. Der Spanier ist als feuriger Spieler auf dem Platz bekannt, hat aber seinen Ärger im Griff. Dies hat dazu geführt, dass Nadal weder im Match noch im Training – als Profi und als Junior – anders als fast alle Kollegen noch nie einen Schläger zerstört hat. „Meine Familie hätte es mir nicht erlaubt, einen Schläger zu zerstören. Das Zerstören eines Schlägers bedeutet für mich, dass ich nicht meine Emotionen kontrollieren kann", sagt der Spanier, der zu guten Manieren auf und abseits des Platzes erzogen wurde und diese verinnerlicht hat. Was von Nadal nach seiner Karriere auch immer in Erinnerung bleiben wird, sind seine unzähligen Rituale. Nadal nimmt 45 Minuten vor dem Match eine kalte Dusche. Weiter geht es mit dem aufgepushten Umherlaufen in der Umkleidekabine. Die Socken werden auf exakt dieselbe Höhe hochgezogen. Beim Einlaufen auf den Platz hält Nadal stets einen Schläger in der linken Hand. Dann geht es weiter mit dem säuberlichen Platzieren der zwei Getränkeflaschen, die Etiketten schauen dabei in die gleiche Richtung. Eine Flasche ist dabei gekühlt, die andere hat Raumtemperatur. Beim Trinken achtet er darauf, dass es in einer bestimmten Reihenfolge stattfindet. Vor dem Aufwärmen fegt er mit seinem Fuß entlang der Grund- und Aufschlaglinie – selbst bei einem Hartplatz. Bei der Seitenwahl tänzelt er auf und ab und sprintet anschließend zur Grundlinie. Auf dem Weg zum/ vom Seitenwechsel achtet er darauf, nicht auf die Linien zu treten und dabei stets den rechten Fuß zuerst aufzusetzen. Sofern es geht, überlässt er seinem Gegner beim Seitenwechsel den Vortritt, wenn das Netz passiert wird. Kommen wir nun zum noch interessanteren Teil: der Aufschlagvorbereitung von Nadal, die einem bestimmten Muster folgt. Er lässt sich stets drei Bälle geben, von denen er einen wieder weggibt und einen einsteckt. Den dritten Ball prallt er mit dem Schläger auf und zupft dabei an seiner Hose (was er pro Satz im Schnitt 80-mal tut), seiner linken Schulterseite, dann an seiner rechten Schulterseite. Es folgt das Berühren der Nase, das Streichen seiner Haare hinter das linke Ohr, wieder das Berühren der Nase und dann das Streichen seiner Haare hinter das rechte Ohr. Und dann kann es auch schon losgehen mit dem Aufschlag. Die Vorbereitung auf den Return ist zwar nicht ganz so exzessiv, hat es aber auch in sich: Shirt an der linken Seite zurechtzupfen, dann auf der rechten Seite zupfen, Nase berühren, Haare hinter das linke Ohr streichen, wieder Nase berühren und dann die Haare hinter das rechte Ohr streichen. Das ist aber noch nicht alles: Nadal greift nach fast jedem Punkt zum Handtuch und verfolgt dabei stets das gleiche Prozedere. Mit einer runden Bewegung wird mit dem Handtuch die linke Hand und der linke Arm abgetrocknet, der Schlägergriff trocken gerieben, die Nase abgetrocknet, das linke Ohr abgetrocknet, die Nase noch einmal abgetrocknet, das rechte Ohr abgetrocknet, die rechte Hand und der rechte Arm abgetrocknet. Und zu guter Letzt: Nadal zieht nach Ende des Matches stets sein Shirt aus, reibt sich mit dem Handtuch trocken und zieht dann eine Trainingsjacke an.

4. Juni 1987
Die unfassbare Siegesserie von Edwin Moses reißt

Kaum ein Leichtathlet hat seine Disziplin dermaßen dominiert wie Edwin Moses. Der US-Amerikaner war über die 400 Meter Hürden mehr als ein Jahrzehnt das Nonplusultra: zweimal Olympiasieger, zweimal Weltmeister, viermal verbesserte er den Weltrekord. Es wäre mit Sicherheit noch ein Olympiasieg hinzugekommen, wenn die USA die Olympischen Sommerspiele 1980 in Moskau nicht boykottiert hätten, sowie außerdem mehrere Weltmeistertitel, wenn die Weltmeisterschaft nicht erst im Jahr 1983 ihre Premiere gefeiert hätte. Als Moses am 26. August 1977 beim ISTAF-Meeting in Berlin über die 400 Meter Hürden hinter dem Deutschen Harald Schmid als Zweiter ins Ziel kam, blieb dies für lange Zeit sein letztes Rennen, das Moses nicht gewann. Im Anschluss eilte der US-Amerikaner von Sieg zu Sieg. Bei 122 Rennen in Folge siegte Moses zwischen 1977 und dem 4. Juni 1987, ehe seine unglaubliche Siegesserie bei einem Wettkampf in Madrid riss. Sein Landsmann Danny Harris kam 13 Hundertstelsekunden vor ihm ins Ziel. An der letzten Hürde kam Moses leicht ins Stolpern und verpasste so die Fortführung seiner Siegesserie – eine der denkwürdigsten der Sportgeschichte. „Ich habe verloren, weil ich derzeit nicht in toller Verfassung bin. Danny lief das Rennen seines Lebens. Ich habe meine Balance an der zehnten Hürde verloren, das hat meinen

Rhythmus gestört", sagte Moses hinterher. Wegen einer leichten Krankheit überlegte er vorher, dass er nicht zum Rennen antreten sollte. Moses reagierte wie ein Champion auf die Niederlage. Seine nächsten zehn Rennen gewann er, darunter bei der Weltmeisterschaft 1987 in Rom, bei der er in einem Fotofinish mit zwei Hundertstelsekunden vor Danny Harris und Harald Schmid ins Ziel kam.

5. Juni 1999
Steffi Graf gewinnt ihren letzten Grand-Slam-Titel

Es ist bis heute eines der packendsten Spiele, das es im Damentennis je gegeben hat. Das French-Open-Finale 1999 zwischen Steffi Graf und Martina Hingis hatte alles, was zu einem guten Tennisdrama gehört. Zwei völlig unterschiedliche Persönlichkeiten und Generationen standen sich gegenüber, die auf ihre Weise dem Damentennis in Sachen Stil, Strategie und Verhalten ihren Stempel aufdrückten. Die Sympathien der Zuschauer waren dabei klar zugunsten von Graf verteilt. Der Weltranglistenersten Hingis fehlte nur noch der Sieg bei den French Open, um den Karriere-Grand-Slam – den Sieg bei allen vier Grand-Slam-Turnieren – zu vervollständigen. Graf stand in der Endphase ihrer Karriere und erreichte recht überraschend das Endspiel. Hingis drückte dem Spiel lange Zeit ihren Stempel auf und servierte bei 5:4-Führung im zweiten Satz zum Titelgewinn. Doch Graf schaffte den Ausgleich und übernahm das Kommando im Match. Die Deutsche ließ sich auch von den Spielchen von Hingis nicht aus der Ruhe bringen, als die Schweizerin bei Matchbällen von Graf von unten aufschlug. Graf gewann schließlich mit 4:6, 7:5, 6:2 ihren sechsten Titel bei den French Open sowie den 22. und letzten Grand-Slam-Sieg in ihrer Karriere. Bei der anschließenden Siegerehrung zeigt die sonst so ruhige Graf ihre Freude so ausgelassen wie noch nie. „Das fühlt sich unglaublich an. Ich fühle mich Französisch. Ich habe auf der ganzen Welt gespielt, aber ich hatte nie ein Publikum wie dieses hier", sagte die mit den Tränen kämpfende Graf zu ihrem „größten, unerwarteten Triumph, den ich je gehabt habe. Es war eines der verrücktesten Matches aller Zeiten, es hatte alles." Kurz nach dem Titelgewinn gab Graf bekannt, dass sie das letzte Mal bei den French Open gespielt hat und der sechste Erfolg in Paris „die wundervollste Erinnerung ist, wenn sie auf ihre Karriere zurückblickt". Zwei Monate nach ihrem 22. Grand-Slam-Titel beendete die „Gräfin" ihre einzigartige Karriere.

6. Juni 1987
Steffi Graf gewinnt ihren ersten Grand-Slam-Titel

Die größte deutsche Sportlerin, die es je gegeben hat? Auf diese Frage kann die Antwort eigentlich nur Steffi Graf lauten. 22 Grand-Slam-Einzeltitel im Tennis, 377 Wochen Nummer eins der Welt, dazu der Golden Slam im Jahr 1988. Graf hat den Weltsport in den 1980er- und 1990er-Jahren geprägt. Bei den French Open 1987 schrieb Graf deutsche Sportgeschichte, indem sie die erste deutsche Grand-Slam-Siegerin nach dem Zweiten Weltkrieg wurde. Im Finale traf die 17-jährige Graf auf die 13 Jahre ältere US-Amerikanerin Martina Navratilova – die dominierende Spielerin der letzten Jahre. In einem packenden Match setzte sie sich mit 6:4, 4:6, 8:6 durch. Navratilova servierte bei 5:4-Führung im dritten Satz zum Titelgewinn. Ihr unterliefen jedoch zwei Doppelfehler in Folge. Graf glich aus und profitierte einige Minuten später bei ihrem ersten Matchball ebenfalls von einem Doppelfehler von Navratilova. Mit Tränen in den Augen feierte sie ihren ersten Grand-Slam-Sieg. „Ich habe nie erwartet, so früh ein Grand-Slam-Turnier zu gewinnen. Ich glaube, dass es mich immer noch nicht erreicht hat, dass ich es geschafft habe", war Graf sprachlos über ihren Triumph. „Ich bin glücklich und traurig, dass ich das Match gewonnen habe. Ich bin traurig über ihre Doppelfehler. Wenn sie nicht die Doppelfehler gemacht hätte, denke ich nicht, dass ich gewonnen hätte", gab die frisch gebackene French-Open-Siegerin ehrlich zu. Der Titelgewinn in Paris war die Geburtsstunde der „Gräfin", wie die Deutsche genannt wurde. „Martina ist immer noch die Nummer eins. Aber heute habe ich einen großen Schritt näher dorthin gemacht. Ich bin so dicht dran wie noch nie", blickte Graf nach dem French-Open-Titel in Richtung der Weltranglistenspitze. Zwei Monate später war sie am Ziel: Nummer eins der Welt.

7. Juni 2009
Roger Federer vollendet bei den French Open den Karriere-Grand-Slam

Es war ein langer Weg, bis Roger Federer die French Open gewinnen konnte. Viermal in Folge scheiterte der Schweizer bei seiner Titelmission an Rafael Nadal, dreimal im Finale, einmal im Halbfinale. Bei der 2009er-Auflage schlug Federers große Stunde. Im Finale traf er auf den Schweden Robin Söderling, der im Achtelfinale sensationell gegen Nadal gewonnen hatte. Federer ließ sich die große Chance auf seinen ersten French-Open-Titel nicht nehmen und bezwang Söderling mit 6:1, 7:6 (7:1), 6:4. Mit dem 14. Grand-Slam-Sieg schloss er zum Rekordsieger Pete Sampras auf. Als insgesamt sechster Tennisspieler bei den Herren nach Fred Perry, Don Budge, Roy Emerson, Rod Laver und Andre Agassi gewann er alle Grand-Slam-Turniere – den sogenannten *Karriere-Grand-Slam* mit Titeln bei den Australian Open, French Open, Wimbledon und US Open. „Das ist wahrscheinlich der größte Erfolg in meiner Karriere. Ich bin so stolz. Es war nicht einfach, während des Matches mit meinen Emotionen umzugehen", freute sich Federer, der den Siegerpokal passenderweise von Andre Agassi überreicht bekam. „Roger verdient das noch mehr, als ich es verdient habe. In einer Karriere bei allen vier Turnieren zu gewinnen, ist eine der größten Leistungen im Sport überhaupt", sagte Agassi über Federer. Nach Federer konnten auch noch Rafael Nadal im Jahr 2010 und Novak Djokovic im Jahr 2016 den Karriere-Grand-Slam vollenden.

8. Juni 2002
Kampf der Giganten: Lennox Lewis schlägt Mike Tyson k. o.

Die Boxer aus den USA haben jahrzehntelang die Gewichtsklasse Schwergewicht dominiert. Mit Lennox Lewis, Kampfname „The Lion", kämpfte sich in den 1990er-Jahren ein Boxer außerhalb der USA ins Rampenlicht. Der gebürtige Brite verbrachte seine Teenagerzeit in Kanada und gewann unter kanadischer Flagge Olympiagold bei den Olympischen Sommerspielen 1988 in Seoul. Die Vergangenheit hat gezeigt, dass der Olympiasieg im Amateurboxen ein guter Indikator für eine spätere erfolgreiche Profikarriere ist. So auch bei Lewis, der als Profi wieder unter britischer Flagge antrat. Lewis wurde 1993 erstmals Weltmeister. Im November 2001 schaffte der Brite, was auch Muhammad Ali gelang: zum dritten Mal Weltmeister werden, nachdem er zweimal seinen WM-Titel durch eine K.-o.-Niederlage verlor. Durch seinen Sieg gegen Hasim Rahman sicherte sich Lewis die Titel in den Verbänden WBC, IBF und IBO. In seiner ersten Titelverteidigung kam es zum Kampf, auf den die Boxwelt lange gewartet hatte: das Duell Lewis gegen „Iron" Mike Tyson. Bei der offiziellen Bekanntgabe des Kampfs kam es zum Eklat. Tyson stürmte auf Lewis los. Es kam zur Massenschlägerei, bei der Tyson dem Briten in den Oberschenkel biss. Tyson brüllte in Richtung Lewis: „Ich möchte dein Herz. Ich werde es rausreißen und zertreten. Ich möchte deine Kinder fressen." Kinder hatte der Brite zu diesem Zeitpunkt allerdings noch keine. Aufgrund des Vorfalls drohte der Kampf zu platzen, da Tyson die Boxlizenz im US-Bundesstaat Nevada entzogen wurde. Las Vegas sollte der Austragungsort des Kampfs sein, stattdessen wurde es Memphis im US-Bundesstaat Tennessee. „Ich bin mir sicher, ich werde mein Erbe zementieren, wenn ich Tyson im Juni erledigt habe", tönte Lewis vor dem Kampf. „Ich garantiere, dass ich Lewis ausknocke und wieder Weltmeister werde", sagte Tyson, der zum dritten Mal Weltmeister werden konnte. 17,5 Millionen US-Dollar bekamen beide Boxer für den Kampf der Giganten. Die Erwartungshaltung an den Kampf war riesig – und auch die Sicherheitsvorkehrungen. Man wollte es unbedingt vermeiden, dass die beiden bereits vor dem ersten Ringgong aufeinander losgehen. Tyson begann den Kampf zwar agil, hatte aber schnell sein Pulver verschossen. Lewis wurde von Runde zu Runde aggressiver und schlug seinen Gegner in der achten Runde k. o. „Es war der erste Kampf meiner Karriere, nach dem meine Hände schmerzten. Es war wegen der Größe seines Nackens. Der war wie ein Schockabsorbierer. Mike Tyson kassiert deinen Schlag, schüttelt ihn ab und kommt zu dir zurück", sagte Lewis im Rückblick auf den Kampf voller Bewunderung über die Nehmerqualitäten von Tyson. Der US-Amerikaner setzte seine Karriere als Boxer zwar weiter fort, doch es war der letzte große Kampf in seiner Karriere. „Lewis ist ein großartiger Kämpfer. Ich liebe und respektiere ihn viel zu sehr, als dass ich ihm etwas hätte antun können. Die Sprüche vor dem Kampf, das war alles nur für die Promotion", sagte Tyson. Zwischen ihm und Lewis entwickelte sich später eine Freundschaft.

9. Juni 2006 ⚽
Fußball-Weltmeisterschaft in Deutschland: Der Beginn des „Sommermärchens"

Die Welt zu Gast bei Freunden: So lautete das Motto bei der Fußball-Weltmeisterschaft 2006 in Deutschland. Der Gastgeber wollte sich als weltoffenes Land präsentieren. Während der vier Wochen gelang dies eindrucksvoll – auch dank des überragenden Sommerwetters über das gesamte Turnier sowie der begeisternden Auftritte der jungen deutschen Nationalmannschaft. Insgesamt 3,3 Millionen Zuschauer verfolgten die WM-Spiele im Stadion. Der Beginn des „Sommermärchens" war das Eröffnungsspiel zwischen Deutschland und Costa Rica. Nach sechs Minuten brachte Philipp Lahm Deutschland mit einem Traumtor in Führung und sorgte für die erste große Ekstase in Deutschland. 4:2 hieß es am Ende für Deutschland. Was in den nächsten Wochen in Deutschland folgte, war eine gigantische Partystimmung mit zahlreichen Autokorsi bei Traumwetter. Der Titeltraum des deutschen Teams endete im Halbfinale in der Verlängerung gegen Italien, als man kurz vor Schluss zwei Gegentore kassierte. Italien gewann anschließend auch den Weltmeistertitel im Elfmeterschießen gegen Frankreich, während Deutschland im Spiel um Platz drei Portugal besiegte. Von der Reise des deutschen Nationalteams entstand anschließend der Film von Regisseur Sönke Wortmann *Deutschland – Ein Sommermärchen*. „Bei diesem Turnier hat einfach alles gepasst. Das Wetter war von Anfang bis Ende sensationell. Die Mannschaft hat erfolgreich gespielt und es blieb friedlich. Die Fans und Medien haben uns getragen, da kamen mehrere Sachen zusammen", blickte Philipp Lahm auf das „Sommermärchen" zurück. Hinter dem „Sommermärchen" bildete sich Jahre später allerdings ein großer Schatten, da bis heute der Verdacht im Raum steht, dass die Austragung der Weltmeisterschaft in Deutschland gekauft war. Die positiven Emotionen und die schönen Bilder, die vom „Sommermärchen" in die gesamte Welt ausgingen, bleiben aber auf ewig bestehen.

10. Juni 1996
Uwe Krupp schießt Colorado Avalanche zum Stanley Cup

Vier Deutsche haben bislang den Stanley Cup gewonnen, die Trophäe für den Gewinn der nordamerikanischen Eishockeyliga NHL (National Hockey League). Uwe Krupp wird immer der erste Deutsche sein, der den Stanley Cup holte – und das gleich in seiner ersten Saison bei den Colorado Avalanche. Der Verteidiger hatte maßgeblichen Anteil am Titelgewinn seiner Mannschaft. Nachdem er in der regulären Saison wegen einer schweren Verletzung kaum gespielt hatte, war er in den Play-offs fester Bestandteil der Mannschaft und glänzte nicht nur mit vielen Vorlagen, sondern auch mit Toren. Sein wichtigstes Tor erzielte Krupp im vierten Finalspiel um den Stanley Cup gegen die Florida Panthers. Die Colorado Avalanche führten in der Finalserie mit 3:0 und brauchten nur noch einen Sieg zum Titel. In einer Abwehrschlacht stand es nach der regulären Spielzeit 0:0. Auch in der ersten Verlängerung fiel kein Tor, in der zweiten ebenso. In der dritten Verlängerung schlug dann die große Stunde von Krupp. Mit einem Schlagschuss schoss Krupp das goldene Tor und sicherte den Colorado Avalanche den Stanley Cup – den ersten der Teamgeschichte. „Wir hatten uns festgesetzt im gegnerischen Drittel. Ich hatte Zeit, mir die Scheibe zurechtzulegen und einen Schuss zu nehmen, den du andauernd trainierst. Adam Deadmarsh versperrt Floridas Torwart John Vanbiesbrouck die Sicht, und die Scheibe geht durch. Ich war unglaublich happy und erleichtert", sagte Krupp im Rückblick gegenüber dem *Sportinformationsdienst*. „Beim Gewinn des Stanley Cups mit der Overtime war viel Dramatik und Emotionen drin. Wenn du das Ding gewinnst, dann kommt über alle eine große Erleichterung. Es ist ja nicht nur Freude, sondern die ganze Anspannung fällt von einem ab. Wenn man über zweieinhalb Monate fast jeden zweiten Tag spielt, dann ist das ein ganzer Haufen Holz, der da zusammenkommt. Das war eine riesige Sache, eine Topmannschaft. Dieser Moment, als es feststand, war unerreicht", sagte Krupp im Gespräch mit der Webseite der NHL. 1998 wechselte Krupp zu den Detroit Red Wings, die 2002 den Stanley Cup gewannen. Als richtiger Stanley-Cup-Gewinner durfte sich Krupp aber nicht fühlen. Er kam in der Saison nur auf sechs Spiele, was nicht dazu reichte, dass sein Name in den Pokal eingraviert wurde.

11. Juni 1989

Michael Chang wird bei den French Open jüngster Grand-Slam-Sieger

17 Jahre und 110 Tage. So alt war Michael Chang, als er 1989 die French Open gewann. Chang ist damit immer noch der jüngste Grand-Slam-Sieger im Einzel im Herrentennis. 21 Stunden und 18 Minuten verbrachte der 17-jährige US-Amerikaner auf dem Platz, um seinen ersten und einzigen Grand-Slam-Titel zu gewinnen. Den meisten Tennisfans dürfte sicherlich Changs Achtelfinale gegen die damalige Nummer eins, Ivan Lendl, mehr in Erinnerung geblieben sein, in dem er einen 0:2-Satzrückstand aufholte und zum Ende mit Krämpfen in den Beinen Lendl mit Mondbällen und Aufschlag von unten demoralisierte. „Es war eine lange Reise mit Ivan, aber Gott und Jesus Christus waren mit mir", sagte der gläubige Chang später. Lendl hingegen war genervt nach einem der denkwürdigsten Matches der Tennisgeschichte: „Ich sah die Mücke da drüben, konnte sie aber nicht totmachen." Das Endspiel zwischen Chang und Stefan Edberg war aber ebenso dramatisch. Der Schwede nutzte nur sechs seiner 26 Breakchancen und verpasste seine große Chance auf den French-Open-Titel. Chang siegte mit 6:1, 3:6, 4:6, 6:4, 6:2. „Er kommt einfach immer wieder zurück. Ich muss ihn dafür bewundern. Aber man weiß ja, wie es mit den jungen Kerlen ist. Sie schlagen einfach. Sie müssen nicht nachdenken", sagte Edberg hinterher. Chang war von seinem sensationellen Triumph in Paris überwältigt. „Ich bin mir nicht ganz sicher, wie ich es geschafft habe. Diese zwei Wochen in Paris waren ein großer Spaß, die beste Zeit meines Lebens und werden für den Rest meines Lebens bleiben. Vielleicht werde ich eines Tages noch etwas Größeres erreichen", sagte Chang, der damit aber nicht recht behielt.

12. Juni 1930

Max Schmeling wird erster deutscher
Schwergewichtsweltmeister im Boxen

Wenn es um die bedeutendsten Sportler Deutschlands geht, dann kommt man an Max Schmeling nicht vorbei. Bis heute ist Schmeling der einzige Weltmeister aus Deutschland im Schwergewicht im Boxen. 70 Kämpfe bestritt „der schwarze Ulan vom Rhein" zwischen 1924 und 1948. Seine Kampfbilanz: 56 Siege, vier Unentschieden und zehn Niederlagen. Nach einem WM-Ausscheidungskampf, den Schmeling im Yankee Stadium in New York nach 15 Runden mit einem Punktsieg gewann, hatte Schmeling die große Chance auf den Weltmeistertitel. Der Kampf gegen den US-Amerikaner Jack Sharkey fand ebenfalls im Yankee Stadium in New York statt. Nach vier Runden ging Schmeling schmerzerfüllt zu Boden. Während Schmeling in seine Ringecke getragen wurde, diskutierten der Ringrichter und die Punktrichter, was geschehen war. Sie kamen zu dem Ergebnis, dass Sharkey mit einem unerlaubten Tiefschlag dafür sorgte, dass Schmeling kampfunfähig war. Die Folge: Sharkey wurde disqualifiziert und Schmeling zum neuen Weltmeister ausgerufen – als erster Europäer im Schwergewicht. Schmeling war bis zum Tiefschlag von Sharkey klar unterlegen gewesen und konnte sich nicht so richtig freuen über den sporthistorischen Moment. „Es war so, dass ich so enttäuscht war, dass ich den Titel am selben Abend noch zurückgeben wollte und verzichten wollte", sagte Schmeling. Als „Weltmeister im Liegen" wurde Schmeling zunächst verspottet. Doch der gebürtige Berliner entwickelte sich danach zur Boxlegende. 1931 verteidigte Schmeling seinen Weltmeistertitel durch einen technischen K.-o-Sieg in der letzten Runde und holte sich so auch die Akzeptanz aus der Boxwelt als rechtmäßiger Weltmeister. 1932 verlor Schmeling dann seinen WM-Titel im Rückkampf gegen Jack Sharkey. Der US-Amerikaner wurde nach 15 Runden zum Punktsieger erklärt, obwohl Schmeling für die meisten der klar bessere Boxer war. „Das Wort aufgeben hat nie in meinem Lexikon gestanden", sagte Schmeling über seine Lebensdevise. Bis heute gilt Schmeling als größter deutscher Boxer – auch wegen seiner bodenständigen und bescheidenen Art.

13. Juni 2011
Dirk Nowitzki wird mit den Dallas Mavericks NBA-Meister

Der 13. Juni war gerade in Miami angebrochen, als Dirk Nowitzki endlich das erreichte, woraufhin er jahrelang hingearbeitet hatte: Meister mit den Dallas Mavericks in der amerikanischen Basketballliga NBA (National Basketball Association). In der Finalserie zwischen den Mavericks und den Miami Heat hatte es 3:2 für Dallas gestanden. Das sechste Spiel der Best-of-Seven-Serie fand in Miami statt. Nowitzki war bereits eine Legende in der NBA, der beste Europäer überhaupt. Doch mit dem Meistertitel sollte es zunächst nicht sein. Nowitzki verlor mit den Mavericks im Jahr 2006 in der Finalserie gegen Miami nach 2:0-Führung mit 2:4. Fünf Jahre später ergab sich für die Mavericks die Chance zur Revanche. In den ersten fünf Spielen war Nowitzki, wie fast in jedem Spiel, der Topscorer seines Teams. Im sechsten Spiel blieb Nowitzki, der leicht angeschlagen war, unter seinen Möglichkeiten und erzielte in der ersten Halbzeit nur drei Punkte. Dennoch führten die Mavericks zur Halbzeit mit zwei Punkten. In der zweiten Halbzeit liefen Nowitzki und sein Team heiß und brachten die American Airlines Arena in Miami zum Verstummen. Mit 18 Punkten in der zweiten Halbzeit führte Nowitzki sein Team zum 105:95-Sieg. Nowitzki war kurz vor seinem 33. Geburtstag endlich am Ziel: NBA-Meister – als erster Deutscher in der NBA! Statt mit seinem Team den Erfolg zu feiern, ging der Deutsche zurück in die Kabine. Er brauchte erst mal Zeit für sich selbst. „Mir ging die jahrelange Arbeit durch den Kopf, die ich reingesteckt hatte, um diesen Titel zu gewinnen", sagte Nowitzki der *Sport Bild*. „Ich habe erst einmal eine Minute für mich selbst gebraucht, war ein bisschen emotional, habe ein bisschen geheult. Ich wollte kurz für mich allein sein, war in der Umkleide in der Dusche und habe mich dann wieder gefangen", sagte Nowitzki, der zum wertvollsten Spieler der Finalserie gewählt wurde. 2011 erhielt Nowitzki dann auch die Auszeichnung Sportler des Jahres in Deutschland – als erster Mannschaftssportler.

14. Juni 1998 🏀
Wurf für die Ewigkeit: Der letzte Korb von Michael Jordan für die Chicago Bulls

Dass Michael Jordan der größte Basketballspieler der Geschichte ist, darüber sollte es keinen Zweifel geben. In seinem letzten Spiel für die Chicago Bulls sorgte Jordan für einen dieser magischen Momente. Es war Spiel 6 in der Finalserie zwischen den Chicago Bulls und den Utah Jazz. Die Bulls führten in der Finalserie mit 3:2 und traten auswärts in Salt Lake City an. Wenige Sekunden vor Schluss führten die Jazz mit einem Punkt und hatten Ballbesitz. Doch dann zeigte Jordan eindrucksvoll, warum kein Spieler größer ist als er. Er stahl den Ball aus den Händen von Karl Malone, dem Superstar der Utah Jazz, dribbelte sich in Richtung gegnerischer Korb, tanzte seinen Gegenspieler Byron Russell aus, stieg in die Höhe und legte den Ball per Sprungwurf mit ausgestrecktem Arm und ausgestreckter Zunge zielsicher in den Korb. 87:86 für die Bulls bei noch 5,2 Sekunden auf der Uhr. „Als Russell versuchte, nach dem Ball zu greifen, wusste ich, dass der Moment gekommen war", sagte Jordan über seinen Wurf für die Ewigkeit. Mit diesem Wurf – seine Punkte 44 und 45 in diesem Spiel – sicherte Jordan den Chicago Bulls nicht nur sechsten NBA-Titel innerhalb von acht Jahren, es war auch sein letzter Wurf für die Mannschaft, mit der er in den 1990er-Jahren eine Dynastie in der NBA etablierte. „Ich habe so trainiert, als ob es ein Spiel ist. Wenn dann der Moment im Spiel gekommen ist, dann ist dieser nicht neu für mich. Das passiert instinktiv. Dieser Wurf war mein definierender Moment, wie meine Karriere bei den Chicago Bulls war", sagte Jordan über seinen letzten Wurf für die Chicago Bulls. Die Ära Jordan und die Dynastie der Chicago Bulls endeten mit diesem Wurf. Die Verantwortlichen der Bulls wollten einen Neuanfang ohne Meistertrainer Phil Jackson und andere Leistungsträger. Und so entschloss sich Jordan zum zweiten Rücktritt in seiner Karriere, obwohl er gerne den siebten Titel mit den Bulls gejagt hätte. „Das hat mich verrückt gemacht, weil ich der Überzeugung war, dass wir zum siebten Mal Meister hätten werden können", blickte Jordan zurück. 2001 kehrte Jordan zurück, allerdings für die Washington Wizards, mit denen er in zwei Saisons jedoch die Play-offs verpasste. Seine Karriere bei den Bulls endete genauso, wie seine Karriere als Collegespieler endete – mit einem

Wurf, der den Meistertitel sicherte. „Es geht zurück auf den Anfang. Meine Karriere startete in gewisser Weise mit einem Wurf, der die Collegemeisterschaft 1982 entschied. Das war ein Moment, aus dem Michael Jordan wurde. Wer Michael Jordan war, endete mit dem Wurf im Jahr 1998", sagte Jordan über zwei der bedeutendsten Momente in seiner Karriere.

15. Juni 1997
Tiger Woods wird erstmals Nummer eins der Golf-Weltrangliste

Als Tiger Woods das Masters in Augusta, das prestigeträchtigste Golfturnier der Welt, gewann, begann eine neue Zeitrechnung im Golfsport. Woods wurde mit 21 Jahren der jüngste Masters-Sieger der Geschichte. „Mein Sieg wird viele Türen öffnen und Menschen zum Golf bringen, die vorher nicht dran gedacht hatten", sagte Woods und spielte damit darauf an, dass er als dunkelhäutiger Golfer beim Masters in Augusta siegte. Woods löste einen regelrechten Golfboom aus. Zwei Monate später, da war er gerade mal 42 Wochen lang Profi, erklomm er auch erstmals die Spitze der Golf-Weltrangliste – im Alter von 21 Jahren und 167 Tagen. Natürlich war Woods auch in dieser Statistik der Jüngste. Zwar verlor Woods die Spitzenposition wieder nach einer Woche, doch er eroberte die Nummer eins im Laufe der nächsten Jahre immer wieder zurück. Seine große Regentschaft begann schließlich im August 1999, als er seinen siebten Aufenthalt als Nummer eins der Welt begann. Mehr als fünf Jahre in Folge blieb der US-Amerikaner an der Weltranglistenspitze. Zwischen 2005 und 2010 blieb Woods sogar 281 Wochen in Folge die Nummer eins der Welt. Insgesamt verbrachte Woods 683 Wochen auf dem Golfthron – einsamer Rekord. Greg Norman, der zweitbeste Golfer in der Nummer-eins-Statistik, kommt auf 352 Wochen weniger als Woods – das sind mehr als sechseinhalb Jahre. „Ich bin wirklich von einer höheren Macht gesegnet worden. Ich weiß nicht, warum Gott gerade mich ausgesucht hat. Alles, wovon ich als kleiner Junge geträumt habe, erfüllt sich", sagte Woods über seine Karriere.

16. Juni 1985
Boris Becker gewinnt seinen ersten ATP-Titel

Dass Boris Becker ein begnadeter Tennisspieler war, bewies er bereits früh als Teenager. Wenige Tage nach seinem 17. Geburtstag erreichte der Deutsche bei den Australian Open 1984 das Viertelfinale und setzte damit ein erstes großes Ausrufzeichen. Beckers Stern ging so richtig im Jahr 1985 auf. Beim Rasenturnier im Londoner Queen's Club zog er in sein erstes Finale auf der ATP-Tour ein. Der 17-Jährige bewies eindrucksvoll, dass sein Spiel gemacht war für den schnellen Rasenbelag. Becker setzte sich im Finale gegen den Südafrikaner Johan Kriek klar mit 6:2, 6:3 durch. „Seitdem ich zehn Jahre alt war, war es mein Traum, ein ATP-Turnier zu gewinnen. Die Woche war fantastisch. Ich habe mein bestes Tennis gespielt und viele gute Spieler bezwungen", sagte Becker, der in Queen's in sechs Partien nur einen Satz im Tiebreak abgeben musste. Finalgegner Kriek lobte den Deutschen: „Wenn Becker so wie heute jeden Tag in Wimbledon spielt, kann er das Turnier gewinnen." Kriek sollte recht behalten. Drei Wochen später gewann Becker sensationell in Wimbledon. Danach war sein Leben nicht mehr, wie es einst war. Becker sammelte insgesamt 49 Titel auf der ATP-Tour. Kurioserweise gewann er aber nie einen Titel auf Sand.

17. Juni 1970
Das Jahrhundertspiel zwischen Deutschland und Italien

Mehr als 1.000 Länderspiele hat es in der Geschichte der deutschen Fußball-Nationalmannschaft gegeben. Es gibt Partien, die besonders hervorstechen, unter anderem das Halbfinale bei der Fußball-Weltmeisterschaft 1970 in Mexiko gegen Italien. Das Duell im Aztekenstadion in Mexiko-City ging als Jahrhundertspiel in die Fußballgeschichte ein. Es sind die Ereignisse kurz vor dem Ende der regulären Spielzeit und in der Verlängerung, die aus einem recht normalen Spiel ein außergewöhnliches machten. In der vierten Minute der Nachspielzeit glich Karl-Heinz Schnellinger zum 1:1 aus und schickte das Halbfinale in die Verlängerung. Für Schnellinger, der zum damaligen Zeitpunkt in der italienischen Liga spielte, war es sein einziges Länderspieltor. In der Verlängerung überschlugen sich dann die

Ereignisse. Gerd Müller brachte Deutschland mit 2:1 in Führung. Italien konterte per Doppelschlag, ehe Müller mit seinem zweiten Treffer zum 3:3 ausglich. Wenige Sekunden darauf folgte in der 111. Minute der Nackenschlag für die Deutschen: Das 4:3 für Italien markierte den Schlusspunkt einer irren Verlängerung. Fortan sprach man von einem Jahrhundertspiel. „Dieses Spiel geht in die Geschichte ein", kommentierte ein mexikanischer Reporter nach dem Abpfiff. Tragische Figur des Halbfinales war Starspieler Franz Beckenbauer, der sich in der 65. Minute das Schultergelenk brach und nicht mehr ausgewechselt werden konnte. Beckenbauer hielt bei Temperaturen von 50 Grad Celsius durch und spielte mit einem bandagierten Arm zu Ende – letztendlich ohne den verdienten Lohn für die Qualen. Torhüter Sepp Maier befand danach: „Das war das Spiel des Jahrhunderts." Bundestrainer Helmut Schön war nach der dramatischen Hitzeschlacht in Mexiko-City fix und fertig. „Ich habe unendlich viel erlebt im Fußball, aber diese Partie gegen Italien war an Spannung nicht zu überbieten." Bei Torjäger Gerd Müller überwog nach dem Jahrhundertspiel der Frust. „Das kriegt man nie mehr aus dem Kopf. Ich könnte heute noch wahnsinnig werden. Von der Schlappe gegen die Italiener erhole ich mich nie", sagte Müller. Er sollte unrecht behalten. 1972 wurde Deutschland Europameister und 1974 Weltmeister.

18. Juni 1972
Deutschland wird erstmals Fußball-Europameister

Für Fußballfans ist die deutsche Nationalmannschaft von 1972 die beste, die es je gegeben hat. „Dank der Deutschen gibt es nun erneut jenen brillanten Fußball in Europa, den früher die Ungarn so unvergleichlich darboten", schrieb die britische Zeitung *Daily Telegraph* über die 1972er-Mannschaft aus Deutschland. Das Team um Kapitän Franz Beckenbauer qualifizierte sich in jenem Jahr erstmals für die Endrunde bei der Fußball-Europameisterschaft. Diese bestand allerdings auch nur aus vier Mannschaften und wurde vom 14. bis 18. Juni in Belgien ausgetragen. Um dorthin zu kommen, musste das deutsche Team zunächst seine Qualifikationsgruppe und danach das anschließende Viertelfinale gewinnen, das mit Hin- und Rückspiel ausgetragen wurde. Nach dem souveränen Gruppensieg traf Deutschland im Viertelfinale auf England. Im Hinspiel im Londoner Wembley-Stadion beeindruckte das Team von Bundestrainer Helmut Schön mit einem

3:1-Sieg. „Das war die beste Leistung einer deutschen Nationalmannschaft überhaupt", freute sich Bundestrainer Schön anschließend. Durch das 0:0 im Rückspiel hatte man das Ticket für die kleine Endrunde in Belgien sicher. Dort besiegte Deutschland Gastgeber Belgien in Antwerpen mit 2:1 und zog ins Endspiel ein. Im Finale in Brüssel gegen die Sowjetunion waren die Deutschen klar überlegen. Nach zwei Toren von Gerd Müller und einem von Herbert Wimmer führte Deutschland nach 58 Minuten mit 3:0. Das Erfolgsgeheimnis war Schöns Blockbildung aus den damals beiden besten deutschen Vereinsmannschaften vom FC Bayern München und Borussia Mönchengladbach. „Das hat er schlau gemacht. Es war eine Blockbildung aus den beiden besten Mannschaften, zwischen denen es keine Gräben gab, nur eine gesunde Rivalität", blickte Günter Netzer, damals bei Borussia Mönchengladbach aktiv, zurück. Bereits einige Minuten vor Schluss war der Spielfeldrand beim Stand von 3:0 für Deutschland voll mit deutschen Fans, die den ersten Europameistertitel herbeisehnten. Als endlich der Schlusspfiff erfolgte, kannte die Euphorie keine Grenzen mehr. „Wir haben ein äußerst herausragendes Jahr gespielt, haben immer harmoniert – das macht es im Nachhinein noch wertvoller", sagte Netzer im Interview mit der *Welt* über den wohl besten Fußball, den eine deutsche Nationalmannschaft je spielte. „Helmut Schön hatte eine tolle Menschenkenntnis. Er hat gewusst, dass er diese Mannschaft, die er geformt hat, nur bei guter Laune halten musste. In der Ansprache vor dem Finale hat er eine Mannschaftssitzung gehalten und nur gesagt: ‚Ach, macht doch, was ihr wollt'", sagte Netzer über Bundestrainer Helmut Schön, mit dem Deutschland zwei Jahre später im eigenen Land auch Fußball-Weltmeister wurde.

19. Juni 1936

Max Schmeling schlägt den als unbezwingbar geltenden Joe Louis k. o.

1930 errang Max Schmeling als erster und bislang einziger deutscher Boxer den Weltmeistertitel im Schwergewicht. Doch seinen bedeutendsten Kampf bestritt Schmeling im Jahr 1936 – genauso wie sechs Jahre zuvor im Yankee Stadium in New York. Schmelings Gegner war Joe Louis, Kampfname „der Braune Bomber". Der 22-jährige Louis galt zum damaligen Zeitpunkt als unschlagbar und gewann seine ersten 24 Kämpfe eindrucksvoll. Der Kampf gegen den 30-jährigen Schmeling sollte nur ein Zwischenstopp werden in Richtung Weltmeistertitel. Schmeling bereitete sich akribisch vor auf den Kampf gegen den ungeschlagenen Louis. „Ich habe da etwas gesehen, was mich zuversichtlich macht", erzählte Schmeling vor dem Kampf und erntete dafür nur Spott. Die Dominanz von Louis schien so groß, dass die Frage war, wie lange der Deutsche auf den Beinen bleiben konnte. Schmeling überraschte vor 42.000 Zuschauern in New York alle, schickte Louis in der vierten Runde auf den Ringboden und schlug den „Braunen Bomber" in der zwölften Runde schließlich k. o. „Das war schon mein bedeutendster Kampf. Ich will nicht sagen, dass es der schwerste war, aber für mich war es der entscheidendste Kampf meiner Karriere", sagte Schmeling im Rückblick auf den Kampf. Für Louis war die Niederlage eine Schmach. „Er war am Boden zerstört, schämte sich maßlos, traute sich nicht mehr aus dem Haus", sagte sein Sohn Joe Louis Barrow Jr. Schmelings Sieg gegen den farbigen Louis wurde von den Nazis zu Propagandazwecken missbraucht. „Max war die Symbolfigur des Faschismus, obwohl er selbst kein Nazi war", sagte Louis' Sohn Joe Louis Barrow Jr. Zwei Jahre später bekam Louis seine Revanche und Schmeling die Chance, zum zweiten Mal Weltmeister zu werden. Louis hatte die Niederlage gut verkraftet und sich zum Weltmeister geboxt. Die Revanche vor 70.000 Zuschauern im Yankee Stadium in New York war eine schnelle Sache. Bereits in der ersten Runde war die Schlaggewalt von Louis für Schmeling zu viel – K. o. nach zwei Minuten. Zwischen Schmeling und Louis entwickelte sich nach ihren beiden Kämpfen eine lange Freundschaft. „Ich habe ihn nicht nur gemocht, ich habe ihn geliebt", soll Schmeling über den „Braunen Bomber" gesagt haben.

20. Juni 1976

Der Fehlschuss von Uli Hoeneß: Deutschland verliert Finale der Fußball-Europameisterschaft

Als die deutsche Fußball-Nationalmannschaft zur Endrunde der Europameisterschaft nach Jugoslawien reiste, rechneten die meisten mit dem dritten internationalen Titel in Folge nach dem Sieg bei der Europameisterschaft 1972 und der Weltmeisterschaft 1974. Das deutsche Team um Kapitän Franz Beckenbauer hatte sich nach vier Siegen und vier Unentschieden für die Endrunde mit vier Mannschaften qualifiziert. Im Halbfinale gegen Gastgeber Jugoslawien drehten die

Deutschen einen 0:2-Rückstand und siegten schließlich in der Verlängerung mit 4:2. Der Sieg war ein weiterer Beleg dafür, dass die Mannschaft von Bundestrainer Helmut Schön selbst in schlechten Spielen als nahezu unbesiegbar galt. Dieser Nimbus der Unbesiegbarkeit sollte im Finale gegen die Tschechoslowakei um ein weiteres Kapitel fortgeschrieben werden. Auch hier lag Deutschland mit 0:2 zurück. Als Bernd Hölzenbein in der 90. Minute den 2:2-Ausgleich machte, schien das Schicksal mal wieder aufseiten des deutschen Teams zu sein. Da es nach der Verlängerung beim 2:2 blieb, kam es zu einer Premiere bei einer Fußball-Europameisterschaft oder Fußball-Weltmeisterschaft. Wurde nach einem Unentschieden sonst stets ein Wiederholungsspiel angesetzt, sollte nun erstmals die Entscheidung im Elfmeterschießen fallen. Und hier war Uli Hoeneß die tragische Figur. Nachdem die ersten sieben Schützen ihre Elfmeter verwandelt hatten, drosch Hoeneß den vierten Elfmeter der Deutschen in den Nachthimmel von Belgrad. „Ich lief an wie in Trance und schoss, ohne auf den Torwart zu blicken. Ich schaute dem Ball nach, sah ihn immer höher steigen. Wie eine Rakete sauste er in Richtung Wolken. In diesem Moment war ich völlig apathisch, alles um mich rückte in weite Ferne, wurde grau. Ich registrierte nichts mehr", sagte Hoeneß über seinen Fehlschuss. Kurz danach verwandelte Antonin Panenka zum 5:3-Sieg für die Tschechoslowakei – mit einem der berühmtesten Elfmeter der Fußballgeschichte. Panenka lupfte den Ball sanft in die Mitte des Tors. Sepp Maier hatte sich da schon in die rechte Ecke bewegt. „Kein Torwart der Welt bleibt einfach stehen, da konnte nichts schiefgehen", sagte Panenka über seinen legendären Elfmeter. Solch ein Elfmeterlupfer im Fußball wird seitdem als „Panenka" bezeichnet. Seit dem Fehlschuss von Uli Hoeneß in den Nachthimmel von Belgrad gingen sechs Turnierspiele der deutschen Fußball-Nationalmannschaft ins Elfmeterschießen. Alle sechs Elfmeterschießen, vier bei einer WM und zwei bei einer EM, gewannen die Deutschen.

21. Juni 1960

10,0 Sekunden: Armin Hary sprintet zu ewigem Ruhm

Die Königsdisziplin in der Leichtathletik ist der 100-Meter-Lauf. Kein Lauf fasziniert so sehr wie die kurze Sprintdistanz. Ein deutscher Sprinter ist bis heute unvergessen: Armin Hary. Im Letzigrund in Zürich lief Hary als erster Sprinter die 100 Meter in 10,0 Sekunden – allerdings handgestoppt. Als Hary nach 100 Metern nach einem Fabelstart mit neuem Weltrekord ins Ziel kam, konnten es die Kampfrichter nicht glauben, dass der Deutsche diese Zeit tatsächlich gelaufen ist. Sie annullierten den Lauf wegen eines angeblichen Fehlstarts von Hary. „Ich habe mich auf den Knall gestürzt wie ein Boxer auf den Gegner", blickte Hary auf seine erste 10,0 zurück, die nicht gelten sollte. Der Deutsche wollte das Stadion schon verlassen, als der deutsche Sportjournalist Gustav Schwenk ihn darauf aufmerksam machte, dass er einen Wiederholungslauf verlangen konnte, wenn zwei Läufer, die beim ersten Rennen dabei waren, auch beim zweiten Lauf starteten. Und so machte sich der „blonde Blitz", wie Hary genannt wurde, mit zwei weiteren Läufern 35 Minuten nach dem ersten Lauf erneut in Richtung Startblock auf. Hary sprintete erneut die 100 Meter auf der Aschenbahn in 10,0 Sekunden. Diesmal waren sich die Kampfrichter einig – Weltrekord! „Zweimal 10,0 hintereinander, das ist schon verrückt", blickte Hary auf diesen denkwürdigen Tag zurück. Dabei hätte Hary in Zürich eigentlich nicht starten sollen, da die deutschen Olympiateilnehmer für die anstehenden Olympischen Sommerspiele in Rom geschont werden sollten. Erst wenige Stunden vor dem Wettkampf erhielt Hary die Starterlaubnis und kam auf dem letzten Drücker mit einer Transportmaschine nach Zürich, da alle regulären Flüge ausgebucht waren. „Das war einer der aufregendsten Tage, die ich je erlebt habe. Ich war heiß darauf. Ich wusste, dass Zürich eine schnelle Bahn hat und dass ich in Topform bin. Ich brannte. Das war eine Hetze und eine Nervosität. Aber meine Nerven waren damals so gut wie meine Beine", sagte Hary über seine beiden Fabelläufe unter schwierigen Umständen. 72 Tage später sprintete Hary in Rom zum Olympiasieg über 100 Meter und machte sich endgültig zur deutschen Sportlegende. Mit der 4 x 100-Meter-Staffel erlief sich Hary ebenfalls Gold. „Der Olympiasieg über 100 Meter war die sportliche Krönung meines Lebens. Und in der Staffel bin ich dann wahrscheinlich das schnellste Rennen meiner Karriere gelaufen – laut Stoppuhren und Statistik 9,0 Sekunden gelaufen, auf der Gegengeraden, fliegend", sagte der Deutsche. Sein Weltrekord in Zürich hielt übrigens acht Jahre lang. Hary ist bis heute der letzte weiße Läufer, der einen Weltrekord über die 100 Meter aufgestellt hat.

22. Juni 1986 ⚽
Diego Maradona und die „Hand Gottes"

Geliebt, verehrt, vergöttert, gehasst: Kaum ein Fußballspieler rief so starke Emotionen bei den Fans hervor wie Diego Armando Maradona. Der 1,65 Meter große Ballzauberer aus Argentinien spielte bei der Fußball-Weltmeisterschaft 1986 in Mexiko das Turnier seines Lebens. Besonders zwei Szenen im Viertelfinale gegen England befeuerten den Mythos Maradona. Im mit 114.580 Zuschauern voll besetzten Azteken-Stadion in Mexiko-City gelang Maradona in der 51. Minute das legendärste regelwidrige Tor der Fußballgeschichte. Als eine Bogenlampe in den Strafraum der Engländer flog, sprang Maradona im Luftduell mit Englands Torhüter Peter Shilton nach oben und beförderte den Ball mit der linken Hand ins Tor. „Der Ball ist meiner. Keine Ahnung, ob ich ihn bekomme, aber ich werde mich in ihn reinwerfen. Ich springe wie ein Frosch. Ich hebe ab, gehe höher, steige weiter. Als ich wieder den Boden berühre, feiere ich schon das Tor. Ich habe es so gemacht, zack. Ich schaue zum Schiri, der keine Entscheidung traf. Ich sehe rüber zum Linienrichter, das Gleiche. Also laufe ich los und jubele. Ich habe entschieden, wozu die beiden nicht in der Lage waren. Ich laufe weiter, schaue mich nicht mehr um. Als mein Mitspieler Sergio Batista ankam, fragte er mich: ‚Du hast es mit der Hand gemacht, nicht wahr? Mit der Hand.' Ich raunzte nur: ‚Halte die Schnauze und feiere mit'", schilderte Maradona seinen Handtreffer in seiner Biografie *Mi Mundial, Mi Verdad. Asi ganamos la Copa*. Vier Minuten später zeigte Maradona seine Genialität als Fußballspieler. Bei einem 68-Meter-Solo umkurvte er sämtliche Gegenspieler und schob den Ball zum 2:0 ein. Maradonas Alleingang wurde schließlich 2002 zum WM-Tor des Jahrhunderts gekürt. Argentinien siegte mit 2:1 gegen England und gewann später den Weltmeistertitel. Das Handtor von Maradona war der riesengroße Aufreger des Spiels und der Fußball-Weltmeisterschaft 1986. „Es war ein bisschen die Hand Gottes und ein bisschen Maradonas Kopf", sagte Maradona nach dem Spiel über seinen regelwidrigen

Treffer. Geboren war der Begriff „die Hand Gottes", der Maradona über seine gesamte Karriere begleiten sollte. Warum Maradona den Begriff „die Hand Gottes" benutzte, erklärte er Jahre später Englands Stürmer Gary Lineker, der ebenfalls auf dem Platz stand. „Weil Gott uns Hände gibt. Weil es unmöglich war, dass die Szene nicht von zwei Personen gesehen werden konnte: dem Schieds- und dem Linienrichter. Deshalb sagte ich, dass es die Hand Gottes war."

23. Juni 1973
Günter Netzer wechselt sich selbst ein und wird zum Pokalhelden

Europameister, Weltmeister, zweimal deutscher Meister und zweimal Deutschlands Fußballer des Jahres: Günter Netzer ist eine der schillerndsten Persönlichkeiten in der deutschen Fußballgeschichte. Wenn man auf die Karriere von Netzer zurückblickt, dann denkt man vor allem an eine besondere Szene – im Finale des DFB-Pokals 1973. Vor dem Endspiel zwischen Borussia Mönchengladbach und dem 1. FC Köln stand fest, dass es das letzte Spiel für Netzer nach zehn Jahren Vereinszugehörigkeit in Mönchengladbach sein würde. Netzer wechselte danach zu Real Madrid. Netzer konnte sich mit einem Titel von seinem Herzensverein verabschieden. Doch Trainer Hennes Weisweiler hatte andere Pläne und stellte seinen Starspieler nicht auf. „Und wenn sie mich morgen steinigen: Ich stelle ihn nicht auf", soll Weisweiler vor dem DFB-Pokalfinale gesagt haben. Zu groß war wohl der Frust über den Wechsel des Mittelfeldregisseurs nach Madrid, der wenige Tage vor dem Endspiel bekannt gegeben wurde. Netzer setzte sich widerwillig auf die Bank. Nachdem es zur Halbzeit 1:1 stand, wollte Weisweiler seinen Spielmacher einwechseln, doch dieser weigerte sich zu spielen, weil aus seiner Sicht die Qualität des Finales dermaßen hoch war, dass er in seinem körperlichen Zustand keine Hilfe sein würde. Auch die Worte seiner Mitspieler verpufften am sturen Netzer. Als es mit 1:1 in die Verlängerung ging, kam es zu einer der denkwürdigsten Szenen der deutschen Fußballgeschichte. „Als die reguläre Spielzeit zu Ende war, lief ich zwischen den Spielern hin und her. Christian Kulik kam auf mich zu, damals gerade mal 20 Jahre alt, ausgepumpt vom vielen Laufen und ausgedörrt von der sengenden Sonne. Er wankte und fiel vor mir zu Boden. ‚Ich kann nicht mehr gehen, ich kann nicht mehr laufen, ich kann überhaupt nicht mehr.' Die Zuschauer brüllten immer lauter: ‚Netzer! Netzer! Netzer", schilderte Netzer in seiner Autobiografie diese Szene. Er fasste den Entschluss, sich selbst einzuwechseln und rief seinem Trainer Weisweiler im Vorbeigehen den Satz zu: „Ich spiele dann jetzt." Die Fans bekamen endlich das, was sie das gesamte Spiel forderten: Günter Netzer. Und wie sie ihn bekamen. Nach 185 Sekunden in der Verlängerung spielte Netzer einen Doppelpass mit Rainer Bonhof und traf mit einem satten Linksschuss in den Winkel. 2:1 für Gladbach. Mönchengladbach gewann den DFB-Pokal, Netzer wurde in seinem letzten Spiel für Mönchengladbach zum Helden. „Ich traf den Ball völlig falsch, traf mit dem Außenspann. So landete der Ball im oberen linken Winkel, so wurde er unerreichbar, so wurde es mein Tor, mein Abschiedsgeschenk an die Borussia", sagte Netzer über das einzigartigste Tor seiner Karriere. „Diese Art Aktion geschieht nur um große Spieler herum, die sich damit auch unsterblich machen. Das war das ganze Glück eines Fußballerlebens in zwei Sekunden reingepackt. Ich habe danach nie mehr so viel Glück gehabt", fügte er hinzu.

24. Juni 2010

John Isner und Nicolas Mahut spielen in Wimbledon das längste Tennismatch der Geschichte

Die Geschehnisse, die sich zwischen dem 22. und 24. Juni 2010 auf Court 18 in Wimbledon abspielten, sind legendär. John Isner und Nicolas Mahut lieferten sich in der ersten Runde ein Match, das es vorher noch nicht gegeben hat und es auch nie wieder geben wird. Die beiden spielten das skurrilste und längste Match der Tennisgeschichte. Nach elf Stunden und fünf Minuten war die Partie zu Ende. Isner gewann mit 6:4, 3:6, 6:7 (7:9), 7:6 (7:3), 70:68. Als ganz normales Erst-Runden-Match in Wimbledon entwickelte sich die Partie zum absoluten Klassiker und brach zahlreiche Rekorde im Tennis. Alleine der fünfte Satz wäre mit einer Spielzeit von 8:11 Stunden als längstes Tennismatch durchgegangen. 112 Asse von Isner, 103 Asse von Mahut. „Was diese beiden Spieler gezeigt haben, zählt zum Größten, was es in diesem Sport je gegeben hat. Das war pures Heldentum", versuchte Tennislegende John McEnroe Worte für dieses Match zu finden. „Ich habe mir nur noch gesagt: ‚Du musst auf beiden Beinen stehen bleiben. Deinem Gegner geht's auch nicht besser'", sagte Isner über den Marathon. Mahut, den Isners

Matchball bei 70:68 „wie ein Messerstich ins Herz" traf, sagte, er sei teilweise wie „ein Betrunkener" über den Platz geirrt und war „kaum noch bei Besinnung": „Ich war nur noch aus dem Unterbewusstsein gesteuert." Völlig skurril war auch, dass das Rekordmatch Isner gegen Mahut ausgerechnet das erste Tennismatch war, das der Kommentator Ronald McIntosh für den Fernsehsender *BBC*, der jedes Jahr Wimbledon überträgt, kommentierte. Court 18 in Wimbledon, wo das Rekordmatch gespielt wurde, liegt direkt am Mediencenter auf der Anlage mit einer Dachterrasse, von der man das Spielgeschehen verfolgen kann. „Ich hatte einen Premiumsitz bei diesem unglaublichen Spektakel. Ich kann mich glücklich schätzen, all dies aus nächster Nähe gesehen zu haben", sagte McIntosh im Interview mit dem *tennis MAGAZIN* über seine einzigartige Erfahrung. Besonders kurios: Isner und Mahut standen sich ein Jahr später wieder in Wimbledon gegenüber – erneut in der ersten Runde. Die Wahrscheinlichkeit für dieses Ereignis lag vor der Auslosung bei 1:142,5. Isner setzte sich wieder gegen Mahut durch, brauchte dafür aber dieses Mal nur 2:03 Stunden. Mit dabei war wiederum McIntosh als Kommentator. 2012 hätte es beinahe den dritten Teil in Wimbledon zwischen Isner und Mahut gegeben. In der zweiten Runde hätte es zum erneuten Duell der Rekordmänner kommen können. Doch Isner verhinderte einen dritten Teil, da er in der ersten Runde ausschied.

25. Juni 1982
Die deutsche Fußball-Nationalmannschaft und die „Schande von Gijon"

Die deutsche Fußball-Nationalmannschaft hat viele begeisternde Länderspiele absolviert. Es waren aber auch negative Höhepunkte dabei, bei denen sich die Mannschaft nicht mit Ruhm bekleckert hat. Besonders hervor sticht die Vorrundenpartie gegen Österreich bei der Fußball-Weltmeisterschaft 1982 in Spanien. Das Duell ging als Nichtangriffspakt und als „Schande von Gijon" in die Geschichtsbücher ein. Zum damaligen Zeitpunkt wurde der letzte Gruppenspieltag bei der Weltmeisterschaft nicht parallel ausgetragen. Deutschland war in einer Gruppe mit Österreich, Algerien und Chile. Nach der überraschenden 1:2-Auftaktniederlage gegen Algerien siegte das deutsche Team mit 4:1 gegen Chile. Vor dem Spiel gegen Österreich hatte Algerien am Vortag sein drittes Gruppenspiel bestritten. Die Konstellation in der Gruppe ergab, dass sowohl Deutschland als auch Österreich bei einem deutschen Sieg mit maximal zwei Toren Unterschied in die Zwischenrunde einziehen würden. Die Algerier waren zum Zuschauen verdammt und mussten mitansehen, wie sich die beiden Teams nach dem deutschen 1:0 in der 11. Minute durch Horst Hrubesch mit Beginn der zweiten Halbzeit den Ball hin- und herschoben, ohne dass noch torgefährliche Szenen entstanden. Algerische Fans wedelten auf den Tribünen empört mit Geldscheinen, auch die spanischen Zuschauer reagierten erbost über den Nichtangriffspakt zwischen Deutschland und Österreich. Der *ARD*-Reporter Eberhard Stanjek bezeichnet die Geschehnisse auf dem Rasen als „schlicht und einfach eine Schande", „zu diesem Unfug sage ich nichts", sagte er. Sein österreichischer Kollege Robert Seeger forderte die Zuschauer zum Abschalten auf. Letztendlich blieb es beim 1:0 für Deutschland, sodass beide Teams in die Zwischenrunde einzogen. „Für die Unmutsbekundungen der algerischen Fans habe ich schon ein bisschen Verständnis, weil es so aussah, als sei es abgesprochen. Das Spiel konnte man Mitte der zweiten Halbzeit nicht mehr ansehen. Das war ja ein Nichtangriffspakt", sagte der deutsche Abwehrspieler Karlheinz Förster. „Das Publikum hat überhaupt nicht kapiert, um was es hier für uns ging, nämlich um das Weiterkommen. Wir haben hier eine WM", sagte Deutschlands Starspieler Paul Breitner. „Es hat in der Pause zwischen österreichischen und deutschen Spielern, die sich gut verstanden, Absprachen gegeben, dass man es bei diesem Resultat belassen soll. Bis zu mir ist das aber nicht durchgedrungen", sagte Österreichs Stürmer Walter Schachner. Die spanische Zeitung *El Commercio* urteilte nach der „Schande von Gijon" vernichtend: „26 deutschsprachige Bürger aus der Bundesrepublik und Österreich haben angeblich Betrug von zwölf Millionen Peseten an 40.000 Zuschauern begangen." Deutschland zog im späteren Turnierverlauf ins Finale ein und verlor dort gegen Italien. Der Nichtangriffspakt hatte zur Folge, dass seit der Europameisterschaft 1984 bei allen internationalen Turnieren die letzten Gruppenspiele in einer Gruppe zeitgleich stattfinden.

26. Juni 1992 ⚽

Dänemark: Vom Nichtteilnehmer zum Fußball-Europameister

Es ist die vielleicht schönste Feel-Good-Story im europäischen Nationalmannschaftsfußball. Bei der Europameisterschaft 1992 in Schweden erspielte sich Dänemark sensationell den Titel – und das, obwohl sie gar nicht für die Endrunde qualifiziert waren. Zehn Tage vor Beginn der Europameisterschaft entschied der europäische Fußballverband UEFA, Jugoslawien wegen der Balkankriege von der EM auszuschließen. Dänemark, das in der Qualifikationsgruppe von Jugoslawien Tabellenzweiter war, rückte ins Turnier nach und hatte kaum Vorbereitungszeit. „Ich bekam den Anruf, dass wir uns alle in Kopenhagen treffen würden und eine Woche Zeit haben, um uns vorzubereiten. Ich dachte mir, dass wir nicht den Hauch einer Chance haben werden", sagte Dänemarks Stürmer Brian Laudrup. Es kam völlig anders. Dänemarks Trainer Richard Möller Nielsen trichterte seinem Team den Glauben an den EM-Titel ein und ließ den Spielern viele Freiheiten. Nachdem der Einzug ins Halbfinale geschafft war, hatten die Dänen Heißhunger auf Fast Food vom Schnellrestaurant McDonald's. „'Trainer, wir würden so gern ein paar Burger essen.' Der Coach hat nichts gesagt, aber nach dem Training hielt der Bus tatsächlich vor der Filiale. Alles war extra für uns abgesperrt. Es war eine Überraschung des Trainers. Nach diesem Essen wollte jeder noch mehr für ihn tun", sagte Torwart Peter Schmeichel dem Magazin *11 FREUNDE*. Dänemark spielte sich dann auch ins Finale vor und traf dort auf den amtierenden Weltmeister aus Deutschland, der als haushoher Favorit ins Endspiel ging. Die Dänen zeigten gegen Deutschland die beste Leistung im Turnier und sicherten sich durch Tore von John Jensen und Kim Vilfort sensationell den EM-Titel. „Es ist unglaublich toll, Teil dieses Moments gewesen sein zu dürfen. Teilweise wirst du immer noch auf der Straße darauf angesprochen. Es steht in keinem Verhältnis zu jeglichen anderen sportlichen Errungenschaften in der Geschichte Dänemarks", blickte Schmeichel, als Torwart der Garant des dänischen Erfolgs, zurück. Für das deutsche Team war die Endspielniederlage eine bittere Enttäuschung. Der dritte EM-Titel nach 1972 und 1980 schien vor dem Finale gegen Dänemark nur Formsache zu sein. „Die Niederlage hat uns viel Häme und Spott in der Heimat eingebracht. Mein Gott, was haben wir uns nach dem verlorenen Finale anhören müssen. Verloren gegen die Big-Mac-Truppe aus Dänemark. Das war ja fast noch das Freundlichste", sagte Stürmer Karlheinz Riedle über das 0:2 im Finale gegen Dänemark.

27. Juni 1994 ⚽

Der Stinkefinger von Stefan Effenberg

Champions-League-Sieger, dreimal deutscher Meister, zweimal DFB-Pokalsieger, Europas Fußballer des Jahres: Stefan Effenberg hat als Vereinsfußballer fast alles erreicht, wovon man träumt. Seine Karriere als Nationalspieler verlief dagegen holprig bis tragisch. Effenberg war stets ein polarisierender Spieler, der mit seiner Meinung und seinen Aktionen hin und wieder über das Ziel hinausschoss. Der tragische Höhepunkt in der Nationalmannschaftskarriere von Stefan Effenberg ereignete sich bei der Fußball-Weltmeisterschaft 1994 in den USA. Seit 1992 gehörte Effenberg zur Stammelf von Bundestrainer Berti Vogts. Doch der streitbare Effenberg war vielen Fans durch seine launische Art auf und abseits des Platzes ein Dorn im Auge. Bei der Weltmeisterschaft 1994 in den USA eskalierte die Situation im letzten Gruppenspiel gegen Südkorea, bei dem sich Effenberg zu einer Geste hinreißen ließ, die ihn letztlich die weitere Karriere in der Nationalmannschaft kostete. Deutschland hatte das Spiel gegen Südkorea in der ersten Halbzeit bestimmt und mit 3:0 geführt. Doch in der zweiten Halbzeit geriet die DFB-Elf ins Schwimmen, kassierte zwei Tore und wirkte völlig überfordert. Die deutschen Fans in Dallas machten vor allem einen Spieler für den dünnen Auftritt der Nationalmannschaft verantwortlich: Stefan Effenberg. „Effenberg raus", hörte man in der Cotton Bowl in Dallas. In der 75. Minute reagierte Berti Vogts und wechselte Effenberg nach einer Gelben Karte aus. Die Fans kommentierten die Auswechslung von Effenberg mit höhnischen Kommentaren. Zu viel für den Deutschen, der den Fans den ausgestreckten Mittelfinger, bekannt als Stinkefinger, zeigte. Nach dem Spiel war nicht der 3:2-Zittersieg gegen Südkorea und der Einzug ins Achtelfinale das beherrschende Thema, sondern der Stinkefinger von Effenberg. Die Entscheidung war vonseiten des Deutschen Fußball-Bundes (DFB) schnell gefallen – zum Missfallen der meisten Spieler. Für Effenberg war nach der abfälligen Geste keinerlei Platz mehr in der Nationalmannschaft. „Ich schäme mich aus tiefster Seele. Da geht so ein Mensch hin und erlaubt sich solche Obszönitäten. Lieber gar keine Nationalmannschaft als eine ohne Vorbildfunktion" echauffierte sich DFB-Präsident Egidius Braun. Bundestrainer Vogts verkündete: „Solange ich für die Nationalmannschaft verantwortlich bin, wird Stefan Effenberg nicht mehr für Deutschland spielen." Das 33. Länderspiel von Effenberg sollte eigentlich sein letztes gewesen sein. „Es war eine Überreaktion, die mir jetzt im Nachhinein leidtut. Nur man sollte beide Seiten sehen. Nicht nur die des bösen Stefan Effenberg, sondern auch, wie die Zuschauer sich verhalten haben", kommentierte Effenberg seinen Stinkefinger. „Das muss man schon verstehen. Du spielst bei 50 Grad Celsius. Du hast den Adler auf der Brust. Du spielst ums Achtelfinale in Amerika. Und da passiert so etwas", rechtfertigte sich der Deutsche für seine Aktion. Unterstützung und Rückendeckung bekam Effenberg vom DFB jedenfalls nicht. „Da hätte man auch sagen können: ,Junge, das war ein großer Fehler, aber den bügeln wir jetzt gemeinsam aus.' Diese Hilfe hätte ich schon erwarten können. Stattdessen bin ich bloßgestellt worden." Besonders kurios: Von der Aktion des Stinkefingers gab es keinerlei Foto- oder Videoaufnahmen. Im Anschluss an den Skandal stellte Effenberg diese berühmte Szene im Nationaltrikot mit dem ausgestreckten Finger und einem süffisanten Lächeln nach. Dadurch rückte der Skandal noch mehr ins Bewusstsein der Leute. Seitdem begleitet Effenberg dieses nachgestellte Foto. Die Nationalmannschaftskarriere von Effenberg war trotz der Ankündigung von Vogts nicht beendet. 1998 holte Vogts ihn in die Nationalmannschaft zurück. Doch nach zwei mäßigen Länderspielen beendete Effenberg von sich aus die Karriere – genauso wie Trainer Vogts, der danach zurücktrat.

28. Juni 1997

Die Ohrbisse von Mike Tyson

Es ist wahrscheinlich der größte Skandalkampf im Boxen überhaupt und eine der bizarrsten Szenen der Sportgeschichte. Evander Holyfield und Mike Tyson standen sich in Las Vegas im Weltmeisterschaftskampf im Schwergewicht im Verband WBA gegenüber. Holyfield hatte sich im November 1996 den Titel von Tyson geschnappt nach einem technischen K. o. in der elften Runde. Nun stieg der mit Spannung erwartete Rückkampf. Er endete in einem Desaster und in der Disqualifikation von Tyson. Gegen Ende der dritten Runde biss Tyson, der seit dieser Runde ohne Mundschutz boxte, seinem Gegner Holyfield ins linke Ohr. Der Ringrichter sprach sich für die Disqualifikation von Tyson aus. Doch der Kampf ging nach der Zustimmung von Holyfield weiter, Tyson wurden zwei Punkte abgezogen. Wenige Sekunden nach Wiederaufnahme des Kampfs biss Tyson erneut zu, diesmal ins rechte Ohr von Holyfield. Er riss dabei ein etwa 1,5 Zentimeter langes Stück des Ohrs heraus und spuckte es aus. In der Ringpause vor der vierten Runde wurde Tyson dann schließlich disqualifiziert. „Was soll ich denn machen? Wenn er für seine ständigen Kopfstöße nicht bestraft wird, muss ich doch handeln", sagte Tyson über seine beiden Ohrbisse. Holyfield wurde mit 15 Stichen genäht. Das Ohrstück, das Tyson ausgespuckt hatte, wurde erst später im Ring gefunden und war für eine Operation nicht mehr zu gebrauchen. „Es war nicht einfach, mich zu beherrschen. Ich wollte Tyson eigentlich direkt in die Eier treten", sagte Holyfield gegenüber der *Sport Bild* über den ersten Ohrbiss, bei dem er im Ring schreiend auf- und absprang. „Ich wollte ihm mehr wehtun, als er mir mit seinen Kopfnüssen. Ich gab ihm Kopfnüsse zurück, aber er machte weiter, also habe ich ihn gebissen. Ich hätte das nicht tun sollen, aber ich war blutig und sauer", sagte Tyson über seine Beißattacken. „Er hat das mit voller Absicht getan, ich war sicher, dass mein Ohr ab ist", sagte Holyfield einst über die Ohrbisse. Nach dem zweiten Ohrbiss, der viel mehr Schaden anrichtete, kämpfte Holyfield sogar gelassen weiter bis zur Ringglocke und der dann erfolgten Disqualifikation von Tyson. „Es war gar nicht so schlimm. Zum Glück hatte Mike sehr scharfe Zähne und biss ein glattes Stück ab. Das Ohr war nicht abgerissen oder entstellt. Es tat dann auch nicht mehr weh. Sobald die Schmerzen weg waren, störte es mich nicht mehr. Sie nähten es zusammen, und wenn man ehrlich ist, spürt man ohnehin nicht viel an den Ohren. Ich ging danach gleich zurück ins Casino", blickte Holyfield gegenüber der *Sport Bild* zurück. Inzwischen haben sich Holyfield und Tyson versöhnt und bezeichnen sich selbst sogar als Freunde.

29. Juni 1986
Deutschland verliert das Finale der Fußball-Weltmeisterschaft gegen Argentinien

Rekordweltmeister im Fußball ist Brasilien mit fünf Titeln. Der Rekordendspielteilnehmer bei Fußball-Weltmeisterschaften ist Deutschland mit acht Finalteilnahmen. Von den acht Finals gingen vier verloren, eines davon im Jahr 1986 in Mexiko. Die deutsche Nationalmannschaft zog unter Teamchef Franz Beckenbauer recht überraschend ins Endspiel ein. Nach einer mäßigen Vorrunde steigerte sich das deutsche Team im Turnierverlauf und erreichte dank einer starken Defensive, die im Achtelfinale, Viertelfinale und Halbfinale kein Gegentor zuließ, das Finale. Dort wartete Argentinien mit Superstar Diego Armando Maradona. Argentinien ging dank seiner offensiven Strahlkraft mit Maradona als Mittelfeldregisseur als klarer Favorit in das Endspiel im Aztekenstadion in Mexiko-City. Beckenbauer wollte mit einer sehr defensiven Ausrichtung den argentinischen Spielwitz unterbinden. Doch ausgerechnet Torwart Toni Schumacher, der große Rückhalt in der K.-o.-Phase, patzte in der brutalen Mittagshitze in Mexiko-City. Bei einem Freistoß sprang Schumacher am Ball vorbei. „Und dann kommt der Moment des fatalen Freistoßes von der Seite, der zum ersten Tor führt. Ein Argentinier legt sich den Ball fußgerecht hin. Meine Beute! Sie fliegt in meine Richtung. ‚Jetzt holst du dir deine Beute, egal was kommt. Den Ball kriegst du. Den schnappst du dir!' Flanke. Ich schieße vor. Nach dem ersten Schritt weiß ich es: Den kriegst du nicht", schilderte Schumacher in seiner Biografie *Anpfiff* die Szene zur 1:0-Führung für Argentinien. In der zweiten Halbzeit legte Argentinien in der 56. Minute zum 2:0 nach. Das Endspiel schien in der Mittagshitze entschieden. Doch je länger das Spiel dauerte, desto besser wurde das deutsche Team. Nach zwei Eckbällen von Andreas Brehme gelang der 2:2-Ausgleich durch Tore von Karl-Heinz Rummenigge und Rudi Völler. Das deutsche Team drängte nun auf den Sieg und lief ins offene Messer. Mit der besten Aktion im Spiel, einem Steilpass auf Stürmer Jorge Burruchaga, entschied Maradona das Spiel. 3:2 für Argentinien. *ZDF*-Kommentator Rolf Kramer fasste diese Szene, die zum Weltmeistertitel für Argentinien führte, wie folgt zusammen: „Maradona. Kein Abseits. Burruchaga. Toni, halt den Ball! Nein!" „Wir hätten die Argentinier schlagen können. Aber wir waren im Finale zu gierig", sagte Rudi Völler über die bittere Niederlage. Vier Jahre später standen sich Deutschland und Argentinien erneut im WM-Finale gegenüber – dann mit Deutschland als Sieger.

30. Juni 1996

Golden Goal! Deutschland wird Fußball-Europameister

„Die Star ist die Mannschaft": So lautete das deutsche Motto bei der Fußball-Europameisterschaft 1996 in England. Das Team von Bundestrainer Berti Vogts überzeugte bei den Spielen durch mannschaftliche Geschlossenheit, Kampfgeist, aber auch durch viel Spielwitz. Nach dem Gruppensieg ohne Gegentor besiegte Deutschland im Viertelfinale Kroatien mit 2:1. Im Halbfinale kam es zum Duell gegen Gastgeber England. Nach dem 1:1 nach regulärer Spielzeit ging es in eine epische Verlängerung, die trotz großer Chancen auf beiden Seiten torlos blieb. Ein Tor in der Verlängerung hätte durch die neu eingeführte Golden-Goal-Regelung automatisch den Sieg bedeutet. Deutschland siegte schließlich wie schon im Halbfinale der Fußball-Weltmeisterschaft 1990 im Elfmeterschießen gegen England. Im Endspiel traf man erneut auf Tschechien, gegen das man im ersten Gruppenspiel mit 2:0 gewonnen hatte. Als Tschechien in der 59. Minute durch einen fragwürdigen Elfmeter mit 1:0 in Führung ging, schien der Traum vom dritten deutschen Europameistertitel zu platzen. Kurz danach wechselte Berti Vogts den Stürmer Oliver Bierhoff ein, der während der EM noch keine Einsatzminute hatte. Bierhoff fuhr auch nur mit zur EM, da Vogts' Frau ihren Mann davon überzeugt haben soll. „Nimm den Oliver mit, er wird es dir danken", soll Monika Vogts damals gesagt haben. Und Bierhoff dankte tatsächlich dafür. Vier Minuten nach seiner Einwechslung köpfte Bierhoff das 1:1. Es ging in die Verlängerung. Auch hier hätte ein Tor die Entscheidung bedeutet. In der 95. Minute erzielte Bierhoff das erste Golden Goal im Profifußball. Ein Linksschuss trudelte nach einem Torwartfehler von Petr Kouba ins Netz. Deutschland war nach 1972 und 1980 zum dritten Mal Europameister. Bierhoff riss sich das Trikot vom Leib und rannte jubelnd zur Eckfahne, in der Gewissheit, dass sein Golden Goal Deutschland zum Europameister machte. „Es war das einzige Spiel in meiner ganzen Karriere, bei dem ich mein Trikot ausgezogen habe. Das war untypisch für mich, aber es war fast so, als ob alles vorbei ist, der ganze Prozess in den Wochen und Tagen davor. Ich wusste, dass es nichts zu verlieren gibt. Ich musste alles reinhauen und meine Chance nutzen", sagte Bierhoff im Rückblick. Im Jahr 2005 wurde die Golden-Goal-Regelung im Fußball wieder abgeschafft, mit der deutsche Nationalmannschaften gute Erfahrungen gemacht haben. So gewann die deutsche Frauen-Nationalmannschaft 2001 die Europameisterschaft und 2003 die Weltmeisterschaft per Golden Goal.

JULI: WIMBLEDON-SIEGER UND FUSSBALL-WELTMEISTER

1. Juli 2012 ⚽
Der Höhepunkt der „La Furia Roja": Spanien wird erneut Fußball-Europameister

1964 konnte Spanien bei der Fußball-Europameisterschaft im eigenen Land den ersten internationalen Titel gewinnen. In den folgenden Jahren blieb die „La Furia Roja", wie die spanische Nationalmannschaft genannt wird, erfolglos und schied bei großen Turnieren zwischen 1986 und 2002 sechsmal im Viertelfinale aus. Es gelang nicht, aus den beiden besten spanischen Mannschaften, Real Madrid und FC Barcelona, eine schlagkräftige Truppe zu bilden. Zu groß waren immer wieder Neid und Missgunst zwischen den beiden rivalisierenden Vereinen. Ende der 2000er-Jahre begann dann die erfolgreichste Zeit im spanischen Fußball. Mit dem Kurzpassspiel, genannt *Tiki-Taka*, spielten die Spanier ihre Gegner schwindelig. Nachdem 2008 das Finale der Europameisterschaft gegen Deutschland gewonnen wurde, legte Spanien 2010 den Weltmeisterschaftstitel nach. Bei der Europameisterschaft 2012 war Spanien auf dem Leistungszenit angekommen. Im Finale erteilte man Italien mit einem 4:0 eine Fußballlehrstunde und verteidigte als erste Mannschaft den Europameistertitel. „Ich bin stolz auf meine Mannschaft; sie ist wunderbar. Das ganze Team hat zusammengehalten. Wir hatten viel Ballbesitz, das ist unser Spiel. Das haben wir bis zur Perfektion gemacht. Das ist das ganze Geheimnis", sagte Trainer Vincente del Bosque über den dritten spanischen Titel in Folge bei einer EM oder WM. Insgesamt sieben spanische Spieler standen bei allen drei Titeln in Folge – EM 2008, WM 2010 und EM 2012 – im Finale auf dem Platz: Torwart Iker Casillas, Sergio Ramos, Andrés Iniesta, Xavi, Xabi Alonso, Cesc Fàbregas und Fernando Torres. Casillas, Ramos und Xavi spielten dabei in allen drei Endspielen von der ersten bis zur letzten Minute. Wie es oft so ist nach einer großen Dominanz, folgte ein kleines Tal im spanischen Fußball. Bei der Weltmeisterschaft 2014 schied man als großer Turnierfavorit bereits in der Vorrunde aus.

2. Juli 1988
Steffi Graf gewinnt mit kaputtem Schläger erstmals Wimbledon

Siebenmal konnte Steffi Graf Wimbledon, das prestigeträchtigste Tennisturnier, gewinnen. Ihr erster Triumph auf dem heiligen Rasen kam auf kuriose Weise zustande. In Wimbledon war zum damaligen Zeitpunkt Martina Navratilova die uneingeschränkte Herrscherin. Die US-Amerikanerin griff nach ihrem neunten Wimbledon-Titel, den siebten in Serie. 1988 kam es im Endspiel zur Neuauflage des Vorjahresfinales gegen Steffi Graf. Die Deutsche führte im ersten Satz mit 4:2 und interpretierte ein Zeichen ihres Vaters, der auf der Tribüne saß, falsch. Sie schlug in der Folge ihren ersten Aufschlag wie einen zweiten und spielte damit Navratilova mit ihrem Offensivtennis in die Karten. Die US-Amerikanerin sicherte sich den ersten Satz mit 7:5 und führte auch im zweiten Satz mit 2:0, ehe Graf in ihrer letzten Hoffnung einen Schlägerwechsel durchführte. „Was ich erzähle, klingt wie ein Märchen, aber es ist wahr. Ich nahm nämlich einen kaputten Schläger. Seit Wochen schon war da ein merkwürdiges Rascheln oben im Schlägerkopf. Splitter im Hohlraum, von einem Schlag auf dem Boden wahrscheinlich. Ich wusste nicht, warum ich diesen Schläger nahm. Einfach so. Die letzte Hoffnung", schrieb Graf nach dem Finale in ihrer Kolumne in der *Bild*. Und es funktionierte tatsächlich. Graf spielte fortan wie aus einem Guss, überließ Navratilova nur noch ein einziges Spiel und gewann mit 5:7, 6:2, 6:1. „Ich habe gute Volleys getroffen. Ich habe gute Bälle getroffen, die andere Leute nicht bekommen hätten, und dann hat sie Winner geschlagen. Ich bin heute nicht dem Druck unterlegen gewesen. Ich war gegen eine bessere Spielerin unterlegen. Ich habe dennoch verdammt gut gespielt heute, aber sie hat überall Winner geschlagen", erklärte Navratilova nach der Niederlage. „Der Sieg bedeutet mir noch mehr als der erste Erfolg bei einem Grand-Slam-Turnier im vorigen Jahr in Paris. Ich hätte nicht gedacht, dass man sich noch mehr freuen kann", strahlte Graf.

3. Juli 1931

Cilly Aussem gewinnt historisches deutsches Wimbledon-Finale

Dass Steffi Graf, Boris Becker, Michael Stich und Angelique Kerber den Titel in Wimbledon gewonnen haben, ist unter Sportfans allgemein bekannt. Lange Zeit vor den deutschen Heldentaten der letzten 40 Jahre beim prestigeträchtigsten Tennisturnier gab es aber bereits eine deutsche Spielerin, die Wimbledon gewann: Cilly Aussem. Die gebürtige Kölnerin siegte im Jahr 1931 auf dem heiligen Rasen. Das Endspiel war insofern historisch, dass es das erste und bislang einzige Damen-Finale zwischen zwei deutschen Spielerinnen war. Die 22-jährige Aussem besiegte Hilde Krahwinkel-Sperling mit 6:2, 7:5. Kurz nach dem historischen Sieg schickte der damalige Kölner Oberbürgermeister Konrad Adenauer ein Glückwunschtelegramm nach London. „Cilly, ganz Köln gratuliert zum großen Sieg. Ihre Heimatstadt ist stolz auf Sie!", stand im Telegramm. Vor Wimbledon hatte Aussem bereits die French Open gewonnen und galt zu diesem Zeitpunkt als die beste Tennisspielerin. Dass es nicht noch zu mehr Grand-Slam-Titeln reichte, lag daran, dass sich Aussem Ende 1931 bei Turnieren in Südamerika eine Blinddarmentzündung zuzog, nach der Rückkehr nach Deutschland operiert werden musste und danach nicht mehr an ihre Bestleistungen anknüpfen konnte. 1935 spielte sie in Wimbledon ihr letztes Match. Anschließend heiratete sie einen italienischen Offizier und wanderte mit ihm nach Afrika aus. Aussem infizierte sich mit Malaria und war von der Krankheit so geschwächt, dass sie fast vollständig erblindete. Im Alter von 54 Jahren verstarb Aussem – die erste deutsche Grand-Slam-Siegerin im Tennis überhaupt, Damen und Herren zusammengenommen.

4. Juli 1954

Das Wunder von Bern: Deutschland wird erstmals Fußball-Weltmeister

„Sechs Minuten noch im Wankdorf-Stadion in Bern, keiner wankt, der Regen prasselt unaufhörlich hernieder, es ist schwer, aber die Zuschauer, sie harren aus. Wie könnten sie auch – eine Fußball-Weltmeisterschaft ist alle vier Jahre und wann sieht man ein solches Endspiel, so ausgeglichen, so packend. Jetzt Deutschland am linken Flügel durch Schäfer. Schäfers Zuspiel zu Morlock wird von den Ungarn abgewehrt – und Bozsik, immer wieder Bozsik, der rechte Läufer der Ungarn am Ball. Er hat den Ball – verloren diesmal, gegen Schäfer. Schäfer nach innen geflankt. Kopfball – abgewehrt. Aus dem Hintergrund müsste Rahn schießen – Rahn schießt – Tooooor! Tooooor! Tooooor! Tooooor!" Diese Worte von Radioreporter Herbert Zimmermann am 4. Juli 1954 sind legendär. Sie beschreiben das 3:2-Siegtor durch Helmut Rahn im Fußball-Weltmeisterschaftsfinale 1954 gegen Ungarn. Das Wunder von Bern ist das wohl bedeutendste Ereignis in der deutschen Sportgeschichte. Als klarer Außenseiter reiste die deutsche Nationalmannschaft zur Weltmeisterschaft in die Schweiz. Die deutsche Nationalmannschaft war nach dem Zweiten Weltkrieg vom internationalen Spielbetrieb bis zum Jahr 1950 ausgeschlossen. Die Qualifikation für die WM in der Schweiz war bereits ein großer Erfolg für die Mannschaft von Bundestrainer Sepp Herberger. Mit dem Motto „Elf Freunde müsst ihr sein" bestritt das Team das Turnier. Dabei kassierte man im zweiten Gruppenspiel eine 3:8-Klatsche gegen den haushohen Turnierfavoriten aus Ungarn. Dabei schonte Herberger einige Stammspieler, um den Einzug ins Viertelfinale nicht zu gefährden. Zwar setzte es Häme nach der klaren Niederlage, doch Herbergers Plan ging auf. Deutschland qualifizierte sich durch ein 7:2 gegen die Türkei für das Viertelfinale und zog nach einem 2:0 gegen Jugoslawien und einem 6:1 gegen Österreich in das erste WM-Finale ein. Dort wartete wieder die Übermannschaft aus Ungarn, die seit 1950 31 Spiele ungeschlagen blieb und 1952 Olympiasieger wurde. Im Wankdorf-Stadion in Bern regnete es, was den Deutschen zugutekam. Denn Regenwetter war „Fritz-Walter-Wetter". Fritz Walter war der Kapitän der deutschen Nationalmannschaft. Seine spielerischen Qualitäten kamen im Regen noch besser zur Geltung. Doch das größte Spiel in der deutschen Fußballgeschichte schien sich wieder zum Fiasko zu entwickeln. Nach acht Minuten führte Ungarn bereits mit 2:0. Doch Deutschland schlug postwendend zurück. Max Morlock und Helmut Rahn glichen aus. Nach 18 Minuten war wieder alles offen. Dank „Teufelskerl" Toni Turek, dem deutschen Torhüter, hielt die deutsche Mannschaft das 2:2, ehe in der 84. Minute Rahn den bedeutendsten Treffer im deutschen Fußball mit einem Flachschuss mit dem linken Fuß schoss. Als das Spiel abgepfiffen wurde, schrie Herbert Zimmermann die legendären Worte: „Aus! Aus! Aus! Aus! Das Spiel ist aus! Deutschland ist Fußball-Weltmeister." Das Wunder von Bern vermittelte dem deutschen Volk nach dem Zweiten Weltkrieg das Gefühl: Wir sind wieder wer. Für einige war das Wunder von Bern die eigentliche Gründung der Bundesrepublik Deutschland. Franz Beckenbauer, einer der bedeutendsten deutschen Fußballer, erlebte das Wunder von Bern im Alter von acht Jahren. „Wir hatten versucht, Deutschland wieder aufzubauen, und dann kam dieser Sieg bei der WM, und plötzlich waren wir wieder wer. Daher ist dieser Sieg bei der WM 1954 sicherlich der wichtigste Sieg in der Geschichte des deutschen Fußballs", sagte Beckenbauer über das Wunder von Bern.

5. Juli 1980
Björn Borg und John McEnroe spielen spektakuläres Finale in Wimbledon

Björn Borg und John McEnroe spielten im Wimbledon-Finale 1980 eines der besten Matches der Tennisgeschichte. Zwei Charaktere, wie sie nicht unterschiedlicher sein können. Auf der einen Seite der stille Schwede Borg, der das Temperament eines Eisblocks zu haben schien, auf der anderen Seite der leidenschaftliche McEnroe, der bei jeder sich bietenden Möglichkeit ausflippte. Die Rivalität der beiden wurde aufgrund der unterschiedlichen Persönlichkeiten auch „Feuer und Eis" genannt. Borg und McEnroe lieferten sich im Endspiel in Wimbledon einen packenden Kampf über 3:53 Stunden. Bei 5:4-Führung im vierten Satz hatte Borg bei eigenem Aufschlag bereits zwei Matchbälle. McEnroe wehrte beide ab, und es ging in einen der dramatischsten und spektakulärsten Tiebreaks der Tennisgeschichte. 22 Minuten dauerte der Tiebreak, der auch „The Battle of 18-16" genannt wird. McEnroe wehrte fünf weitere Matchbälle ab und schaffte durch ein 18:16 im Tiebreak den Satzausgleich. Doch der US-Amerikaner konnte den „Iceborg" nicht brechen. Borg sicherte sich seinen fünften Wimbledon-Sieg in Folge. „Das war eines der besten Matches, das ich je gespielt habe und wahrscheinlich mein bestes Match in Wimbledon. Nach dem Verlust des vierten Satzes habe ich gedacht, dass ich das Match verlieren würde. Ich war erschöpft, vor allem, nachdem ich alle diese Matchbälle im vierten Satz vergeben hatte. Aber ich habe nicht aufgegeben", sagte Borg. McEnroe, der im Folgejahr seine Revanche gegen Borg bekam und sich den Wimbledon-Sieg sicherte, war auch Jahrzehnte danach immer noch stolz, bei diesem denkwürdigen Wimbledon-Finale dabei gewesen zu sein. „Teil dieses Match gewesen zu sein, war vielleicht die aufregendste Sache in meiner Karriere,

Die Vibrationen und die Anerkennung, die ich von Leuten durch dieses Match bekomme, sind unglaublich", sagte McEnroe. Von der Rivalität zwischen Borg und McEnroe, die sich abseits des Platzes sehr gut verstanden, und den Geschehnissen im Wimbledon-Finale 1980 ist 2017 der Kinofilm *Borg/McEnroe* entstanden.

6. Juli 2008

„Strokes of Genius": Rafael Nadal beendet die Wimbledon-Regentschaft von Roger Federer

Das Wimbledon-Finale 2008 zwischen Rafael Nadal und Roger Federer hatte alles, was man sich von einem Tennismatch wünschen kann. Für sehr viele Experten und Fans ist dieses Endspiel das beste Match, das bislang gespielt wurde. Sogar ein umfassendes Buch sowie eine Dokumentation wurden diesem Match gewidmet. Der Titel: *Strokes of Genius*, zu Deutsch: Geniestreich. Federer und Nadal standen sich zum dritten Mal in Folge im Wimbledon-Finale gegenüber. 2006 holte Nadal einen Satz, 2007 waren es bereits zwei. 2008 entthronte der Spanier nach 4:48 Stunden Spielzeit schließlich den fünffachen Wimbledon-Sieger Federer mit 6:4, 6:4, 6:7 (5:7), 6:7 (8:10), 9:7. Federer hatte zwischen 2003 und bis zum Finale 2008 41 Wimbledon-Matches in Folge gewonnen. Dreimal musste das Match wegen Regen unterbrochen werden. Federer ließ sich von den vielen vergebenen Chancen in den ersten beiden Sätzen nicht entmutigen, glich in den Sätzen aus und wehrte dabei im Tiebreak des vierten Satzes zwei Matchbälle ab. Im fünften Satz war der Schweizer bei 5:4-Führung selbst nur zwei Punkte vom Titel entfernt. Kurz vor Einbruch der Dunkelheit jubelte aber Nadal über seinen ersten Wimbledon-Sieg und beendete gleichzeitig die 65 Siege umfassende Rasen-Erfolgsserie von Federer. „Es ist die schlimmste Niederlage meiner Karriere – bei Weitem. Viel schlechter habe ich mich selten gefühlt", sagte Federer traurig. „Es ist ein Traum, auf diesem Platz zu spielen, bei meinem Lieblingsturnier. Aber es zu gewinnen, habe ich mir nie ausgemalt", sagte ein strahlender Nadal. „Das ist das beste Match, das ich je gesehen habe", urteilte John McEnroe über den epochalen Showdown zwischen Federer und Nadal. Erst elf Jahre später, im Jahr 2019, trafen Federer und Nadal in Wimbledon wieder aufeinander. Im Halbfinale siegte Federer in vier Sätzen. Es war das letzte offizielle Match zwischen den beiden Tennis-Superstars.

7. Juli 1985
Boris Becker wird jüngster Wimbledon-Sieger

Der Centre-Court in Wimbledon war für Boris Becker viel mehr als nur ein Tennisplatz. Es war sein Wohnzimmer. Zum heiligen Rasen pflegte Becker eine innige Liebesbeziehung. An einem warmen Sonntagnachmittag im Südwesten Londons schrieb Becker deutsche und internationale Sportgeschichte. Er gewann mit 17 Jahren und 227 Tagen das prestigeträchtigste Tennisturnier, wurde der jüngste Wimbledon-Sieger, der erste ungesetzte Sieger auf dem heiligen Rasen und der bis dato jüngste Grand-Slam-Champion. Ein neuer Sportheld war geboren. Für die Fernsehzuschauer war es jedoch teilweise schwer, das Spiel zu verfolgen. Zu dem Zeitpunkt wurde noch mit weißen Tennisbällen gespielt, die im Fernsehen nicht so gut zu erkennen waren. Kurz danach wurden auf Wunsch der Fernsehsender gelbe Tennisbälle eingeführt, die eine bessere Leuchtkraft hatten. Das Finale zwischen Becker und Kevin Curren war somit das letzte Match in Wimbledon, das mit weißen Bällen gespielt wurde. Die Vorentscheidung fiel im dritten Satz, als Becker ein Break von Curren sofort egalisieren und den Tiebreak für sich entscheiden konnte. Nach dem verwandelten Matchball zum 6:3, 6:7 (4:7), 7:6 (7:3), 6:4 folgten die Siegerfaust und der Jubelschrei von Becker. „Ich bin der erste Deutsche, und ich denke, dass es Tennis in Deutschland verändern wird. Sie hatten niemals ein Idol, und nun haben sie vielleicht eines." Becker behielt recht und löste einen sagenhaften Tennisboom in Deutschland aus. Das Leben des 17-jährigen Leimeners sollte sich fortan für immer verändern. Der Wimbledon-Sieg 1985 war seine „ganz persönliche Mondlandung", wie Becker Jahre später in einem Werbesport schilderte. „Die Leute sahen mich an, als wäre ich nicht von dieser Welt", befand Becker nach seinem geschichtsträchtigen und spektakulären ersten Wimbledon-Titel. Es wirkte fast so, dass dieser Triumph Schicksal war. In der dritten Runde gegen den Schweden Joakim Nyström servierte sein Gegner im fünften Satz zweimal zum Matchgewinn. Bei den damals ultraschnellen Plätzen in Wimbledon war dies fast schon die halbe Miete. Doch Becker befreite sich zweimal aus dieser Situation und gewann schließlich das Match. Eine Runde später, im Achtelfinale gegen den US-Amerikaner Tim Mayotte, stand Becker erneut kurz vor dem Aus. Der 17-Jährige lag mit 1:2 in den Sätzen zurück und knickte im vierten Satz auf dem Rasen mit dem Knöchel um. Becker signalisierte dem Schiedsrichter bereits, dass er beabsichtige, aufzugeben, um sich im Bruchteil einer Sekunde doch erst einmal für eine dreiminütige Verletzungspause zu entscheiden. „Er humpelte in Richtung Netz und zeigte uns, dass Schluss ist. Ich gebe Tim Mayotte die Hand. Das Glück wollte, dass Tim Mayotte an der Plane ganz hinten stand und wartete, dass Boris aufgibt. Das war eine große Entfernung bis zum Netz. In dieser Zeit war die Gelegenheit, Boris zuzurufen, dass er weiterspielen kann. Es ist nicht so schlimm", schilderte Beckers damaliger Trainer Günther Bosch in einer *NDR*-Dokumentation. „Das war so blöd. Ich habe gar nicht gesehen, dass er aufgeben wollte. Mein Manager und Schwager erzählte mir später, dass Günther Bosch oder Ion Tiriac, der Manager von Boris, geschrien hat: ‚Nein, höre nicht auf'", erinnerte sich Mayotte an diese Situation zurück. Becker spielte tatsächlich weiter und gewann das Match in fünf Sätzen. Wer weiß? Wäre Mayotte damals nicht so weit entfernt vom Netz gewesen, als Becker kurz vor der Aufgabe stand, hätte die Tennisgeschichte vielleicht ganz anders ausgesehen.

8. Juli 1990 ⚽

Andreas Brehmes goldener Schuss: Deutschland wird Fußball-Weltmeister

Nachdem die deutsche Fußball-Nationalmannschaft die Finals der Weltmeisterschaften 1982 und 1986 verloren hatte, bekam sie bei der Weltmeisterschaft 1990 in Italien die nächste Chance. Die Mannschaft von Teamchef Franz Beckenbauer spielte den besten Fußball des Turniers und zog verdient ins Finale ein. Dort kam es zur Neuauflage des WM-Endspiels 1986 gegen Argentinien. Doch dieses Mal waren die Vorzeichen umgekehrt: Deutschland ging als Favorit ins Duell. Spieler wie Andreas Brehme und Lothar Matthäus befanden sich auf dem Zenit ihrer Karriere, während Argentiniens Superstar Diego Armando Maradona nicht mehr die Überform von vor vier Jahren hatte. Maradona konnte im Finale keine Akzente setzen, da Guido Buchwald Argentiniens Spielmacher komplett ausschaltete. Das deutsche Team war spielerisch klar überlegen. Was fehlte, war aber ein Tor. Als Argentinien nach einer Roten Karte in der 65. Minute in Unterzahl spielte, nahm der deutsche Druck immer mehr zu. In der 85. Minute gab es dann nach einem fragwürdigen Foul an Rudi Völler Elfmeter für Deutschland.

Für viele war dies eine Konzessionsentscheidung, da eine knappe halbe Stunde zuvor ein klares Foul an Klaus Augenthaler im Strafraum nicht gepfiffen wurde. Matthäus war eigentlich der designierte Elfmeterschütze für Deutschland. Doch der Kapitän hatte in der Halbzeit seine Schuhe wechseln müssen und fühlte sich dadurch nicht sicher genug. „Wenn man sich nicht sicher ist, sollte man es anderen überlassen. Andy war unsere Nummer zwei. Ich hätte keinen Grund gehabt, nicht zu schießen, wenn ich nicht zur Halbzeit die Schuhe gewechselt hätte. Neuer Schuh, neues Modell – das war die Geschichte", sagte Matthäus über seinen Verzicht. Mit Andy war Andreas Brehme gemeint, der zum Foulelfmeter antrat. Der Linksfuß schoss seine Elfmeter jedoch mit rechts, da er mit diesem Fuß mehr Gefühl hatte. Brehme lief an und verwandelte den Elfmeter von ihm aus gesehen links unten im Netz. „Rudi Völler kam zu mir und sagte: ‚So, den machst du jetzt rein, dann sind wir Weltmeister.' ‚Na, schönen Dank', antwortete ich. ‚Werd's mir zu Herzen nehmen.' Der argentinische Torwart Sergio Goycochea war ja ein richtiger Elfmeterkiller, er hatte in diesem Turnier schon mehrere Strafstöße gehalten. Beim Anlauf dachte ich: Ruhig bleiben! Nur auf den Schuss konzentrieren! Dann schoss ich mit rechts. Als der Ball auf den Innenpfosten zu lief, hatte ich eine Schrecksekunde – aber dann war er drin", schilderte Brehme den Elfmeter. Wenige Minuten später war Deutschland zum dritten Mal Fußball-Weltmeister. Für Franz Beckenbauer war es das letzte Spiel als Teamchef der deutschen Nationalmannschaft. Beckenbauer holte damit als zweite Person den WM-Titel als Spieler und als Trainer. „Wenn ich auf die WM 1990 zurückblicke, hatte ich nie einen Funken von Furcht, dass wir nicht den Titel holen werden", sagte Beckenbauer im Rückblick der *Sport Bild*. Für die deutsche Fußball-Nationalmannschaft ist der 8. Juli generell ein besonderer Tag. 1982 zog die Mannschaft in einem denkwürdigen Halbfinalspiel gegen Frankreich ins WM-Finale ein. 2006 beendete das Team das Sommermärchen bei der Heim-WM mit einem 3:1-Sieg gegen Portugal im Spiel um Platz drei. Und bei der WM 2014 sorgte das Team für die wohl größte Sternstunde der DFB-Geschichte mit dem 7:1-Halbfinalsieg gegen Gastgeber Brasilien.

9. Juli 1989

Der größte Tag im deutschen Tennis: Steffi Graf und Boris Becker gewinnen Wimbledon nacheinander

Zwei deutsche Wimbledon-Sieger am gleichen Tag, innerhalb von drei Stunden. Der 9. Juli 1989 ging in die Geschichtsbücher als der größte Tag im deutschen Tennis ein. Wegen des Regens konnte das Damen-Finale in Wimbledon erst am Sonntag gespielt werden. Steffi Graf und Martina Navratilova machten die Wimbledon-Siegerin im dritten Jahr in Folge unter sich aus. Graf setzte sich mit 6:2, 6:7 (1:7), 6:1 durch, verteidigte ihren Titel auf dem heiligen Rasen und vergoss danach einige Siegertränen. Direkt im Anschluss kam es ebenfalls zu einer Neuauflage des Vorjahresfinals. Boris Becker traf auf Stefan Edberg und spielte eines seiner besten Rasenmatches. Am Ende heißt es 6:0, 7:6 (7:1), 6:4 für Becker. Fünf Minuten nach dem Matchball setzte der Londoner Regen wieder ein und hätte das deutsche Wimbledon-Märchen beinahe verhindert. „Wenn man als Spieler mittendrin ist, bekommt man die Bedeutung nicht mit, wie unglaublich dieser Tag für das deutsche Tennis war. Man schaute damals zunächst einmal auf sich. In dem Moment glaubt man, dass es nur alle paar Jahre vorkommt, dass ein Deutscher im Herreneinzel und eine Deutsche im Dameneinzel gewinnt. Das weiß man erst im Nachhinein einzuschätzen als in jenem Moment", erklärte Becker 25 Jahre später nach dem größten Tag im deutschen Tennis.

10. Juli 2016

„Co-Trainer" Cristiano Ronaldo coacht Portugal zum Europameister

Im Jahr 2016 wurde die Fußball-Europameisterschaft in Frankreich erstmals mit 24 Mannschaften ausgetragen. Der Turniermodus sah vor, dass neben den beiden Gruppenbesten auch vier von sechs Gruppendritten ins Achtelfinale einzogen. Dank des neues Formats schaffte es Portugal als einer dieser Gruppendritten ins Achtelfinale. Das Team um Superstar Cristiano Ronaldo hatte in der Vorrunde dreimal unentschieden gespielt: 1:1 gegen Island, 0:0 gegen Österreich und 3:3 gegen Ungarn. Das Glück war bei dieser Europameisterschaft auf der Seite von Portugal. Obwohl die Portugiesen nur eines von sechs Spielen in der regulären Spielzeit – das 2:0 im Halbfinale gegen Wales – gewinnen konnten, zogen sie nach 2004 zum zweiten Mal ins Finale einer Europameisterschaft ein. Im Endspiel wartete Gastgeber Frankreich, das nach den gezeigten Turnierleistungen sowie aufgrund des Heimvorteils klarer Favorit war. Als Portugals Starspieler Ronaldo nach 25. Minuten verletzt ausgewechselt werden musste, schien alles zugunsten der Franzosen zu laufen. An der Seitenlinie übernahm Ronaldo die Rolle des Co-Trainers und dirigierte seine Mannschaft zum Erfolg. Nachdem es nach 90 Minuten beim 0:0 blieb, schoss Eder in der 109. Minute den goldenen Treffer. Portugal hatte zum ersten Mal einen internationalen Titel gewonnen, obwohl sie schließlich von sieben Turnierspielen nur eines innerhalb von 90 Minuten entschieden. „Das ist der beste Moment meiner Karriere. Ich glaube, ich träume. Ich kann das gar nicht glauben. Ich spiele in Frankreich, und dann hier zu gewinnen, ist spektakulär", sagte Portugals Abwehrspieler Raphael Guerreiro. Die frühe Auswechslung von Ronaldo, der den Platz weinend verließ, schweißte das Team noch enger zusammen. „Als er gesagt hat, dass er nicht weitermachen kann, habe ich zu den anderen gesagt: ‚Wir gewinnen es für ihn'", sagte Abwehrchef Pepe nach dem Spiel. Kurz bevor es in die Verlängerung ging, hielt Ronaldo eine flammende Motivationsrede an seine Mannschaftskollegen. Und als Stürmer Eder in der 79. Minute eingewechselt wurde, flüsterte Ronaldo ihm ins Ohr. „Du machst jetzt das Siegtor." Und so kam es auch. „Ich habe immer davon geträumt, etwas mit Portugal zu gewinnen. Ich verdiene es, Portugal verdient es, die Fans verdienen es", sagte ein gerührter Ronaldo, der den wichtigsten Titel seiner Karriere nicht auf dem Platz erlebte, sondern am Spielfeldrand als Co-Trainer.

11. Juli 1982 ⚽
Deutschland verliert WM-Finale gegen Italien

Die deutsche Fußball-Nationalmannschaft bekleckerte sich bei der Weltmeisterschaft 1982 nicht mit Ruhm. Im Auftaktspiel unterlag man Algerien mit 1:2. Im letzten Gruppenspiel gegen Österreich sorgte das Team mit einem Nichtangriffspakt für einen Skandal, der als „Schande von Gijon" in die Fußballannalen einging. Im Halbfinale gegen Frankreich folgte der nächste Aufreger, als Torwart Toni Schumacher Patrick Battiston nach einem Sprung mit angewinkeltem Ellenbogen im Gesicht traf. Battiston verlor das Bewusstsein, zog sich einen Halswirbelbruch zu und verlor drei Zähne. Nach dem Spielende kommentierte Schumacher den brutalen Zusammenstoß wie folgt: „Wenn es nur die Jacketkronen sind – die bezahle ich ihm gern." Vor allem dieser Ausspruch machte Schumacher, der für seine Harakiri-Aktion nicht verwarnt wurde, zum Staatsfeind in Frankreich. Im Rückblick begründete Schumacher seinen flapsigen Spruch damit, dass er heilfroh war, dass Battiston nicht noch Schlimmeres passiert war. Ironischerweise avancierte Schumacher dann auch noch zum Matchwinner, als er im Elfmeterschießen zwei Elfmeter hielt. „Wohl nie zuvor ist eine derart verhasste Mannschaft in ein WM-Endspiel gegangen", sagte *ZDF*-Reporter Harry Valérien über die deutsche Nationalmannschaft, die im Finale auf Italien traf. Die Italiener waren den Deutschen klar überlegen. Nachdem Italien in der ersten Halbzeit noch einen Elfmeter verschoss, brachte Paolo Rossi Italien in der 57. Minute mit seinem Tor auf die Siegerstraße. „Wir wussten gleich, da geht nichts mehr, so platt waren wir", sagte Mittelstürmer Klaus Fischer. Nach dem 3:0 in der 81. Minute durch Alessandro Altobelli war das Finale entschieden. Paul Breitner verkürzte kurz darauf zwar noch auf 1:3, doch viel mehr ging nicht für das deutsche Team, das trotz einer verkorksten WM trotzdem das Finale erreichte – das muss man auch erst mal schaffen. Bundestrainer Jupp Derwall fasste das verlorene Finale wie folgt zusammen: „Die Italiener haben clever aus der Abwehr gespielt. Wenn wir das auch getan hätten, dann wäre das das größte Scheißspiel geworden." Bis heute ist Italien der große Angstgegner der deutschen Fußball-Nationalmannschaft. In insgesamt neun Duellen bei einer Europameisterschaft oder Weltmeisterschaft gab es nur einen Sieg.

12. Juli 1998 ⚽
Zinedine Zidane köpft Frankreich nach Ronaldo-Drama zum Weltmeistertitel

Bei der Fußball-Weltmeisterschaft 1998 in Frankreich kam es vor allem aus der Sicht der Gastgeber zum Traumfinale: Frankreich traf auf Titelverteidiger Brasilien. Trotz Heimvorteil Frankreichs ging Brasilien dank der Offensivpower um die Superstars Ronaldo, Bebeto und Rivaldo als Favorit ins Finale. Doch um Starspieler Ronaldo, der im Turnierverlauf vier Tore schoss, gab es vor dem Anpfiff riesengroße Aufregung. Es war ein Mysterium, das bis heute nicht geklärt wurde. Ronaldo fehlte zunächst auf dem Spielbericht und somit auch in der Startelf. Der brasilianische Stürmer hatte wenige Stunden vor dem Endspiel in einem Pariser Hotel einen Anfall. Mit Schaum vor dem Mund soll er wild um sich geschlagen haben. Er verschluckte seine Zunge und schwebte kurzzeitig in Lebensgefahr. Mit Medikamenten wurde Ronaldo ruhiggestellt. Dass Ronaldo einige Stunden später im WM-Finale auflaufen würde, schien ausgeschlossen. Und auch Trainer und seine Mannschaftskollegen stellten sich darauf ein, dass sie ohne ihren wichtigsten Spieler antreten werden. Doch bei einer Untersuchung im Krankenhaus konnten die Ärzte nichts Gravierendes feststellen. Ronaldo, der sich an den Anfall nicht erinnern konnte, entließ sich selbst aus dem Krankenhaus, kam ins Stadion und signalisierte, dass er spielbereit sei. Trainer Mario Zagallo änderte kurzerhand die Aufstellung und beförderte Ronaldo in die Startelf. Im Finale stand die brasilianische Elf aufgrund der Ereignisse völlig neben sich. Ronaldo war nach den Vorfällen wenige Stunden zuvor nicht wirklich spielfähig. Und so nutzten die Franzosen das Drama um Ronaldo eiskalt aus. Zwei Kopfballtore von Frankreichs Starspieler Zinedine Zidane nach Eckbällen in der ersten Halbzeit führte die Equipe Tricolore auf die Siegerstraße. Emmanuel Petit sorgte in der Nachspielzeit für den 3:0-Endstand. Frankreich war zum ersten Mal Fußball-Weltmeister und die bislang letzte Mannschaft, die zu Hause den WM-Titel gewann. „Das ist das schönste Gefühl überhaupt. Wir sind Weltmeister. Diese Fans haben es verdient. Sie waren während des ganzen Turniers einfach unglaublich. Ich war noch nie ein besonders guter Kopfballspieler. Ich bin wirklich froh, den Ball zweimal sauber getroffen zu haben", sagte Zidane über seine beiden Kopfballtore. Zidanes Kopf sollte acht Jahre später in einem weiteren WM-Finale, 2006 in Deutschland, ebenfalls eine gewichtige Rolle spielen. Dort rastete Zidane aus, verpasste dem Italiener Marco Materazzi einen Kopfstoß und sah daraufhin die Rote Karte. Zum Mysterium um Ronaldo im Finale der WM 1998 gab es sogar einen Untersuchungsausschuss. Zahlreiche Verschwörungstheorien entstanden über diesen Vorfall, zu dem sich Ronaldo immer nur sehr vage äußerte. Brasiliens Trainer Zagallo rechtfertigte vor dem Untersuchungsausschuss den Einsatz von Ronaldo wie folgt: „Natürlich habe ich Ronaldo spielen lassen. Hätte ich ihn draußen gelassen und wir hätten 3:0 verloren, hätten die Leute gesagt: ‚Zagallo ist stur, das ist doch der beste Spieler der Welt.' Ich hätte zum Nordpol ziehen müssen."

13. Juli 2014 ⚽
Mario Götzes Traumtor: Deutschland wird Fußball-Weltmeister

In den Jahren 2002 (Vize-Weltmeister), 2006 (dritter Platz) und 2010 (dritter Platz) war die deutsche Fußball-Nationalmannschaft nah dran, Fußball-Weltmeister zu werden. Bei der Weltmeisterschaft 2014 in Brasilien sollte es endlich klappen mit dem vierten WM-Stern für Deutschland. Das Turnier hätte dank eines 4:0 im ersten Gruppenspiel gegen Portugal nicht besser starten können für das deutsche Team. Die WM-Euphorie bei Spielern und Fans war sofort entfacht. Im Halbfinale kam es zum Duell mit Gastgeber und Rekordweltmeister Brasilien. Das Spiel in Belo Horizonte wurde zur Sternstunde im deutschen Fußball. Nach 29 Minuten stand es 5:0 für Deutschland. Endergebnis: 7:1! Nach der magischen Nacht von Belo Horizonte ging das deutsche Team als Favorit ins Endspiel gegen Argentinien. Die letzten drei WM-Duelle (Finale 1990, Viertelfinale 2006 und 2010) hatte man auch gewonnen. Das Finale im ehrwürdigen Maracana-Stadion hätte aber kaum schlechter beginnen können. Mittelfeldspieler Sami Khedira verletzte sich beim Warmmachen, für ihn kam Christoph Kramer in die Mannschaft. Der Gladbacher prallte in der 17. Minute mit einem Argentinier zusammen. Die Folge: Gehirnerschütterung und leichter Gedächtnisverlust. Das führte dazu, dass Kramer nicht genau wusste, wo er sich befand. Schiedsrichter Nicola Rizzoli berichtete nach dem WM-Finale der *Gazzetta dello Sport*: „Nach dem Schlag, den Christoph Kramer von Garay bekommen hatte, kam Kramer zu mir und fragte: ‚Schiri, ist das das Finale?' Ich dachte, er macht einen Witz, und sagte, er soll die Frage wiederholen. Da sagte er: ‚Ich muss wissen, ob das wirklich das Finale ist.' Ich sagte verblüfft: ‚Ja', und er antwortete: ‚Danke, das war wichtig, das zu wissen.' Ich habe Bastian Schweinsteiger informiert, und Kramer ist ersetzt worden", erzählte der Schiedsrichter. Als es der 90. Minute entgegen ging und noch immer 0:0 stand, wechselte Bundestrainer Joachim Löw Mario Götze für Stürmer Miroslav Klose ein. Der 22-jährige Götze hatte bis dahin eine unglückliche Weltmeisterschaft gespielt. „Zeige der Welt, dass du besser bist als Messi", sagte Löw zu Götze vor der Einwechslung in der 88. Minute. Gemeint war Lionel Messi, der Starspieler von Argentinien. In der 113. Spielminute kam dann der Moment, in dem Götze seine spielerische Klasse zeigte. Er nahm eine Flanke von André Schürrle mit der Brust an und versenkte den Ball mit dem linken Fuß ins Tornetz. „Schürrle. Der kommt an. Mach ihn. Mach ihn. Er macht ihn. Mario Götze", schrie ARD-Kommentator Tom Bartels zum Traumtor. Götzes goldener Schuss reichte. Deutschland besiegte Argentinien mit 1:0 nach Verlängerung und feierte den vierten WM-Titel nach 1954, 1974 und 1990. „Unglaublich, was wir heute wieder geleistet haben. Die 120 Minuten, die wir geackert haben als Mannschaft. Ob wir die besten Einzelspieler haben oder was auch immer, ist vollkommen gleichgültig, man muss die beste Mannschaft haben. Wir haben uns in dem Turnier immer wieder gesteigert, haben uns von irgendwelchen Störfeuern nicht irritieren lassen, sind unseren Weg gegangen. Und am Ende stehst du da als Weltmeister. Unglaubliches Gefühl", sagte Kapitän Philipp Lahm. Götzes technisch anspruchsvolles Traumtor wurde schließlich zum Tor des Jahrzehnts gewählt. „Natürlich ist das für mich immer noch ein unglaublich lebendiger Moment. Dieses Tor zu erzielen, war schlichtweg die tollste Erfahrung überhaupt. In Brasilien gegen Argentinien zu treffen, zu diesem Zeitpunkt und wie dann alles gelaufen ist – ich glaube, wenn man sich einen solchen Moment ausmalen könnte, man könnte es nicht besser tun", sagte Götze im Rückblick auf sein goldenes WM-Tor.

14. Juli 2018
Angelique Kerber gewinnt Wimbledon

Zwei Grand-Slam-Titel, die Australian Open und die US Open, hatte Angelique Kerber bereits gewonnen. Auch die Nummer eins der Welt ist sie gewesen. Doch der große Traum von Kerber blieb immer, eines Tages Wimbledon, das prestigeträchtigste Tennisturnier der Welt, zu gewinnen. Im Jahr 2016 war sie nah dran, als sie ins Finale einzog, aber dort Serena Williams unterlag. Zwei Jahre später schlug schließlich Kerbers große Stunde auf dem heiligen Rasen. Im Endspiel hieß die Gegnerin wieder Serena Williams. Kerber spielte eines ihrer besten Matches in ihrer Karriere und besiegte die 23-fache Grand-Slam-Siegerin mit 6:3, 6:3. „Seit ich ein Kind war, wollte ich Wimbledon gewinnen. Ich bin überglücklich. Ein Traum ist heute wahr geworden. Ich habe jede Sekunde in den letzten zwei Wochen genossen", sagte Kerber. Nach Cilly Aussem und Steffi Graf gewann die 30-Jährige als dritte deutsche Spielerin den Titel in Wimbledon. „Ich war heute so nervös wie noch nie. Ich wusste, dass ich das Spiel in die Hand nehmen und das durchziehen muss. Jetzt stehe ich hier mit diesem Pokal. Als ich den Punkt nach dem Matchball gemacht habe, konnte ich es selbst gar nicht fassen, dass ich das wirklich geschafft habe", sagte sie über das wichtigste Match ihres Lebens.

15. Juli 1997
Jan Ullrich fährt bei der Tour de France ins Gelbe Trikot

Endlich durfte Jan Ullrich frei fahren. Von den Fesseln befreit, legte der 23-Jährige bei der Tour de France sein Glanzstück ab und fuhr auf der zehnten Etappe von Luchon nach Andorra Arcalis ins Gelbe Trikot. Nach dem Höllenritt nach Andorra war ein neuer deutscher Radsportheld endgültig geboren. Ullrich hatte im Jahr zuvor bei der Tour de France den zweiten Platz belegt. Fast alle Experten waren sich sicher, dass im Normalfall er die Tour de France gewonnen hätte und nicht sein Kapitän Bjarne Riis. Ullrich sorgte als Edelhelfer dafür, dass Riis das Gelbe Trikot bis zum Schluss verteidigen konnte und stellte seine eigenen Ambitionen im Sinne des Teams Telekom hinten an. Und auch im Jahr 1997 war bei der Tour de France die Aufgabenverteilung im Team Telekom wie folgt vorgesehen: Riis ist der

Kapitän, Ullrich der Edelhelfer. Doch schnell war nicht mehr zu übersehen, dass Ullrich in einer deutlich besseren Form war als Kapitän Riis. Auf der zehnten Etappe erhielt Ullrich dann endlich das Einverständnis von Riis und Telekom-Teamchef Walter Godefroot, dass er frei fahren könne. „Wenn du dich stark genug fühlst, fahre los", soll Riis Ullrich zugerufen haben. Der 23-Jährige fuhr schließlich im letzten Anstieg auf der 242 Kilometer langen Bergetappe in den Pyrenäen allen davon und deklassierte auch die besten Bergspezialisten. „Die Leute sagen, ich wäre den Berg ganz leicht hochgefahren. Das stimmt", sagte Ullrich über seinen Fahrstil, bei dem er ruhig im Sattel blieb, wie groß auch die Steigung war. Nach 7:46:07 Stunden fuhr Ullrich nicht nur als Etappensieger über die Ziellinie, sondern auch erstmals ins Gelbe Trikot des Gesamtführenden. „Ich kann es kaum fassen, ich habe eine Gänsehaut bekommen, als ich das Gelbe Trikot übergestreift bekommen habe. Ich habe damit nie gerechnet", sagte Ullrich nach dem Etappensieg. Ullrich sollte das Gelbe Trikot bis zum Ende der Tour de France behalten und zwölf Tage später der erste deutsche Sieger bei der Tour de France werden.

16. Juli 2017
Roger Federer wird alleiniger Rekordsieger in Wimbledon

Wimbledon ist das prestigeträchtigste Tennisturnier der Welt. Jeder Profi träumt davon, einmal den Titel auf dem heiligen Rasen zu gewinnen. „Du kannst nicht als ein großer Spieler in Betracht gezogen werden, wenn du nicht in Wimbledon gewonnen hast", sagte einst der Schwede Mats Wilander, der nie Wimbledon gewann. Roger Federer hingegen kannte sich aus, wie man das bedeutendste Tennisturnier der Welt gewinnt. Federer und Wimbledon entwickelte sich zu einer einzigartigen Liebesbeziehung. Der Schweizer siegte im Jahr 2017 zum achten Mal beim prestigeträchtigsten Grand-Slam-Turnier des Jahres und machte sich damit zum alleinigen Rekordsieger bei den Herren. Federer setzte sich im Finale gegen den Kroaten Marin Cilic mit 6:3, 6:1, 6:4 durch. „Das ist magisch. Fast schon zu viel. Ich wusste nach dem letzten Jahr überhaupt nicht, ob ich hier noch einmal ins Finale kommen kann. Aber ich habe immer daran geglaubt und immer geträumt", sagte Federer. Zwischen 2003 und 2007 siegte der Schweizer fünfmal in Serie. 2009 und 2012 kamen Titel Nummer sechs und sieben hinzu. Im Jahr 2019 später erreichte der Schweizer zum zwölften Mal das Wimbledon-

Finale und war ganz kurz davor, den neunten Titel zu gewinnen und mit knapp 38 Jahren der älteste Grand-Slam-Sieger im Herrentennis zu werden. Trotz zweier Matchbälle bei eigenem Aufschlag verlor Federer das denkwürdige Finale gegen Novak Djokovic.

17. Juli 1994 ⚽
Brasilien gewinnt Finalduell der Rekordweltmeister

Bei der Fußball-Weltmeisterschaft 1994 in den USA kam es im Finale zum Duell der Rekordweltmeister: Brasilien gegen Italien. Beide Nationen hatten die Weltmeisterschaft dreimal gewonnen. Brasilien in den Jahren 1958, 1962, 1970. Italien in den Jahren 1934, 1938 und 1982. Das Endspiel entwickelte sich zu dem wohl langweiligsten in der WM-Geschichte. Das lag sicherlich auch daran, dass es in glühender Mittagshitze in Los Angeles gespielt wurde. Nach 90 Minuten stand es 0:0, und auch in der Verlängerung fiel kein Tor, sodass dieses WM-Finale das bislang einzige ist, in dem in 120 Minuten kein Tor erzielt wurde. Der Fußball-Weltmeister wurde erstmals in einem Elfmeterschießen entschieden. Und auch hier ging es zunächst ohne Tor los. Italiens Kapitän Franco Baresi schoss den ersten Elfmeter übers Tor, Marcio Santos konnte Brasiliens ersten Elfmeter ebenfalls nicht verwandeln. Nachdem Daniele Massaro seinen Elfmeter verschoss, musste Italiens Starspieler Roberto Baggio, der bei der Weltmeisterschaft mit fünf Toren glänzte, den fünften Elfmeter für Italien verwandeln, damit sein Team noch die Chance auf den WM-Titel hatte. Baggio schoss den Elfmeter weit über das Tor – Brasilien war zum vierten Mal Weltmeister. „Ich war so müde, dass ich den Ball zu hart zu schießen versuchte", sagte Baggio, der wegen einer Oberschenkelverletzung gehandicapt ins Finale ging. Zum gefeierten Star in Brasilien entwickelte sich Stürmer Romario, der im WM-Turnier fünf Treffer erzielte und im Elfmeterschießen gegen Italien ebenfalls traf. „Romario, den hat uns der liebe Gott geschickt", sagte Brasiliens Trainer Carlos Alberto Parreira. „Die Straßen in Brasilien waren gefüllt mit ekstatischen Menschen. Für eine unterdrückte Nation war dieser Titel wie ein Teller Essen für jemanden, der hungert. Ich sah Freude in den Gesichtern der Leute, zumindest für einige Augenblicke. Das wird mein gesamtes Leben mich begleiten", sagte Romario über den vierten WM-Titel Brasiliens. Mit insgesamt fünf Triumphen bei der Fußball-Weltmeisterschaft ist Brasilien Rekordweltmeister.

18. Juli 1976
Nadia Comaneci turnt die perfekte 10

Neun olympische Medaillen, darunter fünfmal Gold: Nadia Comaneci ist eine Turnlegende. Der Stern der Rumänin ging bei den Olympischen Sommerspielen 1976 in Montreal auf, als die 14-Jährige nicht nur das Publikum, sondern auch die Wettkampfrichter in Staunen versetzte. Am Stufenbarren legte Comaneci eine einzigartige Kür hin und erhielt dafür als erste Turnerin überhaupt die Höchstnote – 10,0! Die Anzeigetafel zeigte jedoch 1,00 an, da diese keine zweistelligen Werte angeben konnte. Eine 10,0 schien unmöglich. „Zwei Monate vor Montreal hatten wir dem Turnverband Modelle mit zwei Stellen vor dem Komma angeboten. Aber alle winkten ab. Nicht nötig, kein Mensch bringt es fertig, eine 10 zu turnen", erzählte der Chef der Firma, welche die Anzeigetafeln in Montreal stellte. Und dennoch erhielt Comaneci die perfekte Note und sicherte sich dadurch natürlich auch die Goldmedaille am Stufenbarren. Im weiteren Verlauf der Olympischen Sommerspiele in Montreal turnte die 14-Jährige noch sechs weitere Male im Einzel- oder Mannschaftswettbewerb die 10,0. Comaneci stieg zum Weltstar im Sport auf. „Alles, was mit mir und meinem Leben passiert ist, liegt an diesem Moment in Montreal. Ich war zwar ein Kind, aber ich wusste, was ich tat. Ich habe ins Turnen so viel Zeit und Energie gesteckt, dass ich mich selbst nicht als junge Person gesehen habe. Ich wusste, was ich im Training geschafft habe, daher ging es nur darum, sich zu konzentrieren. Ich habe mir gesagt: ‚Das sind die Olympischen Spiele. Ich kann mir keinen Fehler erlauben. Das ist nur einmal.' Ich wusste nicht, dass die 10 solch eine große Sache war. Ich war auch zu jung, um das zu verstehen. Das war auch besser so. Ich kam nicht nach Montreal, um Geschichte zu schreiben. Ich wusste nicht mal, was es bedeutet, Geschichte zu schreiben. Niemand hat mir gesagt, dass eine perfekte 10 nie zuvor erreicht wurde", blickte Comaneci auf das Ereignis zurück, das ihr Leben verändern sollte. „Nach Montreal hat die Firma vor den Wettkämpfen den Veranstalter immer gefragt, ob ich dabei bin – sie nahmen dann die größere Anzeigetafel", sagte sie über ihre sieben Bestnoten bei den Olympischen Sommerspielen in Montreal.

19. Juli 1992

Deutsche Tennis-Damen gewinnen in Frankfurt den Fed Cup

Zum ersten Mal in der Geschichte des Fed Cups, des prestigeträchtigsten Mannschaftsturniers im Damentennis, wurde 1992 das Finalturnier in Deutschland ausgetragen. In Frankfurt spielten 32 Teams sieben Tage lang auf Sand um den Titel. Im Finale standen sich das deutsche Fed-Cup-Team und Spanien gegenüber. Für Deutschland war es die sechste Endspielteilnahme im Fed Cup. Mit Steffi Graf und Anke Huber in den Einzeln qualifizierte sich das deutsche Team mit vier ungefährdeten Siegen für das Finale. „Jeder hat eher sein eigenes Ding gemacht und allein mit dem eigenen Trainer trainiert. Steffi war es gewohnt, sich auf sich zu fokussieren, ich war ja extrem jung und habe zu ihr aufgeschaut", blickte Huber im Gespräch mit der *Süddeutschen Zeitung* auf die Ereignisse in Frankfurt zurück. Im Endspiel spielte Huber eines ihrer besten Karrierematches und brachte ihr Team mit einem 6:3, 6:7 (0:7), 6:1 gegen Conchita Martinez in Führung. Graf besiegte im Anschluss Arantxa Sanchez Vicario mit 6:4, 6:2 und sicherte Deutschland den zweiten Fed-Cup-Titel nach 1987. Es war bis heute der letzte Titelgewinn eines deutschen Teams in diesem prestigeträchtigen Mannschaftswettbewerb. „Das sind natürlich sehr schöne Erinnerungen, zumal ich noch sehr jung war, gerade einmal 17 Jahre alt. Da nimmt man die Dinge noch ganz anders wahr als mit 20 oder 22 Jahren. Es war etwas ganz Besonderes, im Team diesen Titel zu holen", blickte Huber auf den Titelgewinn zurück. Inzwischen wurde der Fed Cup in Billie Jean King Cup umbenannt, auch das Format wechselte hin und wieder. Was geblieben ist, dass Deutschland seit mehr als 30 Jahren dem dritten Titelgewinn in diesem Mannschaftswettbewerb hinterherjagt.

20. Juli 1984

Der 100-Meter-Speerwurf von Uwe Hohn

Die 100 Meter im Speerwurf in der Leichtathletik waren genauso eine magische Marke wie die sechs Meter im Stabhochsprung. Bei einem Wettkampf in Berlin feuerte Uwe Hohn, der für die DDR startete, den Speer auf unfassbare 104,80 Meter. Zum ersten Mal in der Geschichte flog ein Speer über die 100-Meter-Marke. Die Anzeigentafel war auf solch einen Fall nicht vorbereitet und zeigte stattdessen 04,80 Meter an. „Ist schon eine schöne Weite. Zuerst frontal gegen den Wind, das gab ihm Höhe, und dann hat er sich hinten schön lang gemacht. Ein Wurf ist dann gelungen, wenn der Speer von hinten nur noch wie ein Punkt in der Luft erscheint", sagte Hohn nach seinem Rekordwurf. Er spürte bereits beim Abwurf, dass sein Speer extrem weit fliegen würde. Hohns Speer hätte beinahe den kompletten Rasen im Ludwig-Jahn-Sportpark in Ost-Berlin überquert und die gegenüberliegende Tartanbahn getroffen. Dem Leichtathletik-Weltverband wurde das Speerwerfen schließlich zu gefährlich. Damit es nicht noch größere Weiten geben konnte, änderte man am 1. April 1986 die Regeln und löschte auch Hohns Weltrekord. Der Schwerpunkt des Speers wurde verändert, sodass die Flugkurve steiler und kürzer ist und somit der Speer auch besser im Rasen stecken bleibt. Trotz der Änderungen schaffte es die Speerwurflegende Jan Zelezny aus Tschechien, mit dem neuen Speer im Jahr 1996 nahe an die magische Marke von 100 Metern zu gelangen: 98,48 Meter. Diese Marke ist bis heute Weltrekord. Der Speerwurf von Hohn mit 104,80 Meter gilt weiterhin als weitester Speerwurf aller Zeiten sowie einziger 100-Meter-Wurf. Erwähnen muss man hier aber, dass Hohn anscheinend ein Athlet des DDR-Staatsdopings war. „Am liebsten will ich gar nicht reden darüber, auch wegen der aktuellen Dinge", sagte er einst über seinen Rekordwurf.

21. Juli 2002
Dominanz in Rot: Michael Schumacher wird frühester Formel-1-Weltmeister

Es hatte einige Zeit gedauert, bis Michael Schumacher den Ferrari dorthin bekommen hat, wohin er ihn haben wollte: zum dominanten Siegerauto. In der Formel-1-Saison 2002 fuhr Schumacher in seinem roten Ferrari in einer eigenen Liga. Im siebtletzten Saisonrennen beim Großen Preis von Frankreich in Magny-Cours sicherte sich Schumacher den dritten WM-Titel in Folge, den fünften insgesamt. Kein Fahrer wurde in einer Saison früher Formel-1-Weltmeister als der Deutsche. „Ich habe, ehrlich gesagt, gar nicht an den Titel gedacht, weil ich irgendwie nicht das Gefühl hatte, dass es hier schon passieren würde", sagte Schumacher. Fünf Runden vor Schluss übernahm er die Führung im Rennen und überquerte im elften Saisonrennen zum achten Mal als Erster die Ziellinie. „Ich glaube, das waren die schlimmsten fünf Runden in meiner Karriere. Dann fällt alles von dir ab, du wirst dir bewusst, dass du es geschafft hast – das ist ein fantastischer Moment, deine ganzen Gefühle kommen heraus. Ich kann gar nicht die richtigen Worte dafür finden", sagte Schumacher nach dem Titelhattrick mit Ferrari. Mit dem Team hatte er 2000 und 2001 ebenfalls den WM-Titel eingefahren. Mit seinem fünften WM-Titel zog Schumacher auch mit Rekordweltmeister Juan Manuel Fangio gleich. Auf eine Ebene mit Fangio wollte sich „Schumi" aber nicht stellen. „Der Mann hat in meinen Augen so viel mehr erreicht zu seiner Zeit, als ich das je erreichen könnte. Man muss sich den Sport von damals vorstellen: Der Mann hat kämpfen müssen, ohne viele Jungs im Hintergrund, die die Technik so beeinflussen", sagte er dem *WDR*. Nachdem der erneute WM-Titel fixiert war, ließ es Schumacher, so wie seine Natur ist, aber überhaupt nicht ruhig angehen. Von den sechs verbliebenen Rennen gewann er drei, bei den anderen drei Rennen wurde er Zweiter hinter seinem Ferrari-Kollegen Rubens Barrichello. Im WM-Endstand hatte er fast doppelt so viele Punkte wie der Zweitplatzierte Barrichello.

22. Juli 2005

Der Fünf-Meter-Sprung von Yelena Isinbayeva

Zeiten, Weiten, Höhen: Es gibt zahlreiche Schallmauern in der Leichtathletik, an die man sich erinnert, wenn sie gebrochen wurden. Sei es der erste 100-Meter-Lauf unter zehn Sekunden oder die Meile unter vier Minuten. Im Stabhochsprung war diese Schallmauer bei den Herren die Sechs-Meter-Höhe. Der Ukrainer Sergey Bubka hat seine Disziplin mit dem ersten Sprung über sechs Meter und vielen weiteren aufgestellten Rekordhöhen ins Rampenlicht geführt. Der Stabhochsprung der Frauen ist immer noch eine recht junge Disziplin. Erst in der 1990er-Jahren wurden die ersten offiziellen Wettkämpfe durchgeführt. Was Sergey Bubka bei den Herren war, das war die Russin Yelena Isinbayeva bei den Damen: die Pionierin des Stabhochsprungs und die Lichtgestalt dieser Disziplin. Die Fortschritte, die Isinbayeva im Stabhochsprung machte, waren rasant. Bei ihrer ersten internationalen Medaille – Silber bei der Europameisterschaft 2002 in München – sprang sie 4,55 Meter hoch. Ein Jahr später stellte sie mit 4,82 Meter ihren ersten Weltrekord auf. Doch es sollte noch viel höher gehen für Isinbayeva. Bei einem Wettkampf in London im Jahr 2005 übersprang sie 4,96 Meter und verbesserte mal wieder ihren eigenen Weltrekord. Getrieben von der Euphorie, ließ die 23-Jährige die Latte auf 5,00 Meter auflegen. Isinbayeva lief zu ihrem ersten Versuch an und übersprang die 5,00 Meter – historisch! Als erste Frau durchbrach sie die Schallmauer von 5,00 Metern. Dass sie wie Bubka den Weltrekord nicht immer stets um einen Zentimeter verbesserte, bereute sie nicht. „Das war kein Fehler. Ich wollte unbedingt die erste Frau sein, die diese Höhe überspringt. Mein Name wird jetzt in die Geschichte eingehen und immer mit dieser Höhe verbunden sein. Das war mein Traum", sagte Isinbayeva nach ihrem Rekordsprung. „Ich habe mich dort gut gefühlt und alles um mich hat auch gestimmt, das Wetter, die Zuschauer. Die Bedingungen waren einfach perfekt", freute sich die Russin. Im Laufe der nächsten Jahre verbesserte Isinbayeva den Weltrekord auf 5,06 Meter, der bis heute Bestand hat.

23. Juli 1989 🚴

Acht Sekunden Vorsprung! Die knappste
Entscheidung bei der Tour de France

Die Tour de France ist das wichtigste Radrennen der Welt. Auf der letzten Etappe der dreiwöchigen Rundfahrt geht es im Hinblick auf den Gesamtsieg um nichts mehr, wenn es nach Paris geht auf die Champs-Élysées. Es herrscht so etwas wie ein Nichtangriffspakt, Attacken auf den Gesamtführenden sind verpönt. Der Tour-Sieger steht bereits fest, wie groß sein Vorsprung auch vor der letzten Etappe ist. Auf der sogenannten *Tour d'Honneur* geht es am Ende nur noch um den Etappensieg. Doch dies war nicht immer so. Früher fand das letzte Zeitfahren bei der Tour de France nicht wie heute üblich am vorletzten Tag statt, sondern am Schlusstag, sodass das Gesamtklassement noch einmal mächtig durcheinandergewirbelt werden konnte. Bei der Tour de France 1989 kam es schließlich zu der knappsten aller Entscheidungen um den Gesamtsieg, für die meisten Radsportfans ist es sogar die beste Tour de France der Geschichte. Der Franzose Laurent Fignon ging mit 50 Sekunden Vorsprung auf den Zweitplatzierten, den US-Amerikaner Greg LeMond, ins abschließende 23,5 Kilometer lange Zeitfahren von Versailles nach Paris zur Champs-Élysées. Sowohl Fignon (1983 und 1984) als auch LeMond (1986) hatten bereits die Tour de France gewonnen. Als LeMond nach 26:57 Minuten ins Ziel kam, war bereits anhand der Zwischenzeiten sicher, dass er das Zeitfahren gewonnen hatte. Die Frage war nun, ob es auch für den Toursieg reichte. Die Uhr tickte erbarmungslos gegen Fignon, als sich der Franzose in Richtung Ziel quälte. Nach 27:55 Minuten rollte Fignon über die Ziellinie. LeMond hatte die Tour de France mit acht Sekunden Vorsprung gewonnen. Es ist bis heute die knappste Entscheidung um den Gesamtsieg. LeMond ging mit einem modernen Triathlonlenker und einem modernen Helm ins Zeitfahren. Fignon verzichtete auf einen windschnittigen Helm, sodass dies ihm eventuell die fehlenden Sekunden für den Toursieg kostete. Nachdem Fignon begriff, dass es nicht für den Gesamtsieg reichte, vergoss er bittere Tränen. Nach seiner Karriere wurde er stets auf das knappste Finale bei der Tour de France angesprochen. „Nein, ich bin der Mann, der sie zweimal gewonnen hat!", sagte er etwas reumütig und verwies auf seine Erfolge. Seit dem Sekundendrama auf der Champs-Élysées hat kein Franzose mehr die Tour de France gewonnen. „Er und ich – wir haben Sportgeschichte geschrieben. Wir haben gezeigt, warum wir alle den Sport so lieben. Und das kann uns niemand mehr nehmen", sagte LeMond. Der US-Amerikaner gewann 1990 zum dritten und letzten Mal die Tour de France.

24. Juli 1987

6:21 Stunden! Boris Becker gewinnt „die Schlacht von Hartford" gegen John McEnroe

Davis Cup: Das bedeutet im Tennis die totale Hingabe für sein Land und seine Teamkameraden. Der älteste, jährlich ausgetragene Mannschaftswettbewerb im Sport hat zahlreiche Heldengeschichten geschrieben. Deutschland gewann den Davis Cup bislang dreimal: 1988, 1989 und 1993. Eine der denkwürdigsten Partien der Davis-Cup-Geschichte spielte das deutsche Team allerdings nicht in einem Finale, sondern in der Relegation – in einer Partie gegen den Abstieg, in Hartford gegen die USA. Die Ereignisse an diesem Wochenende, vor allem das Einzel zwischen Boris Becker und John McEnroe, sollten als „Schlacht von Hartford" in die Sportgeschichte eingehen. Becker blieb im Hexenkessel von Hartford ruhig, ließ sich von den Psychospielchen von McEnroe nicht einschüchtern und rang den US-Amerikaner nach epischen 6:21 Stunden Spielzeit nieder – 4:6, 15:13, 8:10, 6:2, 6:2 hieß es für den Deutschen. Die 6:21 Stunden waren dabei nur um eine Minute kürzer als das bis dahin längste Tennismatch, ebenfalls im Davis Cup und ebenfalls mit McEnroe als Teilnehmer. Um 23:17 Uhr amerikanischer Zeit – in Deutschland ging gerade die Sonne auf – war dieses legendäre Match beendet. Schaut man auf das Ergebnis der Sätze 4 und 5, kann man sich vorstellen, dass dieses Match noch weitaus länger hätte gehen können. Die ersten drei Sätze dauerten dabei knapp fünf Stunden. Zu diesem Zeitpunkt, im Jahr 1987, gab es noch keinen Tiebreak im Davis Cup, sodass solche langen und epischen Matches überhaupt möglich waren. Der Tiebreak im Davis Cup wurde erst im Jahr 1989 eingeführt. „Ich hatte nicht mehr viel übrig. Ich habe alles gegeben, was ich konnte. Es war schön, Teil eines großen Matches gewesen zu sein. Ich wünschte nur, das Ergebnis wäre anders" zeigte sich McEnroe enttäuscht. Für Becker war es „das größte Match, das er je gespielt hat". Freundliche Worte für McEnroe fand er aber nicht. „Ich bewundere ihn als Tennisspieler, aber er tut mir als Mensch leid. Er wird genau wissen, warum." Becker gab später zu bedenken, dass es „ein Krieg war". Deutschland siegte letztendlich in der Endabrechung mit 3:2. Nachdem Becker am Schlusstag im letzten Einzel nach einem weiteren Krimi siegreich war, schnappte er sich eine Deutschlandfahne und drehte ein paar Ehrenrunden im „feindlichen Hartford". Seine Teamkameraden und Landsleuten jubelten ihm mit „Deutschland, Deutschland" und „Boris, Boris-Rufen" zu, der Rest der Halle war still. Wie wichtig der heroische Sieg in Hartford für das deutsche Davis-Cup-Team war, zeigte sich in den nächsten beiden Jahren. Deutschland gewann 1988 zum allerersten Mal den Davis Cup und verteidigte 1989 erfolgreich den Titel. Ohne den Sieg in der „Schlacht von Hartford" wäre dies nicht möglich gewesen.

25. Juli 1908
Wyndham Halswelle läuft einsam zur Goldmedaille über 400 Meter

Eine Goldmedaille bei den Olympischen Spielen muss man sich in der Regel hart erarbeiten. Der Brite Wyndham Halswelle musste bei den Olympischen Sommerspielen 1908 in London nur ins Ziel laufen, um Olympiasieger über die 400 Meter zu werden. Halswelle lief im Vorlauf über 400 Meter 48,4 Sekunden – olympischer Rekord. Der Brite ging als Favorit in den Endlauf, der nur mit vier Startern ausgetragen wurde. Neben ihm waren noch die drei US-Amerikaner John Carpenter, Williams Robbins und John B. Taylor dabei. Zum damaligen Zeitpunkt gab es noch keine markierten Bahnen, in denen die Läufer zu laufen hatten. Für die US-Amerikaner war es normal, dass während des Rennens Körperkontakt mit den Mitläufern erlaubt war. Und so drängte Carpenter den Briten Halswelle in der Zielkurve immer weiter von der Bahn ab, sodass dieser keine Chance mehr hatte, an Carpenter vorbeizukommen. Carpenter lief als Erster durchs Ziel – Olympiasieg. Denkste! Denn die britischen Kampfrichter disqualifizierten Carpenter. Laut britischem Regelwerk ist das Blocken beim Laufen nicht erlaubt, in den USA hingegen schon. Ein Schock für Carpenter. „In der zweiten Kurve überholte ich Robbins, Halswelle war direkt hinter mir. Wegen meines großen Schritts konnte ich die Innenbahn nicht halten, doch ließ ich ihm auf der Außenbahn genug Platz. Die letzten Meter rannte ich wieder schnurstracks geradeaus, Halswelle hätte mich locker innen überholen können, wenn es nötig gewesen wäre", erklärte sich

Carpenter in der *Daily Mail*. „Ich wartete mit Überholen bis zur letzten Kurve. Doch dann drängte er mich zur Seite. Innen überholen war unmöglich, zu klein war der Abstand zwischen uns", schilderte Halswelle seine Version der Ereignisse. Die Kampfrichter ordneten einen für zwei Tage später angesetzten Wiederholungslauf an, allerdings ohne Carpenter. Seine Landsleute Robbins und Taylor protestierten aus Solidarität mit Carpenter gegen die Entscheidung und verzichteten auf den Wiederholungslauf. Und so ging Halswelle als Einziger im 400-Meter-Lauf an den Start und lief in 50 Sekunden entspannt zum Olympiasieg. Die Ereignisse in London hatten Folgen. Um ein Blocken komplett zu unterbinden, wurden daraufhin markierte Bahnen bei den Sprintdistanzen eingeführt, welche die Läufer nicht verlassen dürfen.

26. Juli 1992
Franziska van Almsick schwimmt sich zum „Goldfisch"

Bei den Olympischen Sommerspielen 1992 in Barcelona ging der Stern von Schwimmerin Franziska van Almsick auf. Im Alter von 14 Jahren avancierte die Berlinerin zwei Jahre nach der Wiedervereinigung zum ersten gesamtdeutschen Sportstar. Bei ihrem ersten Start über 100 Meter Freistil kraulte sich die Teenagerin zur Bronzemedaille. Die Zuschauer waren begeistert von der unbekümmerten van Almsick mit der Berliner Schnauze. Ein Tag später wurde der Rummel um van Almsick noch größer, als sie über ihre Paradestrecke, die 200 Meter Freistil, die Goldmedaille im Schlussspurt nur knapp verpasste. „An das, woran ich mich wahnsinnig erinnere, ist diese kindliche Leichtigkeit, die man irgendwie noch hatte. Ich hatte da keine großen Erwartungen und bin dort einfach hingefahren. Niemand hat wirklich mit mir gerechnet. Ich wurde auf Händen getragen, obwohl ich nur Zweite geworden bin", sagte van Almsick im Rückblick. Sie brachte neben ihrer Silber- und Bronzemedaille im Einzel noch jeweils eine Silber- und Bronzemedaille in der Staffel mit nach Hause. Aus van Almsick wurde ein millionenschwerer Werbestar, der „Goldfisch", obwohl sie keine Goldmedaille in Barcelona gewann. „Ich habe mich nie an den Beckenrand gestellt und gehofft: ‚Bitte, lasse mich reich und berühmt werden!' Mein Fokus lag immer nur auf dem Schwimmen. Das Drumherum ist damals einfach nur passiert", sagte van Almsick über den großen Ruhm, der über sie nach den Olympischen Sommerspielen in Barce-

Iona hereinbrach. Dass sie mit 14 Jahren kein Olympiagold gewann, kam ihr für die weitere Entwicklung zugute, meinte van Almsick. „Im Nachhinein glaube ich auch, dass das meine Rettung war. Mit dem Olympiasieg wäre ich ein anderer Mensch geworden. Ich hätte es möglicherweise nicht viermal versucht, meinen Traum von einer Goldmedaille zu erfüllen", sagte sie im Interview mit der Deutschen Sporthilfe. Bei vier Olympischen Spielen gewann van Almsick insgesamt viermal Silber und sechsmal Bronze.

27. Juli 1997 🚴
Jan Ullrich gewinnt die Tour de France

Zwölf Tage zuvor war Jan Ullrich bei der Tour de France erstmals ins Gelbe Trikot gefahren. Der 23-jährige Deutsche gab das Trikot auf dem Weg nach Paris nicht mehr her und gewann als erster und bislang einziger Deutscher die Tour de France, das prestigeträchtigste Radrennen der Welt. Nach der Schlussetappe hatte Ullrich einen fulminanten Vorsprung von 9:09 Minuten auf den Zweitplatzierten Richard Virenque aus Frankreich – der größte Vorsprung seit 1984. „Es ist ein unglaubliches Gefühl. Ich hatte immer noch Angst bis zum letzten Meter. Jetzt bin ich erst mal kaputt und kann das noch nicht fassen, dass ich die Tour de France 1997 gewonnen habe. Ich möchte dem ganzen Team danken, das mir das ermöglicht hat", sagte Ullrich direkt nach der Zieleinfahrt. Ullrich löste mit seinem Tour-de-France-Sieg eine unfassbare Radsporteuphorie in Deutschland aus. „Zur Autogrammstunde kamen auf einmal tausende Leute. Einkaufen oder Kino war nicht möglich. Ich musste erst lernen, mit dem Riesenboom umzugehen", sagte Ullrich dem *Stern*. Mit dem Ruhm und den Erwartungen kam Ullrich nicht gut klar. Den Tour-de-France-Sieg konnte Ullrich nicht wiederholen. Bei seinen sieben Teilnahmen am härtesten Radrennen der Welt wurde er neben dem Sieg 1997 viermal Zweiter (1996, 1998, 2000, 2001 und 2003), einmal Dritter (2005) sowie einmal Vierter (2004). Im Jahr 2013 gab Ullrich im Interview mit dem *Focus* nach jahrelangen Dopinganschuldigungen zu, Blutdoping betrieben zu haben. „Fast jeder hat damals leistungssteigernde Substanzen genommen. Ich habe nichts genommen, was die anderen nicht auch genommen haben. Betrug fängt für mich dann an, wenn ich mir einen Vorteil verschaffe. Dem war nicht so. Ich wollte für Chancengleichheit sorgen. Und geschadet habe ich mir selbst am meisten, was mein Ansehen in der Öffentlichkeit und mögliche gesundheitliche Folgen – die ich nicht habe – angeht", sagte Ullrich. Sein Tour-de-France-Sieg 1997 wurde ihm nicht aberkannt. Allerdings wurden ihm auch die Siege 2000, 2001 und 2003 nach dem Dopinggeständnis seines großen Rivalen Lance Armstrong als damals Zweiter im Klassement nicht nachträglich zugesprochen.

28. Juli 1962 ⚽
Die Gründung der Fußball-Bundesliga

Die Fußball-Bundesliga ist das Premiumprodukt des deutschen Sports. Wöchentlich strömen hunderttausende Fans zu den neun Partien pro Spieltag. Mehrere Millionen verfolgen die Spiele vor dem Fernseher oder anderen Geräten. Die Fußball-Bundesliga ist nicht mehr wegzudenken aus dem Alltag der meisten Sportfans. Beschlossen wurde die Zentralisierung des Ligabetriebs im Goldsaal der Westfalenhalle in Dortmund. Es brauchte eine Zwei-Drittel-Mehrheit der 129 Delegierten des Deutschen Fußball-Bundes (DFB), um die Bundesliga einzuführen. Das Abstimmungsprozedere war dabei ziemlich kurios. Alle 129 Delegierten kamen einzeln in den Saal zur Abstimmung. Ging man durch die vordere Flügeltür, bedeutete dies eine Ja-Stimme zur Einführung der Bundesliga. Verließ man den Saal durch die hintere Tür, war dies als eine Ablehnung zu werten. Das Ergebnis: 103:26 für die Einführung der Bundesliga. Die nötige Zwei-Drittel-Mehrheit war damit geschafft. „Wir haben uns alle die Bundesliga gewünscht. Weil wir im Fußball mit den großen Nationen wie Italien oder England, die schon längst eine nationale Liga hatten, mithalten wollten. Dort spielte die Elite in einer Spielklasse, das erhöhte das Niveau und kam ihren Nationalmannschaften zugute. Darum machte im Hintergrund unser damaliger Bundestrainer Sepp Herberger auch großen Druck, nachdem wir mit der Nationalmannschaft bei der WM 1962 in Chile bereits im Viertelfinale an Jugoslawien scheiterten", blickte Bundesligalegende Uwe Seeler im Gespräch mit der *Sport Bild* auf die Einführung der Bundesliga zurück. „Diese Entscheidung macht mich froh. Endlich haben wir sie", sagte Bundestrainer Sepp Herberger dem *DFB-Journal*. 16 Mannschaften wurden in einem Bewerbungsprozess aus 46 Bewerbern für die Gründung der Bundesliga ausgewählt. Der Deutsche Fußball-Bund achtete darauf, dass jede Region vertreten war: der Westen und Süden bekam je fünf Teilnehmer, der Norden drei, der Südwesten zwei und Berlin einen. Außerdem durfte eine Stadt nicht zwei Bundesligisten haben, sodass 1860 München den Vorzug vor dem FC Bayern München bekam. Die Mindestkapazität der Stadiongröße wurde auf 35.000 Zuschauer festgelegt. Ein Jahr später, am 24. August 1963, ging die Bundesliga an den Start. Von den 16 Gründungsmitgliedern ist inzwischen jede Mannschaft mindestens einmal aus der Bundesliga abgestiegen, als letztes Gründungsmitglied der Hamburger SV im Jahr 2018.

29. Juli 1984
Michael Groß schwimmt zum ersten Olympiagold

Was Franziska van Almsick im deutschen Schwimmsport bei den Damen war, das war zuvor Michael Groß bei den Herren: das riesengroße Aushängeschild. Bei den Olympischen Sommerspielen 1984 in Los Angeles schwamm Groß zu zwei Goldmedaillen und bestätigte seine Rolle als größter deutscher Sportstar. In den Jahren 1982 und 1983 wurde Groß bereits zum Sportler des Jahres in Deutschland gewählt. In Los Angeles ging er auf den Strecken 200 Meter Freistil und 200 Meter Schmetterling als Goldfavorit an den Start. Groß wurde den Erwartungen gerecht. In seinem ersten Rennen über 200 Meter Freistil gewann er nicht nur die Goldmedaille, sondern schwamm auch neuen Weltrekord. „Es war einfach ein unbeschreiblich befreiendes Gefühl, am Ziel meiner Träume angelangt zu sein", schrieb Groß später im *Stern* über seine erste Goldmedaille über 200 Meter Freistil. „Bei dem Rennen ging es zunächst einmal darum, Bestzeit zu schwimmen. Für mich als Weltrekordhalter wäre das also neuer Weltrekord gewesen. Aber eben nur dann, wenn die anderen nicht schneller sind – man hat ja keinen Einfluss auf den Gegner", sagte Groß im Interview mit *spox.com* über das Goldrennen. Einen Tag später gewann er über 100 Meter Schmetterling ebenfalls Gold in Weltrekordzeit. Noch ein paar Tage später sollte dann die dritte Goldmedaille folgen, über seine beste Disziplin: 200 Meter Schmetterling. Groß gewann zwar nur Silber, aber genau dieses Rennen machte ihn in Deutschland zur Legende. Aus Michael Groß wurde der „Albatros". Diesen Spitznamen hatte er bereits zuvor von einem französischen Journalisten verpasst bekommen aufgrund seiner riesengroßen Spannweite von 2,13 Metern. *ARD*-Kommentator Jörg Wontorra trug den Spitznamen „Albatros" bei seinem Kommentar über 200 Meter Schmetterling in die breite deutsche Öffentlichkeit. „Flieg, Albatros, flieg", rief er Groß auf den letzten Metern zu. Geboren war ein geflügeltes Wort in der deutschen Sportberichterstattung. „Er hat das aus der Not gemacht, hat er mir später erzählt. Das war so nicht geplant, sondern dem Augenblick geschuldet. Und zwar deswegen, weil ihm seine Notizen heruntergefallen waren. Er saß also am blanken Tisch und musste aus der Hüfte kommentieren", sagte Groß gegenüber *spox.com*. Bei den Olympischen Sommerspielen 1988 in Seoul holte sich Groß dann die Goldmedaille über seine Paradestrecke 200 Meter Schmetterling. 1984 und 1988 wurde Groß zum dritten und vierten Mal zum Sportler des Jahres in Deutschland gewählt. Bei den Herren siegte nur ein Sportler häufiger als Groß: Boris Becker.

30. Juli 1966
Das Wembley-Tor

Tor oder nicht Tor: Seit 1966 wird diese Frage gestellt. Wobei: Eigentlich wissen alle, dass es kein Tor war, abgesehen von den Engländern. Die Rede ist vom berühmten Wembley-Tor, welches das Finale zwischen Deutschland und England bei der Fußball-Weltmeisterschaft 1966 in England entschied. Beim Stand von 2:2 ging das Endspiel im legendären Wembley-Stadion in London in die Verlängerung. In der 101. Minute kam es dann zu der wohl umstrittensten Szene der Fußballgeschichte. Englands Stürmer Geoffrey Hurst schoss den Ball an die Unterkante der Latte und von dort prallte er auf die Torlinie. Wolfgang Weber klärte den Ball per Kopf ins Toraus. „Kein Tor, kein Tor. Oder doch? Und jetzt – was entscheidet der Schiedsrichter?", kommentierte Rudi Michels die legendäre Szene. Die Engländer reklamierten auf Tor. Der Schweizer Gottfried Dienst, der zunächst auf Eckball entscheiden wollte, beriet sich mit dem Linienrichter Tofiq Bahramov aus Aserbaidschan und entschied schließlich nach dessen Überzeugung auf Tor. 3:2 für England, die deutschen Proteste waren zwecklos. „Das wird wieder Diskussionen geben", sagte Kommentator Michels. England sicherte sich durch einen weiteren Treffer durch Geoffrey Hurst in der 120. Minute zum ersten Mal den WM-Titel. Die Diskussionen über das Wembley-Tor blieben jahrzehntelang. „In der Kabine herrschte grenzenlose Enttäuschung. Einige Spieler weinten. Es fielen auch ein paar deutliche Worte", sagte Deutschlands Bundestrainer Helmut Schön. „Wenn der Ball im Tor gewesen wäre, dann hätte ich ihn doch mit einem Fallrückzieher aus dem Tor befördern müssen", sagte Wolfgang Weber über seinen klärenden Kopfball nach dem Lattentreffer. Weber hatte erst dafür gesorgt, dass es überhaupt zu dieser Szene kommen konnte, denn in der 90. Minute schickte er das Finale durch den 2:2-Ausgleichstreffer in die Verlängerung. Geoffrey Hurst, der Schütze des Wembley-Tors, sagte über das wohl legendärste Tor der Fußballgeschichte: „Ich schoss aus der Drehung heraus und hatte genug zu tun, um auf den Beinen zu bleiben. Ich konnte nicht erkennen, ob der Ball die Linie überschritten hatte." Später gab er zu: „Die Deutschen glaubten aufrichtig, dass der Ball die Linie nicht überschritten hatte. Nachdem ich immer wieder alle Argumente gehört und die Zeitlupe hunderte Male gesehen habe, muss ich einräumen, dass es aussieht, als hätten sie recht." Immer wieder wurde das Wembley-Tor wissenschaftlich analysiert mit dem Ergebnis, dass der Ball mit sehr großer Wahrscheinlichkeit nicht hinter der Linie war. Für England entwickelte sich das Wembley-Tor und der damit verbundene Weltmeistertitel zum Fluch. Seitdem schied England bei Welt- und Europameisterschaften immer wieder unglücklich aus und verlor zahlreiche Elfmeterschießen, darunter im EM-Finale 2021. Im Achtelfinale der WM 2010 gegen England erfuhr Deutschland späte Genugtuung für das irreguläre Wembley-Tor. Frank Lampard schoss nach einem Lattenaufsetzer das 2:2 für England. Der Ball war deutlich hinter der Linie, wie die Kameras belegten, doch der Schiedsrichter ließ weiterspielen. Deutschland siegte schließlich mit 4:1, die Engländer konnte nun nachvollziehen, wie sich die Deutschen beim legendären Wembley-Tor gefühlt haben mussten.

31. Juli 1976
Waldemar Cierpinski läuft sensationell zu Gold im Marathon

Manchmal weiß man erst, wozu man fähig ist, wenn man es austestet. Waldemar Cierpinski aus der DDR ist Anfang der 1970er-Jahre einer der besten Läufer über 3.000 Meter Hindernis. Doch für die Olympischen Sommerspiele 1972 in München ist seine Zeit ein klein bisschen zu schlecht, um dabei zu sein. Cierpinski sattelte um auf 5.000 Meter und 10.000 Meter. Aber auch hier ist er den DDR-Funktionären nicht schnell genug, um ihn für die großen Wettbewerbe zu nominieren. Seinen Olympiatraum wollte Cierpinski aber nicht aufgeben. Mit seiner Frau Maritta, einer Läuferin über 800 Meter, schmiedete er den Plan, dass er es auf der Marathonstecke versuchen würde. „Bei einer Flasche Rotwein haben wir uns darüber unterhalten, wie es weitergehen soll. Und dabei kam schnell die Idee, warum nicht Marathon", schilderte er. Sein erster Marathon im Oktober 1975 machte ihm Mut, dass er es zu den Olympischen Sommerspielen 1976 in Montreal schaffen könnte. Im April 1976 lief Cierpinski 2:13:57 Stunden und unterbot die Olympianorm um wenige Sekunden. Doch die DDR-Funktionäre wollten Cierpinski noch nicht nach Montreal schicken. Er solle seine Fähigkeiten als Marathonläufer noch einmal beweisen. „Man hat in Berlin gesagt, der Cierpinski ist doch ein Hindernisläufer", erinnerte er sich. Und so lief er sieben Wochen später in Wittenberg 2:12:21 Stunden und überzeugte damit endgültig. Seine Zeit machte sogar viel Mut, dass er in Montreal um eine Medaille mitlaufen könnte. Und tatsächlich! In Montreal lief Cierpinski das Rennen seines Lebens. 2:09:55 Stunden – Goldmedaille und olympischer Rekord. Dabei lief Cierpinski, als er im Olympiastadion ankam, eine Runde zu viel. „Als ich gerade meinen Zielsprint ansetzen wollte, sah ich einen Monitor, auf dem eine Eins aufleuchtete." Cierpinski missinterpretierte den Monitor und lief noch eine Ehrenrunde. Einen Tag später wurde Cierpinski klar, was er vollbracht hatte. „Mit einem Schlag kam die Erkenntnis: Du hast gewonnen! Das habe ich erst dadurch gemerkt, dass ich keine Kraft mehr hatte. Mit einem Schlag bin ich ins Gras gesunken und da kam der Moment, wo ich vor Freude geweint habe", erinnerte sich Cierpinski. Vier Jahre später bei den Olympischen Sommerspielen 1980 in Moskau wiederholte Cierpinski seinen Triumph. Als Cierpinski erneut als Olympiasieger ins Ziel lief, jubelte DDR-Reporter Heinz-Florian Oertels mit Sätzen, die sich zu geflügelten Worten entwickelten. „Liebe Zuschauer zu Hause, das ist ein einmaliger Triumph! Liebe junge Väter vielleicht, oder angehende, haben Sie Mut! Nennen Sie Ihre Neuankömmlinge des heutigen Tages ruhig Waldemar!" Cierpinski ist bis heute der einzige deutsche Marathon-Olympiasieger sowie einer von drei Marathon-Olympiasiegern, die ihren Titel verteidigen konnten. „Moskau war schwerer. Vier Jahre zuvor in Montreal war ich Außenseiter, jetzt der Favorit. Und ich wollte unbedingt gewinnen", sagte Cierpinski im Gespräch mit dem *Nordkurier* über seine beiden Goldmedaillen. Seinen Plan für das anvisiertes Gold-Triple im Marathon musste er aufgeben. Denn die DDR boykottierte die Olympischen Sommerspiele 1984 in Los Angeles. „Ich glaube, meine Chancen standen gar nicht schlecht", sagte Cierpinski dem *Nordkurier*.

AUGUST: GOLDSPRÜNGE UND OLYMPIASIEGER

1. August 1976
Der Feuerunfall von Niki Lauda

Dieser schwerwiegende Unfall hat die Formel 1 geprägt. Beim Großen Preis von Deutschland auf dem Nürburgring verunglückte der amtierende Weltmeister Niki Lauda in seinem Ferrari schwer. In der zweiten Runde krachte der Österreicher mit 220 Stundenkilometern beim Streckenabschnitt „Bergwerk" gegen eine Felswand. Der Ferrari wurde auf die Strecke zurückgeschleudert. Das ausgelaufene Benzin entzündete sich sofort, die Fahrer Harald Ertl und Brett Lunger rasten in das Wrack. Der 27-jährige Lauda war in der Feuerhölle gefangen und kämpfte mit dem Tod. Seine Fahrerkollegen Ertl, Lunger, Arturo Merzario und Guy Edwards eilten zu Hilfe und befreiten Lauda aus dem Wrack. „Es war schrecklich. Die anderen konnten die Gurte nicht lösen, sie waren von Nikis verzweifeltem Kampf mit dem Tod total verdreht", schilderte der Italiener Merzario in der *Bild am Sonntag*. „Ich rannte ins Feuer, hörte seine Schreie. Als ich ihn freibekam und rausziehen konnte, war er leicht wie eine Feder. Ich habe sein Herz massiert und ihn beatmet, bis der Krankenwagen kam", erzählte Merzario weiter. Im Krankenhaus kämpfte Lauda um sein Leben. Der Österreicher zog sich schwerste Verbrennungen im Gesicht zu, da er beim Unfall seinen Helm verlor. Ein Teil seines Ohrs ging verloren. An den Unfall selbst hatte Lauda keine Erinnerungen mehr, nur an den Flug ins Krankenhaus. „Ich habe meinen eigenen Unfall im Fernsehen angesehen, um überhaupt zu wissen, was eigentlich passiert ist. Da habe ich mir das angeschaut und gedacht: Da hat einer einen irrsinnigen Unfall, da haut es einen so richtig auf", sagte Lauda dem *Spiegel*. Die Ärzte gaben Lauda nur wenige Überlebenschancen. „Die Ärzte sagten meiner damaligen Frau Marlen bei der Einlieferung in die Klinik in Mannheim, dass ich die erste Nacht vermutlich nicht überleben werde. Sie dachten ja alle, ich bin bewusstlos, aber ich habe das mitbekommen. In diesem Moment wusste ich, dass ich weiterlebe. Weil ich es wollte", sagte Lauda. Unglaublich: Nur 42 Tage nach seinem schlimmen Unfall saß Lauda wieder in seinem Ferrari und fuhr beim Großen Preis von Italien in Monza auf den vierten Platz. „Ich kam nach Monza. Tausende Tifosi, Fotografen, Medizinchecks, Riesenrummel. Freitags auf die Strecke. Zweiter Gang. Ich habe mir vor Angst beinahe in die Hose geschissen. Ich, der Lauda. Dabei habe ich den Merzario, der mich aus dem Feuer geholt hat, ganz vergessen und nicht einmal Danke gesagt", erzählte Lauda in der Bild am Sonntag. Der Unfall hinterließ in der Saison 1976 Spuren bei Lauda. Trotz des Feuerunfalls und dem Verpassen von zwei Rennen danach führte Lauda bis zum letzten Rennen die WM-Wertung mit drei Punkten Vorsprung an. Als es im letzten Rennen in Japan stark regnete, entschied sich Lauda, wie andere Fahrer auch, in der Anfangsphase des Rennens, seinen Ferrari abzustellen. Die Angst vor einem erneuten Crash spielte eine große Rolle. So machte Lauda seinen Rivalen James Hunt zum Formel-1-Weltmeister. Im Jahr darauf sowie 1984 fuhr Lauda zu seinem zweiten und dritten Weltmeistertitel. Der Moment, der seine Karriere und Leben definierte, blieb aber stets das Überleben des Feuerunfalls am Nürburgring.

2. August 1987
Deutschland gewinnt nach unglaublicher Aufholjagd erstmals den Fed Cup

Darauf hatte das deutsche Fed-Cup-Team lange hingearbeitet. Viermal zog Deutschland im wichtigsten Mannschaftswettbewerb im Damentennis in einem Endspiel den Kürzeren. Beim Finalturnier in Vancouver erreichte die Mannschaft von Kapitän Klaus Hofsäss zum fünften Mal das Finale im Mannschaftswettbewerb. Zum deutschen Team gehörten Steffi Graf, Claudia Kohde-Kilsch und Ersatzspielerin Silke Meier. Finalgegner von Deutschland waren die USA. Kohde-Kilsch verlor das Eröffnungseinzel gegen Pam Shriver mit 0:6, 6:7. Graf besiegte anschließend Chris Evert mit 6:2, 6:1. Die Entscheidung fiel im Doppel, das sich zu einem Krimi entwickelte. Das Duo Graf/Kohde-Kilsch hatte zunächst keinerlei Chance gegen Evert und Shriver. Das deutsche Doppel lag aussichtslos mit 1:6, 0:4 zurück. Keiner der über 7.600 Zuschauer im Hollyburn Country Club in Vancouver setzte nur noch einen Pfifferling auf das deutsche Team. Der Traum vom ersten Fed-Cup-Sieg war in ganz weite Ferne gerückt und fast nur noch eine Illusion. Doch Graf und Kohde-Kilsch erwachten aus ihrem persönlichen Alptraum, spielten mit dem Rücken zur Wand frei auf und gewannen Spiel um Spiel. Plötzlich stand es 5:4 für die Deutschen, die sich wenig später mit 7:5 den Satzausgleich sicherten. Nach einem spannenden dritten Satz hieß es tatsächlich: Spiel, Satz, Sieg und erster Fed-Cup-Titel für Deutschland! „Ich habe wie in Trance damals gespielt und bis zum Schluss überhaupt nichts mehr mitbekommen", sagte Kohde-Kilsch im Rückblick auf das Match. „Es ist eines der wenigen Matches, das ich nie vergessen habe. Die Details davon habe ich immer noch in Erinnerung. Es war einfach großartig", erinnerte sich Kohde-Kilsch, die nach zwei verlorenen Finals endlich die Siegertrophäe beim Fed Cup in Empfang nehmen konnte. 1992 gewann Deutschland zum zweiten und bislang letzten Mal den Fed Cup. Im Jahr 2020 wurde der Wettbewerb in Billie Jean King Cup umbenannt.

3. August 2021

Malaika Mihambo springt zu Olympiagold

Sie war bereits Europameisterin und Weltmeisterin. Nun sollte auch der Olympiasieg folgen. Malaika Mihambo ging mit einer klaren Mission in den Weitsprung bei den Olympischen Sommerspielen 2020 in Tokio, die wegen der Corona-Pandemie ein Jahr später ausgetragen werden mussten. Der Wettkampf lief für die 27-jährige Deutsche nicht wie geplant. Zwar sprang Mihambo im zweiten Versuch mit 6,95 Meter auf den vorläufig zweiten Platz, aber danach lief nicht mehr viel. Im dritten Versuch landete sie bei 6,78 Meter, der vierte und fünfte Versuch waren ungültig. Im letzten Durchgang startete Mihambo als Drittletzte. Als sie sich für ihren Sprung warmmachte, hatte sie zwar die Bronzemedaille bereits sicher, doch das große Ziel war die Goldmedaille. „Ich war eigentlich zufrieden, denn ich hatte mein Minimalziel erreicht. Bei meinen ersten Spielen in Rio war ich Vierte geworden, ich wusste also schon, dass ich mich verbessert hatte. Von daher war ich schon allein darüber glücklich. Ich wusste aber auch, dass ich noch eine Chance habe, und die wollte ich nutzen. Ich hatte keine Angst, irgendetwas zu verlieren. Das war ein sehr positiver Moment. Ich war sehr entspannt, ich konnte mit diesem letzten Versuch nur gewinnen", sagte Mihambo im Rückblick auf den sechsten und letzten Sprung gegenüber *Sports Illustrated*. Mihambo sprang im sechsten Versuch genau sieben Meter. Sie setzte sich damit an die Spitze, und es reichte dann auch zur Goldmedaille. „Der Wettkampf hört erst nach dem sechsten Versuch auf. Ich hätte gerne schon im fünften Versuch oder im vierten Versuch mich vorgekämpft, damit ich nicht in diese unschöne Lage im sechsten Versuch komme, noch abwarten zu müssen, was die anderen draus machen. Das Wichtigste war eben einfach, dranzubleiben, nie den Glauben zu verlieren und zu wissen, ich habe noch eine allerletzte Chance und die dann auch zu ergreifen", sagte Mihambo über ihren Goldsprung in Tokio. Am Ende des Jahres wurde Mihambo dann zum dritten Mal in Serie zur Sportlerin des Jahres in Deutschland gewählt.

4. August 1936
Jesse Owens, Luz Long und die besondere Freundschaft

Der Star bei den Olympischen Sommerspielen 1936 in Berlin war eindeutig Jesse Owens. Zum Missfallen des Naziregimes gewann der farbige US-Amerikaner vier Goldmedaillen über 100 Meter, 200 Meter, in der 4x100-Meter-Staffel und im Weitsprung. Am emotionalsten war Owens' Olympiasieg im Weitsprung, da dieser Wettkampf eine besondere Geschichte erzählt. Owens war zu diesem Zeitpunkt als mehrfacher Weltrekordler bereits ein Weltstar. Seinen deutschen Kontrahenten Carl Ludwig, genannt „Luz", Long kannte der US-Amerikaner zu diesem Zeitpunkt noch nicht, da jeder auf seinem Kontinent Wettkämpfe bestritt. So lernten sich Owens und Long erst am Tag des Wettkampfs kennen. „Da war einer, der bei den Probesprüngen schon 7,90 Meter schaffte. Und es stellte sich heraus, dass das ein Deutscher mit Namen Luz Long ist. Ich dachte, wenn der gewinnt, würde das der Theorie der Nazis von der Überlegenheit der Arier neuen Schwung geben. Denn ich bin ja ein Neger", blickte Owens 1960 gegenüber *Reader's Digest* auf den Wettkampf zurück. In der Qualifikation am Morgen wäre für Owens beinahe das Aus gekommen. Seine ersten beiden Sprünge waren ungültig. Der Legende nach soll Long, der sich bereits sicher für den Finalwettkampf am Abend qualifiziert hatte, seinem Kontrahenten den Tipp gegeben haben, seine Absprungmarkierung zu verändern. Ob dies stimmte? Eher nicht. Owens berichtete, wie Long während der Qualifikation auf ihn zukam und ihm Folgendes sagte: „Jesse

Owens, ich bin Luz Long. Ich glaube, wir haben uns noch nicht getroffen. Irgendetwas nagt an dir. Du müsstest dich mit geschlossenen Augen qualifizieren." Owens qualifizierte sich schließlich für den Finalwettkampf und gewann am gleichen Tag die Goldmedaille im Weitsprung mit 8,06 Meter. Mit 19 Zentimetern dahinter folgte Long auf Platz zwei. Der erste Gratulant des frisch gebackenen Olympiasiegers war der Deutsche, der seinen Kontrahenten umarmte. Wie Long und Owens danach gemeinsam auf dem Rasen liegen und sich angeregt unterhalten, ist ein Bild der Sportgeschichte. „Obwohl Hitler nicht einmal 100 Meter entfernt saß und uns angestarrt hat, hat er mich umarmt. Selbst wenn man alle meine Medaillen und Pokale einschmelzen würde, könnten sie die 24-Karat-Freundschaft, die ich in diesem Moment für Luz empfand, kein bisschen goldener machen. Hitler muss wahnsinnig geworden sein, als wir uns umarmten", erinnerte sich Owens. Es war der Beginn einer besonderen Freundschaft zwischen Owens und Long und deren Familien. „Ich bin im olympischen Dorf zu Luz Longs Zimmer hinübergegangen, wir haben zwei Stunden über Leichtathletik, die Weltsituation und ein Dutzend andere Dinge gesprochen", sagte Owens.

5. August 2021
Lionel Messi verlässt den FC Barcelona

Siebenmal Weltfußballer des Jahres, Weltmeister, Olympiasieger und Südamerika-Meister mit Argentinien, viermal Champions-League-Sieger, zehnmal spanischer Meister: Lionel Messi hat den Fußball über viele Jahre geprägt, vor allem im Trikot des FC Barcelona. Messi kam im Alter von 13 Jahren als schmächtiger Junge nach Barcelona. Die Liebe zwischen dem Argentinier und dem FC Barcelona schien eine ewige Liebe zu werden. Messi verzauberte, mit seiner Art Fußball zu spielen, die Zuschauer. Als im Jahr 2021 die Vertragsverlängerung für Messi bevorstand, schien es nur eine Frage von Formalitäten zu sein. Dass Messi den FC Barcelona verlassen würde, schien nicht vorstellbar. Doch nach 21 Jahren im Trikot des FC Barcelona, zunächst bei den Junioren, dann bei den Profis, erhielt Messi keinen neuen Vertrag. „Obwohl zwischen dem FC Barcelona und Lionel Messi eine Einigung erzielt wurde und beide Parteien die klare Absicht hatten, heute einen neuen Vertrag zu unterzeichnen, kann dieser aufgrund wirtschaftlicher und struktureller Hindernisse nicht finalisiert werden. Angesichts dieser Situation wird

Messi nicht weiter beim FC Barcelona bleiben. Beide Parteien bedauern zutiefst, dass es letztendlich nicht möglich ist, sowohl die Wünsche des Spielers als auch des Vereins zu erfüllen. Der FC Barcelona drückt von ganzem Herzen seine Dankbarkeit gegenüber dem Spieler aus, für seinen Beitrag dazu, den Club noch größer zu machen, und wünscht ihm für seine persönliche und professionelle Zukunft das Allerbeste", hieß es in einer offiziellen Mitteilung des FC Barcelona. Letztendlich scheiterte es am Geld, das der hoch verschuldete FC Barcelona seinem Starspieler aufgrund von Bestimmungen der spanischen Liga nicht mehr zahlen konnte. Die Ära Messi beim FC Barcelona ging mit einem großen Knall zu Ende. Der Argentinier erzielte in 778 Pflichtspielen für den FC Barcelona 672 Tore und gab 304 Torvorlagen. Drei Tage später nach der Nachricht, dass Messi keinen neuen Vertrag erhalten würde, wurde der 34-Jährige offiziell verabschiedet. „In den vergangenen Tagen habe ich viel nachgedacht, was ich eigentlich sagen kann. Die Wahrheit ist: Mir fällt einfach nichts ein. Ich habe mir nie vorgestellt, dass es so weit kommen würde, weil ich nie daran gedacht habe. Das ist der Club, den ich liebe, und das ist nicht der Moment, den ich so erwartet habe", sagte Messi unter Tränen. Drei Tage nach der Verabschiedung gab Messi bekannt, dass er fortan für Paris Saint-Germain spielen werde, wo er jedoch nur zwei Jahre blieb.

6. August 2004 ⚽
Stromausfall! Das späteste Tor der Fußball-Bundesliga

Freitagabend im Bremer Weserstadion. Die Fußball-Bundesligasaison 2004/2005 soll mit einer Partie zwischen dem amtierenden Deutschen Meister, SV Werder Bremen, und dem FC Schalke 04 beginnen. Die Vorfreude auf die neue Saison war riesig, vor Spielbeginn sollte es eine feierliche Zeremonie geben. Doch vier Minuten vor dem geplanten Anpfiff um 20:30 Uhr kam es zur Megapanne. Ein lauter Knall war zu hören, Stromausfall im Weserstadion. Das Einzige, was im Stadion leuchtete, war das Flutlicht. „Wir wollen Fußball sehen, Fußball geht auch ohne Strom", skandierten die Zuschauer. Dennoch war es zu dunkel für den Spielbeginn in Bremen. Zunächst hieß es, dass ein Bauarbeiter in der Nähe des Stadions ein Stromkabel durchtrennt haben soll, was zum Stromausfall führte. Eine Starkstrommuffe sei durchgebrannt, teilten die Bremer Stadtwerke den Grund für den Stromausfall mit. Fernsehbilder gab es keine mehr aus dem Weserstadion. Nach langer Beratung entschied man sich, die Partie ohne Fernsehbilder anzupfeifen. Dann fielen aber drei von vier Flutlichtmasten aus. Das Spiel stand nun vor dem Abbruch. Doch wenig später wurde es Licht im Bremer Weserstadion und die Partie konnte um 21:35 Uhr mit 65 Minuten Verspätung angepfiffen werden. Um 23:13 Uhr erzielte Nelson Valdez in der 83. Minute den 1:0-Siegtreffer für Bremen. Es ging als spätestes Tor in die Bundesligageschichte ein. Der Schuldige für den Stromausfall, eine Kabelmuffe namens Carola, ist mittlerweile im Werder-Museum zu besichtigen.

7. August 1992
Die olympische Zweckgemeinschaft: Boris Becker und Michael Stich gewinnen Gold

Bei den Olympischen Sommerspielen 1992 in Barcelona wurde aus den großen Rivalen Boris Becker und Michael Stich für eine Woche eine olympische Zweckgemeinschaft – mit durchschlagendem Erfolg. Die beiden deutschen Tennisstars Becker und Stich waren sich ganz und gar nicht grün und sprachen nur das Nötigste miteinander. Davis-Cup-Teamchef Niki Pilic hatte die Idee, dass die beiden bei Olympia dennoch gemeinsam Doppel spielen sollten und gab den Vermittler. „Gesprochen haben beide nicht miteinander. Das musste ich erledigen. Ich bin zwischen den Zimmern hin- und hergependelt und musste viel lügen", äußerte sich Pilic später. Die Tatsache, dass das olympische Tennisturnier in Barcelona auf Sand ausgetragen wurde, erschwerte zudem die Goldmission. Als sich die beiden jedoch im Einzel früh verabschiedeten, galt die volle Konzentration dem Doppelwettbewerb. Becker und Stich wurden eine Einheit, rangen im Viertelfinale in einem Fünfsatzkrimi vor fanatischen Fans das spanische Weltklasseduo Sergio Casal und Emilio Sanchez nieder. Wenige Stunden später folgte im Halbfinale der nächste Fünfsatzsieg, gegen die Argentinier Javier Frana und Christian Miniussi. Im Endspiel warteten die an vier gesetzten Südafrikaner Wayne Ferreira/Piet Norval, die durch den Finaleinzug die erste südafrikanische Olympiamedaille seit 1960 sicher hatten. Becker und Stich ließen sich nicht von der Goldmission abhalten und fielen sich nach dem verwandelten Matchball überglücklich in die Arme. „Mein Verhältnis zu Olympia ist goldig", freute sich Becker. Dennoch hatte der

Olympiasieg ein trauriges Ende. Becker wollte die Goldmedaille unbedingt ausgelassen feiern, doch Stich reiste ab. „Ich glaube, seine Freundin hat auf ihn gewartet. Ich versuchte noch, ihn umzustimmen, aber er blieb stur: ‚Nee, ich habe keine Lust.' Und das, nachdem wir uns 14 Tage lang gemeinsam herumgequält hatten, bei bis zu 50 Grad Celsius im Schatten!", schilderte Becker später in seiner Autobiografie. Stich bereute seine Aktion später, wie er immer wieder im Rückblick auf Olympia betont. „Das war furchtbar schlecht von mir. Das bereue ich heute und hätte ich nicht tun dürfen", sagte Stich über die verpasste Goldfeier.

8. August 1992
Der Goldlauf von Dieter Baumann

Der vorletzte Wettkampftag bei den Olympischen Sommerspielen 1992 in Barcelona wurde aus deutscher Sicht zum Festtag. Insgesamt sechs Goldmedaillen gab es für Deutschland: drei im Kanu, eine für die Hockey-Herren und zwei in der Leichtathletik. Im Olympiastadion in Barcelona ersprang sich Heike Henkel den Olympiasieg im Hochsprung. Kurz darauf lief Dieter Baumann über 5.000 Meter das Rennen seines Lebens. Der Deutsche hatte bereits bei den Olympischen Sommerspielen 1988 in Seoul Silber über 5.000 Meter gewonnen. In Barcelona folgte der große Coup des „weißen Kenianers", wie Baumann genannt wurde. Dabei sah es 300 Meter vor dem Ziel nicht gut aus für den 27-jährigen Deutschen. Er war zwischen fünf afrikanischen Läufern eingekesselt. Die Goldmedaille schien in weiter Ferne, als Baumann auf die Zielgerade bog. Mit einem fulminanten Schlussspurt, die letzten 100 Meter lief er in 11,9 Sekunden, flog der Deutsche an den Afrikanern vorbei ins Ziel: Goldmedaille mit anschließendem Purzelbaum auf der Tartanbahn. „Als ich die Ehrenrunde lief und die Kulisse sah, dachte ich mir schon: ‚Hoppla, das ist ja schon ein größeres Sport-Festle, das du gerade gewonnen hast'", sagte Baumann über seinen Goldcoup. Der Deutsche konnte mal wieder auf seinen Schlussspurt vertrauen. Denn wenn das Grundtempo beim 5.000-Meter-Lauf nicht hoch genug war, konnte er mit den afrikanischen Läufern mithalten und diese dann auf der Zielgeraden besiegen – so auch in Barcelona. „Während eines Wettkampfs habe ich versucht, so wenig wie möglich zu denken. In Barcelona ist mir das zum Glück ganz gut gelungen. So konnte ich die Umstände – Olympische Spiele, viele Zuschauer im Stadion und vor dem Fernseher

– gut ausblenden. Für mich war es kein Husarenritt, sondern eine ganz normale Aufgabe. Ich wollte das Rennen gewinnen. Ich war auch überzeugt, es zu schaffen. Dass es ein so wichtiges Rennen war, realisierte ich tatsächlich erst an den Reaktionen bei der Ankunft in Deutschland. Es war schon viel los insgesamt", erinnerte sich Baumann im Interview mit *sport.de* an den Goldlauf, der ihn zum nationalen Helden und Sportler des Jahres in Deutschland machte. Für viele kam der Olympiasieg von Baumann überraschend, für ihn selbst war es die logische Konsequenz seiner sportlichen Entwicklung. „Ich war nicht überrascht. Ich hatte eine gute bis sehr gute Chance zu gewinnen. Was viele vergessen, bis zu den Olympischen Spielen hatte ich im Jahr 1992 keinen Wettkampf verloren. Das gab mir auch das notwendige Selbstvertrauen", sagte Baumann gegenüber *sport.de*.

9. August 2012
Julius Brink und Jonas Reckermann baggern sich zum Olympiasieg

Beachvolleyball war viele Jahre lang eine Domäne der Brasilianer und US-Amerikaner. Europäer spielten in der frühen Anfangszeit der Sportart eine untergeordnete Rolle. Zu groß war die Dominanz der Brasilianer und US-Amerikaner. Bei den Olympischen Sommerspielen 2012 in London durchbrachen Julius Brink und Jonas Reckermann diese Dominanz und baggerten, pritschten und schmetterten sich zum Olympiasieg. Zum ersten Mal in der Olympiageschichte gewann ein europäisches Duo die Goldmedaille, bei Damen oder Herren. Das Finale gegen die Brasilianer Alison Cerutti und Emanuel Rego entwickelte sich zum Herzschlagkrimi. Brink/Reckermann sicherten sich den ersten Satz mit 23:21, der zweite Satz ging mit 21:16 an die Brasilianer. Im dritten Durchgang, der bis 15 Punkte gespielt wurde, hatten die Deutschen bereits eine Hand an der Goldmedaille, als sie mit 12:8 in Führung gingen. Als es wenig später 14:11 mit drei Matchbällen stand, war der Olympiasieg zum Greifen nah. Doch Brink/Reckermann vergaben alle drei Matchbälle. Würde genau das wieder eintreten, was im letzten Duell gegen die beiden Brasilianer passierte, als die Deutschen im dritten Satz mit 14:11 führten und dann mit 14:16 verloren? Nein, sie bekamen einen weiteren Matchball. Als dann der Schmetterschlag von Rego haarscharf ins Aus flog, hatten es Brink/Reckermann geschafft. Goldmedaille im Sandstrand von London. Die beiden Deutschen fielen überglücklich zu Boden. Die Brasilianer zweifelten die Schiedsrichterentscheidung an, dass der letzte Ball im Aus gelandet war, doch die Entscheidung blieb bestehen. „Ich wollte unbedingt an den Ball, zum Glück habe ich ihn nicht erreicht", sagte Brink über den vierten Matchball, der die Goldmedaille brachte. „Als der dritte Matchball vergeben war, ist mir schon das Herz in die Hose gerutscht. Aber der Beachvolleyball-Gott war heute auf unserer Seite", sagte Brink. „Das ist unglaublich, unbeschreiblich, ein unfassbares Spiel", kommentierte Reckermann das Herzschlagfinale. Nach der Überreichung der Goldmedaille kamen bei Brink beim Singen der deutschen Nationalhymne die Tränen. „Es ist ein unglaublich überwältigendes Gefühl. In mir kommt die pure Freude hoch. Es ist schwer zu begreifen, was heute geschehen ist", sagte Brink. Vier Jahre später bei den Olympischen Sommerspielen 2016 in Rio de Janeiro machten es die deutschen Damen Laura Ludwig und Kira Walkenhorst ihren männlichen Kollegen Brink und Reckermann nach und gewannen als erste Europäerinnen die Goldmedaille im Beachvolleyball.

10. August 1996
Der Skandalkampf zwischen Dariusz Michalczewski und Graciano Rocchigiani

Dieser Boxkampf endete mit einem Skandalurteil: Im Hamburger Millerntorstadion trat der Deutsch-Pole Dariusz Michalczewski, Kampfname „Tiger", gegen den Deutschen Graciano Rocchigiani, Kampfname „Rocky", zum Weltmeisterschaftskampf im Halbschwergewicht an. „Tiger" Michalczewski hatte zwei Jahre zuvor den Weltmeistertitel im Verband WBO errungen und ging mit einer Bilanz von 31:0 in den Kampf. „Rocky" Rocchigiani hatte ein Jahr zuvor zwei Weltmeisterschaftskämpfe gegen Henry Maske verloren, den ersten davon nach einem äußerst umstrittenen Punkturteil. Für Michalczewski, der bereits viele Jahre in Hamburg lebte, war der Kampf ein Heimspiel. 25.000 Zuschauer kamen bei knapp 30 Grad Celsius ins Stadion, um den von den Medien extrem gepushten Kampf zu sehen. „Nach Punkten kann man hier nicht gewinnen, das steht schon mal fest", sagte Rocchigiani vor dem Kampf in der Befürchtung, dass er ähnlich wie bei seinem ersten Kampf gegen Henry Maske ungerecht behandelt werden könnte. Die Sympathien im Kampf gehörten nicht dem Lokalmatador aus Hamburg, sondern dem Berliner Rocchigiani. „Rocky" war für die meisten Außenstehenden der Dominator im Kampf und brachte den Weltmeister immer wieder in ernste Schwierigkeiten. In der siebten Runde wurde der Kampf abgebrochen, nachdem Rocchigiani nach einem Trennkommando zuschlug. Michalczewski taumelte anschließend durch den Ring. Der Ringrichter zählte den Weltmeister bis acht an, ehe dann ein Ringarzt zurate gezogen wurde. Rocchigiani fühlte sich bereits als neuer Weltmeister. Nach langem Warten folgte dann das Skandalurteil. „Wir disqualifizieren nie. Auf den Zetteln der Punktrichter lag ‚Rocky' vorn, Dariusz konnte nicht weiterboxen – deshalb ‚Technisches Unentschieden'", verkündete WBO-Präsident Francisco Valcarcel im Ring. Das Urteil wurde mit wüsten Pfiffen und Buhrufen im Millerntorstadion quittiert. Nach der sechsten Runde lag Rocchigiani bei zwei Kampfrichtern mit 58:56 vorne, der dritte Kampfrichter wertete bis zum Abbruch 58:58. „Ich ziehe den Hut vor Dariusz. Er ist eine ehrliche Haut, aber ich bin von seinem Umfeld betrogen worden. Ihr seid Betrüger, Schweine seid ihr!", echauffierte sich Rocchigiani über das Urteil. Michalczewski und sein Promoter Klaus-Peter Kohl boten „Rocky" sofort ein Rematch an. „Ich fühle mich nicht als Sieger", sagte Michalczewski und kämpfte mit den Tränen. Wenige Tage später revidierte der Verband WBO das Urteil: Aus einem Technischen Unentschieden wurde eine Disqualifikation von Rocchigiani. Das erzürnte noch mehr die Gemüter. Rocchigiani und seine Fans warfen dem „Tiger" Schauspielerei vor. Er habe sich durch einen simulierten K. o. nach dem Schlag nach dem Trennkommando vor der Fortsetzung des Kampfs gedrückt, da er um den Verlust seines WM-Gürtels fürchtete. Im April 2000 kam es schließlich zum Rematch zwischen „Tiger" und „Rocky". In Hannover ging es um den WBO-Weltmeistertitel von Michalczewski. Rocchigiani hatte zwei Jahre keinen Kampf bestritten und war dem Weltmeister deutlich unterlegen. In der neunten Runde schickte er „Rocky" mit einem Leberhaken auf die Knie. In der Pause zur zehnten Runde brach Rocchigiani den Kampf ab. Seine Begründung: „Ick war satt." Zwischen den Rivalen „Tiger" und „Rocky" entwickelte sich dann im Laufe der Jahre eine Freundschaft.

11. August 2012

Deutsche Hockey-Nationalmannschaft wird Olympiasieger

Die deutschen Hockey-Herren und Olympia: Das ist eine erfolgreiche Kombination, die fast immer eine Medaille verspricht. Zwischen den Olympischen Sommerspielen 1972 in München und den Olympischen Sommerspielen 2008 in Peking gewannen die deutschen Hockey-Herren dreimal Gold, zweimal Silber und einmal Bronze. Bei den Olympischen Sommerspielen 2012 in London ging Deutschland als amtierender Olympiasieger ins Turnier. Das Team hielt den hohen Erwartungen stand. Als Gruppenzweiter qualifizierte sich die Mannschaft von Bundestrainer Markus Weise für das Halbfinale. Nach einem 4:2 im Halbfinale gegen Australien gab es im Endspiel ein Wiedersehen mit den Niederlanden, gegen die man in der Vorrunde mit 1:3 verloren hatte. Zum Matchwinner des Olympiafinales avancierte Jan-Philipp Rabente, der neben dem 1:0 auch vier Minuten vor Schluss den 2:1-Siegtreffer erzielte. „Das Gefühl ist unbeschreiblich, ich kann es gar nicht fassen. Dieses Finale war unglaublich. Zwei Tore in einem Olympiafinale – das hätte ich mir in meinen kühnsten Träumen nicht vorstellen können", sagte Matchwinner Rabente. Für Bundestrainer Weise war es der dritte Olympiasieg in Folge. 2004 hatte er die deutschen Damen in Athen zur Goldmedaille gecoacht, 2008 dann die Herren in Peking. In London gelang ihm dann das Triple. „Das war ein grandioses Kampfspiel meiner Mannschaft. Wir haben die Niederländer nicht so zur Entfaltung kommen lassen wie die anderen Teams vor uns. Natürlich gab es auch kritische Phasen, zum Beispiel, als wir den Ausgleich kassiert haben, aber die Jungs haben danach sofort wieder nach vorn gearbeitet und sich belohnt! Dass es im Finale Jan-Philipp Rabente war, der da mit zwei Toren das Spiel für uns entscheidet, ist kein Zufall. Es war die klare Forderung, dass sich alle Spieler mit vollem Einsatz einbringen. Und das hat Rabbi doch super gemacht!", sagte Bundestrainer Weise über das vierte Olympiagold der deutschen Hockey-Herren.

12. August 2016
Rafael Nadal gewinnt nach Einzel-Gold auch Doppel-Gold bei Olympia

Es gibt drei Spieler im Herrentennis, die alle Grand-Slam-Turniere im Einzel sowie den Davis Cup gewonnen haben und dazu auch eine Goldmedaille bei Olympia errungen haben: Andre Agassi, Roger Federer, der Olympiagold im Doppel gewann, und Rafael Nadal. Aus diesem Kreis sticht Nadal aber noch einmal hervor, denn der Spanier ist der einzige Spieler aus diesem Trio im Herrentennis mit einer Goldmedaille im Einzel und im Doppel. Nadal und die Olympischen Spiele – das ist eine goldige Angelegenheit. Acht Jahre, nachdem er bei den Olympischen Sommerspielen 2008 in Peking die Goldmedaille im Einzel gewonnen hatte, holte sich der Spanier bei den Olympischen Sommerspielen 2016 in Rio de Janeiro auch die Goldmedaille im Doppel. Für Nadal war das olympische Tennisturnier der erste Einsatz nach einer mehr als zweimonatigen Spielpause wegen einer Verletzung am Handgelenk. Während er im Einzel eine erneute Medaille knapp verpasste, als er das Halbfinale und das Spiel um die Bronzemedaille in drei Sätzen verlor, schlug im Doppel an der Seite von Marc Lopez seine große Stunde. Nadal und Lopez sicherten sich mit dem 6:2, 3:6, 6:4 im Finale gegen das rumänische Doppel Florin Mergea und Horia Tecau die Goldmedaille. „Das ist ein unvergesslicher Moment. Dass ich das mit einem meiner besten Freunde erleben darf, ist unglaublich. Olympia ist für mich ein ganz spezielles Event", sagte Nadal, der Tränen der Freude weinte. Der Spanier wurde nach dem Chilenen Nicolas Massu der zweite Spieler bei den Herren, der bei Olympia sowohl die Goldmedaille im Einzel als auch im Doppel errang. Übrigens: Nadal spielte nur zweimal bei Olympia, 2008 und 2016. Beide Male brachte er eine Goldmedaille mit nach Hause.

13. August 2016
Christoph Harting: Erst Olympiasieg, dann Eklat

Der Diskuswerfer Christoph Harting stand stets im Schatten seines erfolgreichen Bruders Robert: Olympiasieger, dreimal Weltmeister, zweimal Europameister. Robert Harting war viele Jahre das Aushängeschild der deutschen Leichtathletik. Bei den Olympischen Sommerspielen 2016 in Rio de Janeiro ging Robert Harting als amtierender Olympiasieger an den Start. Harting scheiterte in der Qualifikation für den Endkampf, da er sich einen Hexenschuss zugezogen hatte. Im Endkampf schaute Harting dann seinem jüngeren Bruder Christoph zu, wie dieser den Olympiasieg in der Familie behielt. Die beiden Harting-Brüder hatten zu diesem Zeitpunkt kein besonders inniges Verhältnis. Christoph Harting lag vor dem letzten Durchgang auf Platz zwei, wurde dann aber zunächst auf Platz vier verdrängt. In seinem letzten Versuch schleuderte Harting den Diskus auf 68,37 Meter – die beste Weite seiner Karriere. Es war der Goldwurf des 26-jährigen Deutschen. „Ich bin zur Legende geworden. Ich denke, ich bin in jedem Sportgeschichtsbuch. In allen sportpolitischen Magazinen kann man nachlesen, wer wann Olympiasieger war. Diesen Titel hast du dein Leben lang. Dein Leben lang bist und bleibst du Olympiasieger, nicht so wie Weltmeister, der alle zwei Jahre wechselt, oder Europameister", sagte Harting über seinen unerwarteten Olympiasieg. Den Unmut vieler deutscher Fans zog sich Harting dann bei der Siegerehrung zu, als er einige Faxen machte und bei der Nationalhymne schunkelte. Danach verweigerte er zudem zunächst das obligatorische Siegerinterview. „Was er da aufgeführt hat bei der Siegerehrung, das war nicht gut, denn er ist ein Mitglied unserer Mannschaft und Botschafter unseres Landes", sagt Michael Vesper, Chef der deutschen Olympiamannschaft in Rio de Janeiro. Harting versuchte, seine Faxen während der Siegerehrung zu rechtfertigen. „Wie bereitet man sich darauf vor, Olympiasieger zu werden? Ich meine, selbst bei aller Tagträumerei, die man irgendwie vollziehen kann – so etwas kannst du dir nicht vorstellen, so etwas kannst du dir nicht ausmalen. Ich meine, die haben die Hymne nur für mich gespielt. Es war unfassbar. Stillstehen war nicht so meins, deswegen ist das vielleicht falsch angekommen. Du bist auch noch halb im Wettkampfmodus, du bist im Kopf eigentlich völlig woanders, du bist hormontechnisch völlig übersteuert", sagte Harting. Später fügte der Olympiasieger noch hinzu: „Ich denke, es gibt keine Vorschriften dafür, wie sich ein Mensch in einer solchen Situation zu freuen hat." Nach dem Olympiasieg konnte Harting sportlich kaum noch von sich reden machen. Er warf sich 2018 noch zum Deutschen Meister. Olympiasieger wird er, wie er richtig beschrieben hat, ein Leben lang bleiben.

14. August 2004
Michael Phelps schwimmt zum ersten Olympiasieg

Würde man Michael Phelps im ewigen Medaillenspiegel aller Länder der Olympischen Sommerspiele abbilden, würde der Schwimmer aus den USA den 38. Platz belegen. 23 Goldmedaillen, drei Silbermedaillen und zwei Bronzemedaillen hat Phelps in seiner olympischen Karriere erschwommen. Man muss vorsichtig sein, wenn man behauptet, dass kein Sportler oder keine Sportlerin diesen Medaillenrekord brechen wird. Aber es ist schwer vorstellbar, dass Phelps in Sachen Olympiamedaillen übertrumpft wird. Der US-Amerikaner nahm im Alter von 15 Jahren bei den Olympischen Sommerspielen 2000 in Sydney erstmals an Olympia teil, belegte als beste Platzierung Rang fünf. Sein olympischer Stern ging bei den Olympischen Sommerspielen 2004 in Athen auf. In seinem ersten Rennen in Athen deklassierte er die Konkurrenz und schwamm über 400 Meter Lagen in 4:08:26 Minuten neuen Weltrekord. Das erste Olympiagold war perfekt und ein neuer Sportstar war geboren. In Athen gewann Phelps sechsmal Gold und zweimal Bronze. Den Olympiarekord von seinem Landsmann Mark Spitz, der bei den Olympischen Sommerspielen 1972 in München sieben Goldmedaillen gewann, verpasste Phelps knapp. Vier Jahre später bei den Olympischen Sommerspielen 2008 in Peking gelang ihm dann vermutlich ein Rekord für die Ewigkeit mit acht Goldmedaillen in acht Rennen. Phelps' glanzvolle Olympiakarriere endete bei den Olympischen Sommerspielen 2016 in Rio de Janeiro, wo er noch einmal fünfmal Gold und einmal Silber gewann. „Ich erinnere mich, wie ich mit 15 oder 16 bei meinem Agenten saß und sagte: ‚Ich möchte etwas erreichen, was noch keinem im Sport gelungen ist.' Ich wollte es anders machen. Ich wollte nicht der zweite Mark Spitz sein. Ich wollte der erste Michael Phelps sein", sagte Phelps über sein großes Karriereziel. Als größter und erfolgreichster Schwimmer ging Phelps in die Geschichte ein, aber als den größten Sportler überhaupt sieht er sich nicht. „Das bleibt auf ewig Basketballlegende Michael Jordan. Ich habe mein Leben lang zu ihm aufgeschaut, und das wird sich nie ändern – wie viele Medaillen ich auch habe. Er ist der Größte. Meiner Meinung nach hat er die Welt des Basketballsports komplett verändert. Und genau das wollte ich mit dem Schwimmen tun. Dass mir das gelungen ist, macht mich stolz und glücklich", sagte Phelps im Interview mit der *Welt*.

15. August 2008
Britta Steffen krault zum Olympiasieg

Darauf mussten die deutschen Schwimmer und Schwimmerinnen 16 Jahre lang warten. Britta Steffen schwamm bei den Olympischen Sommerspielen 2008 in Peking zur ersten deutschen Goldmedaille im Schwimmen seit 1992. In ihrer Paradedisziplin 100 Meter Freistil schlug Steffen nach 53,12 Sekunden mit vier Hundertstelsekunden Vorsprung als Erste im Ziel mit einem neuen olympischen Rekord an. Bei der Wende bei 50 Meter Freistil lag Steffen noch auf dem achten und letzten Platz. Dann kam ein fulminanter Schlussspurt der Deutschen. Auf den letzten Metern zog sie mit dem Anschlag noch an der Australierin Lisbeth Trickett vorbei. Auf den letzten Metern war sich Steffen sicher, dass sie eine Medaille erschwimmen würde. „Ich habe mir erst gedacht, genieße diesen Augenblick, was es auch geworden ist. Dann habe ich mich zur Anzeigetafel umgedreht und gedacht: ‚Haha, tatsächlich gewonnen'", schilderte sie. Als sie im Live-Interview auf Schwimmlegende Franziska van Almsick traf, brach es aus Steffen heraus. „Ich bin dir so dankbar", weinte Steffen und fiel van Almsick in die Arme. „Es ist ein Wahnsinnsgefühl. Ich hätte nie gedacht, dass mir hier der Durchbruch gelingt. Genauso wichtig wie der Sieg ist es mir, dass ich Kampf und Willen gezeigt habe", kommentierte Steffen ihre Goldmedaille. Es kam sogar noch besser. Zwei Tage später holte Steffen auch noch Gold über 50 Meter Freistil, erneut in olympischer Rekordzeit und dieses Mal mit einer Hundertstelsekunde Vorsprung. „Früher stand ich auf dem Startblock und dachte: ‚Na ja, reicht das überhaupt? Die anderen sind doch viel besser und sie haben viel bessere Bedingungen'", sagte Steffen nach ihrer zweiten Goldmedaille und den vielen Selbstzweifeln, die sie zuvor in ihrer Karriere hatte. 2008 wurde sie schließlich zur Sportlerin des Jahres in Deutschland gewählt. Seit dem Gold-Double von Steffen in Peking gab es keinen weiteren deutschen Olympiasieg in einem Schwimmbecken.

16. August 2016
Fabian Hambüchen turnt sich zum Olympiasieger

Das Reck gilt als Königsdisziplin im Turnen. Kaum jemand beherrschte dieses Turngerät so gut wie Fabian Hambüchen. Dreimal Europameister und einmal Weltmeister war der Deutsche bereits am Reck, doch mit dem Olympiasieg sollte es zunächst nicht klappen. Bei den Olympischen Sommerspielen 2008 in Peking ging Hambüchen als Topfavorit auf die Goldmedaille an den Start, musste sich nach einem Patzer aber mit Bronze begnügen. Vier Jahre später, bei den Olympischen Sommerspielen 2012 in London, turnte Hambüchen zwar tadellos, aber es reichte nur für die Silbermedaille. Die Olympischen Sommerspiele 2016 in Rio de Janeiro, seine vierte Olympiateilnahme, sollten die letzte große Chance des 28-Jährigen werden. Das Schicksal meinte es aber nicht gut mit Hambüchen, der im Olympiajahr wegen Verletzungen nicht viel trainieren konnte und im Wettkampf der acht besten Reckturner bereits als erster Starter ranmusste. Die Übung, die Hambüchen turnte, verlief nahezu fehlerfrei, bis auf einen kleinen Wackler bei der Landung. Würde es dieses Mal zu Gold reichen? Es klappte. Nach Bronze und Silber bei den beiden Olympischen Spielen zuvor hatte der Deutsche seinen großen Traum vom Olympiasieg realisiert. „Es ist die Erfüllung eines Traums. Ich bin einfach nur sprachlos", freute sich Hambüchen über die Krönung seiner Karriere. Die Nerven des Deutschen wurden nach seiner Übung aber gehörig auf die Probe gestellt. „Du gehst durch die Hölle, wenn du dastehst und sieben Leute abwarten musst. Du weißt, jeder kann mit einer perfekten Übung doch noch an dir vorbeigehen", sagte Hambüchen. Bereits vor dem Wettkampf war klar, dass dies die letzte Reckübung in der internationalen Karriere von Hambüchen sein würde. Es wurde eine Goldkür. Nach dem Olympiasieg wollte er das Reck unbedingt mit nach Deutschland nehmen. „Hey, Alter, das Ding musst du kaufen! Es wäre ja blöd, wenn ich das Ding hier stehen lasse", sagte er. Hambüchen bekam das Goldreck geschenkt, dass in seine Trainingshalle nach Wetzlar geliefert wurde. „Das ist eine nette Geste. Dass ich es geschenkt bekomme und es bis vor die Haustür geliefert wird, ist ein Traum. Wenn wir es in der Halle aufstellen, wird das ein Highlight", sagte der Olympiasieger. Die glanzvolle Karriere von Fabian Hambüchen endete mit einem großen Knall.

17. August 1987
Steffi Graf wird erstmals Nummer eins der Welt

Es war nur eine Frage der Zeit, bis Steffi Graf die Nummer eins der Welt im Damentennis werden würde. Dank ihres Turniersiegs in Los Angeles, wo sie im Finale mit 6:3, 6:4 gegen Chris Evert siegte, übernahm die 18-Jährige als erste Deutsche, sowohl männlich als auch weiblich, die Führung in der Weltrangliste und stieß Martina Navratilova vom Tennisthron. In den vergangenen 52 Wochen hatte Graf 81 ihrer 84 Matches gewonnen und dabei zwölf Turniere gewonnen. „Steffi ist die Spielerin des Jahres. Sie spielt großes Tennis, und aus ihr ist noch mehr rauszuholen", lobte Finalgegnerin Evert die Deutsche. „Ich kann nicht aufhören zu grinsen. Das fühlt sich großartig an. Wir haben gestern darüber gesprochen, als Chris gewonnen hat, wie meine Chancen sind, Nummer eins zu werden, wenn ich heute gewinne. Mein Vater sagte: ‚Nein, das ist nicht möglich.' Als ich heute gewonnen habe, bin ich zu meinem Vater gegangen und er sagte: ‚Du bist nun Nummer eins.' Ich war sehr überrascht", kommentierte Graf den Meilenstein in ihrer Karriere und kündigte an: „Jetzt bin ich am Ziel meiner Träume angelangt, und da will ich mich möglichst lange halten." Und die Deutsche hielt Wort. Sie blieb 186 Wochen in Folge die Nummer eins der Welt und führte die Weltrangliste insgesamt 377 Wochen an – immer noch Rekord im Damentennis. „Ich will absolute Perfektion erreichen. Und ich denke, dass ich das erreichen kann", sagte Graf zu ihrer aktiven Zeit. „Die Gräfin" kam auch nah heran an die Perfektion.

18. August 2016
Usain Bolt sprintet endgültig zur Legende

„Lightning Bolt" (Blitzschlag) nannten die Medien Usain Bolt. Keine Frage, der Jamaikaner ist nicht nur der beste Sprinter der Geschichte, sondern wohl auch der Mann, der die Leichtathletik am meisten prägte. Bolt inszenierte seine Rennen zu einer großen Show. Sein Charisma fesselte die Zuschauer. „Ich bin ein Sprinter, aber auch ein Entertainer", sagte er. Bei den Olympischen Sommerspielen 2016 in Rio de Janeiro schlug mal wieder der Blitz ein, als Bolt endgültig zur Legende sprintete. Der Jamaikaner hatte sich vorgenommen, erneut Gold über die 100 und 200 Meter zu gewinnen, genauso wie er es bei den Olympischen Sommerspielen 2008 in Peking sowie 2012 in London getan hatte. Gold über die 100 Meter hatte Bolt in Rio de Janeiro bereits gewonnen. Nun sollte auch der Olympiasieg über die 200 Meter folgen. Das Ziel des Jamaikaners war aber auch, unbedingt seinen 200-Meter-Weltrekord zu verbessern. Diesen verfehlte er zwar deutlich, aber er lief in 19,78 Sekunden souverän zu seinem sechsten Einzelgold bei Olympischen Spielen. Das 100/200-Meter-Gold-Triple in den Jahren 2008, 2012 und 2016 war damit perfekt. „Die Leute hier haben mir so viel Energie gegeben, so viel Liebe, das fühlt sich großartig an. Ich habe der Welt bewiesen, dass ich der Größte bin – dafür bin ich hergekommen", sagte Bolt. Ein wenig enttäuscht war der 29-jährige Jamaikaner, dass er seinen 200-Meter-Weltrekord von 19,19 Sekunden so klar verpasste. „Ich wusste, dass es schwer wird, den Rekord zu knacken. Ich habe es in meinen Beinen gespürt, fühlte mich etwas müde. Natürlich wollte ich schneller rennen und war kurz nach dem Ziel etwas enttäuscht. Früher musste ich nicht hart trainieren, um der Beste zu sein. Ich habe einfach das Leben genossen. Ich werde älter und erhole mich nicht mehr so gut wie früher. Ich wollte es, aber mein Körper hat es nicht mehr geschafft", sagte Bolt.

19. August 2008
Der emotionale Olympiasieg von Matthias Steiner

Als der Gewichtheber Matthias Steiner zu den Olympischen Sommerspielen 2008 in Peking reiste, konnte der Deutsche nicht ahnen, dass er für einen der emotionalsten Momente der Olympiageschichte sorgen würde. Ein Jahr zuvor war seine Frau Susann bei einem Verkehrsunfall ums Leben gekommen. Steiner, gebürtig aus Österreich, bekam Anfang 2008 die deutsche Staatsbürgerschaft, die er 2005 nach der Heirat mit Susann beantragt hatte. Bei Olympia in Peking war, wie in den letzten Monaten auch, ein Foto seiner verstorbenen Frau sein ständiger Begleiter. „Ich dachte ernsthaft ans Aufhören. Doch dann riss ich mich zusammen und wollte für uns beide Gold holen. Das hatte ich ihr ja versprochen. Ich habe alle meine Trauer und Wut in Energie umgesetzt", blickte Steiner in der *Sport Bild* zurück. Steiner ging im Gewichtheben in der Königsdisziplin, dem Superschwergewicht (über 105 Kilogramm), an den Start. Der Deutsche wuchs an diesem Tag über sich hinaus und verbesserte zunächst seine persönliche Bestmarke im Reißen auf 203 Kilogramm. Im Stoßen ließ Steiner im letzten Versuch 258 Kilogramm auflegen – acht Kilogramm mehr als seine Bestleistung. Steiner stemmte die 258 Kilogramm in die Höhe und schaffte das anscheinend Unmögliche. Goldmedaille für den Deutschen, der anschließend seinen Emotionen freien Lauf ließ, zu Boden sank und wie ein Irrwisch vor Freude umherhüpfte. „Ich wusste gar nicht, wohin mit meinen Emotionen. Ich war auf einmal wieder der Mensch Matthias und nicht die Maschine, die zu funktionieren hat. Ich hatte über alle die Jahre so hart für diesen Erfolg gearbeitet. Jetzt musste alles raus. Es war so, als wären tausend Ketten von mir abgefallen", sagte Steiner in der *Sport Bild*. Noch emotionaler wurde es dann bei der Siegerehrung, als Steiner das Bild seiner Frau, das ihn über die Jahre begleitete, mitnahm und bei der Medaillenübergabe unter Tränen in die Kamera hielt und den Olympiasieg seiner verstorbenen Frau widmete. „Dass ich das Foto hochhalte, war nicht geplant, sondern ein spontaner Einfall. Seit dem Unfall hatte ich das Foto ständig bei mir dabei – als eine Art Trauerbewältigung. Es stand auch im olympischen Dorf auf meinem Nachttisch, tagsüber hatte ich es im Rucksack dabei", blickte Steiner in der *Sport Bild* zurück. Aus dem vor Olympia recht unbekannten Steiner wurde dank des emotionalen Olympiasiegs ein deutscher Sportstar. Steiner wurde 2008 zum Sportler des Jahres in Deutschland gewählt. „Das Foto spiegelt einen Teil meines Lebens wider, der Narben hinterlassen hat", sagte Steiner über die berühmte Medaillenzeremonie in Peking.

20. August 2016 ⚽
Deutsche Fußball-Nationalmannschaft verliert Olympiafinale gegen Brasilien

Auf dieses Spiel hatten vor allem die Brasilianer hingefiebert. Im Finale des olympischen Fußballturniers bei den Olympischen Sommerspielen 2016 in Rio de Janeiro kam es im Maracana-Stadion zum Duell zwischen Brasilien und Deutschland. Für die Brasilianer saß der Stachel nach der 1:7-Halbfinalniederlage zwei Jahre zuvor bei der Heim-Weltmeisterschaft immer noch tief. Die ganze Nation erwartete von Brasiliens Olympiamannschaft die Goldmedaille. Bei der Olympiaauswahl dürfen in der Regel nur Spieler dabei sein, die bei der erfolgreichen Qualifikation 21 Jahre oder jünger sind. Drei Spieler im Aufgebot dürfen jedoch älter als 23 Jahre sein. Der Freiburger Nils Petersen und die beiden Bender-Zwillinge Lars und Sven gehörten aus deutscher Sicht zu den „Oldies" im Team, die älter als 23 waren. Bei den Brasilianern durfte unter anderem Superstar Neymar mitspielen. Und jener Neymar, der zwei Jahre zuvor im Halbfinale bei der Fußball-Weltmeisterschaft mit Verletzung gefehlt hatte, avancierte zum Matchwinner im Spiel um den Olympiasieg. Neymar brachte Brasilien in der ersten Halbzeit per Freistoß in Führung, Max Meyer glich in der zweiten Halbzeit aus. Das Finale musste im Elfmeterschießen entschieden werden. Hier trafen zunächst die ersten vier Schützen von beiden Mannschaften. Doch dann scheiterte Petersen am brasilianischen Torwart Weverton. Direkt danach verwandelte Neymar seinen Elfmeter zur Goldmedaille für Brasilien. „Das ist eines der besten Dinge, die mir je in meinem Leben passiert sind", sagte Neymar, nachdem er ein ganzes Land in Ekstase versetzte. „Wir mussten den brasilianischen Menschen eine Antwort geben. Ich bin sicher, dass dieser Sieg den Brasilianern Stolz und Selbstvertrauen gibt", sagte Brasiliens Trainer Rogerio Micale. Nachdem die DDR im Jahr 1976 die Goldmedaille bei Olympia gewann, wurde der zweite deutsche Olympiasieg im Männer-Fußball verpasst. „Es ist trotzdem kein bitterer Moment. Die Jungs haben hier Überragendes geleistet. Wir gehen aus dem Olympiaturnier als Gewinner, nicht als Verlierer. Ich bin rundum glücklich, auch wenn ich natürlich gerne Gold gehabt hätte", sagte Trainer Horst Hrubesch.

21. August 1982 ⚽
Das Einwurftor von Uwe Reinders

Es gibt zahlreiche kuriose Tore in der Geschichte der Fußball-Bundesliga. Eines wie dieses gab es bis zu diesem Zeitpunkt noch nicht. Im Spiel zwischen dem SV Werder Bremen und dem FC Bayern München, am ersten Spieltag der Bundesligasaison 1982/1983, sorgte Werder-Spieler Uwe Reinders für ein Kuriosum. Reinders war bekannt für seine gefährlichen Einwurfflanken. „Ich weiß nicht, warum ich diese Fähigkeit hatte. Ich habe diese auch nicht speziell trainiert. Irgendwann kam mein Trainer drauf, dass ich bis zum Tor werfe. Und dann haben wir es als Standardsituation genutzt", sagte Reinders über seine Einwurfflanken. Dass sein Einwurf in der 44. Spielminute dann zum 1:0 im Netz landete und auch noch ein regulärer Treffer war, überraschte dann aber auch Reinders. Er schleuderte den Ball mit der Hilfe des Rückenwindes im Weserstadion in Richtung Fünfmeterraum. Bayern-Torwart Jean-Marie Pfaff stürmte aus dem Tor heraus, schätzte den Ball aber falsch ein. Pfaff ließ den Ball über seine Fingerspitzen gleiten, der ins Tor trudelte. Der Treffer wurde allerdings nicht als Tor von Reinders gewertet, sondern als Eigentor von Pfaff. Besonders bitter für den belgischen Torwart: Es war nicht nur der 1:0-Siegtreffer für Bremen, sondern auch sein erstes Spiel im Bayern-Trikot. „Planen kann man das sicher nicht. Aber trainieren. Bremen ist eine windige Ecke und an diesem Tage hatte wohl mein Einwurf einen Extradrall. Pfaff versuchte, den Ball zu bekommen, erwischte ihn mit den Fingerspitzen, von da fand das Leder den Weg ins Tor", sagte Reinders über eines der kuriosesten Tore der Bundesligageschichte. Pfaff wurde gleich in seinem ersten Spiel zur Lachnummer. Denn hätte er den Ball nicht berührt, hätte das Tor nicht gezählt. Es wäre mit Abstoß weitergegangen. „Ich muss doch vorher nicht das Regelbuch lesen", zeigte sich Pfaff nach dem Patzer in seinem ersten Bundesligaspiel zerknirscht. Für den Fehlgriff wollte er sich aber nicht die Hauptschuld geben. „Ich gehe raus und mein Ellbogen prallt mit dem Ellbogen von Klaus Augenthaler zusammen. Niemand ist schuld. Es ist ein Unfall", blickte Pfaff zurück. Erst spät konnte er über sein Missgeschick lachen. „Drei Hände, die für ein Tor sorgen, das gibt's nicht oft", sagte Pfaff in einem Interview mit dem *Kicker*. Geschadet hat es der Karriere von Pfaff nicht. Der Belgier blieb sechs Jahre Bayern-Torwart und entwickelte sich zum Publikumsliebling. „Das Tor war positiv für mich. Ich war sofort überall bekannt, im Fernsehen wurde es zehnmal wiederholt", sagte Pfaff. Und Reinders? Der Bremer sicherte nicht nur sich selbst, sondern auch Pfaff einen dauerhaften Platz im Kuriositätenkabinett der Fußball-Bundesliga. Und das völlig ungewollt: „Es war immer angedacht, dass ich den Ball an den Fünfmeterraum werfe, Rudi Völler verlängert und zwei, drei Mann von hinten reinlaufen. Ich Idiot habe einfach zu weit geworfen", sagte Reinders mit einem Lächeln über seinen legendären Einwurf.

22. August 1981
Der „Tree Shot" von Bernhard Langer

Dieser kuriose Schlag machte Bernhard Langer schlagartig berühmt. Beim Benson & Hedges International im Fulford Golf Club landete der zweite Schlag des 23-jährigen Deutschen nicht, wie anvisiert, in der Nähe der Fahne auf dem Grün, sondern in der Krone einer riesigen Eiche. „1981 wurde ich zu einem weltberühmten Golfer in einer ziemlich amüsanten Weise. Auf dem 17. Loch habe ich mit dem Eisen 9 aufs Grün gezielt. Ich habe den Schlag nach links verzogen und einen riesigen Eichenbaum getroffen. Ich hörte, wie der Ball zwei oder dreimal den Baum traf, aber ich habe ihn nicht zu Boden fallen sehen. Sekunden später begannen die Zuschauer zu lachen. Der Ball hing circa viereinhalb Meter hoch in einer kleinen Astgabelung fest", schilderte Langer den Schlag in seiner Biografie. Die Zuschauer, die direkt am Grün waren, trauten ihren Augen nicht, als Langer keinen Strafschlag in Kauf nahm, sondern auf den Baum kletterte, um den Ball aufs Grün zu spielen. „Das müsste eine der unglaublichsten Szenen im Golf sein", erzählte der TV-Kommentator über Langers Versuch, den Ball vom Baum zu spielen. „Als ich nach oben klettern wollte, lachten mich die Zuschauer aus", kommentierte Langer im Anschluss an seinen „Tree Shot". Der Deutsche blieb cool und beförderte den Ball sicher aufs Grün und lochte anschließend den Ball ein. Noch heute ziert der Baum am 17. Loch im Fulford Golf Club eine Gedenktafel in Erinnerung an den „Tree Shot" von Langer, der ihn ins öffentliche Rampenlicht beförderte. In den kommenden Jahren machte Langer dann mit seinem Masters-Sieg und als erster Weltranglistenerster im Golf auf sich aufmerksam.

23. August 2020
Sophia Popov wird erste deutsche Major-Siegerin im Golf

Dieser Sieg kam aus dem Nichts. Sophia Popov schrieb deutsche Sportgeschichte, indem sie die British Open gewann und als erste Deutsche überhaupt bei einem Major-Turnier im Golf triumphierte. Die 27-jährige Deutsche ging als Führende in die Schlussrunde. „Meinen Namen da oben zu sehen, wäre noch vor ein oder zwei Wochen völlig utopisch gewesen. Mein Freund Max ist hier mein Caddie, das hilft. Am letzten Tag heißt es nur: ich gegen Druck", sagte Popov vor der Schlussrunde. Sie hielt dem Druck stand, spielte eine starke 68er-Runde zum Schluss und verteidigte Platz eins. Mit zwei Schlägen Vorsprung führte sie das Gesamtklassement an. Als Nummer 304 der Welt war keine Golferin bei einem Major-Sieg niedriger platziert als Popov. „Ehrlicherweise weiß ich gar nicht, ob ich ein Wort rausbekomme. Es ist echt unglaublich", sagte Popov mit tränenerstickter Stimme, die nach Bernhard Langer (Masters 1985, 1993) und Martin Kaymer (PGA Championship 2010, US Open 2014) als dritte Deutsche bei einem Major siegte, aber als erste Frau. „Es steckte sehr viel harte Arbeit dahinter und ich habe in den letzten Jahren sehr hart kämpfen müssen. Ich wusste, dass ich es draufhabe, aber mir wurden viele Steine in den Weg geworfen. Vor einem Jahr hätte ich fast mit Golf aufgehört – zum Glück habe ich das nicht. Ich war heute so nervös. Ich bin meinem Freund so dankbar, dass er mir geholfen hat, ruhig zu bleiben", sagte Popov.

24. August 1963 ⚽
Der Treffer, den kaum jemand sah:
Das erste Tor der Bundesligageschichte

Der Startschuss für die Fußball-Bundesliga begann mit einer Panne. Nach 58 Sekunden erzielte der Dortmunder Timo Konietzka in Bremen das erste Tor der Bundesligageschichte. Blöd nur, dass es von diesem historischen Treffer keine Videoaufzeichnungen gibt. Nur die 30.000 Zuschauer im Bremer Weserstadion wurden Zeitzeugen dieser Premiere. Da die Partie eine Minute zu früh vor der offiziellen Anstoßzeit von 17 Uhr angepfiffen wurde, war der Kameramann noch nicht auf seinem Posten, als Bundesligageschichte geschrieben wurde. Da es die einzige Kamera im Stadion war, blieb der Bildschirm schwarz, als Konietzka den Ball einnetzte. „Der Ball kam nach links auf Lothar Emmerich. ‚Emma' lief bis zur Grundlinie und flankte zur Mitte. Ich stand etwa zehn Meter vom Tor entfernt und brauchte nur noch den Fuß hinzuhalten", schilderte Konietzka sein Tor, das kaum einer sehen konnte. Auch Fotoaufnahmen existieren von dem Treffer nicht, da sich auch die Fotografen zu spät positionierten und nur noch den Jubel von Lothar Emmerich im Bild einfangen konnten. Obwohl es keine Video- und Fotoaufnahmen von dem ersten Bundesligator gibt, begleitete Konietzka dieser Treffer sein Leben lang. „Dieses Tor hat mein Leben geprägt. Ich habe in meiner

Karriere viel schönere Tore geschossen, aber dieses in Bremen hat mir am meisten genutzt", sagte Konietzka. Borussia Dortmund verlor das Spiel beim SV Werder Bremen übrigens mit 2:3.

25. August 1991
Michael Schumacher fährt sein erstes Formel-1-Rennen

Sieben WM-Titel, 91 Rennsiege, 68 Pole-Positionen: Die Formel-1-Karriere von Michael Schumacher ist einzigartig. Der Startschuss für seine Karriere fiel beim Großen Preis von Belgien in Spa-Francorchamps. Dass Schumacher im Jordan-Ford fahren durfte, lag unter anderem daran, dass Jordan-Fahrer Bertrand Gachot verhaftet wurde, nachdem er einen Taxifahrer mit Reizgas besprüht haben soll. Als Ersatzfahrer wurde Schumacher verpflichtet, aber auch nur deshalb, weil sein Manager Willi Weber zu einer Notlüge griff. Er erzählte Teamchef Eddie Jordan, dass Schumacher die Strecke in Spa-Francorchamps bereits gut kennen würde. „Spa ist die gefährlichste Rennstrecke der Welt. ‚Wie gut kennt er sie?'", fragte mich Jordan. Ich habe dann natürlich gesagt, er kennt sie sehr gut. Er ist sie schon oft gefahren. Das entsprach nicht der Wahrheit. Wenn ich gesagt hätte, er kennt die Strecke nicht, dann hätte ich vielleicht nie die Möglichkeit gehabt, ihn ins Rennen zu bringen", erzählte Schumacher-Manager Weber. Schumacher hatte den Kurs zuvor noch nie gefahren und fuhr die Strecke erst an jenem Wochenende erstmals mit einem Fahrrad ab. Schumacher bekam nach der Notlüge das Cockpit für Spa-Francorchamps. Mit seinem Manager Weber übernachtete der 22-Jährige während des Rennens aufgrund von Bettenmangel in einer Jugendherberge. Im Qualifying zeigte Schumacher seine fahrerische Klasse und fuhr im unterlegenen Jordan-Ford den siebten Startplatz heraus. „Ich war selbst davon überrascht, wie entspannt ich vor dem Start gewesen bin. Vielleicht, weil alles gepasst hat. Richtiger Ort, richtige Zeit, richtiges Auto, richtige Leute. Ich kann auf mir unbekannten Strecken deshalb so schnell sein, weil mir das irgendwie im Blut liegt. Ich muss mich nicht lange an ein Auto gewöhnen, sondern kann mich gleich reinsetzen und am Limit fahren", sagte Schumacher im Rückblick auf seine erste Fahrt als Formel-1-Pilot. Im Rennen legte Schumacher ebenfalls einen Traumstart hin, überholte in der ersten Runde Jean Alesi im Ferrari und Nelson Piquet im Benetton-Ford. Nach 700 Metern war das erste Formel-1-Rennen von Schumacher bereits beendet. Ein Kupplungsschaden ließ eine Weiterfahrt nicht mehr zu. Schumacher hinterließ bei seinem Debüt dermaßen viel Eindruck, dass Flavio Briatore, der Chef vom Benetton-Team, ihn sofort verpflichtete. Zwei Wochen später startete Schumacher beim Großen Preis von Italien in Monza neben dem dreimaligen Weltmeister Nelson Piquet im Benetton-Ford und fuhr sowohl im Qualifying als auch im Rennen schneller als sein Teamkollege. Nach dem fünften Platz im Rennen war Schumacher endgültig angekommen in der Formel 1. Ohne die Notlüge von seinem Manager Weber wäre es vielleicht alles ganz anders gekommen.

26. August 2004
Hockey-Damen werden sensationell Olympiasieger

Diese Goldmedaille kam ziemlich überraschend. Die deutschen Hockey-Damen spielten bei den Olympischen Sommerspielen 2004 in Athen nicht wirklich ein überragendes Turnier, dennoch sicherten sie sich zum ersten Mal den Olympiasieg. In der Vorrunde hatte die Mannschaft von vier Partien zwei Partien mit drei Toren Unterschied verloren und zwei mit einem Tor Vorsprung gewonnen. Dennoch reichte dies für Gruppenplatz zwei und zum Einzug ins Halbfinale, weil sich die anderen Mannschaften gegenseitig die Punkte weggenommen hatten. Auch im Halbfinale gegen China legte das Team keine Glanzleistung hin. Nach dem 0:0 nach regulärer Spielzeit und nach Verlängerung gewann man mit 4:3 im Siebenmeterschießen. Im Endspiel ging es gegen die Niederlande, gegen die man in der Vorrunde mit 1:4 verloren hatte. Gegen den haushohen Favoriten gelang den deutschen Hockey-Damen das beste Spiel des Turniers. Am Ende gewann Deutschland mit 2:1 und war erstmals Olympiasieger im Damen-Hockey. 70 Sekunden vor Schluss rettete Torfrau Louisa Walter mit einem Hechtsprung den Sieg. „Ein Traum ist in Erfüllung gegangen. Das Ganze kommt mir vor wie ein Märchen", jubelte Natasha Keller. Das komplette Team konnte den Gewinn der Goldmedaille nicht fassen. „Ich weiß gar nicht, was ich sagen soll, nun ist es doch passiert. Wir haben heute alle Möglichkeiten ausgeschöpft. Wir haben uns vor allem nicht in die Hosen gemacht wie im Gruppenspiel und sind unter dem Dauerdruck nicht zusammengebrochen. Wir machen uns jetzt einen schönen Abend und realisieren genüsslich, was wir erreicht haben", sagte Bundestrainer Markus Weise. „Das haben wir uns selbst in unseren kühnsten Träumen nicht vorstellen können. Wir haben unglaublich gekämpft, alles ist einfach geil", freute sich Silke Müller über den ersten und bislang einzigen Olympiasieg der deutschen Hockey-Damen.

27. August 2004
Birgit Fischer paddelt sich in die Geschichtsbücher

Acht Goldmedaillen, viermal Silber: Birgit Fischer ist die erfolgreichste deutsche Olympiateilnehmerin überhaupt – bei Damen und Herren. In der ewigen Bestenliste liegen nur fünf Athleten bei Olympischen Sommerspielen vor der Kanutin. Die olympische Erfolgssaga von Fischer begann im Jahr 1980 bei den Olympischen Sommerspielen in Moskau und endete 2004 bei den Olympischen Sommerspielen in Athen. Bei ihrer letzten Olympiateilnahme gewann Fischer im Kajak-Vierer über 500 Meter ihre achte Goldmedaille – und das im Alter von 42 Jahren. Den historischen Erfolg schilderte Fischer dem *Spiegel* wie folgt: „Ich paddle, so schnell ich kann. Meine Lunge rasselt, meine Arme brennen wie Feuer. Wir sind gleichauf. Wir gehen in Führung. Fünf Meter vor dem Ziel weiß ich, dass es reicht. Noch vier Meter, drei, zwei, noch ein Meter ... geschafft! Ich reiße die Arme in die Luft, schreie. Erst war ich glücklich, überhaupt in Athen zu sein, und nun bin ich Olympiasiegerin. Damit habe ich selbst nicht gerechnet. Ich hatte drei Jahre nicht mehr im Kanu gesessen, als ich mich entschloss, ein Comeback zu wagen. Ich habe auch nur 303 Tage trainiert, mehr Vorbereitungszeit hatte ich nicht. Zwischendurch kamen mir immer wieder Zweifel: Warum tust du dir das an? Bist du nicht schon zu alt? Daher hat dieser Erfolg einen ganz besonderen Stellenwert. Ich bin 42 und zweifache Mutter, meine Partnerinnen im Boot könnten meine Töchter sein. Ich bin zum sechsten Mal bei Olympia und habe gerade meine achte Goldmedaille gewonnen – 24 Jahre nach dem ersten Triumph."
Einen Tag später gewann Fischer noch Silber im Kajak-Zweier über 500 Meter. Durch ihre Erfolge in Athen wurde sie die erste weibliche Athletin, die bei sechs Olympischen Spielen (1980 in Moskau, 1988 in Seoul, 1992 in Barcelona, 1996 in Atlanta, 2000 in Sydney und 2004 in Athen) eine Goldmedaille holte. Zudem wurde sie die erste Person überhaupt, die zwei oder mehr Medaillen bei fünf Olympischen Spielen gewann. Nicht auszudenken, was die „Grande Dame der Gewässer" noch erreicht hätte, wenn sie 1984 bei den Olympischen Sommerspie-

len in Los Angeles hätte starten dürfen. Doch die damalige DDR entschloss sich zum Olympiaboykott. „Die achte Goldmedaille ist die Schönste. Man muss ja in meinem hohen Alter immer befürchten, dass es die letzte ist. Meine erste 1980 in Moskau im Einer war schön, auch die 1992. Aber nach all den Jahren noch einmal ganz oben zu stehen, ist schon etwas ganz Spezielles", sagte Fischer über ihren letzten Goldcoup von Athen.

28. August 1972
Mark Spitz beginnt Goldregen bei Olympia in München

Sieben Starts, sieben Goldmedaillen, sieben Weltrekorde: Die Olympischen Sommerspiele 1972 in München standen ganz im Zeichen des Schwimmers Mark Spitz. Der 22-jährige US-Amerikaner avancierte zum Superstar von Olympia. Über 200 Meter Schmetterling schwamm Spitz mit neuer Weltrekordzeit zu seiner ersten Goldmedaille. Am gleichen Tag folgte noch der Olympiasieg mit der 4 x 100-Meter-Freistil-Staffel, ebenfalls in neuer Weltrekordzeit. Es kamen im Laufe der nächsten Tage noch fünf weitere Goldmedaillen hinzu. „Jede von ihnen bedeutet mir tatsächlich gleich viel, weil alle erst zusammen dieses große Ganze ergeben. Wenn ich mir aber ein Gold aussuchen müsste, bleibt mir definitiv das erste Rennen besonders im Kopf. Ich war damals der Weltrekordler über 200 Meter Schmetterling und hätte ich da nicht gewonnen, wäre vielleicht alles nicht so glänzend ausgegangen", erinnerte sich Spitz 50 Jahre nach seinen Goldspielen von München in der *Bild am Sonntag*. Spitz ging mit etwas Wut im Bauch in die Olympischen Spiele in München. Vier Jahre zuvor in Mexiko-City hatte er „nur" zweimal Gold in Staffelrennen gewonnen. In den Einzelwettbewerben jeweils einmal Silber und Bronze gewonnen. Sechs Goldmedaillen hatte Spitz zuvor als Ziel ausgegeben und dieses Ziel klar verfehlt. In München überstrahlte der US-Amerikaner mit dem markanten Schnauzbart alles mit seinen sieben Olympiasiegen. Nach dem Goldregen von München beendete Spitz seine Karriere. „Ich kann aufhören mit dem Gedanken, dass ich es nicht besser machen konnte", sagte Spitz, der aus seinen Erfolgen wirtschaftliches Kapital schlagen wollte. „Das war eine Frage des Timings, des Hypes, der wirtschaftlichen Cleverness und nicht zuletzt des Aussehens. Ich war ein Pionier. Niemand vor mir hat so viel Nutzen aus seinen olympischen Erfolgen gezogen wie ich", sagte Spitz. Sein Rekord von sieben

Goldmedaillen bei einer Olympiateilnahme wurde im Jahr 2008 gebrochen, als sich Michael Phelps bei den Olympischen Sommerspielen in Peking acht Goldmedaillen erschwamm. Spitz ließ sich im Jahr 1992 zu einem Comeback hinreißen, als ihm ein Filmemacher eine Prämie von einer Million US-Dollar für eine erfolgreiche Qualifikation für die Olympischen Sommerspiele in Barcelona anbot. „Gott gab mir einen Schwimmkörper – wieso soll mir nicht ein letzter Erfolg gelingen?", sagte der US-Amerikaner. Spitz, 42 Jahre alt, schwamm zwar ähnliche Zeiten wie 20 Jahre zuvor, scheiterte aber knapp an der Norm für die Olympiateilnahme.

29. August 2004
Michael Schumacher gewinnt seinen letzten WM-Titel

In der Formel-1-Saison 2004 fuhr sich Michael Schumacher in einen Rausch. Mit seinem Team Ferrari hatte er die Weltmeisterschaft von 2000 bis 2003 gewonnen. Der Titelgewinn im Jahr 2004 war auch nur eine Frage der Zeit. Schumacher dominierte die Formel 1 nach Belieben. Vor dem 14. Saisonrennen, dem Großen Preis von Belgien in Spa-Francorchamps, hatte der Deutsche zwölf (!) von 13 Saisonrennen gewonnen. Dass er immer noch nicht Weltmeister war, lag daran, dass sein Ferrari-Teamkollege Rubens Barrichello ebenfalls eine überragende Saison fuhr. In Spa-Francorchamps reichte Schumacher im 700. WM-Rennen für Ferrari ein zweiter Platz für den vorzeitigen Gewinn der Weltmeisterschaft – der vierte Titel in Serie, der siebte insgesamt. „Es bedeutet mir sehr viel, ausgerechnet in Spa-Francorchamps im 700. Grand Prix von Ferrari meinen siebten Titel zu gewinnen. Das ist etwas ganz Besonderes", sagte Schumacher, der 13 Jahre zuvor in Spa-Francorchamps sein erstes Formel-1-Rennen fuhr. Es blieb der letzte WM-Titel des Deutschen. Die sieben WM-Titel von Schumacher sind bis heute Rekord, auch wenn er nicht mehr alleiniger Rekordweltmeister ist, nachdem Lewis Hamilton im Jahr 2020 ebenfalls seinen siebten WM-Titel gewann.

30. August 1991
Mike Powell springt Fabelweltrekord im Weitsprung

Es schien so, dass der Jahrhundertsprung von Bob Beamon im Weitsprung im Jahr 1968 mit 8,90 Meter ein Weltrekord für die Ewigkeit sein könnte. Dann kam die Leichtathletik-Weltmeisterschaft 1991 in Tokio mit dem besten Wettkampf der Weitsprunggeschichte. Superstar Carl Lewis sprang im dritten Versuch 8,91 Meter. Das bedeutete natürlich die Führung im Wettkampf, aber als gültiger Weltrekord wurde der Sprung von Lewis nicht anerkannt. Der Rückenwind mit 2,9 Meter pro Sekunde war zu stark. Für Lewis war in diesem Moment klar, dass dieser Sprung die sichere Goldmedaille bedeuten würde. Wer sollte denn noch weiter springen als 8,91 Meter, schon gar nicht sein ewiger Rivale Mike Powell, der in keinem Wettkampf gegen Lewis gewinnen konnte. Im fünften Versuch gelang Powell dann ein neuer Jahrhundertsprung: 8,95 Meter! Anders als bei Lewis galt dies auch als Weltrekord, da der Rückenwind nur 0,3 Zentimeter pro Sekunde betrug. Lewis hatte noch zwei Versuche, einen draufzusetzen. Mit 8,87 Meter und 8,84 Meter sprang Lewis zwar zwei weitere Fabelweiten, doch der WM-Titel und der Weltrekord gehörten seinem Rivalen Mike Powell. „Er hat ja nur einen guten Sprung gehabt", schimpfte Lewis. Angetrieben vom siegessicheren Verhalten von Lewis, gelang Powell der große Sprung. „Wenn man ihn so sah, hätte man glauben können, der Wettkampf sei entschieden und vorbei. Das hat mich geärgert. Ich war zornig, aber ich habe meine Energie kanalisieren können", sagte er der *Süddeutschen Zeitung*. Powell wurde über Nacht zu einem der bekanntesten Sportler weltweit. „Der Weltrekord hat mein Leben verändert. Vorher kannte mich kaum einer, seither die ganze Welt", sagte er. Ein Jahr später sprang Powell in Siestre sogar 8,99 Meter weit. Doch ein viel zu starker Rückenwind ließ die Anerkennung als Weltrekord nicht zu. Die 8,95 Meter aus Tokio sind bis heute der gültige Weltrekord im Weitsprung.

31. August 1972
Heide Rosendahl springt zu Olympiagold

Am fünften Wettkampftag der Olympischen Sommerspiele 1972 in München wurde endlich der Bann gebrochen. Heide Rosendahl sprang mit Nickelbrille und rot-weißen Ringelsocken im Weitsprung zum Olympiasieg und sicherte die erste Goldmedaille für das deutsche Team in München. Im ersten Versuch setzte Rosendahl 6,78 Meter in den Sand, es war bereits die Goldweite. Die Bulgarin Diana Jorgova sprang einen Zentimeter kürzer als die Deutsche. „Ich sprang bei diesem Wettkampf vor meinen Gegnerinnen. Das lag mir nicht. Ich bin immer lieber nach meinen Gegnerinnen gesprungen und wusste, dass ich eine Weite vorlegen muss. Ich wollte mir noch etwas für die letzten beiden Versuche aufsparen und eine gute 6,60 Meter hinlegen. Dass es dann 6,78 Meter wurde, darüber war ich gar nicht so glücklich, weil ich Diana Jorgova damit etwas gereizt hatte", blickte Rosendahl auf ihre erste Goldmedaille zurück. „Vier Jahre vorher in Mexiko-City war ich im Weitsprung wegen einer Krankheit nur Achte geworden. Im Fünfkampf war ich die Favoritin, aber dann riss mir beim Aufwärmen ein Muskel im Bein, damit waren die Spiele 1968 vorbei. 1972 in München wusste ich, dass es von meinem Leistungsvermögen her klappen könnte. Ich wollte unbedingt Gold und habe mich entsprechend vorbereitet und motiviert", sagte Rosendahl dem *Spiegel*. Nach dem Weitsprunggold sicherte sich Rosendahl auch noch die Silbermedaille im Fünfkampf und lief die 4 x 100-Meter-Staffel zur Goldmedaille. Rosendahl wurde zum deutschen Gesicht der Olympischen Spiele in München. Ihr Bekanntheitsgrad belief sich nach dem Gewinn ihrer Medaillen auf 97 Prozent. „Man gerät in so eine Situation ja nicht von heute auf morgen. Ich war vorher ja schon Europameisterin und Weltrekordhalterin. Man wächst in so etwas hinein. Was nicht alltäglich war, war das Stadion mit 80.000 Menschen, die alle meinen Namen schrien. Da muss man schon einen Tunnel aufmachen, in den man sich reinkonzentriert. Wenn man dann auf dem Siegertreppchen steht, bekommt man dann schon eine Bestätigung: ‚Du hast das geschafft, du hast irgendwo alles richtig gemacht.' Das geht wie ein richtiges Wohlempfindengefühl durch den Körper", sagte sie in einem Interview mit der *Deutschen Welle*. Ende 1972 wurde Rosendahl zum zweiten Mal nach 1970 zur Sportlerin des Jahres in Deutschland gewählt.

SEPTEMBER: KARRIEREENDEN UND HOLE-IN-ONE

1. September 2021
Der Torrekord von Cristiano Ronaldo

Wer ist der torgefährlichste Fußballspieler der Geschichte? Diese Frage kann man leicht beantworten: Es ist eindeutig Cristiano Ronaldo. Der Portugiese hat das Spiel als Stürmer auf eine neue Ebene gebracht und zahlreiche Rekorde aufgestellt. Kein Spieler hat in offiziellen Spielen, in Spielen in der Champions League sowie bei Europameisterschaften mehr Tore erzielt als Ronaldo. Ein Rekord, der in Stein gemeißelt schien, war Ronaldo aber besonders wichtig: der Rekordtorschütze in Länderspielen. Viele Jahre hielt diesen Rekord Ali Dae, der für den Iran 109 Tore schoss. Dae profitierte dabei aber auch von den nicht allzu guten Gegnern, gegen die der Iran hauptsächlich spielte. Im Juni 2021 war Ronaldo am Zwischenziel angekommen. Er erzielte sein 109. Länderspieltor im 178. Spiel für Portugal. Einige Wochen später bot sich Ronaldo in Faro im WM-Qualifikationsspiel gegen Irland die Chance auf den alleinigen Rekord. Als in der zehnten Spielminute ein Elfmeter für Portugal gepfiffen wurde, schien alles angerichtet zu sein für den neuen Torrekord. Ronaldo schnappte sich wie üblich in Portugals Mannschaft den Ball für den Elfmeter. Doch der 36-Jährige zeigte Nerven. Nachdem Irlands Verteidiger Dara O'Shea den Ball vom Elfmeterpunkt kickte, reagierte Ronaldo ungehalten und schlug leicht in Richtung des Iren. Es dauerte fünf Minuten, bis der Elfmeter ausgeführt werden konnte – und Ronaldo verschoss. Es sah alles nach einem gebrauchten Abend für den Portugiesen aus, als Irland bis zur 89. Spielminute mit 1:0 führte. Doch dann kam mal wieder die große Ronaldo-Show. Der Stürmer traf per Kopfball zum 1:1 und machte sich mit seinem 110. Länderspieltreffer zum alleinigen Rekordhalter. Doch damit nicht genug. Die Nachspielzeit war bereits abgelaufen, als Ronaldo in der 96. Spielminute wieder per Kopf zum 2:1 traf – sein

111. Länderspieltor. Nach dem Tor riss sich der Portugiese das Trikot vom Leib und machte seine unnachahmliche Jubelgeste. Der Abend, der für Ronaldo so bitter begonnen hatte, hätte nicht viel märchenhafter enden können. „Ich bin so glücklich. Wir haben bis zum Ende an uns geglaubt. Diese Tore widme ich allen Portugiesen und dem gesamten Team. Ich freue mich nicht nur über den Rekord, sondern auch über den besonderen gemeinsamen Augenblick", sagte Ronaldo über seinen neuen Torrekord, den er danach noch weiter ausbaute.

2. September 1991
Die große Show von Jimmy Connors bei den US Open

Die 1991er-Ausgabe der US Open im Tennis wird immer verbunden sein mit dem Sensationslauf von Jimmy Connors. Der 39-jährige US-Amerikaner war in der ersten Runde schon so gut wie ausgeschieden und spielte sich dann sensationell bis ins Halbfinale vor. Das emotionalste und verrückteste Match spielte Connors im Achtelfinale gegen Landsmann Aaron Krickstein – an seinem 39. Geburtstag. In einem 4:41 Stunden andauernden Kampf rang Connors den 15 Jahre jüngeren Krickstein nieder. Connors zog die Zuschauer in New York in seinen Bann. Er jubelte ausgelassen, schimpfte wie ein Rohrspatz und legte sich mit dem Schiedsrichter an. „Ich bin 39 Jahre alt und reiße mir hier den Hintern auf und du machst so etwas. Verschwinde aus dem Stuhl!", fauchte Connors den Schiedsrichter im Tiebreak des zweiten Satzes nach einer knappen Entscheidung an. Im fünften Satz lag Connors mit 2:5 zurück. Seinen Zorn bekam erneut der Schiedsrichter zu spüren. „Du bist eine Missgeburt. Wir spielen hier seit 3:50 Stunden. Was machst du eigentlich hier?", giftete Connors und kassierte dafür nicht einmal eine Verwarnung. Connors kämpfte sich zurück ins Match, das im Tiebreak entschieden wurde. „Dafür sind alle gekommen. Das ist, was alle wollen", schrie Showman Connors vor dem Tiebreak in das Fernsehmikrofon. Der Altstar gewann den Tiebreak und machte sich damit selbst das schönste Geburtstagsgeschenk – 3:6, 7:6 (10:8), 1:6, 6:3, 7:6 (7:4) hieß es am Ende. Connors und das Publikum tobten vor Ekstase. „So ein Match mit 7:6 im fünften Satz zu gewinnen, dafür lebe ich!", sagte der euphorisierte Connors. Die 20.000 Zuschauer im Louis Armstrong Stadium stimmten „Happy Birthday" für den 39-Jährigen an, der damit das 17. Viertelfinale bei seinen letzten 18 US-Open-Teilnahmen erreichte: ein überragender Rekord. Die Connors-Show in New York endete dann schließlich im Halbfinale.

3. September 2006
Benjamin Becker beendet Karriere von Andre Agassi

Benjamin Becker erfuhr weltweite Berühmtheit, indem er die Tenniskarriere von Andre Agassi beendete. Der 36-jährige US-Amerikaner hatte vorher angekündigt, dass die US Open sein letztes Turnier sein werden. Nachdem Agassi in den ersten beiden Runden in fünf Sätzen gewonnen hatte, rechneten alle mit einem schnellen Sieg in der dritten Runde gegen Becker. Doch es kam anders. Der Deutsche, damals die Nummer 112 der Welt, spielte eines seiner besten Matches und besiegte Agassi mit 7:5, 6:7 (4:7), 6:4, 7:5. „Es war auch für mich ein schwerer, ein emotionaler Moment. Ich habe mich gefreut und war traurig zugleich", sagte Becker. Agassi gewann in seiner Karriere alle Grand-Slam-Turniere, dazu den Davis Cup und Einzelgold bei Olympia. Außerdem führte er die Weltrangliste 101 Wochen lang an. Wegen seines Charismas gilt Agassi als einer der einflussreichsten Spieler im Tennis. Die Heirat mit Steffi Graf steigerte die Popularität von Agassi noch einmal weiter. Nach dem Sieg von Becker und dem damit verbundenen Karriereende von Agassi wurde der US-Amerikaner auf dem Platz minutenlang gefeiert. Agassi hielt anschließend eine emotionale Abschiedsrede. „Die Anzeigentafel sagt, dass ich heute verloren habe, aber was die Anzeigentafel nicht sagt, ist das, was ich gefunden habe. In den letzten 21 Jahren habe ich Loyalität gefunden. Ich habe Inspiration gefunden. Ihr habt mir den Willen gegeben, um manchmal in meinen schwächsten Momenten Erfolg zu haben. Und ich habe Großzügigkeit gefunden. Ihr habt mir eure Schultern gegeben, um darauf zu stehen, um nach meinen Träumen zu greifen. Träume, die ich nie ohne euch erreicht hätte. In den letzten 21 Jahren habe ich euch gefunden. Ich werde euch und die Erinnerung an euch für den Rest meines Lebens behalten. Vielen Dank", sagte Agassi nach seinem letzten Match in seiner Ansprache an das Publikum. „Ich habe Agassi immer nachgeeifert. Als ich dann derjenige war, der seine Karriere beendet hat, habe ich mich schlecht gefühlt. Es hat mich geplagt. Ich dachte, ich sei es nicht wert, ausgerechnet Agassi, der so viel für diesen Sport getan hat, als Letzter zu schlagen. Mir wäre es lieber gewesen, wenn ihn Andy Roddick, der damals in der nächsten Runde auf mich wartete, rausgeschmissen hätte", sagte Becker rückblickend dem *Spiegel*. Roddick, der im Falle eines Sieges von Agassi im Achtelfinale gegen seinen Landsmann gespielt hätte, sagte mit etwas Erleichterung, dass er nicht die Karriere von Agassi beenden musste: „Man will nicht der Kerl sein, der Bambi erschießt."

4. September 1972
Ulrike Meyfarth: Mit 16 zum sensationellen Olympiasieg

13 Goldmedaillen gewann das Team der Bundesrepublik Deutschland bei den Olympischen Sommerspielen 1972 in München. Vor allem eine Goldmedaille stach hervor: die der 16-jährigen Ulrike Meyfarth im Hochsprung. Die Teenagerin war vor Olympia noch ein unbeschriebenes Blatt, die drittbeste Deutsche in ihrer Disziplin und mit Sicherheit keine Kandidatin für eine Medaille. Meyfarth absolvierte vor dem Heimpublikum den Wettkampf ihres Lebens. Mit einer Bestleistung von 1,85 Meter reiste sie nach München. Als Meyfarth 1,88 Meter übersprang, hatte sie eine Medaille bereits sicher. „Über die eigene Körpergröße zu springen, ist immer etwas Besonderes", sagte die 1,88-Meter-Frau. Dann flog die 16-jährige Deutsche auch noch über 1,90 Meter. Es war der Sprung zur Goldmedaille. Als Meyfarth als Olympiasiegerin feststand, ließ sie auch noch die Weltrekordhöhe von 1,92 Meter auflegen – und sprang ebenfalls drüber. Plötzlich wurde aus der unbekannten Teenagerin ein deutscher Star. Bis heute ist Meyfarth die jüngste Leichtathletik-Olympiasiegerin in einem Einzelwettbewerb. „Ich schlage die Hände vors Gesicht. Was ich da noch nicht weiß, ist, dass es die Sekunde ist, in der ein Wirbelwind mich aus dem Leben reißt, wie ich es bisher kannte", blickte sie in der *FAZ* auf ihren sensationellen Olympiasieg zurück. „Plötzlich war ich bekannt und stand in der Öffentlichkeit. Jeder wollte was von mir, während ich mein Leben in der Normalität haben beziehungsweise wiederhaben wollte. Mit so was muss man als 16-Jährige erst mal klarkommen. Und wenn der Sieg dann so überraschend wie bei mir 1972 kommt, hat man schon auch das Gefühl, dass man ihn nicht verdient hätte", sagte Meyfarth der *Sports Illustrated*. Meyfarth hatte Schwierigkeiten, mit dem plötzlichen Ruhm umzugehen. Das hatte Auswirkungen auf ihre sportlichen Leistungen. Nach vielen Jahren des Scheiterns

kämpfte sich Meyfarth zurück in die Weltspitze: 1982 Europameisterin, 1983 Vize-Weltmeisterin, ein neuer Weltrekord mit 2,03 Meter. Im Jahr 1984 folgte dann bei den Olympischen Sommerspielen in Los Angeles die sportliche Krönung. Sie wird zwölf Jahre nach ihrem ersten Sieg erneut Olympiasiegerin mit übersprungenen 2,02 Meter. Den zweiten Olympiasieg schätzte Meyfarth höher ein. „München 1972, da war ich 16, da war das eine überraschende Leistung und ein überraschender Sieg. Es ist viel schwieriger, eine Leistung wie in Los Angeles über Jahre hinweg aufzubauen", sagte sie der Deutschen Sporthilfe.

5. September 1994

Touchdown-König Jerry Rice stellt eine neue Bestmarke auf

Der Quarterback ist die wichtigste Position im American Football. Wenn die Frage nach dem „GOAT" (Greatest of All Time) im American Football gestellt wird, dann fällt meist der Name eines Quarterbacks: vor allem Tom Brady, oder Joe Montana oder Peyton Manning. Für einige Experten ist jedoch nicht ein Quarterback der beste Spieler in der Geschichte der National Football League (NFL), sondern ein Passempfänger, und zwar auf der Position des Wide Receivers. Jerry Rice hält zahlreiche Rekorde in der NFL. Seine Glanzzeit hatte Rice im Trikot der San Francisco 49ers, mit denen er dreimal den Super Bowl gewann. Im Jahr 1994 setzte der Wide Receiver einen neuen Rekord bei der Anzahl der erzielten Touchdowns. In der Partie gegen die Los Angeles Raiders stellte Rice mit seinem 126. Touchdown zunächst den knapp 30 Jahre bestehenden Rekord von Jim Brown ein. Dies schaffte er ungewöhnlich für einen Wide Receiver nicht durch einen gefangenen Pass, sondern durch einen Lauf in die Endzone. Den alleinigen Rekord schnappte sich Rice dann auch noch kurz vor Spielende durch einen spektakulären gefangenen Touchdown-Pass über 38 Yards. „Sie haben mir gesagt, dass sie mir noch eine letzte Chance geben, und ich habe diese genutzt. Ich bin sehr glücklich. So viele Leute haben mir geholfen, mich in diese Position zu bringen. Als ich den Ball gefangen habe, fiel so viel Druck von meinem Körper ab", sagte Rice über seinen Rekord. Rice beendete seine Karriere mit 208 erzielten Touchdowns und führt die Bestenliste deutlich an – 33 mehr als der Zweitplatzierte Emmit Smith. Man muss kein Prophet sein, wenn man sagt, dass Rice seinen Touchdown-Rekord noch sehr viele Jahre behalten wird.

6. September 1994

Franziska van Almsick: Erst Tränen, dann Gold und Weltrekord

Als Franziska van Almsick zur Schwimm-Weltmeisterschaft 1994 nach Rom reiste, tat sie das in der Gewissheit, dass sie über ihre Paradestrecke, die 200 Meter Freistil, die klare Favoritin auf die Goldmedaille war. Zwei Jahre zuvor avancierte van Almsick zum Star, als sie im Alter von 14 Jahren bei den Olympischen Sommerspielen 1992 in Barcelona vier Medaillen erschwamm, darunter Silber über 200 Meter Freistil. In Rom sollte nun der erste Weltmeistertitel her. Doch die 16-Jährige verpokerte sich im Vorlauf. In ihrem jugendlichen Leichtsinn wollte van Almsick kräfteschonend ins Finale schwimmen. Doch das ging gehörig schief: Platz neun und das Aus im Vorlauf. Van Almsicks Teamkollegin Dagmar Hase, die Olympiasiegerin über 400 Meter Freistil, qualifizierte sich hingegen als Achte für das Finale. „Das war das Drama schlechthin. Ich habe geheult und war fix und fertig und bin abgehauen. Ich bin dann ins Hotel gefahren", schilderte van Almsick die Situation. Doch dann verzichtete plötzlich Dagmar Hase auf ihren Startplatz im Finale. Einerseits, weil es teaminterne Verhandlungen gab, andererseits, weil ein Tag später die 400 Meter Freistil anstanden. „Ich wollte am nächsten Tag Weltmeisterin über 400 Meter Freistil werden, und die Konstellation mit Franzi passte", sagte Hase rückblickend über ihren Verzicht. Doch van Almsick wollte die generöse Geste von Hase zunächst nicht annehmen. Sie schloss sich in ihrem Hotelzimmer ein. „Plötzlich stand meine Mutter im Hotel. Ich in der Toilettentür, meine Mutter auf der anderen Seite. Ich habe mich eingeschlossen und geflennt. Meine Mutter sagte dann einen entscheidenden Satz zu mir: ‚Wenn dir jemand eine zweite Chance gibt, dann hast du sie zu ergreifen'", sagte van Almsick. Die 16-Jährige ging an den Start und schwamm auf der Außenbahn das Rennen ihres Lebens. Nach 1:56,78 Minuten schlug van Almsick an. Gold und neuer Weltrekord. „Ich weiß gar nicht, wie ich Dagmar jemals danken soll", sagte van Almsick unter Tränen. Rückblickend sagte sie über ihr Goldrennen. „Ich bin dann an den Start gegangen, mir war es auch peinlich. Es war die schlechteste Vorbereitung, die man nur haben konnte, Ich hatte nichts zu verlieren und bin ins Wasser gesprungen. Man sieht an den ersten Metern, dass mich irgendwas gestochen hat und ich mir dachte: ‚Nach mir die Sintflut.' Und dann habe ich das Ding ins Ziel gerettet, bin Weltmeisterin geworden und bin Weltrekord geschwommen, mit 16. Das war echt der Knaller. Dieser Weltrekord und die Art, wie ich es geschwommen bin, die Erfahrung, die ich gesammelt habe, dass ich selbst zu blöd war, ins Finale zu kommen und dann noch mal so einen rausgerissen habe. Das ist eine Lebenserfahrung für mich, die mich bis heute prägt. Wenn Dagmar nicht verzichtet hätte, meine gesamte Karriere wäre anders verlaufen. Das vergesse ich Dagmar Hase nie." Für Hase endete die Schwimm-WM in einem Drama. Über ihre Paradestrecke 400 Meter Freistil belegte sie wie van Almsick im Vorlauf nur den neunten Platz. Die Achte war ihre Teamkollegin Jana Henke. Doch Henke lehnte anders als Hase bei van Almsick einen Verzicht zugunsten der 400-Meter-Freistil-Olympiasiegerin ab. Hase weinte daraufhin im Fernsehen bittere Tränen. „Ich habe trainiert wie noch nie, bis zu 100 Kilometer in der Woche, habe zwei Jahre nur auf dieses Ziel hingearbeitet: Ich wollte Weltmeisterin werden. Dann passiert mir das Gleiche wie Franziska van Almsick – aber mir bleibt nicht die Möglichkeit, das Pech zu korrigieren. Da platzt mein Traum wie eine Seifenblase, und ich soll nicht heulen?", sagte sie dem *Spiegel*.

7. September 1980
John McEnroe und Björn Borg spielen spektakuläres Finale bei den US Open

Björn Borg gegen John McEnroe: Das war eine der prägendsten Rivalitäten im Herrentennis, auch wenn die beiden nur 14-mal gegeneinander gespielt haben. Die Bilanz zwischen den beiden: 7:7. Neun der 14 Matches waren Endspiele so wie auch bei den US Open 1980. Borg hatte zwei Monate zuvor auf spektakuläre Weise im Wimbledon-Finale gegen McEnroe seinen zehnten Grand-Slam-Titel gewonnen. Borg war nach den Siegen bei den French Open und Wimbledon auf einem guten Weg in Richtung Kalender-Grand-Slam, dem Sieg bei allen vier Grand-Slam-Turnieren in einem Jahr. Die Australian Open wurden zum damaligen Zeitpunkt erst zum Jahresende im Dezember gespielt. Bei seinem Heimspiel in New York wollte McEnroe Revanche nehmen für die bittere Finalniederlage in Wimbledon. Beide Spieler gingen mit schwer erkämpften Fünfsatzsiegen im Halbfinale in das Endspiel. Für McEnroe lief das Finale zunächst wie geschmiert. Er gewann die ersten beiden Sätze mit 7:6, 6:1. Borg gab wie gewohnt nicht auf. Der Schwede gewann die Sätze 3 und 4 mit 7:6 und 7:5. Die Zuschauer rechneten nun damit, dass Borg den US-Open-Titel gewinnen würde, zumal er in der Saison bislang nur zwei Matches verloren hatte. „Ich bin mir sicher, dass er unser Match in Wimbledon im Kopf hatte. Er musste gedacht haben, dass ich wieder eingehen würde und er, der König über fünf Sätze, ein weiteres Mal siegen würde. Ich bin mir sicher, dass die Zuschauer nach dem dritten und vierten Satz auf Borg setzten, dass er seinen ersten US-Open-Titel gewinnen würde. Das half mir, mich zu entspannen und dann wieder aufzupumpen. In Wimbledon hatte ich mein Match verloren, das ich nicht hätte verlieren dürfen. Das wollte ich nicht wieder geschehen lassen", schrieb McEnroe in seiner Biografie über das Match. Bei 3:3 im fünften Satz gelang dem US-Amerikaner das entscheidende Break. Mit 6:4 sicherte er sich den Satz und die Titelverteidigung bei den US Open. „Als wir die Hände schüttelten, konnte ich sehen, wie niedergeschlagen er war", sagte McEnroe. Ein Jahr später spielten Borg und McEnroe ihr 14. und letztes Match. Ebenfalls im Finale der US Open und ebenfalls mit McEnroe als Sieger. Da Borg bereits mit 26 Jahren zurücktrat, entgingen den Zuschauern weitere hochklassige Duelle. McEnroe war besonders traurig über den Rücktritt von Borg: „Wenn du deinen größten Gegner verlierst, verlierst du auch einen Teil deiner selbst", sagte er.

8. September 2002
Pete Sampras: US-Open-Titel zum Karriereende

Das US-Open-Finale 2002 wurde, was zu dem Zeitpunkt noch keiner wissen konnte, das letzte Tennismatch von Pete Sampras. Es hätte für den US-Amerikaner wohl keinen besseren Abschluss der Karriere geben können, als mit einem Grand-Slam-Titel abzutreten. Der Finalgegner von Sampras war sein Landsmann und ewiger Rivale, Andre Agassi. Beide hatten sich schon 1990 beim ersten Grand-Slam-Erfolg von Sampras im Finale der US Open gegenübergestanden. Zwölf Jahre später schloss sich dann der Kreis. Sampras und Agassi waren mittlerweile über 30 Jahre alt und duellierten sich in einem der ältesten Grand-Slam-Finals. „Um 16 Uhr, an einem ruhigen und strahlenden Sonntagnachmittag im frühen September, guckte ich über das Netz und sah dieselbe Person, die auch zwölf Jahre zuvor da war, fast auf den Tag genau, als ich mein erstes Grand-Slam-Finale spielte: Andre Agassi. Der Andre, den ich 2002 sah, war jemand völlig anderes im Vergleich zum Kind, das ich 1990 gesehen hatte. Ich sah einen reifen, selbstbewussten, mehrfachen Grand-Slam-Champion, der in voller Kontrolle seines Spiels war – ein Spiel, das mich verletzen konnte. Das war kein Fremder, das war mein Karriererivale. Das war das Yin zu meinem Yang. Wir waren das älteste Finalistenpaar in der Geschichte der US Open seit 32 Jahren. Ich war 31, Andre war 32", beschrieb Sampras die Situation im Finale in seiner Biografie. Sampras setze sich mit 6:3, 6:4, 5:7, 6:4 durch und gewann seinen 14. und letzten Titel bei einem Grand-Slam-Turnier. „Einen Rivalen wie Andre zu besiegen, wäre ein Bilderbuchende. Es wäre schön, jetzt aufzuhören", sagte Sampras und ließ seine Ankündigung wahr werden. Er spielte anschließend kein Match mehr und gab 50 Wochen später bei den US Open in New York sein Karriereende bekannt. „Ich hatte kein Benzin mehr in meinem Tank, und es schien so, dass die ganze Arbeit die mögliche Belohnung nicht wert war. Ich wusste, dass es an der Zeit war, Schluss zu machen", schilderte Sampras.

9. September 1970
Das letzte Länderspiel von Uwe Seeler

Der größte deutsche Fußballer, der weder Weltmeister noch Europameister wurde? Auf diese Frage kann die Antwort nur Uwe Seeler lauten. Der Hamburger, liebevoll „Uns Uwe" genannt, war nicht nur einer der besten deutschen Fußballer, sondern auch der populärste, vor allem wegen seiner Vereinstreue. Seeler spielte 20 Jahre lang nur für einen Verein, den Hamburger SV. In 476 Spielen für den HSV schoss er 404 Tore – was für eine Quote! Wobei: So ganz stimmte das nicht. Denn 1978 bestritt Seeler, im Alter von 41 Jahren, auf Bitten seines Arbeitgebers Adidas noch ein Spiel für Cork Celtic in der ersten irischen Liga. Seeler wusste allerdings nicht, dass es sich dabei um ein offizielles Spiel handelte und erzielte in seinem letzten Punktspiel noch einmal zwei Tore. Durch seine bescheidene, faire, bodenständige Art und seinen immensen Kampfgeist flogen ihm auf der ganzen Welt die Herzen zu. „Ich bin nichts Besseres als andere, sondern ein stinknormaler Mensch. Ich habe einfach nur Fußball gespielt", sagte Seeler. Sein Ehrgeiz und sein Trainingseifer waren beispiellos: „Es ist ein Irrglaube, wenn einer sagt: Ich beherrsche eine Sache, die brauche ich nicht zu trainieren. Mein Motto war immer: Alles, was ich kann, muss ich immer wieder üben", sagte Seeler. Für Aufsehen sorgte der Hamburger, als er 1961 eine Millionenofferte von Inter Mailand ausschlug. Der damals beste Fußballverein der Welt bot Seeler 1,2 Millionen D-Mark sowie einen Dreijahresvertrag mit insgesamt 1,5 Millionen D-Mark Gehalt plus weitere Annehmlichkeiten an. Für damalige Verhältnisse waren dies schwindelerregende Summen. Seeler lehnte das Millionenangebot ab, blieb in Hamburg und entwickelte sich dadurch zur Legende. In der Nationalmannschaft bestritt Seeler 72 Spiele und schoss dabei 43 Tore. Bei vier Weltmeisterschaften spielte Seeler: 1958, 1962, 1966 und 1970. Beinahe hätte Seeler zum deutschen Weltmeisterschaftskader 1954 in der Schweiz gehört. Bundestrainer Sepp Herberger wollte den 17-Jährigen mitnehmen, doch die Meldefrist war bereits abgelaufen. Bei der WM 1966 führte Seeler die deutsche Nationalmannschaft als Kapitän an. Als Deutschland trotz des Wembley-Tors im Finale gegen England betrogen wurde, zeigte Seeler seinen Sportsgeist, gratulierte den Engländern fair zum WM-Titel und trug mit seinem Sportsgeist viel bei zu einem positiven Bild über Deutschland in der Welt. Nach der WM 1970, bei der Seeler im Viertelfinale gegen England ein legendäres Tor mit dem Hinterkopf erzielte, absolvierte er in Nürnberg sein letztes Länderspiel für Deutschland im Heimspiel gegen Ungarn. Mit seinem 72. Länderspiel wurde er damals zum Rekordnationalspieler auf der Welt. Ein Tor zum Abschied beim 3:1-Sieg von Deutschland blieb ihm aber verwehrt. Vor seinem letzten Länderspiel wurde ihm das Bundesverdienstkreuz verliehen. Seeler starb am 21. Juli 2022 im Alter von 85 Jahren.

10. September 1988
Steffi Graf gewinnt US Open und schafft den Grand Slam

Das Tennisjahr 1988 gehörte ganz eindeutig Steffi Graf. Die Deutsche ging mit den Grand-Slam-Siegen bei den Australian Open, French Open und Wimbledon in die US Open und hatte die große Chance, den Grand Slam – den Sieg bei allen vier Grand-Slam-Turnieren in einem Kalenderjahr – zu erreichen. Alle rechneten fest damit, dass Graf den Grand Slam schaffen würde. „Fragt mich das alles, wenn ich gewonnen habe", antwortete die 19-jährige Deutsche auf die vielen Fragen über den Grand Slam. Graf spielte sich souverän ins Endspiel vor. „Vielleicht ist es das Match meines Lebens", sagte Graf vor dem Finale gegen Gabriela Sabatini und wusste um die Bedeutung dieser historischen Chance. Mit „einem

Gefühl wie noch nie" betrat Graf das Louis Armstrong Stadium in New York und vollendete mit dem Finalsieg gegen Sabatini (6:3, 3:6, 6:1) den Traum aus vier Teilen. „Ich fühle mich herrlich frei, völlig gelöst. Ich glaube, ich werde das Tennis künftig anders angehen können. Billie Jean King, Chris Evert und Martina Navratilova galten in ihrer besten Zeit als unschlagbar. Jetzt habe ich es geschafft, was diese Weltklasse-Spielerinnen nie erreichen konnten. Das ist Wahnsinn, verrückt, unglaublich. Genau deshalb kann ich ab sofort locker drauflosspielen. Ich muss keinem mehr was beweisen", gab Graf nach der historischen Leistung zu Protokoll. Die 19-Jährige schaffte nach Maureen Connolly (1953) und Margaret Court (1970) als dritte Spielerin den Grand Slam. „Ich bin sehr glücklich. All das Gerede über den Grand Slam ist jetzt vorbei. Das ist eine schöne Erleichterung. Jetzt habe ich es geschafft, es ist kein weiterer Druck mehr auf mir. Es gibt nichts anderes, was ich noch tun muss", freute sich Graf. Es ist bis heute der bislang letzte Grand Slam im Tennis. Aber es gab noch etwas zu tun für die Deutsche. Drei Wochen nach dem Erfolg gewann Graf auch noch die Goldmedaille bei den Olympischen Spielen in Seoul und schuf den Begriff „Golden Slam". Eine Leistung, die im Tennis wohl einmalig bleiben wird.

11. September 2021

Sensation in New York: Emma Raducanu als Qualifikantin zur US-Open-Siegerin

Spektakulär, surreal, sensationell: Der US-Open-Sieg von Emma Raducanu war in vielerlei Hinsicht geschichtsträchtig. Eine Sache stach besonders hervor: Raducanu schaffte das, was zuvor noch keinem Spieler und keiner Spielerin im Tennis gelang: über die Qualifikation zum Grand-Slam-Sieg. Eine Leistung, die einmalig bleiben könnte. Das Drehbuch für die US Open 2021 in der Damenkonkurrenz wäre selbst den kühnsten Träumern zu unrealistisch gewesen: zu viel Kitsch, zu viel Märchen, zu viel Pathos. Raducanu, 18 Jahre alt aus England, spielte in New York erst ihr zweites Grand-Slam-Turnier. Als Nummer 150 der Welt musste sie in die Qualifikation. Ein reguläres Match auf der WTA-Tour hatte die Teenagerin noch nie gewonnen, nur Erfolge bei den Grand-Slam-Turnieren gesammelt. Raducanu fegte nicht nur wie ein Wirbelwind durch die Qualifikation, sondern dann auch durch das Hauptfeld. Im Finale besiegte sie die 19-jährige Kanadierin Leylah Fernandez mit 6:4, 6:3. „Natürlich träumt man von so was als Kind und sagt sich: ‚Ich will ein Grand Slam-Turnier gewinnen.' Aber ich habe in diesem Sommer erst die Schule beendet, ich habe danach erst richtig trainiert. Dann kam ich hierher und mit jeder Partie wuchs das Selbstvertrauen und der Glaube: ‚Ich könnte das wirklich schaffen.' Aber es ist natürlich noch immer unglaublich", strahlte Raducanu über ihren Sensationscoup bei den US Open. Die 18-Jährige wurde nicht nur als erste Qualifikantin Grand-Slam-Siegerin, sondern auch die schnellste, da es erst ihr zweites Grand-Slam-Turnier war. In ihren zehn Matches in New York, sieben im Hauptfeld, drei in der Qualifikation, verlor die Engländerin keinen Satz und gab dabei im Satz nur einmal mehr als vier Spiele ab – in der zweiten Qualirunde. „Wenn man jung ist, kann man befreit aufspielen. Ich denke nur an den Spielplan und nicht daran, wer was von mir erwartet. Ich schwinge frei durch bei allem, was mir in den Weg kommt. Das hat mir hier die Trophäe gebracht, daher sollte ich auch nichts ändern, denke ich", sagte Raducanu über ihre Marschroute zum US-Open-Sieg.

12. September 2016

Angelique Kerber: Erst US-Open-Sieg, dann Nummer eins der Welt

Das Jahr 2016 war das Jahr von Angelique Kerber. Die Saison der Deutschen begann mit dem Sieg bei den Australian Open, ihrem ersten Grand-Slam-Titel, und ging weiter mit der Finalteilnahme in Wimbledon, der Silbermedaille bei den Olympischen Sommerspielen in Rio de Janeiro, dem Sieg bei den US Open und dem damit verbundenen Aufstieg zur Weltranglistenersten im Damentennis. Als Kerber zum Halbfinale bei den US Open antrat, wusste sie wegen des verlorenen Halbfinals von Serena Williams zuvor, dass sie vier Tage später, am 12. September, die neue Nummer eins der Welt sein würde. Und Kerber erklomm den Thron im Damentennis mit Stil. Sie gewann die US Open und grüßte als zweite Deutsche nach Steffi Graf von der Weltranglistenspitze. „Das ist das beste Jahr meiner Karriere. Das ist einfach unglaublich. Es ist ein großartiger Tag. Die erste Deutsche seit Steffi zu sein, ist fantastisch. Ich denke, sie ist stolz auf mich", sagte Kerber über ihren großen Meilenstein. Kerber beendete das Jahr 2016 auch als Nummer eins und führte die Weltrangliste insgesamt 34 Wochen lang an. „Anfangs ist das eine enorme Belastung gewesen, etwas völlig Neues, Ungewohntes. Es ist eine neue Welt, in die man hineingeschleudert wird. Und man muss sich schnell zurechtfinden, sich so aufstellen, dass man klarkommt", sagte Kerber einst über ihre Zeit als Nummer eins der Welt.

13. September 2020
Alexander Zverev verliert dramatisches US-Open-Finale gegen Dominic Thiem

Kurios, bizarr, unwirklich: Das traf auf die US Open 2020 im Tennis zu sowie auf die Finalpartie der Herren zwischen dem Deutschen Alexander Zverev und dem Österreicher Dominic Thiem. Beide griffen nach ihrem ersten Grand-Slam-Titel und spielten das wohl skurrilste Grand-Slam-Finale der Geschichte. Das Endspiel fand wegen der Corona-Pandemie vor leeren Rängen im Artur Ashe Stadium statt. Das größte Tennisstadion der Welt fasst sonst 23.771 Zuschauer. Zverev spielte lange Zeit eines seiner besten Matches. 6:2, 6:4, 2:1 mit Break vor stand es für den Deutschen, als sich das Blatt wendete. Mit dem Rücken zur Wand spielte Thiem frei auf, während bei Zverev mit dem Sieg vor Augen der Arm schwerer wurde. Es ging in den fünften Satz, in dem sich bei beiden Spielern die Nerven bemerkbar machten. Beeindruckende Winner und völlige Passivität sowie hammerharte Aufschläge und zittrige Doppelfehler wechselten sich vor allem bei Zverev regelmäßig ab. Phasenweise wirkte das Match sogar wie ein Match auf Amateurniveau, so angespannt waren die Nerven von Zverev und Thiem mit dem größten Karriereerfolg vor Augen. „Grand-Slam-Finals haben ihre eigenen Gesetze. Das hat mit einem normalen Tennismatch nichts zu tun", kommentierte die deutsche Tennislegende Boris Becker. Zverev servierte im fünften Satz bei 5:3-Führung zum US-Open-Titel, wenig später schlug Thiem bei 6:5 ebenfalls zum Titelgewinn auf. Es kam schließlich zur ultimativen Entscheidung: Tiebreak im fünften Satz. Als es 6:6 im Tiebreak stand, sprach Boris Becker am Mikrofon beim TV-Sender *Eurosport* die treffenden Worte: „Ich habe tausend Tennismatches gesehen, sowas habe ich noch nie erlebt." Zwei Ballwechsel später war alles vorbei. Zverevs Traum vom ersten Grand-Slam-Titel war jäh geplatzt. In der Stunde seiner größten Niederlage zeigte Zverev seinen Sportsgeist und gratulierte Thiem mit einem besonderen Freundschaftsgruß. „Ich danke meinen Eltern. Ich bin sicher, dass meine Eltern daheim stolz auf mich sind, auch wenn ich verloren habe. Ich wünsche mir, dass ich eines Tages die Trophäe heimbringen werde", sagte Zverev bei der Siegerehrung mit zittriger Stimme über seine Eltern, die beide wegen einer Corona-Erkrankung zu Hause bleiben mussten. Der sonst so coole Deutsche ließ in diesem bitteren Augenblick seinen Emotionen freien Lauf. Es war nicht nur das erste US-Open-Endspiel, das im Tiebreak des fünften Satzes entschieden wurde, der Österreicher Thiem war auch der erste Spieler nach 71 Jahren, der ein US-Open-Finale nach 0:2-Satzrückstand noch gewann.

14. September 2008
Der erste Rennsieg von Sebastian Vettel

53 Formel-1-Rennen hat Sebastian Vettel in seiner Karriere, die im Jahr 2022 endete, gewonnen. Viermal in Folge (2010 bis 2013) fuhr der Deutsche zur Weltmeisterschaft. Die Formel-1-Karriere von Vettel begann im Jahr 2007 im BMW Sauber. Gleich in seinem ersten Rennen fuhr Vettel in die Punkteränge. Im späteren Saisonverlauf wechselte er zu Torro Rosso. In dem unterlegenen Auto zeigte er starke Leistungen, vor allem bei schwierigen Bedingungen bei Regen. Ein knappes Jahr nach seinem Debüt bei Torro Rosso fuhr Vettel beim Großen Preis von Italien in Monza zunächst als bislang jüngster Fahrer auf die Pole-Position. „Es war immer mein Traum, in der Formel 1 zu fahren. Danach war es mein Traum, die erste Pole-Position zu holen und jetzt ist es mein Traum, den ersten Sieg zu holen", sagte Vettel nach dem Qualifying, das unter Dauerregen stattfand. Im Rennen regnete es dann trotz anders lautender Prognosen kaum. Vettels Team setzte auf die richtige Strategie bei den Reifen. Er fuhr mit einem Start-Ziel-Sieg souverän zu seinen ersten Rennerfolg – es war auch der erste Sieg von Torro Rosso überhaupt. Mit 21 Jahren und 74 Tagen war der Deutsche damit auch der jüngste Sieger in einem Formel-1-Rennen. Den Rekord behielt er acht Jahre, bis Max Verstappen diesen im Jahr 2016 brach. „Wir hatten die Eier, es zu machen. Wir sind von einer etwas trockeneren Strecke ausgegangen und haben den Abrieb entsprechend angepasst. Das ist der beste Tag in meinem Leben. Unvorstellbar, großartig", freute sich Vettel. Torro-Rosso-Teamchef Gerhard Berger prophezeite dem jungen Deutschen nach dessen Husarenstück von Monza mehrere WM-Titel. Mit dieser Prognose sollte Berger richtig liegen.

15. September 2001
Der Horrorunfall von Alessandro Zanardi

Nachdem die Formel-1-Karriere von Alessandro „Alex" Zanardi im Jahr 1999 nach 41 Rennen endete, zog es den Italiener zurück in die Champ-Car-Serie, die größtenteils in den USA gefahren wird. Beim ersten Rennen in Europa, am Lausitzring in Cottbus, kam es dann zu einem folgenschweren Unfall, der Zanardis Leben für immer verändern sollte. Kurz nach einem Boxenstopp kam Zanardi ins Drehen und schleuderte auf die Strecke. Auf der Geraden raste der Kanadier Alex Tagliani mit 320 Stundenkilometern in Zanardis Rennwagen und riss diesen in zwei Teile. Beim Anblick der Bilder stockte einem der Atem. Zanardi musste mehrmals wiederbelebt werden. In einer stundenlangen Notoperation retteten die Ärzte das Leben des Italieners, seine beiden Beine mussten aber amputiert werden. „Ich habe etwas überstanden, das nicht nur entgegen jeder Wahrscheinlichkeit ist. Laut Wissenschaft hatte ich nicht den Hauch einer Chance. Alle Wissenschaftler haben ausschließlich meinen Tod vorhergesagt. In den Büchern stand, dass niemand solche Verletzungen überleben kann. Dass ich es geschafft habe und noch dazu nicht nur zurück-, sondern dahin gekommen bin, wo ich heute stehe – man kann das nicht selbstverständlich voraussetzen", sagte Zanardi gegenüber *spox.com* über seinen Horrorunfall. Der Italiener haderte nicht mit seinem Schicksal und lebte seinen Traum vom Rennfahrer weiter aus – ohne Beine. „Der Unfall war kein dunkler Moment meiner Karriere. Es war einer der leuchtendsten Augenblicke", sagte er gegenüber *spox.com*. Im Jahr 2003, zwei Jahre nach dem Unfall, stieg er erneut in den Rennwagen auf dem Lausitzring und fuhr die 13 Runden, die ihm damals bis zum Ziel fehlten, zu Ende. Und das nicht im Schongang, sondern mit Vollgas. Zanardi war dabei so schnell, dass seine beste Rundenzeit sogar für Platz fünf in der Startaufstellung gereicht hätte. Der Italiener wechselte 2005 zur Tourenwagen-Weltmeisterschaft und gewann bis 2009 drei Rennen. Nach dem Ende seiner Rennfahrerkarriere wechselte er zum Radsport. Bei den Paralympics 2012 in London gewann er Gold im Straßenrennen und im Einzelzeitfahren. 2016 bei den Paralympics in Rio de Janeiro kamen zwei weitere Goldmedaillen hinzu. 2014 absolvierte er den Ironman® auf Hawaii mit Handbike und Rollstuhl. Wie Zanardi mit den Folgen des Horrorunfalls am Lausitzring in Cottbus umging, machte ihn zu einem Vorbild. „Ich bin stolz darauf, wenn jemand sagt, dass ihn meine Geschichte zu seinen Leistungen inspiriert hat. Ich habe aber kein Recht, irgendwem zu sagen, er solle sich mein Leben angucken und daraus Lehren ziehen. Es ist auch nicht meine Pflicht. Ich schreibe meine Geschichte einfach weiter, täglich. Wenn dann jemand zu mir kommt und sich für die Inspiration bedankt, kann ich nur ‚Dankeschön' sagen und zusehen, dass ich diesen Weg weitergehe", sagte Zanardi im Interview mit *spox.com*.

16. September 1869
Das erste aufgezeichnete Hole-in-One im Golf

Das Ziel beim Golf: mit möglichst wenigen Schlägen ins Loch treffen. Das Nonplusultra im Golf ist das Hole-in-One, also mit nur einem Schlag das Ziel zu erreichen. An den meisten Bahnen ist dies aber so gut wie gar nicht möglich, weil die Länge für ein Hole-in-One gar nicht geeignet ist. Doch es gibt auch Bahnen, bei denen die Wahrscheinlichkeit gegeben ist, gleich mit dem ersten Schlag einzulochen. Für den Großteil der Amateurspieler wird ein Hole-in-One auf Ewigkeit nur ein Traum bleiben. Aber auch für die Profis ist der legendärste Schlag im Golf eher eine Seltenheit. Im Jahr 2017 berechnete das Onlineportal *Golf Digest*, dass die Wahrscheinlichkeit für einen Amateur, ein Hole-in-One zu erzielen, bei 12.500 zu 1 liegt, das sind 0,008 Prozent. Das erste Hole-in-One, das offiziell anerkannt ist, ereignete sich im Jahr 1869 bei den Open Championship im Prestwick Golf Club in Schottland, das prestigeträchtigste Golfturnier in Europa. Der Schotte Tom Morris, 18 Jahre alt, lochte an Bahn 8 (circa 154 Meter lang) mit einem Schlag ein. Morris gewann schließlich auch die Open Championship, die heute zu den vier Major-Turnieren im Golf gehört. Viele Jahre herrschte Verwirrung, in welchem Jahr Morris das Hole-in-One gelang. Auf der Scorekarte fehlte zunächst das Jahr. Nachträglich wurde fälschlicherweise 1868 eingetragen. Doch Historiker konnten aufgrund von Zeitungsberichten aufklären, dass sich das erste aufgezeichnete Hole-in-One im Jahr 1869 ereignete. Die skurrilste Geschichte um ein Hole-in-One passierte im Jahr 1974, als dem Amateur Bob Taylor im Hunstanton Golf Club an einem Wochenende gleich drei Hole-in-Ones gelangen – immer auf der gleichen Bahn. Taylor lochte auf der Bahn 16 bei einer Übungsrunde mit einem Schlag ein. Ein Tag später verpasste er auf der Morgenrunde ein weiteres Hole-in-One auf der Bahn 16 um wenige Zentimeter, auf der Nachmittagsrunde gelang ihm aber das nächste Hole-in-One. Im Anschluss wurde Taylor eine Wette angeboten. Schafft er am nächsten Tag erneut ein Hole-in-One auf der Bahn 16, würde er für 25 Pence Einsatz 250.000 Pfund bekommen. Am nächsten Tag gelang Taylor erneut auf der Nachmittagsrunde das dritte Hole-in-One in drei Tagen. Im Hunstanton Golf Club erinnert eine Gedenktafel auf Bahn 16 an den unglaublichen Hole-in-One-Hattrick von Taylor.

17. September 2006
Heim-WM: Deutsche Hockey-Herren werden Weltmeister

Das „Sommermärchen" konnte die deutsche Fußball-Nationalmannschaft bei der Heim-Weltmeisterschaft im Jahr 2006 nicht mit dem Titelgewinn abschließen. Zwei Monate nach der Fußball-WM in Deutschland fand mit der Hockey-Weltmeisterschaft der Herren erneut ein Großereignis in Deutschland statt. Das deutsche Team ging als Titelverteidiger in das Heimturnier und spielte im Hockeypark in Mönchengladbach wieder groß auf. Nach einem dramatischen Sieg im Siebenmeterschießen gegen Spanien erreichte das Team von Bundestrainer Bernhard Peters das Finale. Im Endspiel gegen Australien sah es lange Zeit nicht nach dem Heimtitel aus, als die Australier kurz nach der zweiten Halbzeit mit 3:1 in Führung gingen. Innerhalb von acht Minuten drehten die Deutschen die Partie. Christopher Zeller schoss das 4:3, das schließlich den Weltmeistertitel brachte. Zehn Sekunden vor Spielende setzten die 12.000 Fans im ausverkauften Hockeypark zum Countdown der Sekunden an und feierten mit dem Schlusspfiff ihre WM-Helden. „Das war einfach nur genial, wie meine Jungs dieses Spiel mit ihrem eisernen Willen noch umgebogen haben. Wir haben Geschlossenheit und Mut bewiesen, der Sieg befriedigt mich zutiefst", freute sich Bundestrainer Peters, der sein Team bereits im Jahr 2002 zum WM-Titel geführt hatte. Für Peters war es das letzte Spiel als Trainer, nachdem er 21 Jahre lang für den Deutschen Hockey-Bund tätig war. Die Hockey-WM findet wie die Fußball-WM nur alle vier Jahre statt. Im Jahr 2023 gewann das deutsche Team zum dritten Mal nach 2002 und 2006 den Weltmeistertitel.

18. September 2014 🚲
Jens Voigt verbessert den Stundenweltrekord

Jens Voigt gehört zu den populärsten deutschen Radfahrern. Kein Deutscher nahm so oft an der Tour der France, dem wichtigsten Radrennen, teil – insgesamt 17-mal. Voigt gewann zwei Etappen bei der Tour de France. Im Jahr 2014 fuhr der Deutsche zum letzten Mal die Frankreich-Rundfahrt und kündigte dann sein Karriereende für das Ende des Jahres an. Voigt verließ den Profi-Radsport aber noch mit einem großen Knall. Einen Tag nach seinem 43. Geburtstag verbesserte er den Stundenweltrekord im Velodom von Grenchen (Schweiz). Voigt fuhr insgesamt 51,115 Kilometer und übertraf den neun Jahre alten Rekord des Tschechen Ondrej Sosenka, der im Jahr 2005 in 60 Minuten 49,700 Kilometer gefahren war. Die Lockerungen der Vorschriften beim Material nutzte Voigt aus, um ein letztes großes Ausrufezeichen in seiner langen Karriere zu setzen. „Natürlich bin ich überglücklich. Ich war schneller, als ich erwartet hatte. Ich bin einen Tick zu schnell losgefahren, habe mich dann aber gebremst und konnte zuletzt noch zulegen. Es war das letzte Mal, dass ich mich quälen musste. Deswegen war es leicht, noch einmal alles zu geben. Ich bin überglücklich. Jetzt kann ich nach Hause fahren, meine Kinder in den Arm nehmen und sagen: ‚Papa hat was geschafft'", freute sich Voigt, der damit als 28. Fahrer einen neuen Stundenweltrekord aufstellte – sowie als erster Deutscher. Aufgrund der neuen Regeln war Voigt sich bewusst, dass sein Rekord nicht allzu lange Bestand haben würde. Und so kam es dann auch. Bereits einen Monat später wurde der Deutsche beim Stundenweltrekord überflügelt.

19. September 1988
Greg Louganis: Erst Blutunfall, dann Olympiagold

Viermal Olympiasieger, fünfmal Weltmeister: Der US-Amerikaner Greg Louganis ist eine Ikone im Wasserspringen. In den 1970er- und 1980er-Jahren beherrschte er das Springen vom Drei-Meter-Brett und vom 10-Meter-Turm. Es wären wahrscheinlich noch zwei Olympiasiege hinzugekommen, wenn Louganis die Olympischen Sommerspiele 1980 in Moskau nicht wegen des Boykotts der USA verpasst hätte. Bei den Olympischen Sommerspielen 1988 in Seoul ging Louganis als großer Goldfavorit in beiden Disziplinen an den Start. Doch die Mission doppeltes Gold schien bereits in der Finalqualifikation vom Drei-Meter-Brett zu platzen. Sein neunter Qualifikationssprung, ein Doppelsalto mit halber Schraube rückwärts gehechtet, misslang dem 28-Jährigen. Mit dem Scheitel schlug er auf dem Sprungbrett auf. Dabei zog sich Louganis eine blutende Wunde und eine Gehirnerschütterung zu. Was damals nur sein Arzt und Trainer wussten: Louganis hatte ein halbes Jahr vorher die Diagnose HI-Virus bekommen. „Damals dachten wir alle, HIV ist ein Todesurteil. Es waren noch sechs Monate bis zu den Olympischen Spielen und für mich schien klar: ‚Nun, ich werde meine Koffer packen und nach Hause gehen, mich in meinem Haus einschließen und auf den Tod warten'", sagte Louganis rückblickend über die Diagnose. Er fuhr nach einem intensiven Austausch dennoch zu den Olympischen Spielen. „Es gab damals keine Option, sich zu öffnen und ehrlich zu sein. Es gab kaum Mitgefühl mit AIDS-Erkrankten", sagte Louganis. Die blutende Wunde musste genäht werden. Der behandelnde Arzt trug dabei keine Schutzhandschuhe. Die Sorge bei Louganis war groß, dass er den Arzt sowie Helfer und andere Athleten mit dem HI-Virus anstecken könnte, da im Pool auch etwas Blut landete. „Ich war so fassungslos. In dem Moment ging mir alles durch den Kopf: ‚Was ist meine Verantwortung? Soll ich etwas sagen?' Ich wollte etwas sagen, aber ich wusste, dass ich in einem Land war, in dem ich wahrscheinlich sofort abgeschoben worden wäre. Ich hätte nicht zu Ende bringen können, was ich angefangen hatte. Ich hatte schreckliche Angst", schilderte er die Situation. Nach Beratung mit seinem Trainer entschied sich der US-Amerikaner dazu, die Qualifikation fortzusetzen und den zehnten und letzten Sprung zu machen. „Als ich auf dem Brett stand und meine Arme und Beine ausschüttelte, riefen sie meinen Namen. Zu meiner Überraschung gab es donnernden Applaus. Dann, als mein Sprung angekündigt wurde, wurde es unheimlich still in der Halle. Man konnte die Spannung spüren, ich hatte Angst. Ich hatte immer noch nicht herausgefunden, was ich beim letzten Mal falsch gemacht hatte, und jetzt stand ich kurz davor, wieder einen Sprung zu machen, der mich Kopf und Kragen kosten konnte. Ich wollte mich nicht vor all diesen Leuten blamieren. Mir wurde klar, dass das Publikum wollte, dass ich einen guten Sprung mache", sagte Louganis. Das Ergebnis: der mit Abstand beste Sprung in der Qualifikation. Als Gesamtdritter ging er einen Tag später ins Finale und sicherte sich am nächsten Tag souverän die Goldmedaille. Eine Woche später gewann er ebenfalls Gold vom 10-Meter-Turm und beendete danach seine Karriere. Im Jahr 1995 outete sich Louganis in seiner Autobiografie als homosexuell und machte auch seine HIV-Erkrankung öffentlich. Die Bekanntmachung seiner Krankheit schlug hohe Wellen. Louganis' Verhalten in Seoul wurde scharf kritisiert, da er den Arzt und seine Springerkollegen einem hohen Risiko ausgesetzt haben soll. Es wurde jedoch bewiesen, dass damals die Wahrscheinlichkeit einer Ansteckung verschwindend gering war. „Ich habe heute das Gefühl, dass ich als ganzer Mensch angenommen werde", sagte Louganis über seine sexuelle Orientierung und seine HIV-Erkrankung.

20. September 1973
Billie Jean King gewinnt „Battle of the Sexes" gegen Bobby Riggs

Im Astrodome in Houston im US-Bundesstaat Texas fand eines der ungewöhnlichsten und aufsehenerregendsten Matches der Tennisgeschichte statt. Die 29-jährige US-Amerikanerin Billie Jean King, amtierende Wimbledon-Siegerin, traf im Geschlechterkampf auf ihren 55-jährigen Landsmann Bobby Riggs, Wimbledon-Sieger von 1939. Das Duell ging als „Battle of the Sexes" in die Annalen ein. 30.492 Zuschauer kamen, um das Spektakel zu sehen – damals eine Rekordkulisse für ein Tennismatch. 90 Millionen saßen vor dem Fernseher. Nach 2:04 Stunden war das Match beendet. Die 26 Jahre jüngere King siegte mit 6:4, 6:3, 6:3. „Sie war zu gut. Ich konnte nicht das Beste aus meinem Spiel holen. Es war zu schnell zu Ende", gestand Riggs hinterher, der zuvor mit markigen Worten dafür gesorgt hatte, dass der Schaukampf ein internationales Ereignis wurde. „Amerikanische Frauen sind die privilegierteste Gruppe aller Zeiten. Und immer noch sind sie unzufrieden und wollen mehr. Wir müssen diese Frauen jetzt endlich stoppen. Doch ich mag sie sehr, sowohl im Bett als auch in der Küche", hatte Riggs vor dem Match vollmundig gesagt. Für King war es viel mehr als nur ein Tennismatch. „Dieses Match war eine ideale Plattform für mich, um für die Gleichberechtigung zu kämpfen. Es war ein geschichtsträchtiger Moment", sagte King. Dabei sei der Geschlechterkampf für sie eine „Lose-Lose-Situation" gewesen. „Wenn ich das Spiel gewinne, habe ich einen 55-Jährigen geschlagen – keine große sportliche Leistung. Aber was passiert, wenn ich verliere?", sagte King im Rückblick. 2017 wurde der Geschlechterkampf mit prominenten Schauspielern verfilmt. Bis heute halten sich hartnäckig Gerüchte, dass Riggs das Duell mit

Absicht verlor, um Spielschulden zu begleichen. Vier Monate zuvor, am 15. Mai 1973, siegte er in Ramon im US-Bundesstaat Kalifornien gegen die damals 30-jährige Grand-Slam-Rekordhalterin Margaret Court klar mit 6:2, 6:1. Da das Match am Muttertag stattfand, wurde es in der Presse als „Muttertagsmassaker" bezeichnet. „Als Margaret damals verlor, da wusste ich: Jetzt musst du ran; ich hatte keine Wahl", sagte King.

21. September 2020
Leon Draisaitl wird MVP in der NHL

Diese Auszeichnung war ein Ritterschlag. Leon Draisaitl wurde in der nordamerikanischen Eishockeyliga NHL (National Hockey League) zum wertvollsten Spieler der Saison 2019/2020 gewählt – und das sogar doppelt. Zum einen wählten die Journalisten Draisaitl zum MVP und kürten ihn zum Sieger der prestigeträchtigen *Hart Memorial Trophy*. Außerdem wählten seine Spielerkollegen ihn zum besten Spieler der Saison und gaben ihm den *Ted Lindsay Award*. Der 24-jährige Deutsche erzielte in dieser Spielzeit in 71 Spielen für die Edmonton Oilers 43 Tore und gab 67 Torvorlagen. „Das ist natürlich etwas Besonderes. Jede persönliche Auszeichnung ist etwas Besonderes und es ist eine große Ehre, was für eine Auszeichnung es auch ist. Dafür arbeitet man hart und es helfen einem auch so viele Leute auf dem Weg und so vieles muss genau richtig laufen, deshalb ist das natürlich eine große Ehre für mich", sagte Draisaitl. Vor allem die Auszeichnung durch seine Spielerkollegen bedeutet dem Deutschen sehr viel. „Als Spieler ist jede Trophäe speziell und sehr wichtig. Trotzdem glaube ich, dass eine von Mit- und Gegenspielern verliehene Trophäe für uns Sportler das Schönste ist. Das sind die Jungs, gegen die du spielst oder mit denen du jeden Tag trainierst. So etwas ist enorm wichtig. Ich bin am meisten stolz darauf, dass mich meine Mit- und Gegenspieler gewählt haben", sagte er. Was dem besten deutschen Eishockeyspieler der Gegenwart noch fehlt, ist der Gewinn des Stanley Cups in der NHL.

22. September 1988
Gold, Silber und Bronze: Deutsche Fechterinnen räumen in Seoul ab

Fechten, das war viele Jahre eine der erfolgreichsten Sportarten aus deutscher Sicht bei Olympischen Sommerspielen. Im Laufe der Jahre nahmen die Erfolge der deutschen Fechter aber immer mehr ab. Bei den Olympischen Sommerspielen 1988 in Seoul gewann Deutschland den Medaillenspiegel im Fechten mit drei Goldmedaillen, drei Silbermedaillen und einer Bronzemedaille. Verantwortlich für den deutschen Erfolg waren vor allem die Florettfechterinnen. Anja Fichtel (Gold), Sabine Bau (Silber) und Zita Funkenhauser (Bronze) machten die Medaillen unter sich aus. Das Kuriose dabei: Alle drei starteten für den FC Tauberbischofsheim. Die Kleinstadt in Baden-Württemberg wurde dadurch für kurze Zeit weltberühmt. „Das war der schönste Tag in meinem Leben. Wir haben tierisch gefeiert. Abends im Hof des Deutschen Hauses knallten die Korken so laut, dass wir gar nicht daran gedacht haben, dass andere ja noch ihre Wettkämpfe vor sich hatten. Irgendwann haben dann die Degenfechter Alex Pusch und Elmar Bormann Wassereimer von oben entleert. Und der Schwimmer Rainer Henkel hat aus lauter Verärgerung seine Hose am Fenster runtergelassen und uns sein Hinterteil gezeigt", erinnerte sich Fichtel im *Spiegel* an den Dreifachtriumph der deutschen Fechterinnen. Fichtel gewann das Finalgefecht gegen ihre Vereinskollegin Bau mit 8:5. „Wir kannten uns in- und auswendig und haben ja auch in der Vorbereitung täglich miteinander trainiert. Für uns beide war es eine enorme emotionale Anspannung, fast wie ein Psychokrimi. Ich habe versucht, Souveränität an den Tag zu legen und Sabine gleichzeitig klarzumachen, dass das keineswegs aufgesetzt ist. Innen drin sah es bei mir ganz anders aus, ich hatte zitternde Knie. Bevor ich auf der Fechtbahn meine Maske aufzog, hab ich Sabine ganz bewusst in die Augen gesehen", sagte Fichtel dem *Spiegel*. Im Team war Fichtel mit ihren Vereinskolleginnen aus Tauberbischofsheim Sabine Bau, Zita Funkenhauser, Christiane Weber und Annette Klug ebenfalls nicht zu bezwingen und gewann die Goldmedaille.

23. September 2022
Das letzte Match von Roger Federer

Der Tenniswelt und der Sportwelt war klar, dass dieser Moment irgendwann mal kommen musste. Roger Federer ist eine der größten Sportpersönlichkeiten, die es je gab. Der Schweizer spielte beim Laver Cup, einem Teamwettbewerb zwischen den besten Spielern aus Europa und dem Rest der Welt, sein letztes Tennismatch. Acht Tage zuvor hatte Federer in einem emotionalen Statement sein Karriereende beim Laver Cup angekündigt. „Ich betrachte mich als einen der glücklichsten Menschen der Welt. Mir wurde das besondere Talent gegeben, Tennis zu spielen, und ich habe es auf einem Niveau getan, das ich mir nie vorstellen konnte, und das viel länger, als ich es je für möglich gehalten hätte", sagte Federer in seiner Rücktrittsbotschaft. Bis zuletzt hatte der 41-Jährige noch die Hoffnung, nach einer schweren Knieverletzung noch einmal auf die Tennistour zurückkommen zu können. „Wenn man etwas am besten kann im Leben, willst du das niemals aufgeben. Für mich ist das Tennis", sagte Federer über seine große Liebe zum Tennis. Dem „Maestro", wie er genannt wird, flogen die Herzen zu durch seine elegante Spielweise und sein bescheidenes Auftreten auf und neben dem Platz wie bei kaum einem anderen Sportler zuvor. Für sein letztes Match beim Laver Cup hatte sich Federer ein Doppel an der Seite seines langjährigen Rivalen Rafael Nadal gewünscht. Einen passenderen und emotionaleren Rahmen hätte es kaum geben können für sein letztes Karrierematch – im gleichen Team nicht nur mit Nadal, sondern auch mit seinen anderen beiden großen Rivalen Novak Djokovic und Andy Murray. In seinem letzten Match ließ Federer noch einmal seine große Klasse aufblitzen, indem er unter anderem einen Ball durch ein kleines Loch zwischen Netzpfosten und Netz, wo tatsächlich nur ein Tennisball passte, spielte. Es war einer dieser besonderen Federer-Momente, welcher Fans und Gegner staunend zurückließ. Genau fünf Jahre zuvor hatten Federer und Nadal bei der Premiere des Laver Cups zum ersten Mal zusammen Doppel gespielt. Die Bilder hiervon gingen um die Sportwelt. Fünf Jahre später wurde dies noch einmal getoppt mit dem Karriereende von Federer an der Seite von Nadal. Zum Sieg im Doppel in seinem letzten Match reichte es hauchdünn nicht. Federer hatte im Match-Tiebreak des dritten Satzes bei eigenem Aufschlag Matchball, doch gegen die beiden US-Amerikaner Jack Sock und Frances Tiafoe von Team World verloren Federer und Nadal am Ende mit 6:4, 6:7 (2:7), 9:11. Anschließend wurde es hochemotional, als Federer offiziell verabschiedet und von seinen Spielerkollegen gefeiert wurde. Dem Schweizer kamen immer wieder die Tränen. „Es hat sich wie eine Feier angefühlt und das war genau das, was ich wollte. Es war eine perfekte Reise. Ich würde es genauso noch einmal machen. Ich bin glücklich, nicht traurig", sagte Federer über sein Karriereende. Als die Sängerin Ellie Goulding einen Abschiedssong performte, saß Federer mit Nadal auf der Bank. Die beiden weinten hemmungslos und hielten sich gegenseitig an der Hand. Ein Bild für die Ewigkeit. „Wenn Roger die Tour verlässt, geht auch ein wichtiger Teil meines Lebens", sagte Nadal über das Karriereende seines langjährigen Rivalen. Federer gewann in seiner Karriere 20 Grand-Slam-Titel, darunter achtmal in Wimbledon, und führte die Weltrangliste 310 Wochen an. Auf einen Rekord ist der Schweizer besonders stolz. Das Doppel an der Seite von Nadal war sein 1.750 Match auf der ATP-Tour (Einzel und Doppel zusammen). In keinem dieser 1.750 Matches gab Federer auf – eine unglaubliche Statistik.

24. September 1995
Das Matchballdrama um Michael Stich

Das deutsche Davis-Cup-Team musste im Halbfinale in Russland antreten. Es wurde ein hochdramatisches Wochenende in Moskau mit einem bitteren Ausgang für die deutsche Mannschaft. Am ersten Tag brachten Boris Becker und Michael Stich das deutsche Team mit 2:0 in Führung. Im darauffolgenden Doppel standen Becker und Stich bei einer 4:2-Führung im fünften Satz kurz vor dem Einzug ins Finale. Am Schlusstag zog Becker von seinem Einzel verletzungsbedingt zurück. Nachdem Ersatzmann Bernd Karbacher chancenlos war, traf Stich im entscheidenden Einzel in einem Match der Gegensätze auf Andrei Chesnokov. Auf der einen Seite Stich, der trotz des langsamen Sandplatzes mit Serve-and-Volley bedingungslos agierte und attackierte. Auf der anderen Seite Chesnokov, der mit Engelsgeduld reagierte und konterte. Es ging schließlich in den fünften Satz, der an Dramatik kaum zu überbieten war. Stich breakte zum 7:6 und vergab in seinem anschließenden Aufschlagspiel sage und schreibe neun Matchbälle – zwei davon mit Doppelfehler. Es kam, wie es kommen musste. Chesnokov glich mit seinem ersten Breakball aus und gewann nach 4:18 Stunden Spielzeit mit 6:4, 1:6, 1:6, 6:3, 14:12 – ausgerechnet durch einen Doppelfehler von Stich. Der Deutsche war am Boden zerstört, vergrub seinen Kopf minutenlang im Handtuch und weinte bittere Tränen. Becker versuchte, seinen Landsmann zu trösten und massierte ihm den Rücken. „Da gibt es nichts dran zu ändern: Ich habe versagt. Das war nicht die schlimmste, aber die schmerzhafteste Niederlage meiner Karriere. Als Mensch und Tennisspieler wird dieses Match mich immer prägen. Ich wusste nicht, wie brutal Sport sein kann", sagte Stich hinterher. Damit war auch der große Traum vom Jahrhundertfinale gegen die USA geplatzt. Der Einzug ins Finale hätte dem Deutschen Tennis Bund ein Gipfeltreffen mit Becker/Stich gegen Pete Sampras, Andre Agassi und Jim Courier beschert. Ein Spektakel, auf das die Tenniswelt sich riesig gefreut und dem Deutschen Tennis Bund Millioneneinahmen beschert hätte. „Es tat mir besonders leid für das Team, weil wir dadurch das sogenannte *Jahrhundertfinale* zu Hause gegen die USA mit Sampras und Agassi verpasst haben", sagte Stich nach dem Ende seiner Karriere.

25. September 2000
Cathy Freeman gewinnt emotionales Gold in Sydney

Sie war das Gesicht der Olympischen Sommerspiele 2000 in Sydney: Cathy Freeman. Die 400-Meter-Läuferin war Australiens Symbolfigur als Aborigine, die Ureinwohner Australiens. Freeman hatte die große Ehre, das olympische Feuer zu entzünden. Der ganze Kontinent erwartete dann von der zweifachen Weltmeisterin über die 400 Meter die Goldmedaille. Riesengroßer Druck lastete auf der 27-Jährigen. Und sie hielt dem Druck stand. In einem Ganzkörperanzug und mit Schuhen in den Farben des Aborigine-Volkes – Rot, Gelb und Schwarz – lief Freeman in 49,11 Sekunden nach starken letzten 100 Metern souverän zur Goldmedaille. Gänsehaut im Olympiastadion in Sydney. Nach dem Olympiasieg blieb Freeman minutenlag auf der Tartanbahn sitzen, ehe sie sich zur Ehrenrunde aufmachte, bei der sie neben der australischen auch die Flagge der Aborigine schwenkte. „Wenn sie dieses Rennen gewinnt, wird man in Australien noch in 20 Jahren davon reden. Vielleicht ewig", sagte ihr damaliger Lebensgefährte Nick Bideau. Er behielt recht. Nicht nur aus australischer Sicht war dieser 400-Meter-Lauf der emotionale Höhepunkt der Olympischen Sommerspiele 2000 in Sydney.

„Ich war überwältigt von der Stimmung. Ich konnte die Leute spüren. Ihre Freude, ihren Spaß. Ich musste mich einfach setzen", sagte Freeman. Die ganze Last von ihren Schultern fiel ab. Trotzdem hinterließ der Olympiasieg Spuren bei Freeman. Alles war ausgerichtet auf die Goldmedaille in Sydney. Nach der emotionalen Goldmedaille lief die Australierin nur noch wenige Rennen und verkündete 2003 ihren Rücktritt. In einem langen Artikel im *Daily Telegraph* schrieb Freeman über ihr Karriereende: „Ich denke, dass niemand, insbesondere nicht ich selbst, gewahr wurde, was für ein Opfer ich für Sydney bringen musste. Es war wunderbar, fabelhaft, der Gipfel meiner Karriere. Aber es war auch so unglaublich traumatisch. Traumatischer, als ich mir zu dieser Zeit zugestand, zu empfinden. Und langsam, aber sicher wurde mir klar, dass ich das alles nicht noch einmal durchmachen konnte. Und, realistisch gesehen, wird es nie wieder einen herrlicheren Moment für einen Athleten geben, als in meinem eigenen Land eine Goldmedaille zu gewinnen und das olympische Feuer entzündet zu haben. Und alles gipfelte in der Nacht im Olympiastadion in Sydney, als ich die 400 Meter gewann und dann einfach auf der Laufbahn saß und es kaum wagte, das Fenster in meinem Geist zu öffnen, das mich all die Gefühle erfahren lassen sollte, die darum kämpften, in meinen Kopf gelassen zu werden. Ich denke nicht, dass ich das Fenster jemals wirklich ganz aufgemacht habe."

26. September 1998 ⚽
Der kuriose Wechselfehler von Otto Rehhagel

Die deutsche Fußballgeschichte ist reich an kuriosen Wechselfehlern. Und meist passierte es den großen Trainern. Meistertrainer Hennes Weisweiler wechselte 1977 einen dritten ausländischen Spieler ein – damals nicht erlaubt. Christoph Daum wechselte 1992 in der Champions League einen vierten ausländischen Spieler ein – damals nicht erlaubt. Giovanni Trapattoni wechselte 1995 einen vierten Vertragsamateur ein – nicht erlaubt. Klaus Augenthaler wechselte 1996 sogar einen vierten Spieler ein – nicht erlaubt. Für den kuriosesten Wechselfehler sorgte im Jahr 1998 Otto Rehhagel, der in der Vorsaison mit dem 1. FC Kaiserslautern als Aufsteiger sensationell deutscher Meister wurde. Im Heimspiel gegen den VfL Bochum musste Rehhagel nach einer schweren Verletzung seines Kapitäns Michael Schjönberg auswechseln. Für den Dänen brachte er Pascal Ojigwe

(Nigeria) in die Partie. Das Problem dabei: Mit Hany Ramzy und Ibrahim Samir (beide Ägypten) und Ratinho (Brasilien) standen bereits drei Nicht-Europäer auf dem Feld. Mit Ojigwe betrat dann der vierte Nicht-Europäer den Platz – was laut Regelwerk nicht erlaubt war. „Es war ein schwarzer Tag für uns. Ich war nicht richtig im Bilde, sicher durch diese schwere Verletzung", sagte Rehhagel später darüber. Kurz nach der Einwechslung wurde Rehhagel dessen Wechselfehler von einem Funktionär des 1. FC Kaiserslautern mitgeteilt. In Panik schmiedete der Trainer einen Plan, um seinen Fauxpas zu vertuschen. Er beorderte Hany Ramzy an die Seitenlinie und gab ihm Anweisungen. Kurze Augenblicke später täuschte Ramzy eine Verletzung vor und ließ sich für den Deutschen Harry Koch auswechseln. „Otto hat zum Ramzy gesagt: ‚Wir haben einen zu viel auf dem Platz, du musst raus!' Der Hany hat also angefangen zu humpeln, damit alle denken, er ist verletzt. Das war wohl seine Idee. Sicher, im Nachhinein könnte man sagen: Warum hat er so ein Theater gemacht? Man muss ihm zugutehalten, dass er auch nur Schaden von der Mannschaft und vom Trainer abwenden wollte. Ich bin dann für ihn ins Spiel gekommen. Aber auch auf dem Feld hatte sich schnell herumgesprochen, dass das Spiel gelaufen war. ‚Schaltet mal einen Gang runter', haben die Bochumer gesagt, ‚wir wissen Bescheid.' Da war mir klar: Das Spiel ist bedeutungslos geworden. Auf unserer Ersatzbank ist über den Vorfall sogar noch gelacht worden. Hany hat sich aus Spaß in seinem Trikot versteckt", erinnerte sich Harry Koch im *Spiegel* an Rehhagels Wechselfehler. Kaiserslautern verlor die Partie nach 2:0-Führung mit 2:3, doch die Niederlage war bereits mit dem Wechselfehler besiegelt. Bochum legte nach dem Sieg keinen Einspruch gegen die Wertung des Spiels ein. „Otto Rehhagel hat sich gleich nach dem Spiel bei uns entschuldigt: ‚Das ist ganz allein mein Ding, ich trage die Konsequenzen', hat er gesagt. Es war auch niemand von uns sauer auf ihn, seiner Autorität hat es nicht geschadet. Aber ich glaube, er selbst hatte einige Zeit daran zu knabbern. Er hat immer wieder mit sich gehadert: ‚Mensch, warum musste das mir passieren?' Im Nachhinein konnten wir froh sein, dass der Fehler die Abschlusstabelle nicht dramatisch beeinflusst hat. Wir sind ja trotzdem in den UEFA-Pokal gekommen", blickte Koch zurück.

27. September 2000

Nils Schumann läuft und spurtet zum Olympiasieg

Diese 800 Meter veränderten sein Leben schlagartig. Bei den Olympischen Sommerspielen 2000 in Sydney gewann Nils Schumann überraschend Gold über 800 Meter in der Leichtathletik. Im Schlussspurt sicherte sich der 22-jährige Deutsche vor dem haushohen Favoriten Wilson Kipketer aus Dänemark mit sechs Hundertstelsekunden Vorsprung den Olympiasieg. „Dass ich heute hier in Sydney Olympiasieger werde, dazu brauche ich eine Woche, um das zu verdauen. Es war sehr knapp, aber es hat gereicht. Ich wusste nicht, was ich wirklich kann. Nun bin ich Olympiasieger, das ist die Krönung", sagte Schumann über seine überraschende Goldmedaille. Schumann avancierte zum Medienstar in Deutschland, man kürte ihn 2000 zum Sportler des Jahres in Deutschland. Doch statt weitere Erfolge zu erlaufen, ging es beim Mittelstreckenläufer nicht nur sportlich bergab. „Neun Jahre lang habe ich nach dem Sieg in Sydney mit dem Leistungssport weitergemacht und nicht wirklich einen großen internationalen Erfolg mehr errungen. Statt von Sieg zu Sieg eilte ich von Verletzung zu Verletzung. Und am Ende hatte ich alles verloren: Statt reich zu sein, war ich hoch verschuldet, statt frisch verliebt zu sein, war ich frisch verlassen von meiner Frau, und aus dem makellosen weißblonden Helden war ein unter Dopingvorwurf stehender Kahlkopf geworden", schilderte Schumann in seiner Biografie sein Leben nach dem Olympiasieg, der für ihn mehr Fluch als Segen war. „Ein zweiter Platz wäre auch gut gewesen. Dann hätte ich noch Ziele gehabt für die nächsten Jahre, für die ich alles hätte geben können. Das war mir ein bisschen genommen", sagte er im Rückblick. „Das größte Ziel, olympisches Gold, habe ich mit 22 erreicht, der Traum und die Motivation waren plötzlich weg. Dafür die Popularität und der Hype umso größer. Ich musste den Erwartungen gerecht werden", sagte Schumann dem *Stern*. Olympiasieger bleibt er aber ein Leben lang.

28. September 1988
Das Fehlstartdrama um Jürgen Hingsen

Die Zehnkämpfer sind die Könige der Leichtathletik, weil sie Laufen, Springen und Werfen beherrschen müssen. Den deutschen Rekord im Zehnkampf hielt 39 Jahre lang Jürgen Hingsen mit 8.832 Punkten, aufgestellt im Juni 1984 – was damals Weltrekord war. Hingsen ging in die Geschichte ein als ewiger Zweiter im Zehnkampf. Bei den Europameisterschaften 1982 und 1986, bei der Weltmeisterschaft 1983 und bei den Olympischen Sommerspielen 1984 in Los Angeles gewann der Deutsche die Silbermedaille. Vor ihm lag immer der Brite Daley Thompson. Bei den Olympischen Sommerspielen 1988 in Seoul wollte Hingsen seinen ewigen Rivalen endlich einmal bei einem großen Wettkampf besiegen. Doch für den Zwei-Meter-Mann endete Olympia in einem Drama, bevor der Wettkampf überhaupt so richtig begann. In der ersten Disziplin im Zehnkampf, dem 100-Meter-Lauf, leistete sich Hingsen auf Bahn 1 einen Fehlstart. Halb so schlimm, denn zur damaligen Zeit wurde man erst nach dem dritten Fehlstart disqualifiziert. Nun nahm das Drama seinen Lauf. Auch beim zweiten Start lief der 30-Jährige zu früh los. Einen weiteren Fehlstart durfte er sich nicht mehr erlauben. Und tatsächlich: Auch beim nächsten Start bewegte sich Hingsen einen Tick zu früh vor dem Startschuss. Die Kampfrichter werteten dies als erneuten Fehlstart des Deutschen und disqualifizierten ihn. Da halfen auch nicht die minutenlangen Diskussionen mit den Kampfrichtern. „Damals bin ich zum Depp der Nation geworden. Ich habe noch heute Albträume", sagte Hingsen der *Morgenpost*. Seine drei Fehlstarts begründete er rückblickend mit einer Verletzung. „Ich hatte damals eine schwere Verletzung am Knie, einen Patellasehnenanriss und wusste vorher, ich kann nur neun Disziplinen richtig machen. Beim Hochsprung wusste ich genau, da werde ich nur zwei Sprünge durchhalten. Von daher musste ich beim 100-Meter-Lauf, der ersten Disziplin, schon alles auf eine Karte setzen. Wenn man da eine Zeit unter 11 Sekunden läuft, dann überträgt sich das auch psychologisch auf alle weiteren Disziplinen. Ich hatte mir vorgenommen, einen fantastischen Start hinzulegen und war halt dreimal eine Tausendstel zu früh", erklärte Hingsen dem *Spiegel* seine drei Fehlstarts. Besonders bitter war der dritte Fehlstart, bei dem lange überprüft wurde, ob der Deutsche tatsächlich zu früh losgelaufen war. „Ich wollte Gold holen. Ich hatte keine Chance, mich anders zu verhalten, zumal ich bis heute Zweifel habe, ob mein letzter Start wirklich ein Fehlstart war: Da kamen vier Leute gleichzeitig aus den Blöcken", sagte der Deutsche dem *Spiegel*. Statt mit Olympiagold seine starke Karriere zu krönen, beendete Hingsen ein Jahr später seine Laufbahn. „Der Betrachter am Fernsehschirm hatte kein Verständnis für meine Situation und wusste auch nicht, dass ich vor den Olympischen Spielen 50-mal am Knie behandelt wurde. Und auch heute fällt allen sofort die Fehlstartorgie ein, sobald mein Name genannt wird. Das ist Schicksal", sagte er über seinen Unglückstag in Seoul.

29. September 2000
Heike Drechsler springt erneut zu Olympiagold

Heike Drechsler ist eine der erfolgreichsten Leichtathletinnen aus Deutschland. Sie startete zunächst als Sprinterin und Weitspringerin, ehe sie sich in den 1990er-Jahren auf den Weitsprung konzentrierte. Ihre 7,48 Meter sind die drittbeste Weite, die jemals gesprungen wurde. Wobei: Im Jahr 1992 sprang sie im 2.035 Meter hoch gelegenen italienischen Sestrière auf 7,63 Meter. Es wäre ein Fabelweltrekord gewesen, doch der Rückenwind betrug 2,1 Meter pro Sekunde, 0,1 zu viel für eine Anerkennung der Weite in offiziellen Rekordbüchern. Nachdem Drechsler bei den Olympischen Sommerspielen 1992 in Barcelona ihre erste Goldmedaille im Weitsprung gewann, legte sie acht Jahre später bei den Olympischen Sommerspielen 2000 in Sydney nach. Bereits 35 Jahre alt war Drechsler, als sie es in Sydney allen noch einmal zeigte und mit 6,99 Meter zum zweiten Olympiasieg sprang. „Ich schwebte förmlich nach dem Sieg. Ein Augenblick für die Ewigkeit, den ich in Gedanken immer wieder durchleben kann. Der Druck, der sich über das ganze Jahr in mir angestaut hatte, fiel von mir ab. Die Emotionen sprudelten einfach so spontan aus mir heraus, und ich wagte sogar ein kleines Tänzchen. Eigentlich bin ich da eher zurückhaltend, zumindest in der Öffentlichkeit. In dem Moment war es mir egal, dass 100.000 Menschen zuschauen", blickte Drechsler im *Spiegel* zurück. Am Ende des Jahres wurde Drechsler zur Sportlerin des Jahres in Deutschland gekürt. „Die Spiele 2000 in Sydney waren für mich die emotionalsten. Ich durfte beim Ausmarsch sogar die deutsche Fahne tragen, das war Wahnsinn. Ich hätte niemals erwartet, noch mal eine Medaille zu holen. Bis zum letzten Versuch musste ich fiebern. Dieses Warten und Hoffen, dass niemand weiter springt, war eine Qual", sagte Drechsler dem *Spiegel*.

30. September 2012
Martin Kaymer und der Putt seines Lebens

Martin Kaymer ist nach Bernhard Langer der erfolgreichste deutsche Golfer: Zwei Major-Turniere gewann Kaymer, 2010 die PGA Championship und 2014 die US Open. Er führte acht Wochen die Weltrangliste an. Den wohl größten Moment in seiner Karriere hatte Kaymer aber beim Ryder Cup 2012 im Medinah Country Club bei Chicago. Der Ryder Cup ist das prestigeträchtigste Turnier im Golf. Alle zwei Jahre treffen die besten Golfer aus Europa und die besten Golfer aus den USA aufeinander. Bei seinem Debüt im Jahr 2010 hatte Kaymer als zweiter Deutscher nach Bernhard Langer den Ryder Cup gewonnen. Zwei Jahre später schaffte es der Deutsche erneut ins europäische Team. Vor dem Schlusstag in Medinah führten die USA mit 10:6. Mit dem Heimvorteil im Rücken schien die Entscheidung nur eine Frage der Zeit. Mit dem Rücken zur Wand drehten die Europäer auf. Zum Matchwinner wurde schließlich Kaymer. Im Duell gegen den US-Amerikaner Steve Stricker führte der Deutsche vor dem 18. Loch. Als es in Richtung Fahne ging, war die Ausgangslage klar. Gelingt Kaymer der Putt aus knapp zwei Metern, würde er Europa den Sieg beim Ryder Cup bescheren. Kaymer hielt dem Druck stand, lochte den Putt seines Lebens ein und machte „das Wunder von Medinah" perfekt. „Ich wusste, dass der Putt für den Ryder Cup ist und dachte mir: ‚Weißte, Martin, auf diese Situation hast du so lange gewartet. Also versuche jetzt, das Beste daraus zu machen'", sagte Kaymer über den „wichtigsten Putt meiner bisherigen Karriere". Der sonst so reservierte Deutsche ließ nach dem Gewinn des Ryder Cups seinen Emotionen freien Lauf. „Die Party fing mit meinem Putt auf der 18 an – ab da brachen alle Dämme, es war nur noch großer Jubel und eine gemeinsame große Party, die bis tief in die Nacht ging. Ich denke, das hatten wir uns nach all dem Auf und Ab und dem Comeback am Sonntag auch mehr als verdient", sagte Kaymer über die Siegerparty von Team Europa. Kaymer gewann 2014 den Ryder Cup ein drittes Mal und spielte 2016 zum bislang letzten Mal beim Ryder Cup.

OKTOBER: GOLDEN SLAM UND NEUN-DARTER

1. Oktober 1988
Der Golden Slam von Steffi Graf

Es waren 33 Siege bis zur Ewigkeit. Steffi Graf schrieb Tennisgeschichte, indem sie etwas vollbrachte, was im Tennis bislang einmalig ist und wahrscheinlich auch bleiben wird. Die damals 19-jährige Deutsche gewann 1988 alle vier Grand-Slam-Turniere – die Australian Open, French Open, Wimbledon und US Open – sowie die olympische Goldmedaille. Für diese einzigartige Leistung hatten sich die Journalisten und Grafs Vermarktungsagentur „Advantage" bereits im Vorfeld der Olympischen Sommerspiele 1988 in Seoul eine passende Bezeichnung überlegt: Golden Slam. Die Mission Golden Slam schien nach dem wenige Wochen zuvor bei den US Open erreichten Kalender-Grand-Slam beim olympischen Tennisturnier in Seoul im Viertelfinale beinahe zu platzen. Gegen Larissa Savchenko aus der Sowjetunion lief es gar nicht rund bei Graf. Plötzlich fand sie sich im dritten Satz mit einem 1:3-Rückstand wieder. Mit unbändigem Willen befreite sie sich aus der bedrohlichen Situation und gewann den Entscheidungssatz mit 6:3. Vier Tage später stand Graf im Endspiel um die Goldmedaille gegen die Argentinierin Gabriela Sabatini. Die Deutsche siegte mit 6:3, 6:3, der Golden Slam und ein Rendezvous mit der Tennisgeschichte waren perfekt. „Ich bin sehr begeistert. Das ist etwas, was nicht viele Leute nach mir erreichen werden. Es ist fantastisch", freute sich „Fräulein Vorhand". Besonderen Stellenwert hat für Graf beim Golden Slam die olympische Goldmedaille, wie sie vor den Olympischen Spielen 2012 zugab. „Die Goldmedaille bei Olympia zu gewinnen, ist eine andere Erfahrung, als einen Grand Slam zu gewinnen. Und ich muss sagen, dass ich das etwas höher bewerte. Ich tue das wirklich. Das Gefühl, für dein Land zu spielen, die Kameradschaft, alle diese verschiedenen Sportarten – es fühlt sich spezieller an", sagte sie. Bislang konnte kein Spieler und keine Spielerin das Golden-Slam-Kunststück wiederholen. Ob diese Leistung von Graf einzigartig bleiben wird, wird wie immer die Zeit zeigen. Sicher ist, dass es im Tennis nur alle vier Jahre die Chance auf den Golden Slam gibt.

2. Oktober 1980
Das unrühmliche Comeback von Muhammad Ali

Als Muhammad Ali im Jahr 1978 durch einen Punktsieg gegen Leon Spinks in seinem 59. Kampf zum dritten Mal Schwergewichtsweltmeister im Boxen wurde, gab er später sein Karriereende bekannt und damit auch seinen Titel im Verband WBA zurück. Doch Ali entschied sich noch einmal um und wollte unbedingt ein viertes Mal Weltmeister werden. Er bekam einen Kampf gegen den ungeschlagenen Larry Holmes, den Weltmeister im Verband WBC. Für Ali endete sein Comeback im Caesars Palace in Las Vegas im Desaster. Was damals noch nicht bekannt war: Der 38-jährige Box-Superstar zeigte bereits Anzeichen einer später festgestellten Parkinson-Krankheit und nahm vor seinem 60. Profikampf Medikamente. Gegen Holmes war Ali völlig chancenlos. Das groß angekündigte „letzte Hurra" endete nach der zehnten Runde, als Alis Trainer Angelo Dundee dem Ringrichter zurief: „Das Spiel ist zu Ende." Ali entging wohl einem schweren K. o. und war nur noch ein Schatten früherer glanzvoller Tage. „Alle an diesem Kampf beteiligten Personen hätten verhaftet werden müssen. Dieser Kampf war eine Abscheulichkeit, ein Verbrechen", sagte Alis früherer Ringarzt Ferdie Pachecho. Holmes konnte den Sieg über Ali überhaupt nicht genießen und weinte nach dem technischen K. o. im Ring. „Er hatte Charisma. Als ich nach dem Kampf in seine Umkleidekabine ging, lag er auf dem Bett und wurde eingerieben, weil ihm alles wehtat. Ich sagte: ‚Ali, du weißt, dass ich dich liebe. Du wirst immer mein Mann sein.' Er sagte daraufhin: ‚Wenn du mich liebst, warum hast du mich verdroschen?' Er trug bis zu seinem Tod nie Groll in sich", erinnerte sich Holmes, der sich möglicherweise im Kampf zurückhielt und Ali nicht k. o. schlagen wollte. Trotz seines unrühmlichen Comebacks stieg Ali ein Jahr später noch einmal in den Ring, obwohl sein Gesundheitszustand sich weiter verschlimmerte. In seinem letzten Kampf, der auf zehn Runden angesetzt war, hielt Ali zwar bis zum Ende durch, verlor aber klar nach Punkten.

3. Oktober 2019
Niklas Kaul wird jüngster Weltmeister im Zehnkampf

Dieser Weltmeistertitel kam aus dem Nichts. Niklas Kaul sicherte sich bei der Leichtathletik-Weltmeisterschaft 2019 in Doha sensationell die Goldmedaille im Zehnkampf. Mit 8.691 Punkten stellte der 21-Jährige eine neue persönliche Bestleistung auf und schrieb als jüngster Weltmeister im Zehnkampf Geschichte. Kaul hatte nach dem ersten Tag auf Platz elf gelegen. Doch dann kam der fulminante zweite Tag des Deutschen mit Disziplinen, die ihm besser liegen. Als er im Speerwerfen, der neunten Diszipin, 79,05 Meter warf, – eine Weltrekordweite im Speerwurf im Zehnkampf – schob er sich vor der letzten Disziplin auf Platz drei. Den abschließenden 1.500-Meter-Lauf gewann Kaul in 4:15 Minuten. Das Zeitpolster, das er auf seine Konkurrenten hatte, reichte, um sich zum zweiten deutschen Weltmeister im Zehnkampf, der Königsdisziplin der Leichtathletik, zu küren. Im Jahr 1987 hatte Torsten Voss für die damalige DDR Gold gewonnen. „Vor den 1.500 Metern ging mir hauptsächlich durch den Kopf: Die Chance, Weltmeister zu werden, bekommst du vielleicht nie mehr wieder im Leben. Deswegen musst du die genau jetzt nutzen. Was nach dem Zieleinlauf auch passiert, ob sie dich hier raustragen müssen oder nicht – du rennst jetzt einfach und gibst alles, was du hast", sagte Kaul über seinen abschließenden Fabellauf, der ihn zum Gold führte. Ausschlaggebend für den Coup war der zweite Tag, an dem der Deutsche die zweitbeste Punktezahl, die es am zweiten Tag je gegeben hat, hinlegte. „Wie das passiert ist, ich weiß es nicht. Es fühlt sich alles sehr surreal an, was da in den letzten paar Stunden passiert ist", sagte Kaul. Drei Jahre später gewann Kaul bei der Europameisterschaft in München den EM-Titel, ebenfalls nach einer Aufholjagd am zweiten Tag.

4. Oktober 1970

Jochen Rindt: Als Toter zum Formel-1-Weltmeister

Als Jochen Rindt am 5. September 1970 beim Großen Preis von Italien in Monza an den Start ging, führte der Österreicher die Weltmeisterschaftswertung in der Formel 1 souverän an. Rindt hatte fünf von neun Rennen gewonnen. Im Qualifying fürs Rennen geriet Rindt mit seinem Lotus-Ford in der Zielkurve ins Schleudern. Sein Wagen krachte in die Leitplanken. Beim Unfall wurde die Halsschlagader des 28-Jährigen durchtrennt. Auf dem Weg ins Krankenhaus verstarb Rindt. „Ich fühle, dass ich gut genug bin, keinen Fehler zu machen. Aber ich bin mir nicht sicher, ob ich das Auto kontrollieren kann, falls etwas am Auto schiefgeht", hatte Rindt zuvor gesagt. Knapp einen Monat später stand das vorletzte WM-Rennen, der Große Preis von den USA in Watskin Glen, auf dem Programm. Rindt hatte immer noch einen großen Vorsprung in der WM-Wertung. Nur noch der Belgier Jacky Ickx hätte dem Österreicher den Weltmeistertitel streitig machen können. Doch Ickx fuhr trotz Pole-Position nur auf Platz vier, sodass Rindt vor dem letzten WM-Rennen in Mexiko posthum zum Weltmeister erklärt wurde. Der Österreicher wurde zwar in Deutschland geboren, wuchs aber nach dem Tod beider Elternteile im Alter von zwei Jahren bei seinen Großeltern in Österreich auf. Und so entschied er sich, als Rennfahrer für Österreich zu starten. Dass er der erste Formel-1-Weltmeister aus Österreich wurde, bekam Rindt nicht mehr mit. „Mit diesem Auto kann ich Weltmeister werden oder in zwei Jahren tot sein", sagte Rindt Ende 1968, als er zum Rennstall Lotus-Ford wechselte. Beide Prophezeiungen wurden wahr. Rindts Frau Nina nahm den Weltmeisterpokal stellvertretend entgegen. Der größte Wunsch seiner Frau Nina war es, dass ihr Mann mit den Formel-1-Rennen aufhören würde. Das erzählte sie ihm damals in einem öffentlichen Interview. Rindt fuhr weiter. „Jochen liebte den Rennsport. Ich wollte, dass er aufhört, aber es hat ihm Spaß gemacht. Ich konnte nichts machen. Eine Frau kann ihren Mann nicht von Dingen fernhalten, die er liebt", sagte Rindts Frau Nina über dessen Rennleidenschaft.

5. Oktober 2014

Der folgenschwere Unfall von Jules Bianchi

Solch einen heftigen Unfall hatte es in der Formel 1 seit dem Tod von Ayrton Senna im Jahr 1994 nicht mehr gegeben. Beim Großen Preis von Japan in Suzuka verlor der Deutsche Adrian Sutil in seinem Sauber in der 41. Runde bei strömendem Regen die Kontrolle über seinen Wagen und schlug in die Streckenbegrenzung ein. Kurz darauf passierte Jules Bianchi im Marussia das Gleiche. Er verlor an der gleichen Stelle die Kontrolle und krachte dabei in ein Bergungsfahrzeug, das den Sauber von Sutil abtransportieren sollte. „Da war sehr viel Regen und es war auch schon sehr dunkel. Ich konnte schwer erkennen, wo die Pfützen lagen und rutschte von der Strecke. Eine Runde später passierte Jules das Gleiche. Es war der gleiche Crash, nur mit anderem Ausgang. Mehr will ich aus Respekt auch gar nicht zu seinem Zustand sagen. Ich hoffe wirklich, dass es ihm gut geht", sagte Sutil über den Unfall, den er aus nächster Nähe wahrnahm. Bianchi verlor bei dem Unfall das Bewusstsein und zog sich schwere Kopfverletzungen zu. Das Rennen wurde zunächst mit dem Safety-Car fortgesetzt, in der 46. Runde aber abgebrochen. „Die gelben Flaggen wurden geschwenkt, aber man hätte eigentlich angesichts der schlechten Sicht und des starken Regens gleich nach meinem Abflug das Safety-Car rausschicken können. Hinterher ist man immer schlauer und es ist nicht einfach, immer die richtige Entscheidung zu treffen. Vielleicht hätte man das Rennen etwas früher abbrechen sollen, ich denke, es wäre auch möglich gewesen, das Rennen am Morgen etwas früher zu starten", schilderte Sutil im Anschluss die Situation. Bianchi wurde nach dem Unfall sofort ins Krankenhaus gebracht und notoperiert. Danach verlegte man ihn auf die Intensivstation. Zehn Monate später, am 17. Juli 2015, erlag der Franzose den Unfallfolgen, ohne noch einmal das Bewusstsein wiedererlangt zu haben. Bianchi wurde nur 25 Jahre alt.

6. Oktober 2019
Malaika Mihambo fliegt zur Weltmeisterin

Malaika Mihambo ist eine der erfolgreichsten deutschen Leichtathletinnen – und ihre Karriere ist längst noch nicht zu Ende. Mihambo reiste 2019 als amtierende Europameisterin im Weitsprung und klare Favoritin zur Leichtathletik-Weltmeisterschaft in Doha. In der Freiluftsaison hatte die 25-jährige Deutsche jeden Wettkampf gewonnen. In der Qualifikation in Doha sprang sie 6,98 Meter weit und erzielte damit die beste Weite. „Ich weiß, dass ich auf einem sehr hohen Niveau bin", sagte sie anschließend. Doch im Weitsprungfinale in Doha lief es zunächst nicht, wie erhofft. Nach 6,52 Meter im ersten Versuch und einem ungültigen zweiten Versuch stand Mihambo unter Zugzwang. Sie musste sich verbessern, um drei weitere Versuche zu haben, die den besten Acht zustanden. Im dritten Versuch hielt Mihambo dem Druck stand und flog richtig weit. 7,30 Meter – 14 Zentimeter weiter als ihre bisherige Bestmarke. Nach dem Sprung von 7,30 Meter war klar: Gold war Mihambo nicht mehr zu nehmen, auch wenn noch einige Versuche anstanden. Mit 38 Zentimetern Vorsprung sicherte sie sich die Goldmedaille. 7,30 Meter bedeuteten nicht nur Weltjahresbestleistung, sondern auch die zwölftbeste Weite aller Zeiten sowie die zweitbeste Weite einer deutschen Springerin nach Heike Drechsler mit 7,48 Meter. „7,30 Meter sind wow, Weltmeisterin zu sein, ist auch einfach wow. Mir fehlen die Worte. Es war irgendwie der optimale Sprung", jubelte Mihambo, die im gleichen Jahr zum ersten Mal zu Deutschlands Sportlerin des Jahres gewählt wurde. 2022 sprang Mihambo erneut zum Weltmeistertitel. 2021 gewann sie Olympiagold.

7. Oktober 1995
Das Ironman®-Drama um Paula Newby-Fraser

Seit 1978 gibt es den Ironman® auf Hawaii, die inoffizielle Weltmeisterschaft im Triathlon. Seit 1979 starten auch die Damen parallel zu den Herren. Die Ikone der Anfangsjahre beim Ironman® auf Hawaii war eindeutig Paula Newby-Fraser, geboren in Simbabwe, aufgewachsen in Südafrika, wohnhaft in Kalifornien. Zwischen 1985 und 1994 gewann Newby-Fraser siebenmal den Ironman®, einmal wurde sie Zweite, zweimal Dritte. Der Ironman® im Jahr 1995 sollte der letzte Wettbewerb in der Karriere von Newby-Fraser sein, die inzwischen für die USA startete. Doch statt mit einem Sieg abzutreten, endete das Rennen auf Hawaii in einem Drama. Alles sah nach einem klaren Sieg der 33-Jährigen aus, als sie nach 3,682 Kilometer Schwimmen und 180 Kilometer Radfahren mit einem Vorsprung von zwölf Minuten sich auf den abschließenden Marathon aufmachte. „Mit so einem Vorsprung und mit Paulas Geschichte, kann man sagen: Das Rennen ist entschieden", sagte ihr Verlobter Paul Huddle, der vor Ort auf Hawaii das Rennen mitkommentierte. Es war angerichtet für den achten Sieg von Newby-Fraser sowie für ihr Wunsch-Karriereende. Doch die US-Amerikanerin machte einen Anfängerfehler, den sie bitter bereuen sollte. Sie trank und aß zu wenig und dehydrierte komplett. „Das war das Schlimmste daran: Dass ich so einen groben Fehler machte, der mir mit meiner Erfahrung einfach nicht passieren dürfte, und dass ich das nicht erkannt habe", blickte sie zurück. Ihr Vorsprung schmolz immer mehr. Sechs Kilometer vor dem Ziel lag sie zwar immer noch komfortabel mit drei Minuten in Führung, doch ihre Kräfte schwanden immer mehr. Newby-Fraser versuchte, in kürzester Zeit so viel Flüssigkeit wie möglich zu sich zu nehmen. Sie war bereits so desorientiert, dass sie in einen Freiwilligen am Streckenrand hineinlief und stürzte. Anderthalb Kilometer vor dem Ziel lag sie zwar immer noch mit zwei Minuten in Führung, doch Newby-Fraser passierte das, was Läufer „hitting the wall" nennen. Nichts ging mehr, der Hungerast war zu groß. „Der Mann mit dem Hammer" schlug gnadenlos zu. Circa 400 Meter vor der Ziellinie lag sie immer noch in Führung, als sie stehen blieb. Ihre Landsfrau Karen Smyers lief ruhig an ihr vorbei, gab ihr noch einen aufmunternden Klaps und holte sich den Sieg. „Ich stoppte und sagte: ‚Ich kann es nicht beenden.' Ich begann, das Bewusstsein zu verlieren. Ich weiß, dass es wie in einem Film aussah. Ich konnte es nicht glauben. Immer noch, wenn ich es mir anschaue, denke ich mir, warum ich nicht 400 Meter weiterlaufen konnte. Aber es gab keine Chance", sagte Newby-Fraser über ihren Kollaps. Die US-Amerikanerin ließ sich auf den Bordstein nieder, ehe sie sich auf dem Asphalt hinlegte. „Ich sagte zu mir: ‚Mache bloß einen weiteren Schritt.' Es ging aber nicht. Ich konnte mich nicht bewegen. Ich glaube, dass ich mein Leben dem Rennen gegeben habe und sterben werde. Es gab einen Moment, als ich glaube, dass ich ins Krankenhaus gebracht werden müsste, aber selbst, wenn ich bis Mitternacht warten müsste: Ich wollte ins Ziel", sagte sie. Minutenlag lag

Newby-Fraser am Boden. Ihr Verlobter kam herbeigelaufen, rief nach einem Krankenwagen. „Ich glaube, ich sterbe", sagte Newby-Fraser in Richtung der Helfer. Doch aufgeben wollte sie nicht. Nach 20 Minuten stand die US-Amerikanerin wieder auf und ging in Richtung Ziellinie. Wenige Meter vor der Ziellinie wurde sie von der Brasilianerin Fernanda Keller überholt, die auf den dritten Platz lief. „Jeder erwartete meinen achten Erfolg, ich ebenfalls. Alles andere als der Sieg entsprach einem Versagen. Bis zum Marathon lief es fantastisch. Doch dann war ich so zuversichtlich, dass ich irgendwie die Grundlagen vergessen habe. Ich habe komplett vernachlässigt, mich richtig zu verpflegen und genügend zu trinken", erklärte Newby-Fraser. Ihre Karriere als Triathletin wollte die US-Amerikanerin aber so nicht beenden. Ein Jahr später ging sie wieder beim Ironman® auf Hawaii an den Start – und gewann ihren achten Titel. „Um ehrlich zu sein: Ich musste im Jahr darauf wieder antreten, um darüber hinwegzukommen", sagt Newby-Fraser, die ihr Wunsch-Karriereende dann doch bekam. Bloß mit einem Jahr Verzögerung.

8. Oktober 2000
Weltmeister! Michael Schumacher beendet die Ferrari-Durststrecke

Als Michael Schumacher 1996 als zweimaliger Formel-1-Weltmeister von Benetton-Ford zu Ferrari wechselte, hatte der Deutsche eine große Mission: der erste Weltmeistertitel eines Ferrari-Fahrers seit 1979. Die Ära Schumacher bei Ferrari verlief zunächst aber alles andere, als sich das beide Parteien erhofft hatten. Nach vier Jahren mit einigen Skandalen und viel Pech sollte im Jahr 2000 endlich der erste Weltmeistertitel für Ferrari nach 21 Jahren her. Die Saison begann für Schumacher perfekt mit drei Siegen in den ersten drei WM-Rennen. Zur Mitte der Saison kippte die Stimmung, als Mika Häkkinen, der 1998 und 1999 Weltmeister wurde, in der WM-Wertung immer näherkam und nach dem zwölften von 17 WM-Rennen an Schumacher vorbeizog. Mit dem Sieg beim Großen Preis der USA in Indianapolis übernahm Schumacher erneut die Führung mit acht Punkten Vorsprung. Die Rechnung vor dem vorletzten WM-Rennen, dem Großen Preis von Japan in Suzuka, war klar: Gewinnt Schumacher das Rennen, wird er Weltmeister. Durch eine gute Boxenstoppstrategie überholte Schumacher den Führenden Häkkinen kurz vor Schluss und fuhr den Sieg und die erste Weltmeisterschaft für

Ferrari nach 21 Jahren sicher nach Hause. „Wir haben es geschafft. Gib Corinna einen dicken Kuss von mir", ließ Schumacher über Boxenfunk wissen. Gemeint war seine Frau Corinna. „Als ich zu Ferrari gegangen bin, haben viele diese Entscheidung infrage gestellt. Letztlich hat sich gezeigt, dass es die beste Entscheidung meiner Karriere und der Beginn meiner erfolgreichsten Zeit war", sagte Schumacher rückblickend. Alle die Hoffnungen, die in ihn gesetzt waren, und all der Druck wurden durch den WM-Titel freigesetzt. Schumacher fuhr die nächsten Jahre im Ferrari in einer eigenen Liga und gewann vier weitere Jahre in Folge den WM-Titel. Der dritte seiner insgesamt sieben WM-Titel blieb für Schumacher der wichtigste in seiner Karriere. „Das war einer der größten Momente meiner Karriere. Wir haben fünf Jahre für diesen Moment gearbeitet. Das sind ganz besondere Emotionen. Und diesen Titel habe ich mit Ferrari gewonnen, und nicht mit Benetton. Entschuldigung. Die Tradition von Benetton ist einfach nicht so groß. Deshalb hat dieser Titel viel mehr Bedeutung für mich", sagte er über den WM-Titel im Jahr 2000.

9. Oktober 2000 ⚽
Das reine Gewissen von Christoph Daum

Er gehörte zu den erfolgreichsten Trainern der Fußball-Bundesliga, sein Weg kannte nur eine Richtung: steil nach oben. Doch seine Karriere änderte sich im Jahr 2000 schlagartig. Christoph Daum sollte nach der Bundesligasaison 2000/2001 Nationaltrainer von Deutschland werden. So war der Plan. Daum war damals in seiner fünften Saison bei Bayer 04 Leverkusen, als ein Drogenskandal den deutschen Fußball erschütterte. Uli Hoeneß, damals Manager vom FC Bayern München, galt als Intimfeind von Daum. Ihm passte es gar nicht, dass Daum neuer Nationaltrainer werden sollte. Und so sprach Hoeneß in einem Interview offen darüber, dass Daum regelmäßig Kokain konsumieren würde. So wurde es Hoeneß jedenfalls zugetragen. „Wenn alles Fakt ist, worüber geschrieben wurde, auch unwidersprochen, über den verschnupften Daum, dann kann er nicht Bundestrainer werden. Der DFB kann doch keine Aktion ‚Keine Macht den Drogen' starten und Herr Daum hat vielleicht damit etwas zu tun", sagte Hoeneß gegenüber der *Münchner Abendzeitung*. Die Aussagen von Hoeneß lösten eine heftige Diskussion aus. Die einen kritisierten den Bayern-Manager, dass er ohne das Vorlegen von Beweisen solche Vorwürfe in den Raum stellte. Andere forderten Daum dazu auf, einen Drogentest zu machen, um seine Unschuld zu beweisen. Und das tat Daum dann auch, auch wenn er dazu nicht gezwungen wurde. Doch der öffentliche Druck auf den zukünftigen Nationaltrainer wurde immer größer. Der 46-Jährige teilte in einer Pressekonferenz mit, dass er eine Haarprobe abgegeben habe, um aufzuzeigen, dass er keine Drogen konsumiert habe. „Ich tue das, weil ich ein absolutes reines Gewissen habe", sagte Daum selbstbewusst. Nach der Pressekonferenz glaubten wohl nur die wenigsten, dass die Haarprobe tatsächlich positiv ausfallen würde, zu offensiv und selbstsicher ging Daum mit den Vorwürfen um. Elf Tage nach der berühmten Pressekonferenz kam die Schocknachricht. In den Scham- und Achselhaaren wurden Hinweise auf eine größere Menge Kokain entdeckt. Die Folge: Daum trat mit sofortiger Wirkung als Trainer bei Bayer 04 Leverkusen zurück. Sein geplantes Amt als Nationaltrainer Deutschlands löste sich in Luft auf. Daum floh erst mal ins Ausland nach Florida. Im Januar 2001 erklärte er sich vor der Presse. „Ich gebe zu, dass ich mit Drogen in Kontakt gekommen bin und Kokain konsumiert habe", gestand er. Selbstironisch fügte er hinzu. „Die Haaranalyse, die ich habe machen lassen, muss man im Nachhinein sagen, dat war ein Fehler." Wenige Monate nach seiner Kokainbeichte übernahm Daum den Trainerposten bei Besiktas Istanbul, das er in den 1990er-Jahren bereits trainiert hatte. In die Bundesliga kehrte Daum im Jahr 2006 als Trainer vom 1. FC Köln zurück – dort, wo seine Trainerkarriere begonnen hatte.

10. Oktober 2015

Jan Frodeno gewinnt erstmals den Ironman® auf Hawaii

Er ist der mit Abstand erfolgreichste Triathlet Deutschlands und einer der besten weltweit: Jan Frodeno. Beim legendären Ironman® auf Hawaii, dem prestigeträchtigsten Ironman im Triathlon, gelang Frodeno mit dem Sieg Historisches. Nach 3,682 Kilometer Schwimmen, 180 Kilometer Radfahren und 42,195 Kilometer Laufen kam Frodeno nach 8:14:40 Stunden drei Minuten vor seinem Landsmann Andreas Raelert als Erster ins Ziel. Der 34-Jährige gewann als vierter Deutscher nach Thomas Hellriegel (1997), Normann Stadler (2004 und 2006) und Faris Al-Sultan (2005) den Ironman® auf Hawaii. Frodeno schrieb damit gleichzeitig

Geschichte als erster Triathlet, der die Goldmedaille bei den Olympischen Spielen holte sowie beim Ironman® auf Hawaii siegte. Im Jahr 2008 hatte Frodeno bei den Olympischen Sommerspielen in Peking die Goldmedaille errungen. Die olympische Distanz ist deutlich kürzer als die Ironman®-Distanz: 1,5 Kilometer Schwimmen, 40 Kilometer Radfahren und 10 Kilometer Laufen. Dass Frodeno dieses historische Double schaffen würde, schien zunächst nicht denkbar, da der Deutsche der Ironman®-Strecke nicht allzu zugewandt war. Für Frodeno wäre diese Distanz eine Strecke „für gescheiterte Kurzstreckler", die olympische Distanz wäre „mehr Hochleistungssport". Doch Frodeno änderte seine Meinung, sattelte um auf die Ironman®-Distanz und lief 2014 bei seiner Premiere auf Platz drei. Ein Jahr später gelang ihm dann der Coup. „Das ist ein surreales Gefühl, weil man es erst im letzten Moment glauben darf. Die Geschichte hat ja schon einige Dramen geschrieben. Ich fühle mich wie auf Wolke sieben, oder neun, oder 35", sagte Frodeno. 2015 wurde er zudem zum Sportler des Jahres in Deutschland gewählt. Frodeno gewann nach 2015 auch 2016 und 2019 den Ironman® auf Hawaii. Bei seinem letzten Triumph schaffte er in 7:51:13 Stunden den Streckenrekord auf Hawaii, den er mittlerweile nicht mehr hält.

11. Oktober 2020
LeBron James schreibt Basketballgeschichte

Wer ist der beste Basketballer der Geschichte? Die meisten Experten sehen Michael Jordan ganz klar vorne. Es gibt aber auch viele Stimmen, die meinen, dass LeBron James besser als Jordan ist. In der ewigen Scorerliste der National Basketball Association (NBA) in der regulären Saison liegt James mittlerweile auf Platz eins mit deutlich mehr Punkten als der Fünftplatzierte Jordan. In der Saison 2019/2020 machte sich James im Trikot der Los Angeles Lakers unsterblich. Der 35-Jährige sicherte sich in der Finalserie gegen Miami Heat seinen insgesamt vierten NBA-Titel. Wegen der Corona-Pandemie mussten die Play-offs verschoben werden. Die Finalserie wurde statt wie üblich im Juni im Oktober ausgetragen. Zum wertvollsten Spieler der Finalserie avancierte einmal mehr James – zum insgesamt vierten Mal in seiner Karriere. „Das bedeutet mir viel", sagte James. 28 Punkte, 15 Rebounds und 10 Assists erzielte der Starspieler im sechsten und letzten Spiel der Finalserie. Mit dem 17. Meistertitel zogen die Los Angeles Lakers mit dem ewigen Rivalen Boston Celtics gleich. Für die Lakers war der Titel besonders emotional, da Anfang des Jahres die große Club-Ikone Kobe Bryant bei einem Hubschrauberabsturz ums Leben gekommen war. James gewann nach 2012 und 2013 mit den Miami Heat, 2016 mit den Cleveland Cavaliers zum vierten Mal den Titel in der NBA. Er stieg damit zum vierten Spieler auf, der mit drei Teams die NBA-Meisterschaft gewann. Der 35-Jährige schrieb gleichzeitig auch NBA-Geschichte. James sicherte sich als erster Spieler den MVP-Titel in der Finalserie mit drei verschiedenen Teams. „Ich wollte dieses Team dahin zurückbringen, wo es hingehört. Teil eines so historischen Clubs zu sein, ist ein unglaubliches Gefühl", sagte James.

12. Oktober 2003 ⚽
Golden Goal! Deutsche Frauen werden erstmals Fußball-Weltmeister

Frauenfußball in Deutschland ist immer noch ein sehr junger Sport. Erst im Jahr 1970 hob der Deutsche Fußball-Bund das Verbot von Frauenfußball auf. Die Erfolgsliste der deutschen Fußball-Nationalmannschaft war bereits riesig, als sich die Frauen zur Weltmeisterschaft 2003 in die USA aufmachten. Die Frauen waren zu diesem Zeitpunkt bereits fünfmal Europameister, waren einmal Vizeweltmeister geworden und hatten bei den Olympischen Spielen 2000 in Sydney Bronze gewonnen. Nach den vielen Titeln bei Europameisterschaften sollte es bei der Weltmeisterschaft 2003 in den USA endlich mit dem ersten Weltmeistertitel klappen. Die Mannschaft von Bundestrainerin Tina Theune-Meyer spielte sich früh in einen Rausch. Mit drei klaren Siegen in der Vorrunde qualifizierte man sich souverän für das Viertelfinale, in dem Russland mit 7:1 abgefertigt wurde. Im Halbfinale wartete mit den USA nicht nur der Gastgeber, sondern auch der WM-Titelverteidiger. In einem spektakulären Spiel siegte Deutschland mit 3:0. In der Nachspielzeit gelangen dem Team zwei Tore. Im Endspiel wartete Schweden, das man im EM-Finale 2001 dank eines Golden Goals in der Verlängerung besiegt hatte. Es entwickelte sich ein völlig offenes Spiel. Nach 90 Minuten stand es 1:1. Zum Matchwinner avancierte Abwehrspielerin Nia Künzer, die erst in der 88. Minute eingewechselt wurde. In der 98. Minute köpfte Künzer nach einem Freistoß von Renate Lingor Deutschland mit dem Golden Goal zum ersten Weltmeistertitel. Damals galt noch die Golden-Goal-Regelung im Fußball. „Wir hätten schon in der zweiten Halbzeit alles klarmachen können, wir hatten bestimmt fünf hochkarätige Chancen. Ich kann nur sagen, dass es verdient ist", sagte Künzer über den geschichtsträchtigen Titel. Trainerin Tina Theune-Meyer schrieb sich in die Geschichtsbücher als erste Weltmeistertrainerin im Frauenfußball. Bei den Weltmeisterschaften zuvor hatten stets Männer die Weltmeisterteams trainiert. „Das ist unglaublich. Das hätten wir uns nicht träumen lassen. Wir haben während des ganzen Turniers Leidenschaft pur gezeigt und alle an einem Strang gezogen. Ich bin mächtig stolz auf meine Mannschaft", sagte Theune-Meyer. Künzers Kopfballtor wurde in Deutschland auch zum Tor des Jahres 2003 gewählt. „Renate hat noch meinen Namen gerufen. Danach ging alles ganz schnell. Es war ja auch nur eine Sequenz von zwei bis drei Sekunden. Deshalb habe ich auch keine richtige Erinnerung mehr daran. Wenn ich etwas konnte, dann war es das Kopfballspiel. Das Golden Goal war Fleißarbeit und Belohnung fürs harte Training, das wir vorher geleistet hatten", sagte Künzer über das Tor ihres Lebens.

13. Oktober 1984
John Lowe wirft den ersten Neun-Darter

Wer den Dartssport verfolgt, der wird immer wieder den Ausdruck „neun perfekte Darts" oder „Neun-Darter" hören. Dabei handelt es sich um das perfekte Spiel: mit neun Darts die 501 Punkte, die am Anfang jeder Runde stehen, auszuchecken – davon gibt es 71 verschiedene Möglichkeiten, um das zu schaffen. Ein Neun-Darter vor Publikum zu werfen, ist das große Ziel der meisten Dartsspieler. Doch dies gelingt nur den wenigsten. John Lowe war der erste Spieler, der vor laufenden TV-Kameras einen Neun-Darter warf – 1984 beim World Matchplay. „Er hat es geschafft. Ein denkwürdiger Moment der Darts-Geschichte!", bejubelte TV-Kommentator Dave Lanning das geschichtsträchtige Ereignis. Für seine neun goldenen Würfe (Triple-20, Triple-20, Triple-20 – Triple-20, Triple-20, Triple-20 – Triple-17, Triple-18, Doppel-18) erhielt Lowe die ausgelobte Prämie von 102.000 Britischen Pfund. Den historischen Moment nahm der Engländer ziemlich gelassen zur Kenntnis, passend zu seinem Spitznamen „Old Stoneface". Lowe, ein Pionier des Dartssports, gewann in drei unterschiedlichen Dekaden die Darts-WM (1979, 1987 und 1993). Das schaffte neben ihm nur Darts-Legende Phil

Taylor. „Das Preisgeld dafür war enorm: 100.000 Pfund und noch 2.000 Pfund, weil es im Fernsehen war. Ich habe auch das Turnier gewonnen und insgesamt 115.000 Pfund kassiert. Es hat eine ganze Weile gedauert bis zum nächsten Neun-Darter, Paul Lim gelang es dann, und er bekam noch 50.000 Pfund dafür", sagte Lowe über seinen großen Zahltag. Paul Lim warf sechs Jahre später den zweiten Neun-Darter vor TV-Kameras. Danach dauerte es bis zum Jahr 2002, bis die nächsten beiden Neun-Darter fielen, einer davon durch Phil Taylor, der mit elf Neun-Dartern vor TV-Kameras den Rekord hält. Inzwischen wurden insgesamt 72 Neun-Darter (Stand: Februar 2023) geworfen. „Es wurden einige Neun-Darter im TV geworfen, aber meiner im Jahr 1984 war massiv. Es hat Darts in eine neue Ebene befördert. Vor allem, weil Sport durch Geld bemessen wird. Ich habe 100.000 Pfund bekommen. Im gleichen Jahr gewann John McEnroe Wimbledon und bekam 90.000 Pfund, während Seve Ballesteros die Open im Golf gewann und 60.000 Pfund erhielt", sagte Lowe. Und was machte Lowe mit dem Geld? Er bestellte nach dem Neun-Darter 50 Flaschen Champagner. „Das war damals viel Geld, vielleicht eine Million heutzutage. Ich ging in die Hotelbar und sagte dem Barmann, dass er jedem eine Flasche Champagner geben soll. Dann hatten wir eine Party. Wir haben den Ort trocken getrunken. Es war der größte Moment meiner Karriere", sagte Lowe.

14. Oktober 1968
Jim Hines durchbricht Schallmauer über 100 Meter

Als prestigeträchtigster Rekord in der Leichtathletik gilt der über die 100-Meter-Distanz. Der Deutsche Armin Hary lief im Jahr 1960 als erster Mensch die 100 Meter in 10,0 Sekunden – allerdings handgestoppt. In den Jahren danach gab es die elektronische Zeitmessung, die es ermöglichte, die Zeit genau zu stoppen. Bei den Olympischen Sommerspielen 1968 in Mexiko-City reiste der US-Amerikaner Jim Hines als Goldfavorit an. Er war vier Monate zuvor bei der Olympiaqualifikation der US-Sprinter die 100 Meter bereits unter zehn Sekunden gelaufen, allerdings nicht mit elektronischer Zeitmessung. Diese kam in Mexiko-City zum Einsatz, wenn erst einmal auch nur inoffiziell. Anstatt nur Zehntelsekunden wurden nun auch Hundertstelsekunden gemessen. Als Hines den 100-Meter-Lauf in handgestoppten 9,9 Sekunden gewann und die elektronische Zeitmessung eine

Zeit von 9,95 Sekunden ergab, war der US-Amerikaner nicht nur Olympiasieger, sondern auch der erste Sprinter überhaupt, der die 100 Meter in unter zehn Sekunden lief – nach der heute anerkannten Zeitmessmethode. „Ich konnte in der Nacht kein Auge zumachen. Irgendwann stand ich auf, öffnete das Fenster in meinem Zimmer im olympischen Dorf und fing an zu weinen. Meine Gefühle spielten plötzlich verrückt. Ich war völlig überwältigt. Ich weinte zehn, 15 Minuten, dann war ich wieder Herr meiner Sinne. Ich war froh, in dieser Nacht allein zu sein", sagte Hines der *Welt am Sonntag* über das Durchbrechen der Schallmauer über 100 Meter. Direkt im Anschluss an seinen Fabellauf beendete der 22-jährige Hines seine Karriere als 100-Meter-Sprinter aufgrund schlechter Verdienstmöglichkeiten und wurde American-Football-Profi. Doch in seiner zweiten Karriere als American-Football-Spieler blieb er in drei Jahren Spielzeit völlig blass. Sein aufgestellter Weltrekord über 100 Meter im Olympia-Finallauf in Mexiko-City hatte knapp 15 Jahre Bestand.

15. Oktober 1989
Wayne Gretzky wird Rekordscorer in der NHL

Bereits im Alter von 28 Jahren setzte sich Wayne Gretzky, genannt „The Great One", an die Spitze der Rekordscorer in der National Hockey League (NHL). Dem besten Eishockeyspieler der Geschichte gelang dies im Trikot der Los Angeles Kings ausgerechnet gegen seinen ehemaligen Verein Edmonton Oilers, mit dem er 1984, 1985, 1987 und 1988 viermal den Stanley Cup gewann, den Meistertitel in der NHL. Mit 1.849 Scorerpunkten (Tore plus Vorlagen) in der regulären Saison ging der Kanadier in das Duell bei den Edmonton Oilers, für die er zehn Jahre spielte. Den damaligen Rekord hielt Gretzkys großes Vorbild Gordie Howe mit 1.850 Scorerpunkten. Nach fünf Minuten gelang Gretzky eine Torvorlage, sodass er seinen 1.850. Scorerpunkt erzielte und mit Howe gleichzog. 53 Sekunden vor Spielende schoss er den 4:4-Ausgleich und setzte damit eine neue Bestmarke in der NHL. „Mein erster Gedanke war: ‚Hey, das ist der Ausgleich für uns.' Dann traf es mich: ‚Wow, das ist der Rekord", sagte Gretzky. Und was machten die Fans der Edmonton Oilers? Anstatt traurig darüber zu sein, dass der sicher geglaubte Sieg verspielt wurde, bejubelten sie ihren ehemaligen Starspieler. Die Partie wurde unterbrochen, um den Rekord von Gretzky zu würdigen. Der alte Rekordhalter

Howe hielt eine Rede, Gretzky erhielt einen 1.851-Karat-Diamanten für seinen Rekord sowie einen Puck mit der Zahl 1.851. Gretzky schnappte sich das Mikrofon und bedankte sich in einer kurzen Ansprache bei seinen Eltern, seiner Frau und den Fans der Edmonton Oilers für die Zuneigung. Außerdem huldigte er Howe. „Gordie ist immer noch der Größte, nicht nur in meinem Kopf, sondern in den Köpfen aller", sagte er. Das Spiel ging nach der langen Zeremonie aber weiter. Da es in der NHL kein Unentschieden gibt, fiel die Entscheidung in der Verlängerung. Und ausgerechnet Gretzky erzielte hier den 5:4-Siegtreffer und schraubte den Rekord mit seinem 1.852 Scorerpunkten noch etwas höher. In seiner langen Karriere erzielte Gretzky 2.857 Scorerpunkte in der NHL in regulären Saisonspielen ohne Play-off-Spiele. Der zweitbeste Scorer in der NHL, Jaromir Jagr, hat mehr als 900 Punkte weniger.

16. Oktober 1968
Die „Black Power"-Geste gegen Rassismus und Ungerechtigkeit

Der 200-Meter-Lauf in der Leichtathletik bei den Olympischen Sommerspielen 1968 in Mexiko-City war aus zweierlei Hinsicht historisch. Zum einen, weil der US-Amerikaner Tommie Smith mit 19,83 Sekunden einen neuen Weltrekord lief. Zum anderen, weil er und der Bronzemedaillengewinner John Carlos bei der Siegerehrung mit einem besonderen Signal auf Rassismus und Ungerechtigkeit gegenüber Afroamerikanern in den USA aufmerksam machten. Als die beiden auf das Podium stiegen und die US-amerikanische Hymne gespielt wurde, senkten sie die Köpfe, schlossen die Augen und hoben die Fäuste, die in schwarzen Handschuhen steckten, in die Luft. Außerdem standen beide nur in schwarzen Socken auf dem Podium. „Nur wenige Momente, bevor wir auf das Siegerpodest stiegen, wussten wir beide, was wir tun würden. Es war eine göttliche Angelegenheit zwischen zwei Menschen, die sich einig waren, gewaltfrei zu protestieren", sagte Tommie Smith über die „Black Power"-Geste. Smith hob seine rechte Hand in die Höhe, Carlos die linke, da sie sich das Paar Handschuhe teilten. „Wir wollten den Menschen zeigen, wie notwendig es ist, dass sie sich alle für Gleichberechtigung in der Gesellschaft engagieren. Ich stand da nicht nur für mich, sondern für die Menschheit, für alle", sagte Olympiasieger Smith. Der stille Protest der beiden US-Amerikaner schlug hohe Wellen. Dem Internationalen Olympischen Komitee

(IOC) gefiel die Botschaft überhaupt nicht. Es forderte das Nationale Olympische Komitee der USA dazu auf, die beiden Athleten nach Hause zu schicken. Wenn nicht, würde das komplette Leichtathletikteam der USA von den kommenden Wettbewerben ausgeschlossen. Smith und Carlos mussten schließlich zügig Mexiko verlassen. Ihre Protestaktion ging aber um die Welt, das Foto davon entwickelte sich zu einer Ikone der Bürgerrechtsbewegung in den USA. „Damals waren wir schwarze Athleten sehr erfolgreich, liefen Weltrekorde, doch daheim waren die Schränke leer, wir hatten kein Essen. Wir protestierten gegen den Rassismus in Südafrika und Rhodesien. Muhammad Ali wurde der WM-Titel aberkannt, weil er nicht im Vietnamkrieg kämpfen wollte. Martin Luther King und Robert Kennedy wurden erschossen. Alles wurde uns genommen", sagte Smith über den Rassismus in seinem Heimatland. Für Smith und Carlos hatte die „Black Power"-Geste gravierende Folgen. Sie wurden von Wettkämpfen ausgeschlossen. Ihre sportlichen Karrieren waren zu Ende. „Ich war ein ruhiger Mann. Aber mein Stellenwert im Sport hat mich dorthin katapultiert, dass ich etwas sagen musste. Denn ich lebte in einem rassistischen System, das verändert werden musste", sagte Smith über seine Beweggründe für den stillen Protest.

17. Oktober 1956
13-Jähriger Bobby Fischer gewinnt „Partie des Jahrhunderts" im Schach

Es ist eine der denkwürdigsten Partien im Schachsport sowie eine, die den 13-jährigen Robert James „Bobby" Fischer schlagartig berühmt machte. Der Teenager nahm am Lessing-Rosenwald-Memorial-Turnier im Marshall Chess Club in New York teil. Fischer hatte drei Monate zuvor die US-amerikanische Jugendmeisterschaft im Schach gewonnen und durfte deshalb beim Lessing-Rosenwald-Memorial-Turnier starten. In Runde 8 traf Fischer auf den erfahrenen Schachspieler Donald Byrne. Es entwickelte sich ein spektakulärer Spielverlauf, der damit endete, dass der 13-jährige Fischer seinen Landsmann schachmatt setzte. Hans Kmoch, ein Schachmeister und Schachjournalist, war beim Lessing-Rosenwald-Memorial-Turnier als Schiedsrichter anwesend. Er war von der Leistung des 13-jährigen Fischer dermaßen angetan, dass er diese zur „Partie des Jahrhunderts" erklärte. „Ein erstaunliches Meisterstück des Kombinationsspiels, abgeliefert von einem

13-jährigen Jungen, gegen einen formidablen Gegner. Kein Schach-Wunderkind hat je Größeres geleistet. Bobby Fischer glänzte durch umwerfende Originalität", sagte Kmoch über die Partie. Für die Endabrechnung beim Turnier blieb die Partie nur eine Randnotiz. Fischer wurde Neunter, Byrne landete auf Platz fünf. Dennoch führte die Partie dazu, dass aus dem unbekannten 13-Jährigen ein viel gefragter Schachspieler wurde. Die Russen, die damals die dominierende Nation im Schach waren, nahmen Kenntnis von dem „Wunderkind" aus den USA. „Nachdem ich die Partie gesehen hatte, war ich überzeugt, dass der Junge teuflisch talentiert ist", sagte Yuri Averbakh, ein Schachgroßmeister aus der Sowjetunion. Zwei Jahre nach der „Partie des Jahrhunderts" wurde Fischer mit 15 Jahren der jüngste Schachgroßmeister. „Du kannst im Schach nur gut werden, wenn du das Spiel liebst", sagte Fischer über seine Passion Schach. Byrne, der Geschlagene bei der „Partie des Jahrhunderts", hatte aber auch einen gewichtigen Anteil daran bei Fischers großer Sternstunde. Obwohl früh klar war, dass er die Partie nicht gewinnen konnte, spielte er bis zum bitteren Ende, gab nicht auf und ließ sich schachmatt setzen. Über seine Beweggründe sagte Byrne wie folgt: „Einmal muss man bedenken, dass 1956 keiner ahnte, dass Bobby Fischer einmal Bobby Fischer werden würde. Er war lediglich ein Erfolg versprechender Junge, der ein hervorragendes Spiel gegen mich gespielt hatte. Als ich mich in aussichtsloser Position befand, fragte ich einige der Turniermitspieler, ob es nett wäre, den Jungen mich matt setzen zu lassen, sozusagen als Anerkennung für sein feines Spiel. Sie antworteten: ‚Ja, warum nicht?', und so spielte ich zu Ende."

18. Oktober 1968
Der Jahrhundertsprung von Bob Beamon

Die Olympischen Sommerspiele 1968 in Mexiko-City wurden zu Rekordspielen in der Leichtathletik. Zahlreiche neue Weltrekorde wurden aufgestellt. Besonders einer stach hervor. Der Jahrhundertsprung von Bob Beamon im Weitsprung. Der 22-jährige US-Amerikaner sprang in eine neue Dimension, die für die elektronische Messanlage in Mexiko-City viel zu weit war. Der Sprung von Beamon musste per Maßband gemessen werden. „Es dauerte 20 Minuten, bis die Kampfrichter endlich die Weite ermitteln konnten. Dafür mussten sie erst ein altmodisches Maßband herbeiholen. Da dachte ich: ‚Das könnte ein Weltrekord sein'", sagte

Beamon. Sein Sprung war nicht nur ein neuer Weltrekord, sondern ein Fabelweltrekord, ein Jahrhundertsprung. 8,90 Meter leuchteten auf der Anzeigentafel auf. Beamon war tatsächlich 55 Zentimeter weiter als der alte Weltrekord gesprungen und 57 Zentimeter weiter als seine alte Bestweite. Doch der US-Amerikaner bemerkte zunächst nicht, was er geleistet hatte, da er mit dem metrischen System nicht vertraut war und nur mit Angaben in Fuß und Zoll etwas anfangen konnte. Erst als sein Teamkollege und der aktuelle Weltrekordhalter Ralph Boston ihm erzählte, wie weit er gesprungen war, brach es aus Beamon heraus. Er sank völlig fassungslos zu Boden. „Sagt mir, dass ich nicht träume", waren seine ersten Worte nach seinem Jahrhundertsprung. Für die Medien war Beamons 8,90-Meter-Satz in den Sand der „Sprung ins 21. Jahrhundert". Dass es zu diesem Jahrhundertsprung kam, lag sicherlich auch an der Höhenlage in Mexiko-City mit 2.310 Metern, die schnelle Rennen und große Weiten begünstigte. Dabei wäre Beamon beinahe gar nicht im Finale dabei gewesen. In der Qualifikation hatte er zunächst zwei ungültige Versuche und behielt dann aber im letzten Versuch die Ruhe. Am Abend vor dem Finaltag lenkte er sich mit Feiern ab, auch aufgrund privater Sorgen. „Alles lief schief, also bin ich in die Stadt, habe mir einige Tequila genehmigt. Mann, was habe ich mich verloren gefühlt", sagte Beamon. Als der US-Amerikaner dann im Finale zu seinem ersten Versuch ansetzte, konnte er nicht ahnen, dass er kurz danach nicht nur die Leichtathletikwelt, sondern die ganze Sportwelt auf den Kopf gestellt hatte. „Ich dachte: ‚Tritt bloß nicht über.' Denn in der Qualifikation wäre ich fast ausgeschieden. Für mich fühlte sich alles wie ein Traum an. Ich dachte wirklich, dass ich gleich aufwachen würde. Doch es war vollkommen real", sagte er. An seinen Jahrhundertsprung konnte Beamon im Anschluss nicht mehr anknüpfen. Wie auch, wenn man in eine neue Dimension gesprungen ist. Mit seinen Leistungen konnte er nicht mehr mit den Besten mithalten. „Einige Leute haben mir gesagt, ich hätte bei Olympia nur einen Glückssprung gehabt, nach einer Weile habe ich das auch geglaubt", gestand er. Sein Weltrekord schien fast für die Ewigkeit zu sein, bis Mike Powell am 30. August 1991 8,95 Meter sprang.

19. Oktober 1968
Das Ruderwunder von Mexiko-City

Wenn man an Rudern in Deutschland denkt, dann kommt einem die Stadt Ratzeburg in den Sinn. Die Kleinstadt in Schleswig-Holstein gilt als Goldschmiede im deutschen Rudersport. Die prestigeträchtigste Disziplin im Rudern ist der Achter, das Flaggschiff aller Nationen. Viermal gewann die Bundesrepublik Deutschland die Goldmedaille im Achter bei Olympischen Sommerspielen: 1960, 1968, 1988 und 2012. Die denkwürdigste war ohne Zweifel die bei den Olympischen Sommerspielen 1968 in Mexiko-City. An eine Goldmedaille war im Vorfeld und während Olympia kaum zu denken, auch wenn das deutsche Flaggschiff zwischen 1960 und 1968 einmal Olympiagold sowie einmal Olympiasilber gewann sowie zweimal Weltmeister und viermal Europameister wurde. Zwischen dem Team und Trainerlegende Karl Adam, Architekt der deutschen Erfolge im Achter, gab es beim Training auf dem Ratzeburger See immer wieder Streit und Zerwürfnisse. Adams Trainingsphilosophie sah einen mündigen Athleten vor, der Entscheidungen selbst trifft. „Wir waren keine Befehlsempfänger. Er hat immer gesagt: Ihr müsst selbst wissen, was ihr macht", sagte Horst Meyer, Schlagmann des Achters, gegenüber den *Lübecker Nachrichten*. Vor dem Finaltag kam dann die Hiobsbotschaft, dass Roland Böse wegen einer fiebrigen Erkältung nicht im Boot sitzen könnte. Der deutsche Olympiaarzt nahm ihn gegen seinen Willen aus dem Rennen. Ein Ersatzmann musste her. Und so kam es, dass es am Finaltag vor Sonnenaufgang ein Entscheidungsrennen zwischen den besten Freunden Niko Ott und Hans-Johann Färber gab. Die beiden hatten zuvor im Vierer mit Steuermann als Goldfavorit den Endlauf verpasst. Obwohl Färber der physisch Stärkere war, entschieden sich die Männer aus dem Ruder-Achter für Ott. Trainer Adam wurde bei der Entscheidung nicht eingebunden. Er hätte Färber als Ersatzmann gewählt. „Adam ist zunächst sprachlos und wendet sich mit der Bemerkung ab: ‚Dann macht, was ihr wollt!' Er verlässt den Bootssteg abrupt. An Gold dachte da keiner mehr", sagte Schlagmann Meyer, der federführend bei dieser Entscheidung war. Ott ging nach der kurzfristigen Umbesetzung mit nur fünf Stunden Vorbereitungszeit nervös ins Rennen. „Wenn ich etwas verkehrt mache und es nicht läuft, bin ich schuld, dass das Ziel nicht erreicht wird", sagte Ott der *Welt*. Nach 800 von 2.000 Metern lag der deutsche Achter eine Länge hinter den führenden Neuseeländern. Dann begann der große Zwischenspurt. Der erst 14-jährige Steuermann Gunther Tiersch trieb seine Kollegen zur Höchstleistung an. Es entwickelte sich ein Boot-an-Boot-Rennen mit Australien. „Ich rief Gunther bei 1.500 Metern zu: ‚Endspurt!' Nun begann der gnadenlose Endkampf in den letzten 60 Ruderschlägen. Selbst unser junger Steuermann war von dem Rausch erfasst und feuerte uns an. Der nicht erwartete Sieg schien plötzlich greifbar nahe. Alles fing in mir an zu brennen: die Beine, die Arme und die Luftröhre. Gunther merkte, welche Mühe ich hatte, und begann, mit den Holzklötzen seines Steuerseils im Schlagtakt gegen die Bordwand zu hämmern. Der Rhythmus ließ mich meinen Körper nicht mehr wahrnehmen. Das erlösende Signal der Ziellinie war das Letzte, was ich hörte, bevor mir schwarz vor Augen wurde. Gunther holte mit Spritzwasser mein Bewusstsein zurück, und ich nahm die erschöpfte Stille im Achter wahr. Mit dem knappen Vorsprung von einer Luftkastenlänge vor den Australiern hatten wir das olympische Achter-Finale gewonnen", schilderte Meyer den Endspurt gegenüber den *Lübecker Nachrichten*. Meyer und drei weitere Kollegen kollabierten nach dem Zieleinlauf. Es dauerte eine gute halbe Stunde, bis das Team zur Siegerehrung gehen konnte. Ersatzmann Ott hatte bereits vor dem Finallauf beschlossen, dass der erkrankte Roland Böse im Falle eines Medaillengewinns diese Medaille bekommen würde. Nach der Siegerehrung hing Ott dem verdutzten Böse im Bootshaus die Goldmedaille um den Hals. „Roland, deine Mannschaft hat gewonnen, ich habe dich nur vertreten, die Medaille gehört dir", sagte Ott, der für seine Aktion den Fair-Play-Preis der deutschen Sportpresse erhielt. Nach dem Ruderwunder von Mexiko-City entwickelte sich zwischen den Olympiasiegern im Ruder-Achter eine Freundschaft fürs Leben. „Seit Mexiko 68 sind wir zehn, auch wenn nur neun in einem Achter sitzen", sagte Meyer den *Lübecker Nachrichten*.

20. Oktober 1968

Der Fosbury-Flop revolutioniert den Hochsprung

Dieser Flop war ein Top. Der Fosbury-Flop hat den Hochsprung revolutioniert. Verantwortlich hierfür war sein Namensgeber Dick Fosbury. Der US-Amerikaner sprang bei den Olympischen Sommerspielen 1968 in Mexiko-City mit seiner neuen Technik über 2,24 Meter und damit zur Goldmedaille. Fosburys eigenwillige Technik wurde lange Zeit belächelt. Sein Trainer versuchte, ihm diese Technik auszureden. „So wird nichts aus dir. Besser wäre es, wenn du zum Zirkus gehen würdest", sagte Trainer Berny Wagner über Fosburys Hochsprungmethode. Denn bis dahin sprangen alle Athleten im sogenannten *Straddle* mit einem Scherensprung bäuchlings über die Latte beim Hochsprung. Die Technik war dabei recht simpel. Fosbury hatte sich in den Kopf gesetzt, dass das Überqueren der Latte doch auch anders möglich sein müsste, auch weil er sich beim Straddle einmal die Hand brach. Der US-Amerikaner experimentierte und fand dabei eine deutlich effektivere Methode, die Latte in weitaus größeren Höhen zu überqueren. Und zwar flog er nach dem Absprung mit dem Rücken in einer Hohlkreuzstellung über die Latte und landete mit der Schulter voran auf der Matte. Mit seiner neuen Technik konnte Fosbury seine Bestleistung um zehn Zentimeter steigern und sicherte sich den Studentenmeistertitel in den USA. Als Nobody in der Szene reiste der 21-Jährige zu Olympia nach Mexiko. Die 80.000 Zuschauer im Olympiastadion trauten ihren Augen nicht, als Fosbury seinen ersten Sprung mit seiner neuen Methode machte. Zunächst wurde der US-Amerikaner belächelt, dann bejubelt. Als Fosbury im dritten Versuch über 2,24 Meter sprang, war dies nicht nur neuer olympischer Rekord, sondern auch der Olympiasieg. „Als ich mich auf die Bestleistung vorbereitete, war es mucksmäuschenstill, alle Augen in der Arena waren nur auf mich gerichtet. Als ich dann rüberflog, brach die Hölle los, alle tobten und feierten mich. Und dann die Siegerehrung. Wieder war ich wahnsinnig aufgeregt. Die Hymne wurde gespielt und die US-Flagge gehisst. Nur für mich. Das war so emotional – sorry, ich kriege gerade wieder Gänsehaut. Mich traf das alles wie ein Blitz", sagte Fosbury im Interview mit der *Welt*. Urplötzlich war Fosbury ein Superstar, der mit seinem Sprungstil den Hochsprung auf den Kopf stellte. Seine Technik, die Fosbury-Flop genannt wurde, übernahmen zügig alle weiteren Hochspringer und übertrafen damit auch größtenteils ihre eigenen Bestmarken. Warum wurde die Technik überhaupt Flop genannt, obwohl diese offensichtlich ein Top ist? Im Jahr 1964, als Fosbury mit 17 Jahren schon mit diesem Sprungstil sprang, titelte die Lokalzeitung *Medford Mail-Tribune*: „Fosbury Flops Over Bar". Die Zeitung verglich seine Technik mit „einem Fisch, der nach dem Fang an Land floppt" und sich dabei auf den Rücken dreht und seinen Körper krümmt. „Ich wurde von Gott berührt. Es ist unfassbar, was mein Sprungstil und der Olympiasieg so nach sich zogen", sagte Fosbury der *Welt*. Mit dem plötzlichen Ruhm war der US-Amerikaner überfordert. Ein Jahr später beendete er seine Karriere und fing ein Studium an. Fosbury starb am 12. März 2023 im Alter von 76 Jahren. Bis heute überqueren die Athleten im Hochsprung die Latte mit dem Fosbury-Flop.

21. Oktober 2007

Kimi Räikkönen wird nach knappster WM-Entscheidung aller Zeiten Formel-1-Weltmeister

Das letzte Rennen in der Formel-1-Saison 2007 entwickelte sich zu einem Drama mit der knappsten WM-Entscheidung der Geschichte. Vor dem Großen Preis von Brasilien in São Paulo war die Ausgangslage wie folgt: Lewis Hamilton im McLaren-Mercedes ging mit 107 Punkten als Führender ins letzte Rennen, es folgte Teamkollege Fernando Alonso mit 103 Punkten, dahinter lag Kimi Räikkönen im Ferrari mit 100 Punkten. Alle Vorteile lagen aufseiten von McLaren-Mercedes. Räikkönen brauchte mindestens den zweiten Platz, um noch eine Chance auf seinen ersten WM-Titel zu haben. Nach dem Qualifying lag Hamilton auf Platz zwei, Räikkönen auf Platz drei und Alonso auf Platz vier. Hamilton wäre mit dem zweiten Platz sicher Weltmeister geworden. Doch beim Engländer lief fast alles schief, was schieflaufen konnte. Direkt nach dem Start unterlief ihm ein Fahrfehler, sodass er auf den neunten Platz zurückfiel. Einige Runden später drückte Hamilton versehentlich den Knopf für die Startsequenz an seinem Lenkrad, sodass der Wagen erst mal nur rollte, anstatt zu fahren. Das Missgeschick führte dazu, dass er auf den letzten Platz durchgereicht wurde. Vorne im Feld überholte Räikkönen seinen Teamkollegen Felipe Massa durch einen Boxenstopp und ließ sich den Sieg nicht mehr nehmen. Für McLaren-Mercedes endete das Rennen in einem Drama. Alonso fuhr zwar ein solides Rennen, doch der dritte Platz reichte nicht, um in der WM-Wertung vor Räikkönen zu bleiben. Und Hamilton? Der blies zur Aufholjagd, fuhr Platz um Platz nach vorne. Doch es reichte nur für Platz sieben. 20 Sekunden fehlten auf den Fünftplatzierten Robert Kubica im BMW-Sauber. Der fünfte Platz hätte für Hamilton gereicht, um erstmals Formel-1-Weltmeister zu werden. Stattdessen jubelte Räikkönen über seinen ersten WM-Titel. Wobei jubeln völlig übertrieben ist beim coolen Finnen. Räikkönen, Spitzname „Iceman", nahm den Sieg nach dem Drama völlig gelassen zur Kenntnis, als ob nichts geschehen wäre. Mit 110 Punkten führte der Finne die WM-Wertung am Ende der Saison an, es folgten Hamilton und Alonso mit jeweils 109 Punkten. Es war die knappste WM-Entscheidung in der Formel-1-Geschichte. „Ich freue mich und schwebe heute und wahrscheinlich einen ganzen Monat lang auf Wolke sieben. Wir waren nicht in der besten Ausgangslage, haben aber immer daran geglaubt, dass wir zurückkommen können. Ich war zuvor dreimal knapp dran, den WM-Titel zu holen. Schön, dass es jetzt geklappt hat, obwohl es so schien, als ob die Felle schon früh davongeschwommen wären", sagte Räikkönen. Doch damit war das Drama noch nicht beendet. Bei dem Viertplatzierten Nico Rosberg im Williams-Toyota, dem Fünftplatzierten Robert Kubica im BMW-Sauber und dem Sechstplatzierten Nick Heidfeld im BMW-Sauber stellte man Regelverstöße bei der Benzintemperatur fest. Die Temperatur sei zu niedrig gewesen. Doch wegen möglicher Messungsschwankungen sprach der Automobil-Weltverband FIA keine Strafe aus, sodass Hamilton nicht Plätze nach vorne rückte und Räikkönen Weltmeister blieb. McLaren-Mercedes legte Einspruch gegen die Entscheidung ein. Doch dieser wurde knapp vier Wochen später als unzulässig abgelehnt.

22. Oktober 1989
Alain Prost schießt Ayrton Senna ab

Wenn zwei der besten Formel-1-Fahrer in einem Auto sitzen und beide um den Weltmeistertitel fahren, kann das in der Regel nicht gut gehen. So auch im Fall von Alain Prost und Ayrton Senna. Prost fuhr seit 1984 für den Rennstall McLaren und gewann 1985 und 1986 den WM-Titel. 1988 stieß Senna zu McLaren dazu und gewann gleich in der ersten Saison seinen ersten WM-Titel. Prost hatte daran zu knabbern, da er im Saisonverlauf mehr Punkte eingefahren hatte, aber in dieser Saison nur elf der 16 Rennen in die Wertung kamen, sodass Senna Weltmeister wurde. Dabei hatte Prost sieben Rennen gewonnen und fuhr siebenmal auf den zweiten Platz. Auch in der Saison 1989 kam die Regelung zur Anwendung, dass nur elf von 16 Rennen gewertet wurden. Vor dem Großen Preis von Japan in Suzuka lag Prost in der Gesamtwertung 16 Punkte vor seinem Teamkollegen Senna. Der Brasilianer brauchte einen Sieg, um seine Chance auf den Weltmeistertitel zu wahren. Das Verhältnis zwischen Prost und Senna existierte zu diesem Zeitpunkt nicht mehr. Prost hatte im Sommer seinen Wechsel zu Ferrari bekannt gegeben und vermutete, dass McLaren Senna bei der Abstimmung des Autos bevorzuge. Prost und Senna führten das Rennen in Suzuka einsam an, ehe es in der 47. von 53 Runden zur schicksalhaften Szene kam. Senna rückte Prost immer mehr auf die Pelle. Als er zum Überholmanöver ansetzte, machte Prost regelrecht die Tür zu und schoss seinen Teamkollegen ab. „Ich habe schon vor dem Rennen gesagt, wenn das wieder passiert, werde ich die Tür nicht mehr aufmachen. Und dann ist es passiert", sagte Prost über den Unfall. Dass er den Unfall bewusst provoziert habe, streitet Prost bis heute ab. Durch die Kollision kamen beide McLaren in der Schikane zum Stehen. Prost stieg aus seinem Wagen aus, machte sich zu Fuß auf in Richtung Box, im Glauben, dass Senna nicht mehr weiterfahren könne und er zum dritten Mal Weltmeister war. Doch Senna blieb im Wagen sitzen, ließ sich von den Streckenposten befreien und anschieben. Senna fuhr in die Box, bekam einen neuen Frontflügel und sicherte sich dank des großen Vorsprungs und eines Überholmanövers drei Runden vor Schluss den Sieg. Doch kurz nach dem vermeintlichen Sieg wurde Senna disqualifiziert, weil er nach der Kollision eine unerlaubte Abkürzung in der Schikane nahm. Es kam zum Zerwürfnis zwischen Prost und Senna sowie zwischen Prost und seinem Team. McLaren-Boss Ron Dennis legte Beschwerde gegen die Disqualifikation ein. „Es war das erste Mal, dass sich ein Teamchef gegen seinen eigenen Fahrer stellte. Gegen einen Fahrer, der soeben Weltmeister wurde", sagte Prost. Senna witterte eine Verschwörung. Den Protest gegen die Rennwertung soll Prost initiiert haben, die Disqualifikation wurde ausgesprochen von FIA-Präsident Jean-Marie Balestre, einem Landsmann von Prost. „Ich werde für alles verantwortlich gemacht und wie ein Krimineller behandelt", sagte Senna. Der Brasilianer erhielt für seine Verschwörungstheorie eine Geldstrafe und ein halbes Jahr Sperre auf Bewährung. Senna, der sogar an Rücktritt dachte, nahm die Manipulationsvorwürfe zurück und durfte so die Saison 1990 fahren. Kurioserweise kam es ein Jahr später beim

Großen Preis von Japan in Suzuka zu einer ähnlichen Szene. Diesmal mit anderen Vorzeichen. Senna lag vor dem vorletzten Rennen mit neun Punkten in Führung vor Prost, der mittlerweile im Ferrari fuhr. Beim Start überholte Prost den Brasilianer, doch dieser riskierte in der Kurve einen Zusammenstoß. Beide Wagen flogen von der Strecke. Senna gewann die Weltmeisterschaft und ließ einen fuchsteufelswilden Prost zurück. „Ayrton hat ein kleines Problem: Er denkt, er könne sich nicht töten. Das ist sehr gefährlich", sagte Prost anschließend. Zwischen Prosts Karriereende 1993 und Sennas tödlichem Unfall am 1. Mai 1994 schlossen die beiden Frieden miteinander. „Ich behalte keine negativen Erinnerungen oder schlechte Gedanken über ihn zurück. Seine Einstellung mir gegenüber nehme ich als Kompliment. Ich habe verstanden, dass es Ayrtons einzige Motivation war, mich zu schlagen", sagte Prost.

23. Oktober 1940
Der Geburtstag von Pelé

Er gilt für viele immer noch als der beste Fußballer der Geschichte: Edson Arantes do Nascimento, Künstlername Pelé. In Três Corações in Brasilien kam Pelé 1940 zur Welt. Früh zeigte sich sein Talent als Fußballer. Pelés Stern ging bei der Fußball-Weltmeisterschaft 1958 in Schweden auf, als er sechs Tore in vier Spielen erzielte und Brasilien zum ersten Weltmeistertitel schoss. „Ich repräsentiere Brasilien auf der ganzen Welt. Wo ich auch hingehe, muss ich mein Bestes geben, um die Brasilianer nicht zu enttäuschen. Und das habe ich getan", sagte Pelé. Es folgten noch die WM-Titel 1962 und 1970, sodass Pelé der einzige Fußballer ist, der dreimal Fußball-Weltmeister wurde. „Pelé war der einzige Fußballer, der die Gesetze der Logik außer Kraft setzen konnte", sagte die niederländische Fußballlegende Johan Cruyff über den Brasilianer. Für Brasilien schoss er in 92 Länderspielen 77 Tore. Insgesamt erzielte er in 1.390 Spielen 1.301 Tore. „Arm, reich, hässlich oder schön, für Gott sind alle Menschen gleich. Warum er ausgerechnet mir diese Gabe geschenkt hat, weiß ich nicht. Ich hätte in meinem Leben nur Fußball spielen können. Michelangelo hat gemalt, Beethoven Klavier gespielt und ich Fußball", sagte Pelé über sein Talent. 18 Jahre spielte Pelé für seinen Heimverein FC Santos. Zum Abschluss seiner Karriere spielte er noch für New York Cosmos. Dort war kurze Zeit Franz Beckenbauer, die deutsche Fußballlegende, sein Mannschaftskollege. „Uns verbindet seit Jahrzehnten eine wunderbare Freundschaft, die mir immer viel bedeutet hat. Als Fußballer warst du mein großes Vorbild. Auch, wenn ich damals nicht allzu viel von dir wusste. Natürlich wusste ich, dass du mit 17 schon Weltmeister 1958 warst. Und 1962 noch einmal. Aber abgesehen von den großen Turnieren war im deutschen Fernsehen wenig aus Brasilien zu sehen. Was den internationalen Fußball betrifft, fehlte uns ein wenig die Orientierung. Aber was ich von dir gesehen habe, war immer ein großes Schauspiel. Für mich, das habe ich immer gesagt, warst und bist du der größte Fußballer aller Zeiten!", schrieb Beckenbauer in der *Bild am Sonntag* einen Brief zum 80. Geburtstag von Pelé. Der Brasilianer verstarb am 29. Dezember 2022 im Alter von 82 Jahren. Sein Sturmkollege Tostao bei der Fußball-Weltmeisterschaft 1970 sagte über die Fähigkeiten von Pelé: „Nähme man alle Talente von Maradona, Cristiano Ronaldo und Messi zusammen, dann hätte man einen Spieler, der nah an die Klasse von Pelé herankäme. Aber Pelé wäre immer noch besser."

24. Oktober 1976

James Hunt wird im Regenchaos Formel-1-Weltmeister und bemerkt es nicht

Als Niki Lauda am 1. August 1976 mit seinem Ferrari auf dem Nürburgring verunglückte und sich schwerste Verbrennungen zuzog, war nicht daran zu denken, dass der Österreicher zweieinhalb Monate später kurz vor seinem zweiten Weltmeisterschaftstitel in der Formel 1 stehen würde. Obwohl er zwei Rennen wegen seines Feuerunfalls verpasste und bei den Rennen 14, 15 und 16 nur sieben Punkte einfuhr, ging Lauda trotzdem mit einem Vorsprung von drei Punkten in das letzte WM-Rennen, den Großen Preis von Japan in Fuji. Sein Rivale um den WM-Titel war der Engländer James Hunt, der, anders als der Perfektionist Lauda, ein bunter Hund und bekennender Playboy war. Hunts Lebensmotto: Sex ist das Frühstück der Champions. Ein zweiter Platz beim Rennen in Fuji hätte Lauda gereicht, um seinen WM-Titel zu verteidigen. Hunt brauchte mindestens Platz drei, um eine Chance auf den WM-Titel zu haben. Im Qualifying fuhr Hunt auf den zweiten Platz, Lauda auf den dritten. Vor dem Rennen in Fuji begann es sintflutartig zu regnen. Heftige Diskussionen entstanden im Fahrerfeld. Lauda, der noch unter den Auswirkungen seines dramatischen Unfalls litt, sprach sich für eine Absage des Rennens aus. „Wem nützt es, wenn wir den Start verschieben, die Distanz verkürzen und die Punkte halbieren, wenn es dann Tote gibt?", sagte Lauda. Und auch Hunt sprach sich für eine Absage aus, auch wenn dies wohl bedeutet hätte, dass die WM zugunsten von Lauda entschieden war. „Ich war mit Hunt und den Topleuten der Rädelsführer. Wir haben gesagt, dass unter diesen Bedingungen keiner fahren kann, denn dann sind alle tot", sagte Lauda im Gespräch mit *Motorsport Total*. Das Rennen fand trotz der Warnungen zahlreicher Fahrer statt. Doch die meisten Fahrer schlossen einen Pakt. „Wir Topleute, die dauernd dafür gekämpft haben, dass man unter diesen Bedingungen nicht fahren kann, waren uns einig, sodass ich gesagt habe, ich fahre nur eine Runde und steige dann aus, statt denen, die sich umbringen. Und Hunt hat auch eingewilligt", sagte Lauda gegenüber *Motorsport Total*. In der zweiten Runde fuhr Lauda an die Box und stellte seinen Ferrari ab. „Ich bin kein Selbstmörder, was die ganze Welt jetzt auch von mir denkt", sagte Lauda. Ferrari bot dem Weltmeister an, zu sagen, dass es einen Motorschaden gegeben habe, doch Lauda wollte die Wahrheit nicht leugnen. „Wenn ich nicht fahre, dann sage ich auch, dass ich nicht fahren will, ich brauche keine Ausrede." Neben Lauda brachen auch die Fahrer Emerson Fitipaldi, Jose Carlos Pace und Larry Perkins das Rennen ab. Doch Hunt blieb auf der Strecke und brach den Pakt, auch weil ihm wohl von seinem Team McLaren dazu geraten wurde. Der Engländer führte das Rennen lange Zeit an. Während des Rennens stoppte der Regen, es wurde immer trockener, doch Hunt wechselte seine Regenreifen nicht und verspielte damit beinahe den WM-Titel. Nach einem verpatzten Boxenstopp, der noch obendrauf kam, fiel er auf Platz fünf zurück. In den letzten Runden fuhr Hunt noch auf Platz drei vor und machte sich mit einem Punkt Vorsprung erstmals zum Formel-1-Weltmeister. Doch der Engländer bemerkte in dem Regenchaos nicht, dass er tatsächlich als Dritter über die Ziellinie gefahren war und es damit zum Weltmeistertitel reichte. Hunt war fuchsteufelswild über den verpatzten Boxenstopp, der ihm seiner Ansicht nach den WM-Titel gekostet hatte. Als er das Ferrari-Team wütend beschimpfte, musste dieses ihn erst aufklären, dass er gerade Weltmeister geworden war. Die Rivalität zwischen Lauda und Hunt mit dem Rennen in Fuji als dramatischer Höhepunkt wird im Kinofilm *Rush* thematisiert.

25. Oktober 2020

Lewis Hamilton bricht den Rekord von Michael Schumacher

Dieser Sieg war historisch! Lewis Hamilton fuhr im Mercedes beim Großen Preis von Portugal auf dem Autódromo Internacional do Algarve souverän zum Sieg – sein 92. Erfolg in der Formel 1. Zwei Wochen zuvor hatte Hamilton den Siegrekord von Michael Schumacher mit 91 Rennsiegen auf dem Nürburgring eingestellt. Nun überflügelte der Engländer den Deutschen. „Kompliment, Lewis, du hast Geschichte geschrieben", funkte die Mercedes-Box nach der Zieldurchfahrt ins Cockpit ihres Rekordfahrers. „Danke, Jungs, danke, ohne euch wäre das alles nicht möglich. Ich bin so stolz auf euch alle", antwortete Hamilton. „Es ist ein Traum, da zu stehen, wo ich heute bin. Es ist wirklich ein schöner Tag für mich. Es braucht Zeit, bis ich das verarbeitet habe. Ich finde dafür keine Worte", sagte Hamilton kurz nach seiner Rekordfahrt. „Es ist nur eine Zahl", sagte Hamilton über den Siegrekord, als dieser immer näherrückte. Der Rekordsieg zählte für den 35-Jährigen „zu den ganz, ganz großen Momenten, die ich meiner Meinung nach erlebt habe. Aber es waren viele. Jeder einzelne Rennsieg hatte bestimmte Eigenschaften und jedes Mal war es eine andere Reise." Nachdem er zum alleinigen Rekordhalter aufstieg, gab der sonst so coole Engländer sein Innenleben preis. „Das Verrückte daran ist, dass ich dachte, ich würde mich an gewisse Dinge gewöhnen. Dann frage ich mich: ‚Habe ich meine Strategie im Kopf, erinnere ich mich an meine Settings?' Alle diese verschiedenen Dinge, die man durchgeht. Es ist immer noch angsteinflößend. Man wacht an einem Sonntag auf, und jedes Mal fühlt man sich anders. Es ist schwer zu sagen, ob ich mich dieses Mal gut gefühlt habe", sagte Hamilton. Zur Wahrheit gehört aber auch, dass Hamilton in der besten Phase in seiner Karriere mehr Formel-1-Rennen in einer Saison gefahren hat, als es bei Schumacher der Fall war. Drei Wochen nach seinem Rekordsieg gewann Hamilton seinen siebten Weltmeistertitel und zog in dieser Bestenliste mit Schumacher gleich.

26. Oktober 1951

Duell der Schwergewichtslegenden:
Rocky Marciano besiegt Joe Louis

Es gibt wenige Boxer, die in ihrer Karriere unbesiegt blieben, vor allem im Schwergewicht. Rocky Marciano ist der einzige Schwergewichtsweltmeister im Boxen, der alle seine Kämpfe gewonnen hat: In 49 Kämpfen siegte Marciano, Kampfname „Brockton Blockbuster", 43-mal durch K. o. Im Jahr 1951 bestritt Marciano einen seiner wichtigsten Kämpfe. Im New Yorker Madison Square Garden traf der 28-jährige US-Amerikaner auf seinen neun Jahre älteren Landsmann Joe Louis. Für den „Brown Bomber", einen der größten Schwergewichtsboxer der Geschichte, war es sein 69. Kampf. Von den vorherigen 68 Kämpfen hatte Louis nur zwei verloren, einen davon gegen den Deutschen Max Schmeling. Der Kampf zwischen dem „Brockton Blockbuster" und dem „Brown Bomber" entwickelte sich zu einer einseitigen Angelegenheit. Marciano war klar überlegen. Nach zwei Niederschlägen in der achten Runde brach der Ringrichter den Kampf ab. „Der Junge hat mich mit zwei Schlägen ausgeknockt. Schmeling hat dafür noch 100 Schläge gebraucht. Aber da war ich auch noch jünger. Da kann man mehr einstecken", sagte Louis über die Niederlage nach technischen K. o. Für Louis war es der letzte Kampf in seiner Karriere. „Es tut mir leid für Joe. Ich bin froh, gewonnen zu haben, aber es tut mir leid", sagte Marciano nach seinem 38. Sieg in seinem 38. Kampf. Kurioserweise hatte Marciano bis dahin noch keinen Weltmeisterschaftskampf bestritten. Erst in seinem 43. Kampf, ein Jahr nach dem Duell mit Louis, bekam der US-Amerikaner die Möglichkeit zum WM-Titel – und nutzte sie. Im Alter von 32 Jahren beendete Marciano schließlich ungeschlagen seine Karriere.

27. Oktober 2004

Boston Red Sox brechen den Titelfluch

Die Boston Red Sox sind eines der populärsten Teams in der Major League Baseball (MLB). Die Red Sox gewannen im Jahr 1903 als erstes Team die World Series im Baseball – die Meisterschaft in der MLB. In den 1910er-Jahren dominierten sie die Baseballliga und holten viermal den Titel. Doch dann schien jahrzehntelang ein Titelfluch auf dem Team aus Boston zu liegen. Nachdem die Red Sox im Jahr 1918 zum fünften Mal die World Series gewannen, verkauften sie ihren Starspieler Babe Ruth, Spitzname „The Bambino", an den Erzrivalen, die New York Yankees. Anschließend ging sehr lange Zeit nichts mehr für die Red Sox. Die Rede war vom „Fluch des Bambinos", der Boston heimgesucht hatte. Während die New York Yankees fortan zum besten Team in der MLB aufstiegen mit nun insgesamt 27 Titeln, hieß es für die Red Sox stets: Pleiten, Pech und Pannen. Die Finals um die World Series in den Jahren 1946, 1967, 1975 und 1986 gingen verloren. Im Jahr 2004 erreichten die Red Sox durch einen dramatischen 4:3-Gesamtsieg gegen die Yankees das Endspiel um die World Series. Dabei hatte New York die ersten drei Partien gewonnen. In der World Series spielten die Red Sox groß auf, gewannen gegen die St. Louis Cardinals die ersten drei Partien. In der „Best-of-Seven"-Serie fehlte also nur noch ein Sieg für den Gewinn der World Series. Dies gelang den Red Sox auswärts in St. Louis mit einem 3:0. Nach 86 Jahren war der Titelfluch endlich gebrochen. Es folgte eine gigantische Titelparade durch Boston. Curt Schilling, der seine erste Saison bei den Boston Red Sox spielte, sagte: „Auch wenn wir jeden Tag etwas über das Jahr 1918 hörten, haben wir es bei der Parade erst verstanden. Man hörte so viele Fans, die sagten, dass sie nun glücklich sterben können. Andere waren sehr emotional, weil Eltern und Großeltern verstarben, bevor sie einen Red-Sox-Triumph sahen. Da haben wir gelernt, dass Red-Sox-Blut durch diese Leute fließt." Manny Ramirez, der als wertvollster Spieler der World Series ausgezeichnet wurde, sagte: „Endlich müssen wir uns bei den Auswärtsspielen in New York nicht mehr als Idioten beschimpfen lassen." Die Boston Red Sox gewannen nach dem Beenden des Titelfluchs drei weitere Male die World Series (2007, 2013 und 2018).

28. Oktober 1951
Juan-Manuel Fangio wird erstmals Formel-1-Weltmeister

Er war der erste Superstar der Formel 1 und einer der bedeutendsten Sportler aus Argentinien: Juan-Manuel Fangio. Er gewann fünfmal die Weltmeisterschaft in der Formel 1 und war damit viele Jahre Rekordhalter, bis Michael Schumacher kam. In der ersten Formel-1-Saison im Jahr 1950 fuhr Fangio auf den zweiten Platz in der Gesamtwertung. Ein Jahr später holte er sich seinen ersten Titel. Vor dem letzten Saisonrennen, dem Großen Preis von Spanien auf dem Circuit de Pedralbes, hatte Fangio zwei Punkte Vorsprung auf den Italiener Alberto Ascari im Ferrari. Fangio, im Alfa Romeo startend, ging von Startplatz zwei hinter Ascari ins Rennen. Nach drei Runden überholte der Argentinier seinen Konkurrenten und fuhr sicher zum Rennsieg und damit auch zum Weltmeistertitel. Zu diesem Zeitpunkt war Fangio bereits 40 Jahre alt. Der Argentinier gewann die WM-Wertung auch in den Jahren 1954 und 1955 (mit Mercedes), 1956 (mit Ferrari) und 1957 (mit Maserati). Mit 46 Jahren und 31 Tagen ist Fangio der älteste Formel-1-Weltmeister. Ein Rekord, der vermutlich nie gebrochen wird. „Du musst immer danach streben, der Beste zu sein, aber du darfst nie glauben, dass du es bist", sagte Fangio. Bei seinen Kollegen war der Argentinier äußerst beliebt. Als Fangio 1955 für Mercedes fuhr, war der Deutsche Hans Herrmann sein Teamkollege. „Er war einfach ein Menschenfreund. Selbst eine Toilettenfrau hat Juan nicht achtlos übersehen", sagte Hans Herrmann, der mit Fangio 1955 bei Mercedes fuhr, gegenüber *spox.com*. Stirling Moss, ebenfalls ehemaliger Teamkollege von Fangio, sagte über ihn: „Er war ein wunderbarer Kerl und ein wahrer Gentleman. Er war kein Techniker, sondern er bestach durch seine Fahrkunst. Kaum jemand konnte sich so konzentrieren und das Auto so bewegen wie er."

29. Oktober 1960
Das Profidebüt von Muhammad Ali

Kurz nachdem Muhammad Ali bei den Olympischen Sommerspielen 1960 in Rom die Goldmedaille im Halbschwergewicht gewann, gab er im Alter von 18 Jahren und 286 Tagen sein Profidebüt im Boxen. Wobei er es nicht unter seinen Namen Muhammad Ali tat, mit dem er weltberühmt wurde, sondern unter seinem bürgerlichen Namen Cassius Clay. Ali legte nach der Goldmedaille in Rom Gewicht zu und startete sofort im Schwergewicht. In seiner Geburtsstadt Louisville im US-Bundesstaat Kentucky traf Ali auf Tunney Hunsacker. Der Kampf war auf sechs Runden ausgelegt. Die 6.180 Zuschauer in der Freedom Hall in Louisville konnten sicherlich nicht ahnen, dass dies die Geburtsstunde des besten und charismatischsten Schwergewichtsboxers der Geschichte sein würde. Ali beherrschte den Kampf, entschied alle sechs Runden für sich und gewann somit einstimmig nach Punkten. Sein zwölf Jahre älterer Gegner war anschließend voll des Lobes über den talentierten Teenager. „Er ist extrem gut für einen 18-Jährigen und so schnell wie ein Mittelgewichtler. Er war schnell wie der Blitz. Ich habe jeden Trick probiert, den ich kannte, um ihn aus der Balance zu bringen, aber er war einfach zu gut", sagte Hunsacker. Vermutlich hätte Ali seinen Gegner noch k. o. geschlagen, wenn der Kampf länger als sechs Runden gedauert hätte. 2.000 US-Dollar erhielt Ali für seinen ersten Kampf. „Ich bin jederzeit bereit, über zehn Runden zu gehen. Durch das zusätzliche Gewicht bin ich etwas langsamer geworden, aber nicht genug, dass es mir schadet", sagte er hinterher. Unter seinem Geburtsnamen Cassius Clay gewann Ali seine 20 Profikämpfe. Am 6. März 1964 änderte er seinen Namen und entwickelte sich zur Boxlegende.

30. Oktober 1974
„Rumble in the Jungle": Der Jahrhundertkampf zwischen Muhammad Ali und George Foreman

Es ist der wohl spektakulärste und geschichtsträchtigste Boxkampf der Geschichte. Der Weltmeisterschaftskampf zwischen Weltmeister George Foreman und Muhammad Ali gilt als „Kampf des Jahrhunderts". Das Duell um die WM-Titel in den Verbänden WBA und WBC wurde in Kinshasa, der Hauptstadt von Zaire (heute Demokratische Republik Kongo), ausgetragen. Erstmals fand ein WM-Kampf im Schwergewicht in Afrika statt. Als „Rumble in the Jungle" ging der Kampf vor 100.000 Zuschauern zwischen den beiden Boxlegenden aus den USA in die Geschichte ein. Der 25-jährige Foreman ging mit einer Bilanz von 40:0 (37 Siege durch K. o.) in den Kampf gegen den 32-jährigen Ali, der seine besten Tage hinter sich zu haben schien. Foreman ging als klarer Favorit in diesen Kampf, vor allem, weil er zuvor Joe Frazier und Ken Norton in Windeseile k. o. geschlagen hatte. Ali hingegen mühte sich gegen Frazier und Norton ab. „Ich war 25, sieben Jahre jünger als Ali. Ich war der Champion, in 40 Kämpfen unbesiegt, hatte 37 davon durch K. o. gewonnen. Joe Frazier und Ken Norton knockte ich in der zweiten Runde aus. Muhammad boxte vorher zweimal gegen beide, ging immer über die Runden und verlor jeweils einmal. Bei ihm ging's abwärts, er war nicht mehr so schnell und beweglich, dachte ich jedenfalls. Ich nahm ihn nicht ernst, ließ ihn nie unter meine Haut. Bei den Buchmachern war ich klarer Favorit. Spätestens nach der dritten Runde wollte ich mit ihm fertig sein. In meiner Kabine habe ich mich noch niedergekniet und gebetet, dass ich ihn nicht töte", blickte Foreman auf den „Rumble in the Jungle" im Interview mit der *Welt* zurück. Ali hielt vor dem Kampf auf einer Pressekonferenz einen seiner berühmten langen Monologe. „Ich habe Neues für diesen Kampf getan. Ich habe mit einem Alligator gerungen, mit einem Wal gerauft, dem Blitz Handschellen angelegt und den Donner eingekerkert. Ich bin böse. Letzte Woche habe ich einen Felsen ermordet, einen Stein verletzt und einen Ziegel krankenhausreif geprügelt. Ich bin so gemein, dass ich selbst Medizin krank mache. Letzte Nacht betätigte ich den Lichtschalter in meinem Schlafzimmer und war im Bett, bevor der Raum dunkel war. Ich bin so schnell, dass ich durch einen Hurrikan laufen kann, ohne nass zu werden. Wenn George Foreman auf mich trifft, wird er seine Schulden bezahlen. Ich kann untergehen und dabei das Wasser austrinken und einen toten Baum töten, wartet, bis ihr Muhammad Ali seht", sagte er und heizte die Stimmung damit noch weiter an. Der Kampf entwickelte sich schließlich völlig anders, als erwartet. Der sonst so flinke Ali wählte eine andere Strategie als üblich. Er ließ sich in den Seilen festnageln und wartete auf die Schläge von Foreman, um dann zu kontern. „Damit hat er mich völlig überrascht. Ich schlug und schlug und schlug, doch der Bursche zeigte keine Regung, sondern verhöhnte mich auch noch. ‚Ist das alles? Du schlägst wie ein Weichei. Sissy Punches', flüsterte er mir ins Ohr. Irgendwann schwanden nicht nur meine Kräfte, auch mein Geist gab auf. Als er in der achten Runde plötzlich zurückschlug, sah ich nur noch Sterne", sagte Foreman gegenüber der *Welt*. Es war gegen Ende der achten Runde, als Ali mit einer schnellen Links-rechts-Kombination, gefolgt von einigen Kopftreffern, Foreman zu Boden schickte. Der Weltmeister schaffte es nicht mehr rechtzeitig auf die Beine. Ali gewann durch K. o. und holte sich seinen Weltmeistertitel, den er sieben Jahre zuvor wegen der Verweigerung des Wehrdienstes in den USA verloren hatte. Das Foto von Ali, wie er auf den am Boden liegenden Foreman blickt, ging um die Welt. Ali entkräftete damit den Mythos, dass man, wenn man einmal den Weltmeistertitel im Schwergewicht verloren hat, nicht mehr als Weltmeister zurückkehren kann. Ali stieg durch den Sieg im „Rumble in the Jungle" zu einer noch größeren Legende als ohnehin schon auf. Im Laufe der Jahre bestritt er viele weitere packende Kämpfe, darunter den „Thrilla in Manila" gegen Joe Frazier. Bei Foreman hinterließ die Niederlage seelische Spuren. Er war nicht mehr der Boxer, der er vorher war. „Jahrelang hat mich der Kampf verfolgt. Ich wachte nachts auf, schwitzte und bin durchgedreht. Er trieb mich in schwere Depressionen, raubte mir mein Selbstwertgefühl, meine Würde, meinen Stolz. Ich habe oft geheult.

Es war das schlimmste Erlebnis meines Lebens", sagte er gegenüber der *Welt* zur Niederlage im „Rumble in the Jungle". 20 Jahre später krönte sich Foreman dann zum ältesten Weltmeister im Schwergewicht.

31. Oktober 1970
Deutscher Fußball-Bund hebt Verbot von Frauenfußball auf

Kaum zu glauben, aber wahr. Bis zum Jahr 1970 war Frauenfußball vom Deutschen Fußball-Bund (DFB) untersagt. Als Deutschland im Jahr 1954 sensationell Fußball-Weltmeister wurde, weckte dies auch Begehrlichkeiten bei den Frauen, die unbedingt Fußball spielen wollten – sehr zum Missfallen des DFB. Am 30. Juli 1955 sprach der DFB sogar ein Verbot von Frauenfußball aus, die fortan nicht mehr in Vereinen spielen durften. Außerdem untersagte man Schiedsrichtern, Spiele mit Frauen zu schiedsen. Die fadenscheinige Begründung: Man habe Angst um die Gesundheit der Frauen. „Im Kampf um den Ball verschwindet die weibliche Anmut, Körper und Seele erleiden unweigerlich Schaden, und das Zurschaustellen des Körpers verletzt Schicklichkeit und Anstand", hieß es in der Begründung des DFB. Sepp Herberger, der legendäre Weltmeistertrainer von 1954, sagte sogar: „Fußball ist keine Sportart, die für Frauen geeignet ist, eben schon deshalb, weil er ein Kampfsport ist". Das Verbot reizte die Frauen umso mehr, mit dem Fußball weiterzumachen. Im Jahr 1957 organisierte man das erste inoffizielle Länderspiel einer deutschen Frauen-Nationalmannschaft in München. Deutschland siegte vor 17.000 Zuschauern mit 4:2 gegen die Niederlande. Die Frauenfußballbewegung wurde trotz des Verbots im Laufe der nächsten 15 Jahre immer größer. Als die Zeichen darauf standen, dass die Frauen einen eigenen Verband gründen werden, reagierte der DFB und stimmte bei der Delegiertenversammlung in Lübeck-Travemünde einstimmig dafür, den Frauen das Fußballspielen zu erlauben. Das Verbot war damit Geschichte. Allerdings geschah die Aufnahme der Frauen in den DFB eher widerwillig, weil man sie lieber im eigenen Verband kontrollieren wollten, anstatt dass es einen eigenständigen Verband gibt. Ganz gleichgestellt mit den Männern waren die Frauen trotz der Aufhebung des Verbots allerdings nicht. So durften die Frauen keine Stollenschuhe tragen und mussten mit kleineren Bällen spielen. Es dauerte bis zum Jahr 1982, bis es das erste offizielle Länderspiel einer Frauen-Nationalmannschaft gab.

NOVEMBER: FORMEL-1-WELTMEISTER UND BOXLEGENDEN

1. November 1998

Mika Häkkinen wird erstmals Formel-1-Weltmeister

Michael Schumacher gegen Mika Häkkinen: Das war das prägende Duell in der Formel 1 zwischen 1998 und 2000. Im Jahr 1998 fuhr der Finne im McLaren-Mercedes die Saison seines Lebens. Über die gesamte Saison führte Häkkinen die WM-Wertung an. Dennoch saß ihm Schumacher stets im Nacken. Vor dem letzten Rennen beim Großen Preis von Japan in Suzuka hatte Häkkinen vier Punkte Vorsprung. Bei einem Sieg von Schumacher und einem zweiten Platz von Häkkinen hätte es Punktegleichstand in der WM-Wertung gegeben. Häkkinen wäre aufgrund von mehr Rennsiegen aber in diesem Fall Weltmeister geworden. Also musste der Finne, der von Startplatz zwei ins Rennen ging, nur hinter Schumacher, der die Pole-Position innehatte, bequem hinterherfahren und sich somit erstmals zum Formel-1-Weltmeister küren. Wenn es denn so einfach wäre. Häkkinen half auch etwas Glück. Nach dem ersten Startabbruch, weil Jarno Trulli nicht anfahren konnte, kam es zum zweiten Startabbruch. Diesmal war es Schumacher, der sein Auto nicht starten konnte, sodass er das Rennen am Ende des Feldes beginnen musste. Zwar startete Schumacher schnell eine famose Aufholjagd, doch Häkkinen behauptete sich ohne Probleme an der Spitze des Fahrerfeldes, sodass nur noch ein Unfall ihn den Weltmeistertitel kosten würde. Einen Unfall gab es dann auch in Runde 28 zwischen Esteban Tuero und Toranosuke Takagi, bei dem sich Schumacher durch verstreute Teile einen Reifenschaden an seinem Ferrari zuzog. Es war das Ende von Schumachers WM-Träumen. In der 31. Runde platzte der rechte Hinterreifen von Schumachers Ferrari. Aus für den Deutschen, WM-Titel für Häkkinen. Der Finne beendete das Rennen im Stile eines Weltmeisters und fuhr zu seinem achten Saisonsieg. „Selbst wenn Michael den Start geschafft hätte, dann hätte ich ihm in den Hintern getreten!", blickte Häkkinen auf den zweiten Startabbruch zurück, der Schumacher im Rennen ganz weit zurückwarf. Für den Finnen war der Partymarathon nach seinem ersten WM-Titel schwerer als alle Rennen zuvor. „Wenn Fahrer die Meisterschaft gewinnen, dann drucken die Teams schon WM-T-Shirts, bevor man überhaupt gewonnen hat. McLaren hatte für mich schon vor meinem ersten WM-Titel eine Promotiontour organisiert. Ab dem Tag nach dem Grand Prix in Suzuka war ich einen Monat unterwegs – wie ein Rockstar! Ich war an jedem Wochenende auf der Bühne und reiste jedes Wochenende um die Welt. Das war der härteste Moment. Ich wusste, dass ich Weltmeister war, und dass wir die Aufmerksamkeit von der ganzen Welt und unseren Partnern bekamen. Aber es hatte auch einen Nachteil für die physische Verfassung", schilderte Häkkinen im Podcast *Autosport*. Geschadet hat ihm der Partymarathon nicht. Auch im Jahr 1999 wurde Häkkinen Weltmeister.

2. November 1986
Kontinent-Triple: Die magischen 21 Tage von Boris Becker

Solch ein Kunststück gab es im Profitennis noch nie. Für Boris Becker wurde der Herbst 1986 zu Festspielen auf drei verschiedenen Kontinenten: Australien, Asien, Europa. Becker siegte innerhalb von drei Wochen bei den Turnieren in Sydney, Tokio und Paris-Bercy – und das im Alter von 18 Jahren. Alles begann am 13. Oktober 1986, der Beckers Auftakt zu seiner unglaublichen dreiwöchigen Traumreise über die Kontinente markierte. Der 18-jährige Deutsche gewann am 19. Oktober 1986 das Hallenturnier in Sydney im Einzel und im Doppel. In der Einzelkonkurrenz setzte sich Becker im Finale gegen Ivan Lendl mit 3:6, 7:6 (7:2), 6:2, 6:0 durch und gewann zum dritten Mal gegen Lendl in diesem Jahr. Der Wendepunkt im Match war, als er Lendl zu Beginn des zweiten Satzes breaken konnte, sagte Becker nach dem Finalsieg. Auch im Doppel war der Deutsche siegreich. An der Seite des Australiers John Fitzgerald siegte er gegen das australische Weltklasseduo Peter McNamara und Paul McNamee mit 6:4, 7:6. Für Becker war es das erste Mal, dass er ein Turnier im Einzel und Doppel gewinnen konnte. In seiner Karriere gelang ihm das insgesamt fünfmal. Nach seinem doppelten Turniersieg in Sydney gönnte sich Becker keine Pause und reiste direkt weiter zum ATP-Turnier in Tokio. Der Teenager konservierte seine starke Form und holte sich am 26. Oktober 1986 auch beim Hallenturnier in Japan den Titel. Becker setzte sich im Finale gegen den Schweden Stefan Edberg mit 7:6 (7:5), 6:1 durch. Für Becker war es das zweite Mal in seiner Karriere nach Queen's und Wimbledon im Jahr 1985, dass er zwei Turniere in Folge gewinnen konnte. Es sollte allerdings nicht das Ende gewesen sein bei Beckers Reise über die Kontinente der Welt. Es ging schnurstracks weiter nach Europa zum Hallenturnier in Paris-Bercy. Becker schaffte auch in der französischen Hauptstadt den Turniersieg und gewann bei seiner Reise über die Kontinente 15 Matches in Folge. Im Finale am 2. November 1986 setze er sich gegen den Spanier Sergio Casal mit 6:4, 6:3, 7:6 durch. Becker holte damit innerhalb von drei Wochen drei Titel auf drei Kontinenten – ein Novum im Profitennis. „Unter diesen Umständen mit all den vielen Flugstunden, den verschiedenen Kontinenten, Städten und Bodenbelägen hätte ich nicht gedacht, dass ich das schaffen kann", sagte Becker.

3. November 1975
Chris Evert wird erste Nummer eins im Damentennis

Zwei Jahre, nachdem im Herrentennis die Computer-Weltrangliste eingeführt wurde, zogen die Damen nach. Chris Evert wurde laut Berechnungen die erste Nummer eins im Damentennis. Die US-Amerikanerin hatte zu diesem Zeitpunkt bereits vier Grand-Slam-Turniere gewonnen. Evert machte die beidhändige Rückhand bei den Damen salonfähig. Sie bekam zunächst den Namen „Eisprinzessin" verpasst, später wurde sie die „Eiserne Jungfrau" genannt, da sie auf dem Platz mit versteinerter Miene kaum Gefühlsregungen zeigte und mit unerschütterlicher, stoischer Ruhe ihr Spiel machte und die Gegnerin zur Verzweiflung trieb. „Chris Evert hat nie einen Wutanfall bekommen, auf ihre Gegnerinnen gemeckert oder Offizielle beschuldigt. Eine Fehlentscheidung hat sie nur eisern erstarren lassen. Chris hat sich wie eine Erwachsene verhalten, die volle Verantwortung für ihr Auftreten und ihr Verhalten übernommen hat", sagte die Kulturhistorikerin Camille Paglia über Evert. Mit einer Siegquote von 90 Prozent ist Evert die prozentual erfolgreichste Einzelspielerin bei Damen und Herren. Evert führte insgesamt 260 Wochen die Weltrangliste an. Die US-Amerikanerin schaffte zudem das, was nur ganz wenige Spieler und Spielerinnen von sich behaupten können: Sie gewann ihr letztes Karrierematch. Beim Finalturnier im Fed Cup in Tokio siegte sie im Endspiel im Einzel und gewann den achten Titel mit den USA. „Ich kam hierhin und dachte, dass es mein letztes Turnier für das Jahr ist, vielleicht sogar für immer. Was kann es für ein besseres Ende geben, als in einem großen Team für mein Land zu spielen? Wenn es das gewesen sein sollte, verlasse ich die Bühne auf der allerhöchsten Ebene", sagte Evert, die danach tatsächlich kein Profimatch mehr bestritt.

4. November 1984
Der größte Ausraster von John McEnroe

Bei John McEnroe lagen Genie und Wahnsinn ganz dicht beieinander. Der US-Amerikaner trug Dr. Jekyll und Mr. Hyde in sich und lebte seine Emotionen auf dem Tennisplatz bis aufs Äußerste aus. Legendär ist sein Spruch: „You cannot be serious", der bis heute nicht nur Tennisfans ein Begriff ist. McEnroe flippte in jedem Spiel regelrecht aus, wenn er sich ungerecht behandelt fühlte oder sauer auf sich oder seine Gegner war. Seinen größten Ausraster hatte er beim ATP-Turnier in Stockholm. Im Halbfinale gegen den Schweden Anders Järryd war McEnroe mit dem Ausruf des Linienrichters nach seinem Aufschlag nicht einverstanden und beschwerte sich beim Schiedsrichter Leif Ake Nilsson. Als McEnroe ihn fragte, warum er bislang noch keine Entscheidung überstimmt habe und der Schiedsrichter nicht darauf antwortete und nur per Mikrofon: „Zweiter Aufschlag, bitte", mitteilte, schimpfte McEnroe: „Beantworte meine Frage. Die Frage, Dummkopf." Der US-Amerikaner bekam daraufhin die zweite Verwarnung im Match, was in einer Punktstrafe resultierte. Nachdem McEnroe sein Aufschlagspiel verloren hatte, ließ er seinen Frust mit dem Schläger am Stuhl und an ein paar Pappbechern aus. Es folgte die dritte Verwarnung und damit eine Spielstrafe. McEnroe dachte bereits, dass er disqualifiziert worden wäre und staunte etwas ungläubig, als der Schiedsrichter ihm versicherte, dass es nur eine Spielstrafe war. „Ich war schockiert. McEnroe war damals ein Star. Ich konnte nicht einfach so zum Schiedsrichter gehen und ihn fragen, ob er McEnroe disqualifiziert. Es ist schwer, gegen jemanden zu spielen, der sich wie McEnroe verhält", sagte sein Gegner Järryd über die Situation. Nach der Spielstrafe stand es 1:6, 4:4 aus Sicht von McEnroe, der das Match trotzdem mit 1:6, 7:6, 6:2 gewann. „Ich bin derzeit mental erschöpft. Das ist einer der Gründe, warum ich die Beherrschung verloren habe", sagte McEnroe. Der US-Amerikaner gewann einen Tag später auch das Finale in Stockholm. Dennoch hatte der Ausraster Folgen. McEnroe bekam eine saftige Geldstrafe und wurde für drei Wochen von der ATP-Tour ausgeschlossen. Schiedsrichter Nilsson erinnerte sich an den Vorfall wie folgt: „Er wollte, dass seine Frage beantwortet wurde, aber ich konnte keine Antwort finden. Ich wusste nicht, was ich darauf antworten sollte, deshalb habe ich gesagt: ‚Zweiter Aufschlag, bitte.'" Seinen Ausraster in Stockholm bezeichnete McEnroe später als „seine peinlichste Erinnerung".

5. November 1994
„Lucky Punch": George Foreman wird ältester Boxweltmeister im Schwergewicht

George Foreman kam im Alter von 45 Jahren zu einem unverhofften Weltmeisterschaftskampf im Boxen im Schwergewicht gegen den 19 Jahre jüngeren Michael Moorer. Der US-Amerikaner hatte den WM-Gürtel in den Verbänden WBA und IBF mit einem Punktsieg gegen Evander Holyfield überraschend gewonnen. Da ein Rückkampf gegen Holyfield und ein Duell mit Mike Tyson aus verschiedenen Gründen nicht zustande kam, suchte sich Moorer „Box-Opa" Foreman als Gegner für seine erste Titelverteidigung aus. Foreman hatte nach seiner vierten Karriereniederlage 16 Monate nicht im Ring gestanden, ehe er als krasser Außenseiter in Las Vegas auf Moorer traf. Die 19 Jahre Altersunterschied zwischen den beiden war der größte in einem Weltmeisterschaftskampf im Schwergewicht. Foreman trug beim Duell die gleichen roten Shorts, die er 20 Jahre zuvor beim legendären Kampf gegen Muhammad Ali, der als „Rumble in the Jungle" in die Geschichte einging, getragen hatte. Foreman kassierte gegen Ali seine bitterste Niederlage und wurde das einzige Mal in seiner Karriere k. o. geschlagen. In seiner Ringecke war Angelo Dundee, der 20 Jahre zuvor in Alis Ecke als Trainer stand. „Suche die alten Hosen, wasche sie, ich werde in ihnen meinen Titel zurückholen", soll Foreman zu seiner Frau gesagt haben. Wie erwartet, dominierte Moorer den Kampf gegen Foreman nach Belieben. Doch der 26-Jährige, der zuvor alle seine 35 Kämpfe gewonnen hatte, schaffte es nicht, Foreman niederzuschlagen. Foreman brauchte den Knock-out, um noch Weltmeister werden zu können. In der zehnten Runde ging der 45-Jährige in die Initiative, setzte ein paar Treffer und schickte Moorer mit einem Kinnhaken zu Boden. Der Weltmeister kam nicht mehr rechtzeitig auf die Beine. Die Sensation war perfekt. Im Alter von 45 Jahren und 340 Tagen avancierte Foreman zum ältesten Weltmeister im Schwergewicht. Der Rekord hat bis heute Bestand. Zwischen Foremans erstem WM-Titel und seinem zweiten WM-Titel lagen 20 Jahre – ebenfalls ein Rekord. „Alles, was du dir vornimmst, kann wahr werden. Schaut mich an", sagte Foreman nach dem Gewinn der beiden WM-Gürtel. Nach dem Knock-out kniete er einige Minuten in seiner Ringecke und betete zu Gott. Moorer war nach seiner ersten Niederlage ziemlich angefressen und sagte stets, dass Foreman nur durch einen „Lucky Punch" gewonnen hatte. „Ich wusste, dass ich ihn zu Boden schicken musste und dass dies endgültig sein müsste", sagte Foreman. Seine Rechte, mit der er Moorer k. o. schlug, bezeichnete Foreman als „die beste, die ich je in einem Kampf gebracht habe".

6. November 1993

Nach Paragleitercrash: Evander Holyfield entthront Riddick Bowe

Evander Holyfield, Kampfname „The Real Deal", und Riddick Bowe, Kampfname „Big Daddy", zählten zu den prägendsten Boxern in den 1990er-Jahren im Schwergewicht. Ihre Kampftrilogie zwischen 1992 und 1995 ist legendär. Im November 1992 siegte Bowe gegen Holyfield in einem hochklassigen Duell einstimmig nach Punkten, nahm ihm die Titel in den Verbänden IBF, WBA und WBC ab und fügte ihm die erste Niederlage zu. Knapp ein Jahr später stand der Rückkampf an. Bowe ging mit einer Bilanz von 34:0 in den Kampf im Caesars Palace in Las Vegas, der unter dem Namen „Repeat oder Revenge" vermarktet wurde. Es sah zunächst danach aus, dass Bowe auch den zweiten Weltmeisterschaftskampf gegen Holyfield gewinnen würde. Bowe dominierte die ersten drei Runden, danach schlug Holyfield mit starken Runden zurück. In der siebten Runde kam es dann zu einer 21-minütigen Unterbrechung. Ein Paragleiter versuchte, im Ring zu landen, verhedderte sich mit seinem Schirm im Flutlicht und crashte danach in die Seile. Es kam zu heftigen Tumulten im und außerhalb des Rings, als einige Zuschauer sowie Teammitglieder von Bowe auf den Paragleiter mit dem Namen James Miller einschlugen. „Das war furchteinflößend. Ich wusste nicht, was er tun wollte, ob er mich oder Bowe attackieren wollte, aber ich versuchte, mich der Situation zu entziehen. Bowe hatte Angst, dass er vielleicht eine Waffe oder Bombe hat. Ich dachte an das Mädchen, das niedergestochen wurde", sagte Holyfield über den Vorfall und erinnerte an das Messerattentat auf die Tennisspielerin Monica Seles in Hamburg ein halbes Jahr zuvor. In der Fortsetzung entwickelte sich ein offener Schlagabtausch. In den letzten beiden Runden überzeugte Holyfield mit einigen Treffern die Kampfrichter, sodass im offiziellen Urteil zwei Kampfrichter knapp für Holyfield stimmten, der dritte Kampfrichter wertete den Kampf als unentschieden. Holyfield krönte sich damit erneut zum Weltmeister und wurde der erst dritte Boxer im Schwergewicht, der sich den WM-Titel von seinem vorherigen Besieger zurückholte. Gleichzeitig war es Bowes erste Niederlage in seiner Karriere – es sollte sogar seine einzige bleiben. Den dritten Kampf der Trilogie gewann zwei Jahre später Bowe an gleicher Stätte im Caesars Palace in Las Vegas durch einen technischen K.-o.-Sieg in der achten Runde.

7. November 1991
„Magic" Johnson macht HIV-Infektion öffentlich

Wenn er spielte, versprühte er Magie auf dem Platz. Daher bekam er auch den Spitznamen „Magic" verpasst. Earvin „Magic" Johnson gehört zu den begnadetsten Basketballern der Geschichte. Der US-Amerikaner war der Garant für den Aufbau der Dynastie der Los Angeles Lakers in der NBA (National Basketball Association) in den 1980er-Jahren. Fünfmal wurde er mit den Lakers Meister in der NBA, vier weitere Male Vizemeister, dreimal wurde er als MVP (wertvollster Spieler der Saison) ausgezeichnet. Am 7. November 1991 trat Johnson vor die Presse und schockierte mit der Nachricht, dass er HIV-positiv sei. Einen Tag zuvor hatte er sich einer Routineuntersuchung unterzogen. Nach zahlreichen Tests verkündete man ihm die Diagnose: HI-Virus. Der 32-jährige Johnson trat vor die Presse und erklärte sein sofortiges Karriereende. „Ich habe mich mit dem HI-Virus infiziert und beende deswegen meine Karriere bei den Los Angeles Lakers. Das Leben geht weiter. Ich bin froh, dass meine Frau negativ getestet worden ist. Ich hoffe, noch lange zu leben und werde nun andere Seiten des Lebens erleben. Des Weiteren habe ich das Amt als Sprecher für die AIDS-Organisation übernommen", sagte Johnson. „Ich hatte keine Ahnung, ich war nicht krank. Ich saß damals in einem Hotel in Newtown und bereitete mich auf ein Spiel vor, als mein Arzt anrief und sagte: ‚Komme sofort zurück nach Hause.' Ich konnte es nicht glauben. Und dann sitzt du da und fragst dich, wie konnte das passieren? Und was heißt das jetzt?", erzählte Johnson über seine Erkrankung. Später gestand er, dass er sich wegen einiger sexueller Affären mit ungeschütztem Geschlechtsverkehr mit dem Virus infiziert habe und er ein warnendes Beispiel sei, dass eine HIV-Erkrankung nicht nur homosexuelle Menschen treffen kann. Die Lebenserwartung mit dem HI-Virus betrug zur damaligen Zeit durchschnittlich acht Jahre. Doch Johnson war mit seiner stets positiven Art sicher, dass er ein zufriedenstellendes Leben mit der Krankheit führen würde. Und so kam es auch. Obwohl Johnson zurückgetreten war, wählten ihn die Fans im Jahr 1992 in das All-Star-Game. Und Johnson wollte auch spielen. Das missfiel einigen Spielern, unter anderem Karl Malone, dem Starspieler der Utah Jazz. „Nichts gegen Magic, aber Aids-Infizierte haben nichts auf dem Basketballparkett zu suchen", sagte Malone. Johnson spielte trotzdem, auch um zu zeigen, dass seine HIV-Erkrankung keine Auswirkungen auf seine Mit- oder Gegenspieler haben wird. Johnson trumpfte im All-Star-Game groß auf und wurde zum MVP des Spiels gewählt. Obwohl er nicht mehr für die Lakers spielte, folgte trotzdem die Nominierung für das US-Team für die Olympischen Sommerspiele 1992 in Barcelona. Die Mannschaft um die Superstars Michael Jordan, Larry Bird, Patrick Ewing & Co. ging als „Dreamteam" in die Sportgeschichte ein. Johnson gewann mit seinen Teamkollegen spielerisch leicht die Goldmedaille. „Als Teil des Dreamteams gemeinsam mit Michael Jordan und Larry Bird auf dem Platz zu stehen und 1992 in Barcelona die olympische Goldmedaille zu gewinnen, das war schon der größte Moment meiner Karriere", sagte er gegenüber der *Augsburger Allgemeine*. Johnson wollte nach Olympia wieder für die Lakers spielen, doch trotz der vielen Spiele bei Olympia überwog die Skepsis bei vielen Spielern in der NBA, dass Johnson eine Gefahr darstellen könnte. In der Saison 1995/1996 spielte Johnson dann noch 36 Partien für seinen Herzensverein und beendete seine Karriere endgültig. „Wenn ich damals schon gewusst hätte, was ich heute weiß, dass ich nämlich noch Basketball hätte spielen können, dann wäre ich wahrscheinlich nicht zurückgetreten", sagte er über seinen Rücktritt nach der HIV-Diagnose. „Ich plane noch, lange zu leben und euch zu ärgern", sagte er bei seiner Pressekonferenz zu den Journalisten. „Magic" Johnson ist bis heute bei bester Gesundheit und ein Vorbild für viele HIV-Erkrankte.

8. November 1975 ⚽
Halbzeit nach 32 Minuten:
Der betrunkene Schiedsrichter Wolf-Dieter Ahlenfelder

Sie werden zwar meist verflucht, doch sie sind nicht wegzudenken aus dem Fußball: Schiedsrichter. In der Bundesligageschichte gibt es zahlreiche Anekdoten zu den Männern und inzwischen auch Frauen mit der Pfeife. Eine der skurrilsten ist die um Wolf-Dieter Ahlenfelder. Für Ahlenfelder war es die erste Saison als Schiedsrichter in der Fußball-Bundesliga. Im Weserstadion in Bremen feierte er seine Premiere. Und ebenfalls in Bremen in seinem dritten Bundesligaspiel passierte ihm ein peinliches Malheur. Bei der Partie SV Werder Bremen gegen Hannover 96 pfiff Ahlenfelder bereits in der 32. Minute die erste Halbzeit ab. Der 31-Jährige hatte sich zuvor etwas Alkohol genehmigt. „Mensch, ‚Ahli', du bist heute gut drauf, das Spiel läuft gut", sagte Ahlenfelder zu sich und pfiff zur großen Verwunderung völlig verfrüht zum Halbzeittee. Den Bremer Spielern war bereits bei Ankunft von Ahlenfelder in der Kabine aufgefallen, dass dieser alles andere als nüchtern war. Bremen-Spieler Horst-Dieter Höttges stellte den Schiedsrichter unter die Dusche, damit dieser einen klaren Kopf bekam. Doch das zeigte offensichtlich keine Wirkung. Als der verfrühte Halbzeitpfiff erfolgte, ging Höttges erneut zum Schiedsrichter. „Schiri, sind Sie sicher, dass schon Halbzeit ist?", fragte Höttges den Schiedsrichter. Ahlenfelder entgegnete: „Warum denn nicht, Herr Höttges?" Höttges antwortete: „Mein Trikot, wissen Sie, ist in der Halbzeit immer klitschnass. Und, schauen Sie mal, das ist ja noch fast staubtrocken." Ahlenfelder war überzeugt, ließ die Partie weiterspielen und pfiff die erste Halbzeit elf Minuten später erneut ab – diesmal 90 Sekunden zu früh. Das Spiel endete zwar unspektakulär 0:0, doch die Bundesliga war um eine amüsante Geschichte reicher. Ahlenfelder erklärte seinen Auftritt wie folgt: „Vor dem Spiel wurden wir von Richard Ackerschott, dem Schiedsrichterbetreuer von Werder Bremen, zum Mittagessen eingeladen." Es gab eine fettige Gans zum Essen, die Ahlenfelder mit Bier und Malteser runterspülte. „Ein Bier und ein Malteser zum Mittagessen, das wird doch wohl erlaubt sein. Wir sind Männer und trinken keine Fanta", rechtfertige er sich. Der betrunkene Auftritt hinderte Ahlenfelder nicht daran, weiter Karriere zu machen. Er stieg zu einem der besten und beliebtesten Schiedsrichter bei den Spielern auf. 106 Bundesligaspiele leitete er bis zum Jahr 1988, dazu 77 Partien in der Zweiten Bundesliga. In Bremen bekommt man bis heute, wenn man einen Ahlenfelder bestellt, ein Bier und einen Malteser-Schnaps. Eine Gaststätte in der Nähe des Weserstadions heißt zudem seit November 2012 „Ahlenfelder".

9. November 1996
Evander Holyfield schlägt Mike Tyson k. o.

Auf diesem Kampf hatte die Boxwelt jahrelang hingefiebert. Eigentlich sollten Mike Tyson und Evander Holyfield, zwei der prägendsten Schwergewichtsboxer der Geschichte, im Jahr 1990 gegeneinander kämpfen. Doch Tyson verlor durch eine überraschende K.-o.-Niederlage alle seine Titel gegen James „Buster" Douglas. Stattdessen kämpfte Holyfield später gegen Douglas und wurde zum ersten Mal Weltmeister. Ein Jahr später sollte es dann endlich den Kampf zwischen „Iron Mike" und „The Real Deal" geben. Doch wieder gab es Schwierigkeiten, da Tyson nach einem umstrittenen K.-o.-Sieg gegen Donovan Ruddock einen Rückkampf bestreiten musste. Nachdem Tyson auch diesem Kampf gewann, sollte am 18. November 1991 endlich der Kampf zwischen den beiden steigen. Doch eine Verletzung sowie die spätere Verurteilung Tysons wegen Vergewaltigung machte den Kampf erneut zunichte. Als Tyson nach drei Jahren aus dem Gefängnis kam, boxte er sich bereits im dritten Kampf seines Comebacks zum Weltmeister. Am 9. November 1996 war es dann endlich so weit. Der lang ersehnte Kampf zwischen Tyson und Holyfield fand in Las Vegas statt. Holyfield ging als klarer Außenseiter in den Kampf. „The Real Deal" hatte in den Jahren, in denen Tyson im Gefängnis saß, seine Weltmeistertitel verloren. „Als Mike ins Gefängnis ging, habe ich irgendwie meine Leidenschaft verloren. Ich dachte, da wäre niemand, der mich zum Kämpfen animiert", sagte Holyfield. Es schien, dass Holyfields beste Zeit bereits hinter ihm lag. Der 34-Jährige überraschte im Kampf gegen den 30-jährigen Tyson dann aber die komplette Boxwelt. Er präsentierte sich in Topform. Seine Taktik, sich dem Stil von Tyson anzupassen, ging voll auf. In der sechsten Runde schickte er seinen Gegner erstmals zu Boden. In der Folge dominierte Holyfield den Kampf klar. Tyson konnte sich nur mit Mühe auf den Beinen halten. Als in der elften Runde Tyson von einer Reihe von Schlägen getroffen wurde, brach der Ringrichter den Kampf ab. Holyfield gewann als erster Boxer nach Muhammad Ali einen Weltmeistergürtel im Schwergewicht zum dritten Mal. „Vielen

Dank. Ich habe größten Respekt vor dir", sagte Tyson nach seiner zweiten Karriereniederlage. Holyfield hatte Tysons Boxstil intensiv über Videoanalysen studiert. Sein Selbstvertrauen in sich, dass er der bessere Boxer wäre, war riesig. Dennoch tippten nahezu alle Boxexperten auf einen Sieg von „Iron Mike". „Jeder sagte, dass Tyson der Mann ist, dass er alle beherrscht, inklusive mir. Wollt ihr wissen, was ich dazu sage? Wunderschön. Denn dann kann niemand etwas Schlechtes über mich sagen, wenn ich ihn schlage", sagte Holyfield. Die klare Niederlage gegen Holyfield hinterließ Spuren bei Tyson. Sein Selbstverständnis, der beste Schwergewichtsboxer zu sein, ging völlig verloren. Obwohl er den Kampf verloren hatte, gab es am 28. Juni 1997 einen Rückkampf zwischen den beiden, an gleicher Stelle in Las Vegas. Der Kampf endete im größten Boxskandal der Geschichte. Tyson wurde nach drei Runden nach mehreren Ohrbissen disqualifiziert.

10. November 2009 ⚽
Der Tod von Robert Enke

Sein Tod erschütterte den deutschen Fußball. Am 10. November 2009 nahm sich Torhüter Robert Enke im Alter von 32 Jahren das Leben, indem er sich vor einen Zug warf. Er hinterließ Ehefrau Teresa und Adoptivtochter Leila einen Abschiedsbrief. Was nur wenige wussten: Enke litt unter Depressionen. Die Krankheit war ihm jedoch peinlich, sodass er andere Gründe erfand, um nicht spielen zu müssen. Zwei Tage zuvor absolvierte Enke sein letztes Spiel. Beim Nordderby gegen den Hamburger SV führte er die Mannschaft von Hannover 96 als Kapitän auf den Platz. Ergebnis: 2:2. Enke bestritt insgesamt 196 Bundesligaspiele, 164 für Hannover sowie 32 für Borussia Mönchengladbach. Hinzukommen Stationen beim FC Barcelona, Benfica Lissabon, Fenerbace Istanbul und CD Teneriffa. Enke bestritt zudem acht Partien für die deutsche Nationalmannschaft. „Bevor man auf eine Situation zusteuert, die noch unglücklicher wird, ist es besser, man zieht einen Schlussstrich", sagte Enke einst. Seine Frau Teresa berichtete, dass Robert Enke sich vor seinem Tod noch in einer Klink behandeln lassen wollte. „Hätte er die Therapie gemacht, wäre er vielleicht wieder zurückgekommen", sagte sie. Der Suizid Enkes rückte die Krankheit Depression in den öffentlichen Fokus. „Wir dachten, wir schaffen alles. Wir dachten, mit Liebe geht das. Aber manchmal schafft man doch nicht alles", sagte Teresa Enke bei einer Pressekonferenz nach seinem Tod. Sie gründete die Robert-Enke-Stiftung, die Projekte, Maßnahmen und Einrichtungen, die über Herzkrankheiten von Kindern sowie Depressionskrankheiten aufklärt, unterstützt sowie deren Erforschung oder Behandlung dient. „Ich glaube schon, dass Robert stolz auf mich und die Arbeit der Robert-Enke-Stiftung ist. Vor allem bei der Enttabuisierung dieser Krankheit sind wir deutlich weiter – auch wenn da natürlich noch Platz nach oben ist", sagte Teresa Enke über ihre Stiftungsarbeit.

11. November 1987 ⚽
Mark Hughes: Zwei Fußballspiele an einem Tag in zwei Ländern

Das muss ihm erst mal jemand nachmachen! Mark Hughes gehörte zu den bekanntesten Fußballspielern aus Wales sowie zu den gefährlichsten Torjägern der 1980er- und 1990er-Jahre. In der Saison 1987/1988 spielte der 24-jährige Hughes eine Saison als Leihspieler vom FC Barcelona für den FC Bayern München. An einem Mittwoch, am 11. November 1987, kam es zu einem Kuriosum, das es zuvor im Profifußball wohl noch nicht gegeben hat. Für Hughes stand das Qualifikationsspiel für die Europameisterschaft zwischen Wales und der Tschechoslowakei in Prag auf dem Programm. Am Abend um 20:15 Uhr war die Partie der zweiten DFB-Pokalrunde zwischen dem FC Bayern München und Borussia Mönchengladbach angesetzt. Der Plan war es, dass Hughes direkt nach Abpfiff in Prag nach München reisen würde, um noch die Chance zu haben, für die Bayern zum Einsatz zu kommen. Der Plan stammte von Bayern-Manager Uli Hoeneß, wie sich Hughes erinnerte. „Uli Hoeneß fragte mich im Vorbeigehen, um welche Zeit das Spiel denn sei. Ich sagte: ‚Um halb drei Uhr nachmittags.' Von diesem Moment an tätigte Hoeneß ein paar Anrufe", sagte Hughes über die Situation. Hoeneß kam später auf den Waliser zu und erklärte ihm: „Ich denke, dass du am selben Abend für uns spielen kannst." Hughes war zunächst überrascht über den Plan, dann aber Feuer und Flamme dafür. „Ich dachte erst, dass Uli Hoeneß scherzen würde, aber das tat er offensichtlich nicht. Ich war erstaunt, wie gut er organisiert war." Wales verlor das Qualifikationsspiel gegen die Tschechoslowakei mit 0:2. Danach musste alles ganz schnell gehen. Hughes wurde in Spielkleidung direkt zum Flughafen in Prag gebracht, wo er mit einem Privatjet nach München geflogen wurde. „Ich hatte nicht die beste Laune. Ich war fix und fertig", erinnerte sich Hughes. Gegen Ende der ersten Halbzeit traf er im Münchner Olympiastadion ein. In der 57. Minute erzielte Gladbach das 1:0. Sechs Minuten später wurde Hughes eingewechselt gemeinsam mit Michael Rummenigge. Das Spiel ging nach dem 1:1 durch Lothar Matthäus in die Verlängerung, in der Rummenige zwei Tore zum 3:2-Sieg der Bayern beisteuerte. Die Schlagzeilen gehörten aber Hughes, obwohl er laut eigener Auskunft nicht viel zum Erfolg beigetragen hat. „Ich weiß gar nicht, ob ich den Ball berührt habe, aber ich bekam alle die Schlagzeilen, weil ich zwei Spiele an einem Tag bestritten habe." Für Hughes war der Plan von Hoeneß goldrichtig. „Alle Gladbach-Spieler schauten sich um: ‚Was zum Teufel macht er hier?' Vielleicht war es eine Art Verwirrungstaktik", sagte er. Besonders kurios: Hughes hatte erst vier Tage vorher sein Debüt für den FC Bayern München gegeben und gleich auch ein Tor geschossen. Bereits im zweiten Spiel wurde er durch die besondere Aktion zum Publikumsliebling. „Das hat mir geholfen, mich bei den Bayern-Fans beliebt zu machen, weil ich bereit dazu war, zurückzukommen und das Spiel für sie zu gewinnen." Nach 21 Partien als Leihspieler für die Bayern mit sieben Toren wurde Hughes vom FC Barcelona zu Manchester United verkauft, wo er zum Superstar aufstieg.

12. November 2014
Dirk Nowitzki setzt neuen NBA-Rekord

Dass es demnächst einen besseren deutschen Basketballer als Dirk Nowitzki gibt, ist schwer vorstellbar. Bis es einen besseren Scorer aus Europa in der National Basketball Association (NBA) als Nowitzki gibt, wird es noch viele Jahre dauern. Nowitzki hat Maßstäbe gesetzt in der NBA. Einen besonderen Rekord setzte der Deutsche im Heimspiel seiner Dallas Mavericks gegen die Sacramento Kings. Nowitzki warf beim 106:98-Sieg 23 Punkte. Das reichte, um den gebürtigen Nigerianer Hakeem „The Dream" Olajuwon (26.946 Punkte) in der ewigen Scorerliste zu überholen. „The Dream zu überholen, ist unglaublich. Es ist eine große Ehre, ich war ein riesiger Fan von ihm in den 1990er-Jahren. Er war schwer zu verteidigen. Seine Beinarbeit, seine Hände, sein Gefühl waren einmalig. Daher bin ich sehr stolz. Es fühlt sich unwirklich an, von all den Namen umgeben zu sein, die für dieses Spiel so viel bedeuten. Es war ein wirklich spezieller Moment, das vor meinen Fans zu schaffen", sagte Nowitzki über den Rekord. Er avancierte damit zum erfolgreichsten Korbjäger in der NBA-Geschichte, der nicht in den USA geboren wurde. Als der Deutsche Olajuwon überholte, wurden auf dem Videowürfel in der Arena der Dallas Mavericks die Karrierehöhepunkte von Nowitzki gezeigt. „Ich kam mit 20 Jahren rüber und war nur ein dünner Junge aus Deutschland, der in der zweiten Liga gespielt hatte. Ich wusste gar nicht, ob ich mich in der NBA durchsetzen kann, es war eine unglaubliche Reise", sagte Nowitzki. Der Deutsche beendete seine Karriere mit insgesamt 31.560 Punkten in der regulären Saison in der NBA. Damit liegt er in der ewigen Bestenliste derzeit auf Platz sechs.

13. November 1994
Michael Schumacher wird erstmals Formel-1-Weltmeister

Mit diesem Triumph rückte Michael Schumacher in den deutschen Sportolymp auf. Der 25-Jährige krönte sich zum ersten deutschen Weltmeister in der Formel 1. Vor dem letzten Rennen, dem Großen Preis von Australien in Adelaide, hätte die Ausgangslage kaum spannender sein können. Schumacher führte die WM-Wertung im Benetton-Ford mit nur einem Punkt vor dem Engländer Damon Hill im Williams-Renault an. Über die gesamte Saison lag Schumacher in der WM-Wertung vorne. Würde ihm ausgerechnet im letzten Rennen der Titel noch entrissen werden? Schumacher wurde im Saisonverlauf zweimal disqualifiziert nach dem zweiten Platz beim Großen Preis von Großbritannien und dem ersten Platz beim Großen Preis von Belgien. Ohne die Disqualifikationen wäre er schon längst Weltmeister gewesen. Das Rennen in Adelaide endete in einem Drama. Schumacher fuhr im Qualifying auf Startplatz zwei, direkt dahinter war sein Rivale Hill. Beim Start zog Schumacher an Nigel Mansell, der die Pole-Position hatte, vorbei. Auch Hill überholte Mansell, sodass sich ein enges Rennen zwischen den beiden entwickelte. Der kleinste Fehler hätte beiden den WM-Titel kosten können. Schumacher hatte während des Rennens große Probleme mit seinem Benetton-Ford. „Ich musste hart kämpfen. Es war die gesamte Zeit schwierig, das Auto auf der Strecke zu halten. Außerdem konnte ich Damon nicht davonfahren. Ich war die gesamte Zeit am Limit. Bei einer Streckenbegrenzung fuhr ich drüber und tuschierte die Mauer. Ich war zunächst enttäuscht. Gleichzeitig dachte ich, dass ich weiterfahren kann", sagte Schumacher. Hill kam in seinem Williams-Renault näher und setzte in der 35. Runde dann zum Überholmanöver an. Schumacher blieb auf der Ideallinie, die beiden Wagen berührten sich, sodass Schumachers Benetton-Ford über Hills Vorderrad flog und im Reifenstapel landete. „Ich konnte das nicht verstehen", sagte Schumacher. Nach dem Aus des Deutschen musste Hill nur noch auf Platz fünf fahren, um Weltmeister zu werden. Doch Hill konnte ebenfalls nicht mehr weiterfahren. Er fuhr an die Box. Dort wurde festgestellt, dass die Radaufhängung gebrochen war. Das Aus für Hill bedeutete, dass Schumacher Weltmeister war. „Ich war völlig durcheinander, weil niemand wusste, wie stark Hills Fahrzeug beschädigt war. Über den Streckensprecher hörte ich etwas von einem Reifenschaden, und dass es Damon an die Box zurückgeschafft hatte. Dann aber jubelten auf einmal die Fans auf der Tribüne, ein Streckenposten gratulierte mir", sagte er. Anschließend wurde heftig darüber diskutiert, ob Schumacher den Unfall provoziert hatte, um Weltmeister zu werden. Hill gab sich zunächst als fairer Verlierer und suchte die Schuld des Unfalls bei sich selbst. „Michael war großartig, die ganze Saison lang. Ich will seine Leistung nicht schmälern. Das Erste, was ich mir beim Unfall gedacht habe: ‚Das war etwas tollpatschig, Damon.' Ich dachte, mir dass es mein Fehler war, weil es keine eindeutige Chance war", sagte Hill. Sein Umfeld und die TV-Bilder überzeugten ihn aber davon, dass Schumacher absichtlich gehandelt hatte, weil er nach der Berührung der Mauer kurz zuvor ohnehin kaum mehr fahrtüchtig gewesen wäre. Der Unfall wurde von der Rennleitung untersucht und kein Fehlverhalten von Schumacher festgestellt, sodass dies als normaler Rennunfall gewertet wurde. „Die TV-Bilder können nicht wiedergeben, was ich im Auto gespürt habe. Ich habe in gutem Glauben in die Kurve eingelenkt. Hill habe ich erst im allerletzten Moment gesehen, kurz bevor es krachte", rechtfertigte sich Schumacher. Seinen ersten WM-Titel, den ersten eines deutschen Fahrers, widmete er dem verstorbenen Ayrton Senna, der in der gleichen Saison am 1. Mai 1994 beim Großen Preis von San Marino tödlich verunglückt war. „Für mich war immer klar, dass ich diese Weltmeisterschaft nicht gewinne, dass Ayrton diese Weltmeisterschaft gewonnen hätte. Aber er war bei den letzten Rennen nicht da. Deshalb möchte ich diese Weltmeisterschaft nehmen und sie ihm geben", sagte Schumacher auf der Pressekonferenz. Ob Senna überhaupt in den WM-Titelkampf hätte eingreifen können, ist fraglich, da er in den ersten drei Rennen, die allesamt Schumacher gewann, nicht ins Ziel kam.

14. November 2010

Sebastian Vettel wird jüngster Formel-1-Weltmeister

Dieses Rennen war dramatisch und historisch. Im letzten Rennen der Formel-1-Saison 2010 krönte sich Sebastian Vettel beim Großen Preis von Abu Dhabi zum jüngsten Weltmeister der Formel-1-Geschichte. 23 Jahre und 134 Tage – bis heute war keiner jünger als Vettel beim Gewinn des WM-Titels. Zwei Rennen vor Saisonende sah nichts danach aus, dass Vettel im Red Bull-Renault Weltmeister werden könnte. 25 Punkte betrug sein Rückstand auf den WM-Führenden Fernando Alonso im Ferrari. Vor dem letzten Rennen in Abi Dhabi hatten noch vier Fahrer die Chance, Weltmeister zu werden. Das gab es bis heute in der Formel 1 nur dieses eine Mal. Allen voran Alonso (246 Punkte), dazu noch Vettels Teamkollege Mark Webber (238 Punkte), Vettel selbst (231 Punkte) sowie Lewis Hamilton (222 Punkte) im McLaren-Mercedes mit einer Minimalchance. Zu jenem Zeitpunkt gab es 25 Punkte für den Rennsieg. Im Qualifying fuhr Vettel auf die Pole-Position vor Hamilton und Alonso. Beim Rennsieg in Abu Dhabi hätte Alonso nicht besser als Platz fünf sein dürfen, damit Vettel Weltmeister wird. Das Glück war dabei auf der Seite von Vettel. Sowohl sein Teamkollege Webber als auch Alonso wählten eine falsche Strategie während einer Safety-Car-Phase und fielen durch die zu frühen Boxenstopps zurück. Während Vettel dem Sieg entgegenfuhr, blieb Alonso hinter Vitaly Petrov im Renault stecken und schaffte es in zahlreichen Runden nicht, ihn zu überholen. So fuhr Alonso nur als Siebter über die Ziellinie. Der WM-Titel von Vettel war damit perfekt. „Ich bin ein bisschen sprachlos. Es war eine unglaubliche Saison für mich und uns alle, physisch wie mental. Wir haben immer an uns geglaubt, ich habe immer an mich geglaubt. Heute ist ein besonderer Tag!", freute sich Vettel. Besonders war, dass Vettel in der gesamten Saison 2010 nicht einmal die WM-Wertung anführte, nur nach dem letzten Rennen. Nach dem Herzschlagfinale in Abu Dhabi echauffierte sich Ferrari darüber, dass Petrov mit aller Macht vor Alonso blieb und damit die Weltmeisterschaft vorentschied. „Ich habe nur meine Position verteidigt. Ich mache es keinem leicht, mich zu überholen. Ich bin ja nicht zum Spaß hier", sagte Petrov. Vettel war es letztendlich gleichgültig, wie er sich zum jüngsten Formel-1-Weltmeister krönte. „Es ist schön, diesen Rekord zu haben. Das ist nichts Wahnsinniges, aber den habe ich jetzt. Den Rest, alle anderen Rekorde, hat ja Michael Schumacher", scherzte er. Vettel gewann in den nächsten drei Jahren ebenfalls den WM-Titel. 2017 und 2018 fuhr er zur Vizeweltmeisterschaft. 2022 beendete der Deutsche seine Karriere in der Formel 1.

15. November 2020
Lewis Hamilton zieht mit Michael Schumacher gleich

Als Michael Schumacher im Jahr 2004 seinen siebten Weltmeistertitel in der Formel 1 gewann, schien es fast ausgeschlossen, dass in naher Zukunft jemand an diesen Rekord herankommen könnte. Als Sebastian Vettel im Jahr 2013 zum vierten Mal in Folge Weltmeister wurde, dachte man, dass ausgerechnet ein anderer Deutscher den Rekord von Schumacher brechen könnte. Zu diesem Zeitpunkt hatte Lewis Hamilton die WM einmal gewonnen, im Jahr 2008. Mit dem Jahr 2014 begann dann die Dominanz von Mercedes und Hamilton. In die Saison 2020 ging der Engländer als sechsmaliger Weltmeister. 2014, 2015 sowie von 2017 bis 2019 hatte Hamilton die WM gewonnen. 2016 landete er knapp hinter seinem Teamkollegen Nico Rosberg auf Platz zwei. Die Saison 2020 dominierte Hamilton nach Belieben. Vor dem Großen Preis der Türkei in Istanbul, dem 14. von insgesamt 17 WM-Rennen, hatte er von 13 Rennen neun gewonnen. Der Vorsprung von Hamilton in der WM-Wertung auf seinen Teamkollegen Valteri Bottas war so riesig, dass auf dem Weg zur siebten Weltmeisterschaft nichts mehr schiefgehen konnte. Der Engländer fuhr mit Stil zur Rekordweltmeisterschaft. Er gewann das Rennen in Istanbul souverän, sicherte sich seinen siebten WM-Titel und zog damit mit Schumacher gleich. „An alle Kinder da draußen, die vom Unmöglichen träumen. Ich sage euch: Glaubt immer an eure Ziele und gebt alles, um sie zu verwirklichen. Ich bedanke mich bei allen, die dazu beigetragen haben", sagte Hamilton nach der Zieldurchfahrt. Der sonst so coole Hamilton reagierte emotional darauf, dass er nun neben Schumacher zum Rekordweltmeister aufstieg. „Die Reise bis hierher war einfach unglaublich. Das übertrifft meine wildesten Träume. Wir haben alle gesehen, wie Michael Schumacher alle diese Titel gewonnen hat, wir sind damit aufgewachsen", sagte er. Ein Jahr später war Hamilton ganz kurz davor, alleiniger Rekordweltmeister zu werden. Doch sein achter WM-Titel scheiterte im letzten Rennen in der letzten Runde, als Max Verstappen ihn überholte und den WM-Titel wegschnappte.

16. November 2013
Cricketlegende Sachin Tendulkar spielt sein letztes Match

Cricket ist ein Sport, mit dem man in Deutschland bzw. Westeuropa wenig anfangen kann. In Indien hingegen ist Cricket ein sportliches Heiligtum – die mit großem Abstand beliebteste Sportart. Der Inder Sachin Tendulkar gilt als der beste Cricketspieler, den es bislang gegeben hat – der „GoC", der God of Cricket. „Durch ihn zeigt Gott seine Liebe zum Cricket. Ich habe nie einen Spieler mit besserer Technik gesehen", sagte sein langjähriger australischer Rivale Ricky Ponting über ihn. 24 Jahre dauerte die Karriere von Tendulkar, in der er zum besten Batsmen, dem Schlagmann im Cricket, aufstieg. In den Spielformen Test Cricket, das über mehrere Tage geht, sowie One-Day International hält Tendulkar die Rekorde für die meisten Runs. Das 200. Test-Cricket-Match war gleichzeitig das letzte Spiel in seiner Karriere. Tendulkar traf in Mumbai auf die West Indies – ein Team aus mehreren Nationen. „Ich habe 24 Jahre lang jeden einzelnen Tag meinen Traum gelebt. Es ist schwer, mir ein Leben ohne Cricket vorzustellen", sagte Tendulkar vor seinem Karriereende. In seinem letzten Match gelangen dem 40-Jährigen 74 Runs. Als der Spinner von den West Indies, Narsingh Deonarine, die Cricketlegende mit einem Wurf aus dem Spiel nahm und damit die Karriere beendete, feierte er dies nicht wie üblich ausgiebig aus Respekt vor Tendulkars Karriereleistungen. „Die Zeit vergeht so schnell, aber meine Erinnerungen, die ihr mir gegeben hat, werden für immer bleiben. Vor allem die ‚Sachin Sachin'-Rufe werden in meinen Ohren nachhallen, bis ich aufhöre zu atmen", sagte Tendulkar bei einer Ansprache an das Publikum. Zwei Jahre zuvor gelang Tendulkar der größte Erfolg und der „stolzeste Moment meines Lebens", als er Indien zum Sieg bei der Weltmeisterschaft, die alle vier Jahre stattfindet, führte und sich damit in seinem Heimatland unsterblich machte.

17. November 1993
Lothar Matthäus wird Rekordnationalspieler

Lothar Matthäus zählt zu den besten Spielern der Fußballgeschichte. Im Jahr 1982 absolvierte Matthäus das erste Länderspiel in Brasilien vor der Rekordkulisse von 170.000 Zuschauern im legendären Maracana-Stadion. Es passte ins Bild, dass Matthäus ausgerechnet bei einem Länderspiel gegen Brasilien zum Rekordnationalspieler Deutschlands avancierte. Das 600. Länderspiel in der Geschichte des Deutschen Fußball-Bundes (DFB) war gleichzeitig das 104. Spiel von Matthäus im Deutschland-Trikot. Er übertraf damit Franz Beckenbauer, der bis dahin mit 103 Einsätzen Rekordnationalspieler war. „Ich bin stolz darauf. Aber Franz Beckenbauer hätte mehr Länderspiele, wenn er nicht nach Amerika gegangen wäre. Für mich war es leichter, den Rekord zu erreichen, weil heute mehr Länderspiele ausgetragen werden. Franz ist auch für mich die Lichtgestalt des deutschen Fußballs, er bleibt die Nummer eins. Er ist der Kaiser, und wer rüttelt schon an des Kaisers Thron?", sagte er. Die Partie gegen Brasilien im Müngersdorfer Stadion in Köln gewann Deutschland mit 2:1. Einen besseren Rahmen hätte sich Matthäus für sein Rekordspiel nicht wünschen können. 46 weitere Partien bestritt er noch für Deutschland. Mit 150 Einsätzen für die DFB-Elf ist Matthäus bis heute Rekordnationalspieler. Zudem ist er zum Ehrenspielführer ernannt worden. Sein letztes Spiel im Deutschland-Trikot bestritt er bei der Europameisterschaft 2000 im Alter von 40 Jahren. Bei der Hälfte seiner 150 Länderspiele war Matthäus sogar der Kapitän auf dem Platz – ebenfalls ein DFB-Rekord. Matthäus liebte es, in der dritten Person über sich zu sprechen. „Ein Lothar Matthäus lässt sich nicht von seinem Körper besiegen, ein Lothar Matthäus entscheidet selbst über sein Schicksal", sagte er einst über sich selbst.

18. November 2018
Alexander Zverev wird ATP-Weltmeister

Alexander Zverev krönte sich bei der ATP-Weltmeisterschaft in London zum dritten deutschen Weltmeister im Herrentennis nach Boris Becker und Michael Stich. Als das Saisonfinale der acht besten Spieler des Jahres anstand, traute man Zverev den Titel nicht unbedingt zu. Die großen Favoriten waren die überragenden Hallenspieler Novak Djokovic und Roger Federer. Zverev gewann in seiner Gruppe das erste Spiel gegen Marin Cilic. Danach setzte es eine klare 4:6-1:6-Niederlage gegen Djokovic. Mit einem Sieg im dritten Gruppenspiel gegen John Isner qualifizierte sich der 21-Jährige für das Halbfinale. Dort war er klarer Außenseiter gegen Federer, den er aber mit 7:5, 7:6 (7:5) besiegen konnte. Im Finale wartete dann erneut Djokovic, die Nummer eins der Welt. Zverev zeigte in seinem 77. und letzten Saisonmatch eine der besten Leistungen seiner Karriere und siegte mit 6:4, 6:3. „Das ist natürlich der größte Erfolg in meiner Karriere. Ich kann es noch gar nicht fassen. Ich kann nicht beschreiben, was ich fühle", sagte Zverev. In Richtung Djokovic scherzte er: „Du kannst jedes Spiel gewinnen, das du willst. Ich bin dir sehr dankbar, dass du es heute nicht getan hast." Djokovic entgegnete: „Du hast so viel besser gespielt als im Gruppenspiel. Du hast eine unglaubliche Karriere vor dir." Drei Jahre später gewann Zverev erneut die ATP-Weltmeisterschaft, diesmal in Turin.

19. November 1969 ⚽
Das 1.000 Tor von Pelé

1.301 Tore schoss Pelé in seiner Karriere als Fußballer. Das 1.000 Tor wird der Brasilianer sicherlich in sehr guter Erinnerung behalten haben. Denn auf dieses Tor musste Pelé vergleichsweise lange warten. Der 29-Jährige hatte im Trikot des FC Santos einige Spiele Ladehemmung. Das Warten auf sein 1.000 Tor zog sich hin und entwickelte sich zum internationalen Ereignis. Am 16. November 1969 blieb Pelé wie schon ein paar Spiele zuvor torlos. Er traf nur die Latte. „Ich versuchte mein Bestes an diesem Tag, aber dieser wochenlange Druck war nicht ohne Folgen geblieben. Ich war nervös wie ein Jüngling. Ich wünschte mir so sehr, dass ich endlich dieses verflixte Tor schießen würde, damit ich endlich wieder meine Ruhe hätte. Ich sah die schreckliche Vision vor mir, dass ich jahrelang kein Tor mehr schießen würde und immer noch hinter dieser Zahl 1.000 herliefe", schrieb Pelé in seiner Biografie. Drei Tage später sollte es in der Partie gegen Vasco de Gama im legendären Maracana-Stadion endlich klappen mit dem Jubiläumstreffer. Pelé war zwar agil, doch es schien wieder nicht zu klappen. Er traf nur die Latte, beim Abpraller kam ihm der Verteidiger René von Vasco de Gama zuvor und beförderten den Ball per Eigentor ins Netz. „Die Zuschauer buhten René aus – weniger wegen seines Pechs, sondern weil er ihnen mein 1000. Tor vermasselt hatte", schrieb Pelé in seiner Biografie. In der 78. Minute gab es dann Elfmeter, als Pelé im Strafraum abgeräumt wurde. Der Brasilianer war zwar nicht der etatmäßige Elfmeterschütze vom FC Santos, doch er wollte dieses 1.000 Tor so sehr, dass er sich den Ball schnappte. „Für den Bruchteil einer Sekunde erinnerte ich mich daran, vor langer Zeit einen Elfmeter verschossen zu haben. Ich sagte mir: Jetzt musst du es tun", erinnerte sich Pelé in der Zeitschrift *11 FREUNDE*. Pelé verwandelte den Elfmeter rechts unten und erlöste sich damit selbst sowie das ganze Land Brasilien. Nun gab es kein Halten mehr auf dem Spielfeld. Spieler und Fans stürmten auf den Superstar zu, entrissen ihm das Trikot und gaben ihm ein neues mit der Rückennummer 1.000. Pelé ging auf eine Ehrenrunde und erhielt einen goldenen Ball. „Ich fühlte mein Herz schlagen und war froh, dass es nun endlich vorbei war", sagte er hinterher. Dass es nur ein Elfmeter beim historischen 1.000 Treffer war, war Pelé nach all dem Warten völlig gleichgültig. „Eigentlich hatte ich mir jenes Tor mit der magischen Zahl anders vorgestellt als ausgerechnet durch einen Strafstoß. Aber inzwischen war mir jede Art von Treffer recht; wenn ich es nur endlich hinter mich brachte. Ich sagte mir immer wieder, dass es ein Strafstoß wie jeder andere sei. Einen Moment lang dachte ich an einen Elfmeter, den ich in der ersten Zeit bei Santos in der Jugendmannschaft danebengeschossen hatte. Aber das war lange her. Ich verdrängte es sofort wieder. Wenn ich es jetzt nicht schaffe, dann schieße ich dieses Tor eben später", schrieb er in seiner Biografie.

20. November 2005
Das Ende der Finalserie von Roger Federer

Roger Federer war der große Dominator im Herrentennis in den 2000er-Jahren. Bei der ATP-Weltmeisterschaft 2005 in Schanghai riss eine unglaubliche Serie von Federer. Der Schweizer ging als klarer Favorit und mit 24 Finalsiegen in Serie in das Finale gegen den Argentinier David Nalbandian, gegen den er im ersten Gruppenspiel des Turniers mit 6:3, 2:6, 6:4 siegreich war. Federer hatte vor dem Turnier sieben Wochen wegen einer Knöchelverletzung pausiert, schaffte es aber ins Finale. Im Halbfinale hatte er Nalbandians Landsmann Gaston Gaudio mit 6:0, 6:0 abgefertigt. Nalbandian war im Jahr 2005 in einer ähnlichen Situation wie die dänische Fußball-Nationalmannschaft beim Europameistertitel 1992. Eigentlich war er nicht qualifiziert für das Saisonfinale der acht besten Spieler des Jahres. Als Weltranglistenzwölfter wäre Nalbandian nicht mal einer der Ersatzspieler gewesen. Der Argentinier wollte seinen Urlaub antreten, als er von der ATP informiert wurde, dass er doch an der ATP-WM teilnehmen könnte. Und so reiste Nalbandian ohne jegliche Vorbereitung kurzfristig von Cordoba nach Schanghai. „Es war verrückt. Ich war bereit, um zum Fischen zu gehen. Wenn sie mich einen Tag später angerufen hätten, hätten sie mich wohl nicht erreicht, weil ich zu einem Ort wollte, ohne mein Mobiltelefon mitzunehmen. Ein Mitarbeiter der ATP hat mich angerufen, als Andy Roddick zurückzog. Nach der Niederlage in Paris-Bercy in der zweiten Runde gegen Tommy Haas habe ich fünf Tage lang gar nichts gemacht und habe mich entschieden, meine Ferien zu genießen. Ich bin am Donnerstag nach Cordoba zurückgekehrt und bin Montagnacht nach Schanghai geflogen. Das Turnier hatte bereits am Sonntag begonnen. Ich habe in meinem ersten Match gegen Federer gespielt und habe die Organisatoren gefragt, ob ich früh spielen könnte, weil ich ab 16 Uhr Probleme mit der Zeitzone hatte. Es war verrückt. Ich bin um 5:30 Uhr aufgewacht und bin um 19 Uhr schlafen gegangen", erinnerte sich Nalbandian. Der Argentinier spielte sich trotz der Auftaktniederlage gegen Federer ins Endspiel vor. Da Federer 35 Matches in Serie gewann und seine letzten 24 Finalspiele allesamt siegreich bestritt, war die Vorhersage eindeutig: Es konnte nur einen ATP-Weltmeister geben, und der hieß Federer. Doch da das Finale damals über drei Gewinnsätze ging, war das Match nicht nach den zwei gewonnenen Sätzen Federers, jeweils im Tiebreak, beendet. Der Schweizer baute mit zunehmender Spielzeit körperlich ab, was sich Nalbandian zunutze machte. 6:2, 6:1 gingen die Sätze 3 und 4 an Nalbandian. Im fünften Satz führte der Argentinier bereits mit 4:0, ehe Federer mit letzter Kraft sich gegen die Niederlage und das Ende seiner gigantischen Finalserie stemmte. Der Schweizer schaffte den Ausgleich, servierte bei 6:5-Führung sogar zum Matchgewinn, führte 30:0 beim Aufschlag und verlor trotzdem. Nach 4:33 Stunden gewann Nalbandian den Tiebreak des fünften Satzes und krönte sich zum unvorhergesehenen ATP-Weltmeister. „Ohne jeden Zweifel war dies der Höhepunkt meiner Karriere", sagte Nalbandian. „Während der Siegerehrung scherzte ich mit Federer und sagte ihm: ‚Mache dir keine Sorgen, es wird nicht dein letztes Finale sein. Du wirst noch viele Turniere gewinnen. Also lasse mir dieses.'"

21. November 1993
Michael Stich wird ATP-Weltmeister

Bei der ATP-Weltmeisterschaft 1993 in Frankfurt konnte sich Titelverteidiger Boris Becker nicht für das Saisonfinale der acht besten Spieler des Jahres qualifizieren. Aus deutscher Sicht war stattdessen Michael Stich dabei. „Wenn alle ihr bestes Tennis spielen, ist Michael Stich der Beste", sagten sowohl Pete Sampras als auch Jim Courier. Im Herbst 1993 war Stich, der 1991 in Wimbledon siegte, in der Form seines Lebens. Der Deutsche spielte sich bei der ATP-WM ins Finale vor und bezwang den Weltranglistenersten Sampras mit 7:6 (7:3), 2:6, 7:6 (9:7), 6:2. „Es ist ein tolles Ende eines tollen Jahres. Nach Wimbledon ist dies der wichtigste Sieg", sagte Stich, der durch den Titelgewinn zum ersten Mal die Nummer zwei der Weltrangliste wurde. Stich krönte sich zudem zum einzigen ungeschlagenen Weltmeister in den 1990er-Jahren. Bei der ATP-WM kann man durch das Gruppensystem mit Vierergruppen anders als bei allen anderen Turnieren den Titel mit einer Niederlage gewinnen. „Sich für die ATP-WM in Frankfurt zu qualifizieren, war das große Ziel. Der WM-Titel stand auf meiner Liste, da es einer der größten Titel im Tennis ist. Ich hatte viel Druck, weil es mein bestes Jahr war. Ich habe fünf Titel in diesem Jahr gewonnen, als ich in die WM ging. Bei den Grand Slams habe ich 1993 nicht so gut gespielt. Daher war die WM meine Chance, um zu glänzen", erinnerte sich Stich. Die Saison war allerdings noch nicht zu Ende für den Deutschen, der nach dem Weltmeistertitel kurz darauf auch noch den Davis Cup gewann und das Finale beim Grand Slam Cup erreichte. Stich, der stets im Schatten von Becker stand, hat eine Sache seinem langjährigen Rivalen voraus. Er gewann sämtliche Turniere in Deutschland, die man zur damaligen Zeit spielen konnte: die ATP-WM in Frankfurt, den Grand Slam Cup in München, die Sandplatzturniere in Hamburg, München und Stuttgart sowie das Rasenturnier in Halle/Westfalen und das Hallenturnier in Stuttgart.

22. November 1986

Mike Tyson wird jüngster Boxweltmeister im Schwergewicht

Mike Tyson ist nach Muhammad Ali sicherlich der schillerndste Schwergewichtsboxer, den es bislang gegeben hat. Das lag zum einen am spektakulären Boxstil von „Iron Mike", zum anderen auch an den vielen Eskapaden und Skandalen im und außerhalb des Rings. In den Anfangsjahren seiner Karriere machte Tyson vermehrt durch seine boxerischen Qualitäten Schlagzeilen. Als er zum Weltmeisterschaftskampf im Verband WBC gegen den Jamaikaner Trevor Berbick antrat, war Tyson erst 20 Jahre und 145 Tage alt. Dennoch war es bereits sein 28. Kampf als Profi. Seine 27 Kämpfe zuvor gewann der US-Amerikaner eindrucksvoll, 25 davon durch K. o. Berbick, der fünf Jahre zuvor Muhammad Ali in dessen letztem Kampf besiegt hatte, rief Tyson vor dem Kampf zu: „Tritt ihm in den Arsch für mich." Und so kam es auch. Berbick war der Schlaggewalt von Tyson völlig ausgeliefert. Nachdem Tyson seinen Gegner in der zweiten Runde das zweite Mal zu Boden geschickt hatte, brach der Ringrichter den Kampf ab. „Er stand zwar rechtzeitig auf den Beinen, aber jemand solchen Schlägen auszusetzen, ist kriminell", begründete der Ringrichter den Abbruch in der zweiten Runde. Tyson schrieb Boxgeschichte als jüngster Schwergewichtsweltmeister. „Ich hatte bei jedem Schlag schlechte Absichten. Ich habe Wasserstoffbomben abgefeuert", sagte Tyson über den kurzen und schnellen Prozess. „Ich wollte beweisen, dass ich seine besten Schläge aushalten kann. Er schlägt ziemlich hart", sagte Berbick nach der Abreibung. „Ich bin der jüngste Schwergewichtsweltmeister der Geschichte, und ich werde auch der älteste sein. Mein Rekord wird für die Ewigkeit bestehen, er wird niemals gebrochen werden", sagte Tyson vollmundig. Den Rekord als jüngster Boxweltmeister im Schwergewicht hält Tyson bis heute. Den Rekord als ältester Schwergewichtsweltmeister hat er hingegen klar verpasst.

23. November 1996

Das Karriereende von Henry Maske

Henry Maske hat das Boxen in Deutschland in den 1990er-Jahren wieder salonfähig gemacht. Nachdem er am 20. März 1993 Weltmeister im Halbschwergewicht wurde, löste er damit einen Boxboom in Deutschland aus. Die Kämpfe von Maske, der sein Image als „Gentleman"-Boxer pflegte, fesselten Millionen Zuschauer vor dem Fernseher. Zehnmal verteidigte er erfolgreich seinen WM-Gürtel im Verband IBF, zweimal davon gegen Landsmann Graciano Rocchigiani. Maske kündigte an, dass das Duell gegen Virgil Hill, Weltmeister im Verband WBA, sein letzter Kampf sein würde. Entsprechend hoch war auch die Spannung in der Olympiahalle in München sowie vor den TV-Geräten mit 18 Millionen Zuschauern. Als Maske schließlich seinen letzten Kampf einstimmig nach Punkten gegen Hill verlor, wurde es emotional im Ring. Maske sprach zu den Zuschauern, haderte auch mit dem Urteil der Kampfrichter. Seine Vermutung: Da es sein letzter Kampf war, spielte dies bei der Entscheidungsfindung der Kampfrichter eine große Rolle, da er dadurch im Anschluss nicht vermarktet werden konnte. Als Maske seine letzten Worte an die Zuschauer richtete, ertönte bereits in der Halle *Time to Say Goodbye* aus den Lautsprechern. Das Lied von Andrea Bocelli und Sarah Brightman entwickelte sich zu einer der meistverkauften Singles in den deutschen Musikcharts. „Dass ich meinen letzten Kampf verloren habe, hat den Erfolg des Songs wahrscheinlich noch beflügelt. Dadurch wurde es sehr emotional. Für mich war dies ein unvergesslicher Moment", sagte Maske rückblickend. Die Niederlage in seinem letzten Kampf beschäftigte Maske noch viele Jahre. Als sein Kontrahent Virgil Hill ein erfolgreiches Comeback hinlegte, entschied sich Maske dazu, noch einmal in den Ring zu steigen – für einen Revanchekampf gegen Hill, erneut in der Olympiahalle in München. Am 31. März 2007 traf Maske im Alter von 43 Jahren auf den gleichaltrigen Hill. Auch dieser Kampf wurde zum großen Spektakel. Durchschnittlich 16 Millionen Fernsehzuschauer wollten sehen, wie sich Maske nach zehnjähriger Ringabstinenz schlägt. Maske beeindruckte bei seinem Comeback, gewann den Kampf einstimmig nach Punkten und verkündete anschließend sein endgültiges Karriereende.

24. November 1996

Boris Becker und Pete Sampras spielen „Tennis von einem anderen Stern"

Im Finale der ATP-Weltmeisterschaft 1996 im Tennis in Hannover kam es im Endspiel zum Jahrhundertmatch zwischen Boris Becker und Pete Sampras. Die Atmosphäre in der Messehalle in Hannover war von Anfang an elektrisierend. „Ich hatte eine dicke Gänsehaut. Es war wirklich unbeschreiblich. So ein Gefühl hatte ich auf einem Tennisplatz noch nie. Ich musste meine Gefühle zügeln, damit ich mich wirklich auf das Match konzentriere und nicht schon das Glücksgefühl auf dem Platz bekomme", meinte Becker später zur unglaublichen Atmosphäre. Becker und Sampras hatten sich bei der ATP-WM, dem Saisonfinale der acht besten Spieler des Jahres, bereits in der Gruppenphase duelliert. Der Deutsche siegte in zwei Tiebreaks. Im Finale, das über drei Gewinnsätze gespielt wurde, trafen die beiden erneut aufeinander. Das Match begann mit einem Paukenschlag – mit vier Assen in Folge von Becker. Es entwickelte sich ein offener Schlagabtausch, bei dem Becker und Sampras ihr ganzes Repertoire auspackten. Die Medien jubelten über ein Match, das „Tennis von einem anderen Stern" bot – mit dem besseren Ende für Sampras. Der US-Amerikaner siegte mit 3:6, 7:6 (7:5), 7:6 (7:4), 6:7 (11:13), 6:4 und gewann nach 1994 zum zweiten Mal gegen den Deutschen im Finale der ATP-Weltmeisterschaft. Becker war trotz der Niederlage zu Scherzen aufgelegt. „Haben wir eigentlich schon Tag oder ist schon Nacht? Ich habe völlig die Orientierung verloren", kommentierte er seinen Gemütszustand, um noch hinzuzufügen. „Jetzt mal im Ernst. Das war mein bestes Tennismatch, was ich in meinem Leben gespielt habe. Ich bin sehr stolz darauf", sagte er. Für Becker war es das achte und letzte Endspiel bei der ATP-Weltmeisterschaft. Dreimal (1988, 1992 und 1995) gewann er den Titel.

25. November 2020 ⚽
Der Tod von Diego Armando Maradona

Er ist nicht nur einer der besten Fußballer der Geschichte, sondern wohl eine der schillerndsten Sportpersönlichkeiten, die es je gegeben hat. Bei Diego Armando Maradona schwangen Genie und Wahnsinn hin und her. Auf dem Platz war der nur 1,65 Meter große Argentinier unfassbar talentiert und versetzte die Zuschauer, mit seiner Art Fußball zu spielen, ins Staunen. Abseits des Fußballfeldes trat er in viele Fettnäpfchen, hatte sein Leben nicht im Griff und sorgte für zahlreiche Eskapaden. Im Alter von 60 Jahren starb Maradona an einem Herzinfarkt. Sein Tod führte zu tiefer Trauer in Argentinien und in der Fußballwelt. Ein Tod, der hätte verhindert werden können, meint die Staatsanwaltschaft in Buenos Aires. Eine Expertenkommission ist sich sicher, dass Maradona bei einer besseren Betreuung von seinem ärztlichen Umfeld eine größere Überlebenschance gehabt hätte. „Das Verhalten des medizinischen Teams von Diego Armando Maradona war unzureichend, mangelhaft und rücksichtslos. Der Patient wurde seinem Schicksal überlassen", sagten die Gutachter. Maradona wurde nur 60 Jahre alt. Sein exzessiver Lebensstil mit viel Alkohol und Drogen habe dazu geführt, dass er nach seiner Fußballkarriere körperlich rasant abbaute. „Ich glaube nicht an Wunder, die existieren einfach nicht, vor allem nicht im Fußball. Mir ist das Schicksal wohlgesinnt, mehr nicht", sagte Maradona über sein Talent für Fußball. Der Argentinier spielte im Verein unter anderem für die Boca Juniors, den FC Barcelona und den SSC Neapel. In Neapel erreichte er Heldenstatus, indem er das Team zweimal zum italienischen Meister und zum UEFA-Cup-Sieger führte. In Argentinien machte er sich mit dem Weltmeistertitel 1986 in Mexiko unsterblich, als er das Turnier seines Lebens spielte. Bei einem Tor im Viertelfinale gegen England nahm er die Hand zu Hilfe. Danach sprach er von „der Hand Gottes" – geboren war ein Zitat für die Ewigkeit. Maradona war verliebt in den Fußball, verliebt darin, zu dribbeln, Tore zu schießen und vorzubereiten. „Den Strafraum zu erreichen und kein Tor zu schießen, ist wie mit deiner Schwester zu tanzen", sagte er über sein Offensivspiel. Als Maradona auf die Weltbühne kam, machte er dem Brasilianer Pelé den Titel als bester Fußballer der Geschichte streitig. „Wenn Pelé Beethoven ist, bin ich Ron Wood, Keith Richards und Bono des Fußballs in einem. Weil ich die leidenschaftliche Seite des Fußballs war", sagte Maradona über sich.

26. November 1995

Dan Marino bricht Touchdown-Rekord

Der beste Quarterback im American Football, der in der National Football League (NFL) nie den Super Bowl gewonnen hat? Ganz klar, das ist Dan Marino. 16 Jahre spielte Marino für die Miami Dolphins. Zahlreiche Rekorde hielt der Quarterback, ohne jemals die *Vince Lombardi Trophy* für den Gewinn des Super Bowls in die Höhe zu stemmen. Marino ist ein König ohne Krönung. Er führte die Miami Dolphins bereits in seiner zweiten Saison im Alter von 23 Jahren in den Super Bowl – und verlor. Es sollte seine einzige Super-Bowl-Teilnahme in seiner illustren Karriere gewesen sein. „Ich würde jeden einzelnen Rekord, den wir gebrochen haben, gegen einen Super-Bowl-Sieg tauschen. Ich war damals 23 Jahre alt und war mir sicher, dass wir zurückkehren und den Titel irgendwann gewinnen würden, vielleicht sogar zweimal. Das ist die eine Sache, die ich wirklich bereue. Ich weiß nicht, wie es sich anfühlt, aus diesem letzten Spiel rauszugehen und zu wissen, dass du den Super Bowl gewonnen hast", sagte Marino über sein großes Bedauern in seiner Karriere. Im Jahr 1995 stieg Marino zum Rekord-Quarterback auf, indem er zunächst den Rekord für die meisten angebrachten Pässe brach, danach den Rekord für die meisten Passing Yards und schließlich auch den Rekord für die meisten gewonnenen Touchdowns. Der Sechs-Yard-Pass auf Keith Byars kurz vor Spielende im Auswärtsspiel bei den Indianapolis Colts bedeutete den 343. Touchdown-Pass seiner Karriere. Er brach damit den Rekord von Fran Tarkenton (342 Touchdown-Pässe). Wie üblich bei Rekorden in US-Ligen wurde das Spiel für eine kleine Feier unterbrochen. Der Ball ging direkt weiter zu den Verantwortlichen der Hall of Fame der NFL. Trotz des Rekords war Marino nicht nach Feiern zumute, da sie das Spiel mit 28:36 verloren und später auch die Play-offs verpassten. „Auf den Rekord bin ich stolz. Das hat noch keiner geschafft. Das ist schön. Die dumme Sache ist, dass wir als Team den Erwartungen nicht gerecht wurden. Wir haben das Talent. Wir haben die Eigenschaften für den Sieg. Das schmälert etwas den Rekord", sagte Marino nach dem Spiel. Er beendete seine Karriere mit 420 Touchdown-Pässen. Seinen Touchdown-Rekord behielt Marino bis zum Jahr 2007.

27. November 2016

Nico Rosberg wird Formel-1-Weltmeister und tritt ab

Auf diesen Tag hatte Nico Rosberg jahrelang hingearbeitet. Das 206. Rennen in der Formel 1 wurde sein wichtigstes. Nachdem Rosberg zwei Jahre in Folge hinter seinem Teamkollegen Lewis Hamilton im Mercedes Vizeweltmeister wurde, sollte es im Jahr 2016 endlich mit dem Weltmeistertitel klappen. Die Saison begann perfekt für Rosberg mit vier Siegen in vier Rennen. In der Mitte der Saison übernahm aber Hamilton die WM-Führung. Doch Rosberg konterte und ging mit einem Vorsprung von zwölf Punkten in das letzte Rennen, den Großen Preis von Abu Dhabi. Der Deutsche brauchte den dritten Platz, um sicher Weltmeister zu werden. Hamilton unternahm alles, um seinem Teamkollegen den WM-Titel zu verderben und sich selbst zum vierten Mal die Krone aufzusetzen. Hamilton fuhr zum Schluss mit Absicht langsam, damit das Feld näher an ihn heranrückt und Rosberg, der die gesamte Zeit auf Platz zwei lag, eventuell noch von Sebastian Vettel und Max Verstappen überholt werden würde. Doch Rosberg behielt die Ruhe und überquerte als Zweiter die Ziellinie. Endlich hatte der 31-Jährige das erreicht, was sein Vater Keke, ein Finne, im Jahr 1982 geschafft hatte: Formel-1-Weltmeister zu werden. „Das war ganz sicher nicht das angenehmste Rennen, das ich je gefahren bin. Ich kann mich nur bei meiner Familie für die Unterstützung bedanken", sagte Rosberg auf dem Podium und spielte damit auf das absichtlich langsame Fahren von Hamilton an. Später kündigte der Deutsche an: „Ich will jetzt nur noch feiern und die Sau rauslassen." Und das tat er auch ziemlich ausgelassen. Fünf Tage später verkündete Rosberg dann ziemlich überraschend sein Karriereende in der Formel 1. „Ich habe jetzt meinen Kindheitstraum erreicht. Und es war immer klar, dass ich Rennfahrer bin, um einmal Weltmeister zu werden. Und das ist mir gelungen." Seine Entscheidung fiel direkt, nachdem die Zielflagge in Abu Dhabi geschwenkt wurde. „Die letzten zwei Runden waren so heftig. Dann habe ich es erreicht und habe mir gesagt: Das war's! Um den Titel zu gewinnen, musste ich wirklich alles reinhauen. Und nicht nur ich, sondern auch meine Familie. Das war sehr hart und intensiv. Jetzt bin ich nicht mehr bereit, so viel Energie noch einmal da reinzustecken für ein Jahr", begründete Rosberg seine Entscheidung. Nach Michael Schumacher und Sebastian Vettel ist er der dritte und bislang letzte Formel-1-Weltmeister aus Deutschland.

28. November 2015

Tyson Fury entthront Vladimir Klitschko

Vladimir Klitschko hatte ein großes Ziel in seiner Karriere: die längste Siegesserie eines Boxweltmeisters im Schwergewicht zu brechen. Joe Louis blieb zwischen 1938 und 1950 elf Jahre, sechs Monate und acht Tage Champion im Schwergewicht. Klitschko war auf einem guten Weg, sich den Rekord zu schnappen. Er lag in der Bestenliste bereits auf Platz zwei. Nach neun Jahren, sieben Monaten und sechs Tagen Regentschaft als Weltmeister im Schwergewicht wurde der Ukrainer aber entthront. In Düsseldorf verlor er überraschend nach Punkten gegen den Engländer Tyson Fury – und damit seine WM-Gürtel in den Verbänden IBF, IBO, WBA und WBO. Für Klitschko war es die erste Niederlage nach mehr als elf Jahren. Die Niederlage gegen Fury kam für die meisten Fans wie aus dem Nichts. Denn Fury wirkte alles andere als austrainiert. Der Kampf hätte eigentlich einen Monat zuvor bereits stattfinden sollen, doch Klitschko musste ihn wegen eines Sehnenrisses in der Wade absagen. Im Kampf gegen Fury wirkte der 39-Jährige schlapp. Sein zwölf Jahre jüngerer Gegner führte ihn teilweise regelrecht vor und verhöhnte ihn, als er merkte, dass Klitschko kein Rezept fand. „Tyson war so schnell. Ich habe nicht geglaubt, dass er das schafft. Ich konnte den richtigen Schlüssel einfach nicht finden", sagte Klitschko, dessen Traum von der längsten Siegesserie als Weltmeister platzte. Fury löste nach der Entthronung von Klitschko ein Versprechen ein und sang im Ring ein Ständchen für seine Frau: *I Don't Want to Miss a Thing* von Aerosmith. „Da ist ein Traum wahr geworden. Sechs Monate habe ich mich darauf vorbereitet. Ich kann es kaum glauben", sagte Fury. Aus dem geplanten Rückkampf wurde schließlich nichts, auch wenn dieser bereits terminiert war. Fury sagte mehrmals wegen Verletzung ab und kämpfte erst im Jahr 2018 wieder. Da hatte Klitschko bereits seine Karriere beendet. Seinen letzten Kampf bestritt der Ukrainer am 30. April 2017 gegen Anthony Joshua und verlor den spektakulären Weltmeisterschaftskampf durch technischen K. o. in der elften Runde. Im April 2022 spielte Klitschko mit dem Gedanken an ein Comeback, um einen anderen Rekord im Schwergewicht zu brechen. „Vielleicht habe ich diesen Traum, den Rekord von George Foreman zu brechen. Das motiviert mich, jeden Tag aufzustehen und Sport zu machen", sagte er.

29. November 1899
Die Gründung des FC Barcelona

„Més que un club" – mehr als nur ein Club! So lautet das Vereinsmotto des FC Barcelona, des zweitgrößten Sportvereins der Welt. In erster Linie steht der FC Barcelona für seine Fußballmannschaft, auch wenn er im Handball und im Basketball zu den Besten der Welt zählt. Die meisten Fußballer haben den großen Traum, einmal für den FC Barcelona zu spielen. Viele der besten Spieler der Welt haben den Mythos vom FC Barcelona mitbegründet: Diego Maradona, Lionel Messi, Johan Cruyff oder Robert Lewandowski. Besondere Beliebtheit erfuhr der FC Barcelona auch dadurch, dass er lange Zeit ohne Trikotsponsor auskam und nur der Schriftzug vom Kinderhilfswerk UNICEF auf den Trikots zu sehen war. Im Jahr 1899 wurde der Verein gegründet, nicht von einem Spanier, sondern von einem Schweizer. Hans-Max Gamper zog es eigentlich beruflich nach Afrika. Vorher machte er noch einen Zwischenstopp bei seinem Onkel in Barcelona, Emili Gaissert. Gamper gefiel es so gut in Barcelona, dass er blieb. Der Schweizer war ein Sportfanatiker und verlegte die Sportzeitung *Los Deportes*, in die er am 22. Oktober 1899 ein Inserat platzierte, um für die Gründung eines Sportvereins in Barcelona zu werben. „Hans Gamper von der Fußballsektion ‚Sociedad Los Deportes', sich wünschend in Barcelona, einige Spiele zu organisieren, erbittet jeden, der diesen Sport mag, ihn zu kontaktieren und dienstags oder freitags von 9 bis 11 Uhr in sein Büro zu kommen", hieß es im Inserat. Der Wunsch von Gamper wurde eine Woche nach seinem 22. Geburtstag Wirklichkeit. Einen Monat später, am 29. November 1899, wurde bei einer Versammlung der FC Barcelona offiziell gegründet. Gamper ließ es sich nicht nehmen, der erste Mannschaftskapitän der Fußballmannschaft zu sein. Als einziger Barcelona-Spieler gelangen ihm neun Tore in einem Spiel – sogar dreimal. 1908 übernahm er das Amt des Präsidenten und baute ein neues Stadion. 1925 kam es zum Eklat in Barcelona, als bei einem Länderspiel zwischen Spanien und England die katalanischen Fans bei der spanischen Hymne buhten und bei der englischen jubelten. Gamper wurde vorgeworfen, katalonischen Nationalismus zu betreiben. Man zwang ihn zum Rücktritt als Präsident und zum Verlassen von Spanien. Fünf Jahre später beging Gamper Selbstmord. Am 111. Jahrestag der Vereinsgründung, am 29. November 2010, feierte der FC Barcelona einen seiner süßesten Siege. Im 240. Duell gegen den Erzrivalen Real Madrid, dem sogenannten *Clásico*, gewann Barcelona mit 5:0.

30. November 2007
Der letzte Kampf von Regina Halmich

Sie ist die Pionierin des Frauenboxens in Deutschland, die erste Profi-Weltmeisterin aus Deutschland und eine weltweite Ikone ihres Sports. Regina Halmich war viele Jahre nicht nur in Deutschland das Gesicht des Frauenboxens. „Ich gehe eher einen Schritt vor als zurück", sagte sie über ihren Kampfstil. Zwischen 1994 und 2007 bestritt Halmich 56 Kämpfe, von denen sie 54 gewann. Einen verlor sie, einer endete unentschieden. Von 1995 bis zu ihrem Karriereende blieb sie ungeschlagene Weltmeisterin im Fliegengewicht. Ihren letzten Kampf wollte Halmich unbedingt in ihrer Heimatstadt Karlsruhe austragen. Mit 7.500 Zuschauern war die Karlsruher Arena ausverkauft. Knapp neun Millionen Fernsehzuschauer schauten den letzten Kampf der deutschen Box-Königin. Der Kampf gegen Hagar Shmoulefeld Finer geriet zu einer zähen Auseinandersetzung, in dem Halmich viel einstecken musste und schließlich knapp nach Punkten gewann. „Ich wusste, dass es ein schwerer Kampf wird. Es waren enge Runden, aber es war der Abschied, den das Publikum verdient hatte. Manche hätten sich leichtere Gegner ausgesucht, aber das wollte ich zum Abschluss nicht. Es war eine wundervolle Karriere, doch jetzt habe ich auch das Recht, mich zurückzuziehen", sagte die 31-Jährige nach ihrem Abschied. Im Jahr 2022 wurde Halmich als zweite Deutsche nach Max Schmeling in die International Boxing Hall of Fame aufgenommen. „Es war eine unvergessliche Zeit. Mit all diesen Legenden des Sports, den ich so liebe, beim Bankett zu sitzen, die Anerkennung zu bekommen, um die ich so lange, so hart hatte kämpfen müssen, war ganz besonders. Für mich hat sich mit der Aufnahme in die Ruhmeshalle ein Kreis geschlossen", sagte sie über die Zeremonie gegenüber der *Abendzeitung*. Nach ihrer Karriere als Boxerin startete Halmich auch als Unternehmerin und Moderatorin durch.

DEZEMBER: DAVIS CUP UND TOUCHDOWNS

1. Dezember 1991

Das Wunder von Lyon:
Frankreich gewinnt den Davis Cup

Davis Cup – für die Franzosen ist der Mannschaftswettbewerb im Herrentennis heilig. Wer den „Coupe Davis" gewinnt, wird für sein Land zur Legende. Im Jahr 1991 erspielten sich Guy Forget und Henri Leconte Heldenstatus, indem sie im Endspiel das US-amerikanische Überteam mit Andre Agassi und Pete Sampras besiegten. Zwischen 1927 und 1932 konnten die berühmten vier Musketiere Jean Borotra, Jacques Brugnon, Henri Cochet und René Lacoste sechsmal in Folge den Davis Cup für Frankreich gewinnen. 59 Jahre wartete die „Grande Nation" auf den nächsten Titel – bis zum Wunder von Lyon. Der schnelle Teppichbelag sollte vor allem Agassi ausbremsen, der im Auftakteinzel jedoch Forget in vier Sätzen bezwang. Doch dann kam Leconte, zu diesem Zeitpunkt nur die Nummer 159 der Welt. Der Franzose spielte das Match seines Lebens und fegte Sampras vom Platz. Am Doppel-Samstag siegte Leconte auch mit Forget gegen das Weltklasse-Duo Ken Flach und Robert Seguso. Einen Tag später glich der Gerland Sports Palace in Lyon einem Tollhaus, als Forget sich gegen Sampras in vier Sätzen durchsetzte und den Davis-Cup-Triumph von Frankreich perfekt machte. Die Zuschauer sangen inbrünstig ihre Nationalhymne, die Marseillaise. Kapitän Yannick Noah führte das komplette Team mit einer Polonaise über den Platz an. „Ich denke nicht, dass die Amerikaner begreifen, wie viel der Davis Cup dem französischen Team und der Öffentlichkeit bedeutet. Wir haben die Fußball-WM, die Tour de France und den Davis Cup. In den USA haben sie zehn verschiedene Dinge, die viel wichtiger als der Davis Cup sind", erklärte Forget den ausgelassenen Jubel. Ein paar Wochen später wurden Forget und Leconte gemeinsam zu Frankreichs Sportlern des Jahres gewählt.

2. Dezember 1997
Borussia Dortmund gewinnt den Weltpokal

Zwischen 1960 und 2004 wurde der Weltpokal im Fußball ausgetragen. Zum Ende des Jahres traf immer der amtierende Sieger der Champions League auf den Gewinner der südamerikanischen Copa Libertadores. Im Jahr 1997 vertrat Borussia Dortmund Europa als Sieger der Champions League. In Tokio kam es zum Duell mit Cruzeiro Belo Horizonte, bei dem unter anderem der Brasilianer Bebeto spielte. Der Weltmeister von 1994 wurde extra für dieses Spiel verpflichtet. Für Borussia Dortmund kam das Spiel zur Unzeit. Nach der Hinrunde in der Fußball-Bundesliga lag das Team nur auf Platz elf. Das erfolgsverwöhnte Team war zerstritten, mit dem Italiener Nevio Scala hatte das Team nach der Ära Ottmar Hitzfeld einen neuen Trainer, der die Mannschaft nicht begeistern konnte. „Vorher fand ich dieses Spiel eher lästig, doch nachdem der Präsident uns erläutert hat, wir können quasi Weltmeister der Vereinsmannschaften werden, sehe ich die Angelegenheit etwas anders", sagte Stürmer Heiko Herrlich vor dem Spiel. In Tokio ließen die Dortmunder ihr Können aufblitzen. BVB-Urgestein Michael Zorc erzielte in der ersten Halbzeit die 1:0-Führung, Herrlich machte fünf Minuten vor Schluss mit dem 2:0 den Sieg im Weltpokal von Dortmund perfekt. „Ich freue mich natürlich riesig über mein Tor, aber letztlich war es ein großer Sieg der Mannschaft. Es spricht für uns, dass wir so ein wichtiges Spiel gewonnen haben, obwohl wir die schlechteren Voraussetzungen hatten", sagte Zorc nach dem Gewinn des Weltpokals. Zorc spielte in seiner Karriere nur für Borussia Dortmund und gewann mit seinem Herzensverein nach dem DFB-Pokalsieg, zwei deutschen Meisterschaften, der Champions League den letzten großen Titel, ehe er ein halbes Jahr später seine Karriere beendete. „Meine Mannschaft hat mit Begeisterung, Herz und Seele gespielt. Ich bin stolz auf meine Spieler", sagte Trainer Nevio Scala, der nach der Bundesligasaison nach einem enttäuschenden zehnten Platz entlassen wurde.

3. Dezember 2000

Gustavo Kuerten krönt sich als ATP-Weltmeister zur Nummer eins der Welt

Gustavo Kuerten, genannt „Guga", war einer der charismatischsten Tennisspieler der 1990er- und 2000er-Jahre. „Ich versuche, jeden Tag mit großer Freude zu erleben, und ich versuche, das jeden Tag besser zu machen", sagte der stets gut gelaunte Kuerten. Der schlaksige Brasilianer, der meistens mit einem Stirnband seine Lockenmähne auf dem Platz bändigte, war vor allem bekannt durch sein exzessives Stöhnen. Kuertens Stern ging bei den French Open 1997 auf, als er als Nobody das prestigeträchtigste Sandplatzturnier gewann. „Ich vergleiche Tennis am liebsten mit Schach: je eleganter die Züge sind, desto besser – aber den letzten Zug will ich machen", sagte er. Zwei weitere Male, in den Jahren 2000 und 2001, gewann er die French Open. Einen seiner schönsten Momente in seiner Karriere hatte er beim letzten Turnier des Jahres 2000, bei der ATP-Weltmeisterschaft in Lissabon. Vor dem Turnier hatte der Brasilianer nur kleine Chancen, nach der ATP-WM erstmals die Nummer eins zu werden und das Jahr als erster Südamerikaner an der Spitze der Weltrangliste zu beenden. Grundvoraussetzung dafür war, dass Kuerten auf jeden Fall die ATP-WM in Lissabon gewinnt, in dem Land, wo wie in Brasilien portugiesisch gesprochen wird. Nachdem die damalige Nummer eins der Welt, der Russe Marat Safin, ein Gruppenspiel verloren hatte, war klar, dass Kuerten mit dem Turniersieg die Nummer eins werden würde. Das Problem: Die ATP-WM fand auf Hartplatz statt, auf dem Kuerten nicht so stark wie auf Sand spielte. Nach der Niederlage im ersten Gruppenspiel gegen Andre Agassi waren die Chancen des Brasilianers nur noch gering. Doch Kuerten qualifizierte sich noch für das Halbfinale und ließ zwei seiner besten Karrierematches gegen zwei der besten Hartplatzspieler der Tennisgeschichte folgen. Zunächst besiegte er Pete Sampras im Halbfinale und nahm dann im Endspiel eindrucksvoll Revanche an Andre Agassi für die vorherige Niederlage – 6:4, 6:4, 6:4. „Ich kann's noch gar nicht fassen. Es wird wohl einige Tage dauern, bis ich es begriffen habe. Es war eine tolle Woche. Das letzte Turnier, das letzte Match des Jahres. Ich musste alles geben", sagte Kuerten über seinen Titelcoup, der ihn zum ersten Mal zur Nummer eins der Welt machte. Der Brasilianer führte die Weltrangliste für insgesamt 43 Wochen an.

4. Dezember 1963
Der Geburtstag von Sergey Bubka

Er ist eine der größten Legenden der Leichtathletik und ein Pionier seiner Disziplin. Sergey Bubka war im Stabhochsprung jahrelang das Maß aller Dinge und seiner Konkurrenz meilenweit voraus. Zehnmal wurde er Weltmeister (sechsmal in der Freiluft, viermal in der Halle), zweimal Europameister und einmal Olympiasieger. „Manchmal werde ich gefragt, warum ich mich für den Stabhochsprung entschieden habe. Ich habe mich aber gar nicht dafür entschieden, denn ich kannte die Sportart gar nicht, als ich damit anfing. Es war die Entscheidung meines Nachbarn, der drei Jahre älter war als ich. Er war 13, ich war zehn. Er erkannte ein Talent in mir und überzeugte seinen Coach davon, dass er mich mit zur Trainingsgruppe bringen durfte. Der Trainer sagte dann: ‚Wie alt ist der Junge?'" Mein Freund sagte: ‚Zehn.' Der Trainer: ‚Zu jung, er kann in zwei Jahren wiederkommen.' Mein Freund: ‚Nein, Trainer, er ist so gut. Er muss mitmachen.' Mein Freund wusste, was ich konnte, weil wir in unserer Freizeit immer Fußball auf der Straße spielten oder umherrannten. Das war Schicksal", sagte Bubka im Interview mit dem Magazin *Socrates* über seine Anfänge als Stabhochspringer. Seinen Trainer behielt der Ukrainer bis zum Ende seiner Karriere. Bubka war der erste Stabhochspringer, der die Schallmauer von sechs Metern überquerte. 35-mal hat er den Weltrekord in der Freiluft und der Halle verbessert, stets in der Salamitaktik um einen Zentimeter. „Das hatte natürlich mit Geld zu tun. Geld ist wichtig. Aber wenn du deinen Sport nicht liebst, dann wirst du keinen Erfolg haben, wenn es nur um das Geld geht", sagte er im Interview mit der *Bild*-Zeitung. Seine Bestmarken 6,14 Meter an der frischen Luft und 6,15 Meter in der Halle wurden inzwischen vom Schweden Armand Duplantis übertroffen, doch Bubka bleibt in Erinnerung als Sportler, der den Zuschauern die Faszination Stabhochsprung – die wohl komplexeste Disziplin in der Leichtathletik – näherbrachte.

5. Dezember 1988
Netzroller ins Glück:
Boris Becker wird erstmals ATP-Weltmeister

Die ATP-Weltmeisterschaft, das Saisonfinale der acht besten Tennisspieler des Jahres, gehörte zu den Lieblingsturnieren von Boris Becker. Bei seinen elf Teilnahmen erreichte er achtmal das Finale und gewann drei Titel: in den Jahren 1988, 1992 und 1995. Bei seinem ersten Titelgewinn lieferte er sich im Endspiel gegen Ivan Lendl im New Yorker Madison Square Garden ein denkwürdiges Match mit einem spektakulären Ende. Das Endspiel musste im Tiebreak des fünften Satzes entschieden werden. Wie ausgeglichen dieses Finale war, zeigte ein Blick in die Statistik. Vor dem Tiebreak hatten beide Spieler 157 Punkte und 27 Spiele gewonnen. Auch der Tiebreak wurde ein zähes Ringen um jeden Punkt. Bei 6:5 gab es den ersten Matchball für Becker. Es folgte der beste Ballwechsel der Partie, ein ungewöhnlich langer Ballwechsel für einen schnellen Teppichboden. Mal war Becker in der Defensive, mal war es Lendl, aber keiner traute sich den Weg ans Netz. Schließlich schoben sich die beiden mit dem Rückhand-Slice den Ball lange zu. Mit dem 37. Schlag im Ballwechsel fiel dann die Entscheidung. Beckers Rückhand landete an der Netzkante und trudelte knapp hinters Netz auf die Seite von Lendl und bescherte dem Deutschen seinen ersten WM-Titel. Nach 4:42 Stunden hieß es 5:7, 7:6 (7:5), 3:6, 6:2, 7:6 (7:5) für Becker. „Am Ende habe ich den Ball nicht gesehen. Ich habe einfach nur gespielt und bin gelaufen. Spielen und laufen, ich wusste nicht mal den Spielstand", erklärte Becker. Für Lendl hätte das Match kaum unglücklicher enden können. „Ich habe zu mir selbst gesagt: ‚Bitte, tue das nicht!' Aber es geschah. Wenn man das nicht unglücklich nennt, dann kann man nichts unglücklich nennen. Was kann man tun? Es ist herzzerreißend, aber du kannst dagegen nichts machen. Es war ein großartiges Match. Es gab nichts mehr, was ich hätte tun können, um zu gewinnen", erzählte Lendl.

6. Dezember 1984

Das Ende der Gigantenserie von Martina Navratilova

Für viele Experten ist Martina Navratilova die beste Tennisspielerin der Geschichte, weil sie alles beherrschte: Einzel, Doppel, Mixed. „Ich habe das Spiel so interpretiert, wie es gespielt werden sollte", sagte Navratilova über ihren Spielstil. Was die „Grand Dame" des Damentennis damit meint? Mit jeder sich bietenden Möglichkeit ans Netz zu stürmen. Es wird wohl keine Spielerin mehr geben, die Serve-and-Volley in Reinform so beherrschen wird wie die Linkshänderin. Das Jahr 1984 verlief traumhaft für Navratilova. Zwar wurde in ihrem ersten Turnier des Jahres ihre Siegesserie von 54 Siegen in Folge gestoppt, doch dann startete sie eine noch längere Erfolgsserie. Navratilova gewann jedes Turnier: die French Open, Wimbledon, die US Open. Der Kalender-Grand-Slam – der Sieg bei allen vier Grand-Slam-Turnieren innerhalb eines Jahres – schien nur noch Formsache zu sein. Bei den Australian Open, die damals noch als letztes Grand-Slam-Turnier des Jahres gespielt wurden, war Navratilova die haushohe Favoritin. 74 Matches in Folge hatte sie gewonnen, als sie im Halbfinale der Australian Open auf die Tschechoslowakin Helena Sukova traf. Doch trotz eines Traumstarts verlor sie das Match gegen Sukova mit 6:1, 3:6, 5:7. Im letzten Aufschlagspiel von Sukova wurde es dramatisch, als Navratilova drei Matchbälle bei 0:40 und noch zwei weitere Matchbälle abwehren konnte, ehe ihre Gigantenserie riss und der Traum vom Kalender-Grand-Slam jäh platzte. „Es tut weh, aber ich werde darüber hinwegkommen", sagte Navratilova. Ihre 74 Siege in Folge sind bis heute der ultimative Rekord im Tennis allgemein. Kein Spieler oder keine Spielerin hat mehr Matches am Stück gewonnen als Navratilova.

7. Dezember 2014

Touchdown! Markus Kuhn schreibt NFL-Geschichte

American Football hat in Deutschland in den vergangenen Jahren einen gigantischen Siegeszug hingelegt. Vor allem die National Football League (NFL) fesselt die Zuschauer in den Stadien und vor den Bildschirmen. Waren deutsche Spieler in der NFL früher noch Exoten, gibt es inzwischen einige, die in der NFL Karriere gemacht haben. Allen voran Sebastian Vollmer, der mit den New England Patriots zweimal den Super Bowl gewann. Einen Touchdown zu erzielen, ist Vollmer in seiner Karriere jedoch verwehrt geblieben. Das lag vor allem an seiner Position als Offensive Tackle. Nur vier Deutsche haben in der NFL einen oder mehrere Touchdowns erzielt. Die beiden Brüder Equanimeous St. Brown (Green Bay Packers) und Amon-Ra St. Brown (Detroit Lions), Jakob Johnson (New England Patriots) und Markus Kuhn (New York Giants) schafften dieses Kunststück. Anders als die St.-Brown-Brüder und Johnson ist Kuhn kein Offensivspieler. Dennoch gelang ihm der erste Touchdown eines deutschen Spielers – im Spiel der New York Giants gegen die Tennessee Titans. Als Zack Mettenberger, der Quarterback der Tennessee Titans, in der 14. Spielminute den Ball „fumblete", nahm Kuhn den Football auf und lief mit ihm 26 Yards in die Endzone zur 16:0-Führung der New York Giants. „Es gibt keine Chance, dass dies passiert", sagte Kuhn nach dem historischen Touchdown zu sich selbst. „Ich habe schon immer davon geträumt, das eines Tages zu machen", schrieb er anschließend auf seinem Twitter-Profil. Denn dass ihm ein Touchdown als Defensivspezialist gelang, ist schon etwas Seltenes. Dass er dies auch noch als erster Deutscher schaffte, ist etwas, was für immer in den Geschichtsbüchern stehen wird. „Das war ein Moment, den ich wahrscheinlich nie vergessen werde. Ich war total aufgeregt, ein paar Punkte erzielen zu können. Den Ball werde ich mir wahrscheinlich irgendwo in meiner Wohnung hinstellen", sagte Kuhn.

8. Dezember 1993
Der SV Werder Bremen und das „Wunder von der Weser"

Unter Otto Rehhagel hatte der SV Werder Bremen seine erfolgreichste Zeit in der Fußball-Bundesliga. 15 Saisons in Serie trainierte Rehhagel zwischen 1981 und 1995 die Bremer. Zweimal deutscher Meister, zweimal Vizemeister, zweimal DFB-Pokalsieger und ein Sieg im Europapokal der Pokalsieger sprangen in der Ära Rehhagel heraus. In dieser Zeit wurde auch der Begriff „Wunder von der Weser" eingeführt – für die vielen Spiele auf internationaler Bühne, die im Weserstadion spektakulär gedreht wurden. Eines dieser Wunder ereignete sich in der Gruppenphase in der Champions-League-Saison 1993/1994. Bremen vertrat als amtierender Meister die deutschen Farben in der Königsklasse. Im zweiten Gruppenspiel traf Bremen im heimischen Weserstadion auf den belgischen Meister RSSC Anderlecht. Die Bremer standen in der ersten Halbzeit völlig neben sich und gingen mit einem 0:3-Rückstand in die Halbzeit. „Mir ging es beschissen, der Gegner hatte uns schwindelig gespielt. Es war typisches Werder-Wetter, aber ich wollte am liebsten drinnen bleiben. Dort war es warm, schön, und es gab was zu trinken", sagte Eilts gegenüber dem *Weser Kurier* über dieses legendäre Spiel. Mitte der zweiten Halbzeit deutete kaum etwas darauf hin, dass die Zuschauer Zeuge eines „Wunders von der Weser" werden würden. Innerhalb von 24 Minuten drehten die Bremer das Spiel und siegten mit 5:3. Zwischen der 66. und 89. Minute trafen Wynton Rufer (zweimal), Rune Bratseth, Bernd Hobsch und Marco Bode ins Tor von Anderlecht. „Dieses Spiel gehört für mich in die Top Ten aller Fußballspiele, die jemals auf der Welt gespielt worden sind", sagte Doppeltorschütze Rufer anschließend. „Das war das wohl größte Wunder von der Weser. Ich weiß noch genau, wie Wynton Rufer bei strömendem Regen im Handstand über den Platz gelaufen ist", blickte Eilts gegenüber dem *Weser Kurier* zurück. Für Trainer Rehhagel waren die „Wunder von der Weser" genau das, was den Fußball ausmachte. „Was sucht ihr nach Erklärungen? Freut euch doch lieber, dass Fußball so ist", sagte er dem Magazin *11FREUNDE*.

9. Dezember 2018
Tom Brady stellt Touchdown-Rekord auf

Er ist unbestritten der beste Quarterback in der Geschichte des American Footballs. Tom Brady hält sämtliche Rekorde in der National Football League (NFL) und gewann insgesamt siebenmal den Super Bowl, sechsmal mit den New England Patriots und einmal mit den Tampa Bay Buccaneers. „Wenn du ein Quarterback bist, willst du alles auf deinen Schultern tragen. Du willst derjenige sein, der die Entscheidungen trifft", sagte Brady über die wichtigste Position im American Football. Auf einen bestimmten Rekord hatte Brady viele Jahre hingearbeitet. Im Spiel seiner New England Patriots gegen die Miami Dolphins stellte Brady einen neuen Rekord bei der Anzahl der geworfenen Touchdown-Pässe auf (reguläre Saison plus Play-off-Spiele). Mit seinem 580. Touchdown-Pass, ein recht einfacher Zwei-Yard-Pass auf seinen Receiver Julian Edelman, stellte der 41-Jährige die neue Bestmarke auf, indem er seinen langjährigen Quarterback-Rivalen Peyton

Manning (579 Touchdowns insgesamt) überholte. Brady gelangen im Spiel noch zwei weitere Touchdown-Pässe. Bradys Rekord wurde aber dadurch überstrahlt, dass die Patriots den sicher geglaubten Sieg in letzter Sekunde durch einen wundersamen Spielzug der Dolphins bei der letzten Aktion verspielten. 33:34 hieß es am Ende aus Sicht der Patriots. Statt sich über seinen Touchdown-Rekord zu freuen, war Brady angefressen über die Niederlage. „Wenn du nicht spielst, um zu gewinnen, brauchst du gar nicht zu gewinnen", ist eines der Leitmottos von Brady. Zwei Monate später gewann der Star-Quarterback mit den Patriots zum sechsten Mal den Super Bowl. Brady hat in seiner Karriere 737 Touchdowns geworfen – 129 Touchdowns mehr als der Zweitplatzierte Drew Brees.

10. Dezember 1988
Erster Sieg im V-Stil: Jan Boklöv revolutioniert das Skispringen

Obwohl Schweden eine Wintersportnation ist, spielt Skispringen kaum eine Rolle. Die schwedischen Skispringer sind von der Weltspitze weit entfernt. Dennoch hat ein Schwede das Skispringen revolutioniert. Sein Name: Jan Boklöv. Genauso wie Dick Fosbury im Hochsprung in der Leichtathletik hat Boklöv mit einer neuen Sprungtechnik dafür gesorgt, dass das Skispringen, was die gesprungenen Weiten betrifft, einen enormen Schub machte. Boklöv sprang in den 1980er-Jahren im V-Stil die Schanzen hinunter. Gängige Praxis war damals der Parallelstil. „Ich trainierte auf der Normalschanze, der Wind kam stark von vorn, stoppte mich quasi in der Luft. Ich wollte irgendetwas tun, um weiterzufliegen, und warf mich nach vorn. Dann rissen auf einmal die Skier zum V auseinander, und ich bekam mehr Auftrieb, flog viel weiter als zuvor. Ich wusste nicht, wieso und was genau da gerade passiert war, aber es war die Geburtsstunde des V-Stils", sagte Boklöv im Interview mit der *Welt* über eine Trainingseinheit im Jahr 1985, die schließlich sein Leben und später auch das Skispringen verändern sollte. Obwohl der Schwede mit seinem Stil seine vorherigen Weiten klar übertraf, brachte ihm das zunächst nicht allzu viel, da er bei den Haltungsnoten große Punktabzüge bekam, weil der Parallelstil von den Kampfrichtern vorgeschrieben war. „Neues stößt oft auf Kritik. Wenn du etwas machst, das niemand bisher probiert hat, sieht das erst mal seltsam aus. ,Huch, was macht der denn da?', sagten einige. Aber ich flog auf diese Weise weiter, also wollte ich nicht damit aufhören. Und eines Tages mussten sie es doch akzeptieren, hoffte ich. Aber ja, es war frustrierend, dass ich diese Punktabzüge kassierte. Irgendwann hatte ich meinen Stil dann perfektioniert und konnte die Abzüge mit der größeren Weite wettmachen. Da wurden die Menschen aufmerksam und sagten plötzlich: ‚Schau mal, was der Schwede da macht!'", sagte Boklöv in der *Welt*. Am 10. Dezember 1988 war es dann so weit. Der Schwede gewann in Lake Placid das erste Weltcupspringen mit seinem V-Stil. Eine Woche später folgte der nächste Sieg in Sapporo. In der Weltcupsaison 1988/1989 gewann Boklöv insgesamt fünf Springen und am Ende den Gesamtweltcup vor Jens Weißflog aus der DDR. Als schließlich auch die Punktabzüge für den V-Stil wegfielen, stellten fast alle anderen Skispringer auf den V-Stil um, mit dem Boklöv seine Sportart revolutionierte. „Ich bin stolz darauf, aber aus einem tieferen Grund: Weil ich es durchgezogen habe, weil ich meinem Stil gegen alle Widerstände treu geblieben bin und an mich geglaubt habe. Auch wenn viele andere Menschen mir und dem V-Stil nicht vertraut haben. Dass ich den Gesamtweltcup gewonnen oder diesen Stil erfunden habe, bedeutet mir nicht annähernd so viel – auch wenn die Menschen noch heute zu mir kommen und sagen: ‚Oh, Sie sind ja der Jan Boklöv.' Und mich dann loben, weil sie mich als Symbol für den V-Stil sehen und sagen, ich hätte die Skisprungwelt verändert", sagte er gegenüber der *Welt*. Der Schwede sprang in den nächsten Jahren nur noch hinterher, auch weil er nach einem Beinbruch nicht wieder in die Spur fand. „Später hat der V-Stil das Skispringen sogar um etwa 30 Prozent, so sagte man, sicherer gemacht. Er hat dem Sport geholfen – und das ist doch einiges wert", sagte Boklöv über seine Erfindung.

11. Dezember 1981
Der letzte Kampf von Muhammad Ali

Kein anderer Kämpfer hat das Boxen im Schwergewicht so geprägt wie Muhammad Ali. Einen Monat vor seinem 40. Geburtstag bestritt Ali seinen 61. und letzten Kampf. Bereits in seinem Kampf davor zeigte Ali Anzeichen einer Parkinson-Erkrankung. „The Greatest" wollte ein gutes Jahr später noch einmal in den Ring steigen. Doch die Mediziner in den USA erteilten ihm keine Lizenz. Sie erachteten das Risiko als zu hoch. Ali ließ nicht locker und ging für den Kampf in die Karibik. Sein Gegner, der 27-jährige Trevor Berbick. Der Kampf fand auf den Bahamas statt und bekam den Slogan „The Drama in Bahama" verpasst. Da es nicht um die Weltmeisterschaft ging, war der Kampf auf zehn Runden ausgelegt. Zwar zeigte sich Ali im Vergleich zu seinem Kampf davor verbessert, doch das Alter und die beginnende Parkinson-Erkrankung konnte die Boxlegende nicht leugnen. Das Urteil nach zehn Runden: klarer Punktsieg für Berbick. „Es war eng, aber ich muss die Entscheidung der Kampfrichter akzeptieren. Wenn Berbick wie ich 39 gewesen wäre, würde er mich nicht geschlagen haben. Es war ein guter Kampf, aber er war zu jung und zu stark für mich. Er hat mich durch seine Aggressivität geschlagen", sagte Ali nach dem Kampf. Ihm war klar, dass dies sein Finale im Ring gewesen war. „Vater Zeit hat mich eingeholt. Ich muss den Fakten ins Auge blicken. Wir werden alle mal alt. Das ist das Ende", sagte Ali. Zwei Jahre nach seinem letzten Kampf wurde offiziell Parkinson bei ihm diagnostiziert. Nach seiner Karriere blieb Ali weiterhin eine einflussreiche Sportpersönlichkeit.

12. Dezember 2021
Drama in der letzten Runde:
Max Verstappen wird erstmals Formel-1-Weltmeister

Es war eines der dramatischsten Finalrennen in der Geschichte der Formel 1. Lewis Hamilton und Max Verstappen lieferten sich über die gesamte Saison ein Kopf-an-Kopf-Rennen um den Weltmeisterschaftstitel. Vier Rennen vor Schluss sah alles nach dem ersten WM-Titel von Verstappen aus, doch mit drei Siegen in Serie egalisierte Hamilton den Rückstand und hatte die gleiche Anzahl von Punkten wie Verstappen. Im letzten Rennen, beim Großen Preis von Abu Dhabi, wurde es dramatisch und chaotisch. Verstappen startete von der Pole-Position, direkt dahinter Hamilton. Bereits am Start zeigte der Engländer seine Klasse und zog an Verstappen vorbei. Kurz darauf setzte der Niederländer zum Konter an, die beiden berührten sich. Hamilton blieb dank einer Abkürzung vorne und durfte nach der Überprüfung der Szene die Führung behalten. „Er muss mir die Position zurückgeben", forderte Verstappen per Funk. „Er hat mich abgedrängt", sagte Hamilton. Als Hamilton seinen Vorsprung in der Mitte des Rennens immer weiter ausbaute, war sein achter WM-Titel, mit dem er zum alleinigen Rekordweltmeister aufgestiegen wäre, zum Greifen nah. Fünf Runden vor Schluss baute Nicholas Latifi einen Unfall, sodass das Safety-Car zum Einsatz kam. Nun wurde es chaotisch.

Verstappen holte sich frische Reifen und profitierte dann kurz vor Schluss von der kontroversen Entscheidung der Rennleitung, dass er an fünf überrundeten Fahrzeugen vorbeifahren durfte und so leicht zu Hamilton aufschließen konnte. Bei der Entscheidung spielte wohl die Kollision zwischen Hamilton und Verstappen zu Beginn des Rennens eine Rolle, bei der Hamilton die Position nicht zurückgeben musste, sowie die Dramatik im WM-Kampf. Die Rennleitung wollte offensichtlich nicht, dass das Rennen mit einer Safety-Car-Phase und somit die WM-Entscheidung unspektakulär zu Ende geht. Und so gab es einen fliegenden Start in der letzten Runde. Verstappen hatte bei dem Restart auf den frischen Reifen den Vorteil und nutzte diesen aus. Er überholte Hamilton und wehrte danach alle Gegenangriffe seines Konkurrenten mit größter Mühe ab. Der Niederländer sicherte sich seinen ersten WM-Titel. „Das ist unglaublich, Jungs. Können wir das bitte in den kommenden zehn bis 15 Jahren zusammen machen?", funkte Verstappen in seinem Red Bull an seine Box. Dass ihm ein kleines Wunder dabei half, erstmals Weltmeister zu werden, dessen war sich der Niederländer vollkommen bewusst. „Natürlich hat es nicht gut ausgesehen, aber ich habe zu mir gesagt, ich werde bis zur letzten Runde Vollgas geben und dass ich es den anderen nicht einfach machen würde. Es war sehr schwierig, denn wir hatten einfach nicht die Pace. Ich habe keine Möglichkeit gesehen, das noch umzubiegen. Ich hätte ihn nicht mehr eingeholt. Sein Auto war zu schnell heute, selbst als ich frische Reifen hatte. Es sah nicht so aus, als würde es passieren. Wir brauchten ein Wunder und das ist eingetreten. Du musst dann aber auch Kapital daraus schlagen und das Überholmanöver setzen. Und das haben wir getan. Das war ein dramatisches Ende", sagte Verstappen. Hamilton, der ganz kurz davor stand, erneut Formel-1-Geschichte zu schreiben als alleiniger Rekordweltmeister, gratulierte seinem Rivalen trotz der fragwürdigen Entscheidung der Rennleitung fair. „Gratulation an Max und sein Team. Wir haben alles gegeben, gerade im zweiten Teil der Saison", sagte er. Dennoch legte Mercedes mehrere Proteste ein, unter anderem gegen die Entscheidung, dass Verstappen in der Safety-Car-Phase an den überrundeten Fahrzeugen vorbeifahren durfte, um zu Hamilton aufzuschließen. Alle Proteste wurden abgeschmettert, sodass Verstappen den Titel nach einer der dramatischsten WM-Entscheidungen behielt.

13. Dezember 2018 🏀
21. Saison in Folge! Dirk Nowitzki bricht Rekord von Kobe Bryant

Als Dirk Nowitzki im Heimspiel seiner Dallas Mavericks gegen die Phoenix Suns nach achteinhalb Minuten das Spielfeld betrat, brach der deutsche Ausnahmebasketballer einen Rekord in der National Basketball Association (NBA). Nowitzki begann seine 21. Saison in Folge für die Mavericks. Der 40-Jährige übertraf damit die Bestmarke von Kobe Bryant, der 20 Jahre in Folge für die Los Angeles Lakers gespielt hatte. „Das ist schon etwas Besonderes. Ich habe immer Kobe Bryant bewundert, der 20 Jahre bei den Los Angeles Lakers gespielt hat. Nun mache ich die 21 voll. Das ist unfassbar", sagte Nowitzki vor dem Saisonstart gegenüber der *Sport Bild*. Eine Fußoperation verhinderte, dass Nowitzki zum Saisonstart Ende Oktober einsatzbereit war und die ersten 26 Spiele seines Teams verpasste. Bei seinem Comeback, das gleichzeitig seine Rekordsaison einläutete, stand der Deutsche nur etwas mehr als sechs Minuten auf dem Feld, um sich langsam heranzutasten. „In Anbetracht der Umstände spielte er gut. Es ist eine schwierige Situation für Dirk", sagte Mavericks-Trainer Rick Carlisle. Im Spiel warf Nowitzki zweimal auf den Korb und verwandelte einen seiner Würfe. „Es ist gut, zurück zu sein. Ich habe viel Arbeit vor mir in Bezug auf mein Timing und meine Ausdauer", sagte er. Nowitzki war im April am linken Knöchel operiert worden und konnte aufgrund von Rückschlägen im Heilungsprozess sein Team in den ersten 26 Saisonspielen nur von der Bank aus unterstützen. Es sollte die letzte Saison in der unglaublichen Karriere von Nowitzki werden. 51 Spiele absolviert er in der NBA noch zwischen diesem Rekord und seinem Karriereende.

14. Dezember 2021 🏀
Stephen Curry kürt sich zum Dreierkönig in der NBA

Er ist ein Spieler, der den Unterschied macht. Seit 2009 geht Stephen Curry in der National Basketball Association (NBA) auf Korbjagd für die Golden State Warriors und führte sein Team bislang viermal zum NBA-Titel. Currys Spezial ist: Punkte aus der langen Distanz, hinter der Dreierlinie. Keiner kann das so gut wie Curry. Beim Auswärtsspiel seiner Golden State Warriors bei den New York Knicks gelang dem 33-Jährigen ein neuer Rekord. Als er im Madison Square Garden den Dreier zur 12:10-Führung versenkte, war es sein 2.794. Dreier. Der Rekord von Ray Allen (2.793 Dreier) war gebrochen. Nach dem historischen Moment nahmen die Golden State Warriors eine Auszeit, um den Rekord von Curry gebührend zu feiern. „Diese Zahl bedeutet mir viel. Ich habe sie sogar auf meinen Schuhen. Das hier im Madison Square Garden zu schaffen, ist etwas Besonderes. Ich kann gar nicht sagen, wie geehrt ich bin wegen der Reaktion hier auswärts auf diesen Meilenstein. Es ist ein sehr, sehr besonderer Abend", sagte Curry über seinen Rekord. Curry hat das Basketballspiel in der NBA wie nur wenige andere Spieler zuvor verändert. „Er hat die Art, wie das Spiel gespielt wird, revolutioniert", sagte NBA-Boss Adam Silver. Was er damit meinte: Als Curry seine erste Saison in der NBA spielte, lagen die Versuche von der Dreierlinie aller Teams im Durchschnitt bei 18,1 pro Spiel. In der Saison, in der Curry den Rekord brach, waren sie mit 35,4 pro Spiel fast doppelt so hoch. Was Currys Rekord noch beeindruckender macht. Sein Rekordvorgänger Ray Allen brauchte 1.300 Spiele, um auf 2.793 Dreier zu kommen. Curry brauchte nur 789 Spiele, um diesen Bestwert zu knacken. Die NBA-Legenden Shaquille O'Neal und Dirk Nowitzki waren sich einig, dass Curry wohl einen Rekord für die Ewigkeit aufstellen wird. „Ich bin gespannt, wo der Rekord steht, wenn er mal bei 1.300 Spielen angekommen ist. Er hat noch vier, fünf, sechs Jahre vor sich. Dieser Rekord wird nie gebrochen werden", sagte O'Neal. Nowitzki meinte: „Ich glaube nicht, dass irgendjemand in Sicht ist, der seinen Rekord brechen kann."

15. Dezember 1995

Das „Bosman-Urteil" verändert den Fußball

Jean-Marc Bosman ist fast allen Fußballfans ein Begriff: nicht wegen seines durchschlagenden Erfolgs als Spieler, sondern aufgrund seiner erfolgreichen Klage, die den Fußball völlig verändern sollte. Bis 1990 spielte Bosman in seiner Heimatstadt in Lüttich in der ersten belgischen Liga, zunächst von 1983 bis 1988 bei Standard Lüttich, dann von 1988 an beim RFC Lüttich. Nach einem Streit mit der Vereinsführung kürzte der Verein Bosman dessen Gehalt um 75 Prozent. Bosman wollte daraufhin zum französischen Zweitligisten USL Dunkerque wechseln. Obwohl sein Vertrag ausgelaufen war, war dies damals nicht so ohne

Weiteres möglich. Denn ein Fußballspieler konnte in Europa nur wechseln, wenn ein anderer Verein die geforderte Ablösesumme bezahlte. Und die setzte der RFC Lüttich mit 800.000 US-Dollar für damalige Verhältnisse viel zu hoch an, sodass der USL Dunkerque ein klares Nein zum Wechsel von Bosman sagte. Der Belgier nahm diese horrende Forderung sowie die fehlende Freigabe seines Vereins zum Anlass, um den RFC Lüttich, den belgischen Fußballverband sowie den europäischen Fußballverband UEFA zu verklagen und kämpfte für sein Recht auf freie Arbeitsplatzwahl. Die Klage zog sich lange hin. Die UEFA wollte Bosman mit einer Millionenzahlung dazu bewegen, die Klage zurückzuziehen. Doch Bosman lehnte ab und bekam in erster Instanz recht. Nach einem Einspruch des belgischen Verbandes landete der Fall beim Europäischen Gerichtshof in Luxemburg, der am 15. Dezember 1995 ein wegweisendes Urteil für den Fußball sprach. Bosman bekam recht, sodass seitdem Fußballer bei Vertragsende völlig frei über ihren Arbeitsplatz entscheiden dürfen. Der Europäische Gerichtshof kippte zudem die Ausländerbeschränkung in den Fußballligen, sodass ein Verein so viele Ausländer wie möglich aus Europa verpflichten durfte. Die Begründung: Es passt nicht zum Grundsatz der Freizügigkeit von Arbeitnehmern bei der Wahl ihres Arbeitsplatzes. Das „Bosman-Urteil" führte dazu, dass durch die Stärkung der Rechte der Spieler die Gehälter der Spieler explosionsartig anstiegen. Plötzlich hatten die Spieler und nicht die Vereine bei Transfers zu anderen Vereinen das Sagen, was dazu führte, dass die Vereine die Spieler mit einem großen Gehalt sowie teilweise einem Handgeld langfristig binden wollten. Bosman hingegen bekam zwar sein Recht zugesprochen, doch finanziell profitierte er nicht davon. „Alle profitieren von mir, nur ich, ich habe nichts davon. Als hätte ich jemandem die richtigen Lottozahlen verraten, aber dann werde ich nicht am Gewinn beteiligt", sagte er im Rückblick gegenüber dem *Spiegel*. Nach dem Urteil fand Bosman, der zu jenem Zeitpunkt für den belgischen Verein CS Visé spielte, keinen Verein mehr. Er galt bei den Clubs als das schwarze Schaf. „Ich galt als Verbrecher. Als derjenige, der den Fußball zerstört hat", sagte er. Obwohl viele Fußballer Bosman Geld spendeten, um ihm für das Zusprechen der neuen Spielerrechte zu danken, und er neun Jahre nach dem Prozess eine Entschädigung von 780.000 Euro für seine verlorenen Jahre als Fußballer zugesprochen bekam, geriet der Belgier in eine Lebenskrise. „Ich bin durch die Hölle gegangen, ich habe an Selbstmord gedacht", sagte er und stellte fest: „Ich würde nicht mehr vor Gericht ziehen." Das „Bosman-Urteil" veränderte das Fußballgeschäft dermaßen, dass sich viele Romantiker und Traditionalisten die Zustände vor der Entscheidung des Europäischen Gerichtshofs zurückwünschen. Karl-Heinz Rummenigge, der damalige Vorstandschef vom FC Bayern München, bezeichnete das Urteil zehn Jahre später als „die schlimmste Katastrophe, die der Clubfußball je erlebt hat".

16. Dezember 1988
Carl-Uwe Steeb läutet mit Match seines Lebens das „Weihnachtsmärchen von Göteborg ein"

Zum dritten Mal nach 1970 und 1985 stand Deutschland im Finale im Davis Cup und spielte erneut um den Premierentitel im Mannschaftswettbewerb im Herrentennis. Wie schon im Finale 1985 traf die deutsche Mannschaft auf Schweden. In Göteborg auf einem Sandplatz ging das deutsche Team als klarer Außenseiter ins Endspiel. Mit Mats Wilander und Stefan Edberg stellten die Schweden die beiden herausragenden Spieler des Jahres. Wilander hatte im Jahr 1988 die Australian Open, French Open und US Open gewonnen. Edberg war in Wimbledon siegreich. Zudem stellten die Schweden mit Anders Järryd die Nummer eins in der Doppelweltrangliste. Im Eröffnungseinzel traf Carl-Uwe Steeb, damals die Nummer 74 der Welt, auf den Weltranglistenersten Wilander. Steeb spielte dabei das Match seines Lebens und gewann nach über fünf Stunden Spielzeit und einem 0:2-Satzrückstand sowie Abwehr eines Matchballs mit 8:10, 1:6, 6:2, 6:4, 8:6. Wilander war nach der ersten Niederlage in seiner Karriere nach 2:0-Satzführung fix und fertig. „Ich fühle mich tot. Nicht in meinen Beinen, aber in meinen Schlägen. Er hat sein Spiel so gemixt, wie man es gegen mich auf Sand machen muss", sagte Wilander. Steeb war nach seinem glanzvollen Sieg euphorisiert. „Ich bin überglücklich. Am Anfang war ich nervös, aber nach vier Stunden denkt man nicht mehr darüber nach", sagte Steeb. Im Anschluss fegte Boris Becker mit einem klaren 6:3, 6:1, 6:4 über Edberg hinweg und brachte die 2:0-Führung für das deutsche Team. Einen Tag später war der Premierentitel von Deutschland im Davis Cup perfekt, als Becker und Eric Jelen das Doppel nach 0:2-Satzrückstand gegen das Topdoppel Edberg/Järryd drehten und mit 3:6, 2:6, 7:5, 6:3, 6:2 gewannen und das „Weihnachtsmärchen von Göteborg" vollendeten.

17. Dezember 1989
Boris Becker & Co. verteidigen Titel im Davis Cup

Ein Jahr nach dem „Weihnachtsmärchen von Göteborg" trafen die deutsche und schwedische Nationalmannschaft im Tennis erneut im Davis-Cup-Finale aufeinander. Für die Schweden war es das siebte Davis-Cup-Endspiel in Folge. Doch im Vergleich zum Jahr 1988 standen die Vorzeichen anders. Im Vorjahr waren die Schweden die klaren Favoriten, diesmal hatten die Deutschen leichte Vorteile. Gespielt wurde in Stuttgart auf einem schnellen Teppichboden, der Boris Becker sehr entgegenkam. Und Deutschlands Superstar lieferte vor heimischem Publikum eine einzigartige Galavorstellung ab und führte sein Land zum zweiten Davis-Cup-Titel. Im Auftakteinzel gab es ein Wiedersehen zwischen Carl-Uwe Steeb und Mats Wilander, die sich ein Jahr zuvor ein denkwürdiges Duell geliefert hatten. In der Weltrangliste waren beide mittlerweile auf Augenhöhe. Doch diesmal behielt Wilander nach fünf Sätzen mit 5:7, 7:6 (7:0), 6:7 (4:7), 6:2, 6:3 die Oberhand und brachte die Skandinavier in Führung. Auf Becker war anschließend Verlass. Mit einem überzeugenden 6:2-, 6:2-,6:4-Sieg gegen Stefan Edberg glich er für Deutschland aus. Im Doppel brachte Becker zusammen mit Eric Jelen sein Team auf Siegkurs. Das deutsche Duo bezwang Jan Gunnarsson und Anders Järryd in fünf spannenden Sätzen mit 7:6 (8:6), 6:4, 3:6, 6:7 (4:7), 6:4. Am Schlusstag lief Becker schließlich zur absoluten Hochform auf und fertigte Wilander mit 6:2, 6:0, 6:2 ab. Deutschland hatte seinen Titel verteidigt und zum zweiten Mal den Davis Cup gewonnen – wie im Vorjahr am 17. Dezember. „Das ist das Beste, was jemand je gegen mich gespielt hat. Niemand kann Becker an einem Tag wie diesem schlagen, nicht auf diesem Belag", gestand Wilander ein. „Ich hätte nie geträumt, dass ich im Finale so gut spielen würde. Heute habe ich das beste Match meines Lebens gespielt. Es ist fast unmöglich für mich, besser zu spielen", freute sich Becker. Und Niki Pilic, Vater des Erfolgs, schloss sich dem Tenor an. „Objektiv betrachtet, habe ich noch nie jemanden über drei Tage solch eine Art von Tennis in einem so wichtigen Match spielen sehen." Deutschland gewann 1993 zum dritten und bislang letzten Mal den Davis Cup.

18. Dezember 2020 ⚽
Youssoufa Moukoko wird jüngster Bundesliga-Torschütze

Junge Torschützen haben bei Borussia Dortmund Tradition. In den Top Ten der jüngsten Torschützen der Fußball-Bundesliga sind sechs Spieler von Borussia Dortmund. BVB-Spieler Lars Ricken schoss sich Jahr 1994 im Alter von 17 Jahren und 244 Tagen zum jüngsten Torschützen. Sein Rekord hielt elfeinhalb Jahre. Ricken wurde übertrumpft von Nuri Sahin, der, ebenfalls in Diensten vom BVB, zum neuen Rekordhalter avancierte – im Alter von 17 Jahren und 82 Tagen. Sahins Rekord hielt mehr als 14 Jahre, bis Florian Wirtz im Alter von 17 Jahren und 34 Tagen für Bayer 04 Leverkusen gegen den FC Bayern München traf. Der Rekord von Wirtz hielt aber nur ein gutes halbes Jahr, bis zum 18. Dezember 2020. An jenem Tag stellte der Dortmunder Youssoufa Moukoko wahrscheinlich einen Rekord für die Ewigkeit auf. Im Alter von 16 Jahren und 28 Tagen traf Moukoko zum 1:2 gegen Union Berlin. Vier Wochen zuvor schrieb sich Moukoko erstmals in die Bundesliga-Geschichtsbücher, als er einen Tag nach seinem 16. Geburtstag sein Debüt in der Bundesliga gab. Beide Rekorde werden nur ultraschwer zu brechen sein, da in der Bundesliga nur Spieler ab 16 Jahren spielberechtigt sind. Moukoko wurde früh als Wunderstürmer gehandelt, als er bei den Junioren sämtliche Torrekorde brach. Nach den beiden Rekorden für die Ewigkeit folgten aber einige Rückschläge für Moukoko, der erfahren musste, dass es im Fußball nicht nur steil nach oben gehen kann. Der Teenager musste lernen, mit dem riesengroßen Hype umzugehen. Ein Jahr nach seinen Rekorden sagte er: „Es gibt auch noch viele andere große Talente, nicht nur mich. Und ich glaube, für uns alle ist es wichtig, sich nicht verrückt zu machen. Sonst kannst du dich nicht mehr konzentrieren und verlierst deine Ziele aus den Augen. Du musst bestenfalls so bleiben, wie du bist und einfach dein Spiel spielen. So wie auf der Straße. Nur halt mit Schiedsrichtern."

19. Dezember 1997
Torhüter Jens Lehmann köpft sich in die Geschichtsbücher

Normalerweise sind Torhüter im Fußball dazu da, Tore zu verhindern und nicht zu schießen. Dass der Torhüter in einem wichtigen Spiel bei einem Rückstand in den Schlusssekunden bei Eckbällen mit nach vorne geht, ist mittlerweile Normalität. In den 1990er-Jahren war dies noch die Ausnahme. Ausgerechnet im Revierderby zwischen Borussia Dortmund und Schalke 04 köpfte sich Jens Lehmann in die Geschichtsbücher der Fußball-Bundesliga – als erster Torhüter, dem ein Tor aus dem Spiel heraus gelang. Es war die Nachspielzeit im Dortmunder Westfalenstadion. Der amtierende Champions-League-Sieger Dortmund führte 2:1 gegen den amtierenden UEFA-Cup-Sieger Schalke. Es kam noch zu einer Ecke für Schalke, Torwart Lehmann eilte wie schon bei den anderen Standardsituationen zuvor mit nach vorne. Plötzlich landete der Ball auf dem langen Pfosten, wo Lehmann goldrichtig stand und zielsicher zum 2:2 einköpfte. Die Schalker Spieler drehten durch, als Lehmanns Kopfballtor die Dortmunder ins Herz traf – ausgerechnet am Gründungstag (19. Dezember 1909) des Vereins. Ausgerechnet in dem so aufgeheizten Revierderby passierte dieser historische Moment. „Ich habe Johan de Kock vorher gesagt, ich gehe auf den langen Pfosten. Irgendwie kam der Ball dann dahin, und dann stand ich da. Dann war es auch nicht mehr schwer", sagte Lehmann über sein denkwürdiges Tor. Besonders bitter für die Dortmunder. Die Ecke, die zu dem historischen Moment führte, hätte es nicht geben dürfen, da der Schalker Spieler Marc Wilmots zuletzt am Ball war. So richtig ausgelassen freuen wie seine Mannschaftskollegen konnte sich Lehmann aber nicht. Er gab sich eine große Schuld an den beiden Freistoßtoren von Dortmund, die er kassiert hatte. „Ich habe vorher zwei Treffer kassiert. Da hat man immer ein schlechtes Gewissen. Mit meinem Tor hat sich dann der Kreis geschlossen. Aber ich ärgere mich mehr über Gegentore, als dass ich mich über das Tor freue", sagte er. Seine Mitspieler skandierten, als Lehmann in die Umkleidekabine kam: „Lehmann in den Sturm." Und die Schalker Fans sangen glückselig: „Auf geht's, Lehmann, schieß ein Tor." Lehmann wechselte übrigens zwei Jahre später nach einem kurzen Zwischenstopp beim AC Mailand zu Borussia Dortmund. Spätestens, als Dortmund im Jahr 2002 deutscher Meister wurde, hatten ihm die Dortmunder Fans den legendären Kopfballtreffer verziehen.

20. Dezember 2005 ⚽

Birgit Prinz wird zum dritten Mal Weltfußballerin des Jahres

Sie hat den deutschen Frauenfußball geprägt wie keine andere: Birgit Prinz ist mit 214 Länderspielen die Rekordspielerin der deutschen Nationalmannschaft. 128 Tore schoss sie im deutschen Dress – ebenfalls einsamer Rekord. Und auch in ihren Vereinen war Prinz stets treffsicher. 282 Tore in 282 Partien – eine unfassbare Quote. Prinz gewann mit Deutschland zweimal den Weltmeistertitel (2003 und 2007), fünfmal den Europameistertitel (1995, 1997, 2001, 2005 und 2009) und sicherte sich drei Bronzemedaillen bei Olympischen Spielen (2000, 2004, 2008). Hinzukamen zahlreiche Titel mit ihren Vereinsmannschaften. „Für mich waren sie immer Anerkennung für gute Leistungen. Aber sie haben mir nie so viel Erfüllung gegeben wie gute Spiele. Sie waren nur die Folge dessen. Trotzdem kann mir diese Titel natürlich niemand nehmen, und ich kann sie als Ankerpunkte für viele schöne Erinnerungen im Gedächtnis behalten", sagte sie über die vielen Trophäen, die sie gewonnen hat. Im Jahr 2005 wurde Prinz zum dritten Mal in Folge sowie zum letzten Mal als Weltfußballerin des Jahres ausgezeichnet. „Ich möchte allen danken, die für mich gestimmt haben. Und natürlich meinem Verein Frankfurt und der deutschen Nationalmannschaft, denn ohne meine Mitspielerinnen wäre mein persönlicher Erfolg nicht möglich. Ohne sie kann man im Fußball nichts erreichen", sagte die 28-Jährige bei der Zeremonie in Zürich. Im Jahr 2012 bestritt Prinz ihr Abschiedsspiel. „Birgit Prinz war die prägende Figur des deutschen Frauenfußballs in den letzten zehn, 15 Jahren. Sie hat ihn im Bewusstsein der Öffentlichkeit weit nach vorne gebracht und salonfähig gemacht", sagte Franz Beckenbauer zum Abschied von Prinz.

21. Dezember 1998 ⛷

Alle Neune! Österreichs Ski-Alpin-Fahrer schreiben Geschichte

Dieses Rennen ging die Geschichte des Ski-Alpinsports ein. Dass man in Österreich am besten und schnellsten Ski fährt, ist bekannt. Den ewigen Medaillenspiegel bei Olympischen Winterspielen sowie Weltmeisterschaften führt Österreich mit riesengroßem Vorsprung an. Das, was sich beim Super-G am Patscherkofel in Innsbruck ereignete, stellte aber alles in den Schatten und unterstrich die Dominanz des österreichischen Teams. Das Rennen endete mit einem Neunfachsieg für das rot-weiß-rote Team. Hermann Maier siegte vor seinem Namenvetter Christian Maier. Es folgten Fritz Strobl, Stephan Eberharter, Rainer Salzgeber, Hans Knauß, Patrick Wirth, Andreas Schifferer und Werner Franz auf den Plätzen drei bis neun – eine unglaubliche Dominanz. Der Norweger Lasse Paulsen landete als bester Nicht-Österreicher auf Platz zehn. „Super, dass ich das Feld bei diesem historischen Ereignis anführen durfte. So, wie es ausschaut, wird das eine einzigartige, nicht mehr zu erreichende Sache bleiben", sagte Hermann Maier über den österreichischen Coup. Ein Grund für den Erfolg war die starke Breite im österreichischen Team. Ausnahmefahrer Hermann Maier pushte seine Teamkollegen zu immer besseren Leistungen. Vor allem im Super-G war die Dominanz gewaltig. Zwischen März 1997 und März 2000 gewann bei den 21 Super-G-Rennen stets ein Österreicher. „Wir hatten so viele gute Athleten, zum Teil konnten wir gar nicht blöd genug tun, einer war trotzdem immer vorn", sagte Fritz Strobl über die Dominanz. Bei dem historischen Rennen am Patscherkofel in Innsbruck kam hinzu, dass die Österreicher die Strecke in- und auswendig kannten und ein Heimrennen generell zusätzliche Kräfte freisetzt. Außerdem war die Konkurrenz wohl schon beim anstehenden Weihnachtsfest. „Alpinchef Hans Pum hat uns damals gesagt, dass die anderen alle schon mit dem Kopf bei Weihnachten sind und wir noch einmal Gas geben sollen. Diese Worte haben wir offenbar befolgt", sagte Hermann Maier. Besonders kurios: Es gab nur ein Foto mit acht Österreichern. Denn als Fritz Strobl mit Startnummer 45 an den Start ging, hatten die Fotografen bereits ein Gruppenfoto von den acht vorne liegenden Österreichern geschossen. Strobl fuhr unerwartet auf Platz drei vor. Ein Foto von dem erfolgreichen Neunerteam gab es dann aber nicht mehr, weil Werner Franz wegen einer starken Erkältung bereits die Piste verlassen hatte. Am zehnten Jahrestag ihres historischen Triumphs stellten die neun Österreicher dann ihr Siegerfoto nach.

22. Dezember 1985

Kein Weihnachtswunder: Deutschland verliert Finale im Davis Cup

Zum zweiten Mal nach 1970 stand Deutschland im Finale im Davis Cup. Die deutsche Mannschaft traf in einem Heimspiel in München auf Titelverteidiger Schweden. Boris Becker & Co. träumten vom Weihnachtswunder und dem ersten Triumph im prestigeträchtigen Mannschaftswettbewerb im Tennis. Obwohl die Schweden ein Auswärtsspiel auf einem schnellen Teppichboden hatten, der vor allem Becker lag, gingen sie mit den beiden Top-Five-Spielern Mats Wilander und Stefan Edberg sowie einem starken Doppel als klarer Favorit ins Match. Nach den ersten beiden Tagen stand es 2:1 für die Skandinavier. Wilander brachte Schweden mit einem Dreisatzsieg gegen Michael Westphal in Führung, Boris Becker glich mit einem Viersatzsieg gegen Stefan Edberg aus. Im Doppel unterlag Becker an der Seite von Andreas Maurer gegen Joakim Nyström und Wilander glatt in drei Sätzen. Am Schlusstag sorgte Becker mit einem 6:3, 2:6, 6:3, 6:3 über Wilander für den 2:2-Ausgleich. „Boris hat unglaublich gut gespielt. Im vierten Satz konnte ich nichts tun. Mein Aufschlag ist nicht gut genug gegen Boris auf solch einem Belag wie diesem", sagte Wilander nach der Niederlage, welche die deutschen Hoffnungen am Leben hielt. „Ich bin genauso glücklich über diese beiden Matches im Davis Cup wie darüber, dass ich Wimbledon gewonnen habe", sagte Becker, der ein knappes halbes Jahr zuvor mit dem Wimbledon-Sieg den Urknall im deutschen Tennis auslöste. Im entscheidenden Einzel traf Westphal auf Edberg. Der Deutsche begann stark, verlor jedoch mit 6:3, 5:7, 4:6, 3:6, sodass Deutschland weiter auf den Premierentitel im Davis Cup warten musste. „Ich war etwas nervös zu Beginn. Ich habe nicht gut gespielt, aber ich habe gekämpft. Und es hat sich ausgezahlt", sagte Edberg über die Titelverteidigung im Davis Cup. „Ich dachte, ich habe eine richtig gute Chance, weil ich gesehen habe, wie nervös er war", sagte Westphal. Drei Jahre später traf Deutschland erneut im Davis-Cup-Finale auf Schweden und gewann schließlich zum ersten Mal den Mannschaftswettbewerb.

23. Dezember 1978 🏒
Der Scorerrekord von Bryan Trottier

Bryan Trottier ist einer der erfolgreichsten Spieler der Eishockeygeschichte. Der Kanadier gewann als Spieler sechsmal den Stanley Cup in der National Hockey League (NHL) – viermal mit den New York Islanders, zweimal mit den Pittsburgh Penguins. Trottier hat einige Rekorde aufgestellt, die bis heute noch Bestand haben. Einer sticht besonders hervor. Er war noch in den Anfängen seiner glorreichen Karriere, als ihm im Alter von 22 Jahren im Diensten der New York Islanders ein Drittel für die Ewigkeit gelang, und das ausgerechnet im prestigeträchtigen Stadtduell gegen die New York Rangers. Trottier erzielte im zweiten Drittel beim 9:4-Sieg gegen die Rangers vier Tore. Zusätzlich gelangen ihm zwei Assists. Sechs Scorerpunkte in einem Drittel sind in der NHL bis heute Rekord. Im gesamten Spiel erzielte er fünf Tore und drei Assists. „Dies ist ein Spiel, das gefeiert und genossen wird, wenn ich die Chance habe, darauf zurückzublicken", sagte Trottier im Anschluss an sein magisches Spiel einen Tag vor Heiligabend. Die Presse schrieb: „Santa Claus ist wohl der größte Weihnachtsheld in den meisten Teilen der Welt, aber nicht auf Long Island." „Es war eine dieser Abende, wo alle Dinge liefen. Dieser Abend war mein Abend. Alles, was ich anfasste, wurde zu Gold", erinnerte sich Trottier.

24. Dezember 1996 ⚽
Matthias Sammer gewinnt den Ballon d'Or

Seit 1956 wird der *Ballon d'Or* vergeben – die prestigeträchtigste Auszeichnung im Fußball. Bis zum 2006 hatte der Ballon d'Or den Titel Europas Fußballer des Jahres. Seit 2007 ist die Wahl offen für sämtliche Spieler auf der Welt. Wer den Ballon d'Or vor 2007 gewonnen hat, galt bereits damals als bester Fußballer der Welt, da die besten Spieler ohnehin allesamt in Europa spielten. Neben dem Ballon d'Or wird seit 1991 auch die Auszeichnung *FIFA Fußballer des Jahres* vergeben. Diese gilt in der Fußballszene aber als nicht so wichtig wie der Ballon d'Or. Nur fünf deutsche Spieler konnten den Ballon d'Or bislang gewinnen. Franz Beckenbauer (1972 und 1976) und Karl-Heinz Rummenigge (1980 und 1981) jeweils zweimal, Gerd Müller (1970), Lothar Matthäus (1990) und Matthias Sammer (1996). Sammer ist damit der letzte Spieler aus Deutschland, der den Ballon d'Or gewann. 144 Punkte erhielt der Deutsche, und damit nur einen Punkt mehr als der brasilianische Stürmer Ronaldo. Für Sammer war die Wahl, nachdem er 1995 und 1996 bereits zweimal Deutschlands Fußballer des Jahres wurde, ein riesengroßer Ritterschlag. Sammer war damals für Borussia Dortmund aktiv und führte seinen Verein 1995 und 1996 zu zwei deutschen Meistertiteln in Folge. Die Krönung seiner Karriere war der Gewinn der Europameisterschaft 1996 in England. „Die Einstellung ist wichtiger als die Aufstellung", sagte Sammer über seine Spielphilosophie. Immer alles zu geben, war sein Motto. Von den Fans wurde er respektiert, aber nicht unbedingt geliebt. „Wenn ich am Ende vorn stehe, können mich die Leute auch Arschloch nennen. Das ist mir egal", sagte er. Legendär ist eine Szene, als er nach einem Kopfballduell blutüberströmt den Platz verlassen musste, sich am Spielfeldrand tackern ließ und dann weiterspielte, als sei nichts gewesen. Sammer ist neben Beckenbauer und Fabio Cannavaro einer von nur drei Abwehrspielern, die den Ballon d'Or gewannen.

25. Dezember 1990 ⚽
Lothar Matthäus gewinnt den Ballon d'Or

Es war das Turnier seines Lebens und ausschlaggebend dafür, dass Lothar Matthäus Ende 1990 den *Ballon d'Or* gewann, was gleichbedeutend war mit dem Titel als *Weltfußballer des Jahres*. Ein halbes Jahr zuvor hatte Matthäus Deutschland als Kapitän zum dritten Weltmeistertitel geführt. Im ersten Gruppenspiel gegen Jugoslawien machte der Mittelfeldspieler eines seiner besten Spiele und erzielte zwei Tore, eines davon nach einem langen Solo. Das Spiel fand im San Siro in Mailand statt, wo der 29-Jährige damals für Inter Mailand aktiv war. „Wenn er so spielt, gibt es keinen Besseren auf der ganzen Welt", sagte Deutschlands Teamchef Franz Beckenbauer über Matthäus. Pelé stellte während der Weltmeisterschaft fest. „Meinen Brasilianern fehlt ein Matthäus!" Der deutsche Libero Klaus Augenthaler sagte nach dem Eröffnungsspiel: „Wenn der Lothar so weitermacht, wird das allein seine Weltmeisterschaft." Und es wurde seine Weltmeisterschaft. Knapp vier Wochen später stemmte Matthäus den WM-Pokal in die Höhe. Der frühere Bayern-Trainer Dettmar Cramer urteilte: „Der beste Matthäus, den es je gab." Folgerichtig wurde Matthäus am Ende des Jahres mit dem Ballon d'Or ausgezeichnet. Er erhielt mit 137 Punkten 53 Punkte mehr als der Zweitplatzierte Salvatore Schilacci, Dritter wurde Matthäus Vereins- und Nationalmannschaftskollege Andreas Brehme. Matthäus wurde zudem noch als *Weltsportler des Jahres* 1990 ausgezeichnet. „Indirekt ist der Ballon d'Or für die Mannschaft. Denn Erfolge mit der Mannschaft sind enorm wichtig, dass man als Einzelspieler erst mal nominiert wird. Dann gehört noch etwas Glück dazu", sagte Matthäus rückblickend über diese Auszeichnung.

26. Dezember 1978
Der Startschuss für die Rallye Dakar

Es ist das härteste und anspruchsvollste Motorsportrennen der Welt: die Rallye Dakar. Die Wüstenrallye begeistert Jahr für Jahr mit spektakulären Bildern. Alles begann im Jahr 1978, als die erste Rallye Dakar zwischen dem 26. Dezember 1978 und dem 14. Januar 1979 von der französischen Hauptstadt Paris bis nach Dakar, die Hauptstadt Senegals, führte. Ins Leben gerufen wurde das Rennen von Thierry Sabine. Der Franzose verfuhr sich mit seinem Motorrad im Jahr 1977 in der libyschen Wüste und kam dabei beinahe ums Leben. Dennoch war Sabine so fasziniert von dem Fahren durch die Wüste, dass er ihr ein langes Etappenrennen widmen wollte – für Autos und Motorräder. Die erste Tour führte von Frankreich durch Algerien, Niger und Mali bis in den Senegal. 182 Teilnehmer gingen bei der ersten Rallye Dakar an den Start, nur 74 kamen im Ziel an, was den Mythos vom härtesten Motorsportrennen gleich bei der Premiere befeuerte. Bei der ersten Ausgabe siegte Cyril Neveu aus der Elfenbeinküste bei den Motorradfahrern sowie der Franzose Alain Genestier bei den Autofahrern. „Eine Herausforderung für die, die dabei sind. Ein Traum für die, die daheim bleiben", so bezeichnete Erfinder Thiery Sabine die Rallye Dakar. Im Jahr 2001 schrieb die Deutsche Jutta Kleinschmidt Geschichte, als sie als erste und bislang einzige Frau die Rallye Dakar gewann. „Eine Düne fahren wir wie in Serpentinen rauf. Hin und her arbeiten wir uns nach oben. Wir dürfen nicht zum Stillstand kommen, denn dann kann man sich verdammt schnell festfahren", sagt der Spanier Carlos Sainz, der die Rallye Dakar dreimal gewann. Das Wüstenrennen geriet in den letzten Jahren immer mehr in die Kritik, da es immer wieder zu Todesopfern kam – mehr als

70 sind bislang registriert. Auch wenn die Rallye Dakar seit 2009 nicht mehr in Dakar endet und auch nicht mehr auf dem afrikanischen Kontinent ausgetragen wird, behielt sie ihren Namen. Absoluter König der Rallye Dakar ist der Franzose Stephane Peterhansche mit sage und schreibe 14 Siegen, acht im Auto und sechs auf dem Motorrad.

27. Dezember 2007
Evonne Goolagong wird nachträglich zur Nummer eins im Damentennis erklärt

Auf diesen Moment musste Evonne Goolagong 31 Jahre lang warten. Die Australierin wurde von der WTA nachträglich zur Nummer eins der Weltrangliste im Damentennis erklärt. Fehlende Papieraufzeichnungen, die nicht einberechnet wurden, führten dazu, dass die Australierin vom 26. April bis 9. Mai 1976 nicht die Spitzenposition auf der WTA-Tour innehatte. Statt Goolagong blieb damals Chris Evert die Führende in der Weltrangliste. Goolagong, eine Aborigine-Frau vom Stamm der Wiradjuri mit dem Spitznamen „Sunshine Supergirl", ist damit die zweite Nummer-eins-Spielerin in der Geschichte der WTA-Tour. Am 3. November 1975 wurde im Damentennis erstmals eine offizielle Computer-Weltrangliste veröffentlicht. „Als es ans Licht kam, dass sie tatsächlich im Jahr 1976 für eine Zeitspanne die Nummer eins übernimmt, war es wichtig, diese Errungenschaft anzuerkennen", sagte der damalige WTA-Präsident Larry Scott. Als Goolagong damals die Nummer eins hätte sein müssen, spielte sie das Tennis ihres Lebens. „Ich hatte in diesen paar Monaten einen Lauf und spielte auf dem höchsten Niveau, das konstanteste Tennis, das ich je gespielt habe", sagte die Australierin rückblickend. „Das war ein wundervolles Weihnachtsgeschenk, endlich als offizielle Nummer eins anerkannt zu sein. Darauf bin ich sehr, sehr stolz", sagte sie nach der 31 Jahre zu späten Bekanntgabe. Die Australierin gewann in ihrer Karriere sieben Grand-Slam-Titel im Einzel, viermal die Australian Open, zweimal Wimbledon und einmal die French Open. Mit zwei Wochen an der Weltranglistenspitze ist sie die Spielerin mit dem kürzesten Aufenthalt als Nummer eins im Damentennis. Auch im Herrentennis stand eine nachträgliche Anerkennung eines Spielers zur Nummer eins im Raum. Der Argentinier Guillermo Vilas, so sollen es zahlreiche Dokumente belegen, hätte in den 1970er-Jahren insgesamt fünf Wochen die

Weltrangliste anführen müssen. Doch anders als bei Goolagong lehnte die Herrenorganisation ATP den Antrag, Vilas nachträglich die Nummer eins zuzusprechen, ab.

28. Dezember 1976 ⚽
Franz Beckenbauer gewinnt den Ballon d'Or

Den Einfluss, den Franz Beckenbauer auf den deutschen Fußball hatte, kann man nicht hoch genug einschätzen: als Spieler, Trainer und Funktionär. Beckenbauer war jahrzehntelang die Lichtgestalt des deutschen Fußballs und bekam den Spitznamen „Kaiser" verpasst. „Wir haben Altpapier und Alteisen gesammelt, um zu den paar Pfennigen zu kommen, die damals ein Lederball gekostet hat. Dann haben wir endlich diesen Ball gehabt. Wir haben natürlich jeden Tag Fußball gespielt. Jeden Tag durfte ein anderer den Ball mit nach Hause nehmen und musste ihn dann einfetten", sagte Beckenbauer über seine Anfänge als Fußballer in der Jugend. „Mit Fußball will ich später nichts mehr zu tun haben, und ein Trainerjob kommt für mich absolut nicht infrage", sagte der „Kaiser" zu Beginn seiner Profikarriere. Es sollte alles ganz anders kommen – zum Glück. Als Spieler gewann Beckenbauer 1972 den Europameistertitel, 1974 den Weltmeistertitel. Mit dem FC Bayern München holte er 1974 bis 1976 dreimal in Folge den Europapokal der Landesmeister. Das war auch ausschlaggebend, dass Beckenbauer im Jahr 1976 zum zweiten Mal nach 1972 den *Ballon d'Or* gewann – als bester internationaler Fußballer des Jahres. Nachdem er in den Jahren 1974 und 1975 Zweiter bei der Wahl wurde, wählte man den Deutschen mit 91 Punkten auf Platz eins vor dem Niederländer Rob Rensenbrink. Als im Jahr 2020 aufgrund der Corona-Pandemie kein Ballon d'Or vergeben wurde, wählte man stattdessen die beste Mannschaft der Geschichte. Mit dabei Franz Beckenbauer in der Abwehr und Lothar Matthäus im Mittelfeld.

29. Dezember 2013
Der Skiunfall von Michael Schumacher

Dieser Tag veränderte das Leben von Familie Schumacher für immer. Formel-1-Rekordweltmeister Michael Schumacher stürzte beim Skifahren in den französischen Alpen in Meribel und prallte bei hoher Geschwindigkeit mit dem Kopf gegen einen Felsen. Zwar trug Schumacher einen Helm, doch der Aufprall war so schwer, dass er sich ein schweres Schädel-Hirn-Trauma zuzog. Mit an der Unglücksstelle war sein 14-jähriger Sohn Mick. Schumacher wurde sofort ins nächste Krankenhaus gebracht. Da die Verletzungen dermaßen lebensbedrohlich waren, wurde er direkt weiter mit einem Rettungshubschrauber nach Grenoble geflogen. Der 44-Jährige wurde notoperiert. Einen Tag später erfolgte die zweite Operation. Der Zustand eines der größten deutschen Sportler aller Zeiten blieb lebensbedrohlich. Am 16. Juni 2014 verkündete Schumachers langjährige Managerin Sabine Kehm, dass er aus dem Koma erwacht sei. „In Meribel war es so, dass er kurz vorher zu mir sagte: ‚Der Schnee ist nicht optimal. Wir könnten ja nach Dubai fliegen und dann gehen wir da Fallschirmspringen.' Ich habe nie dem lieben Gott einen Vorwurf gemacht, warum das jetzt passiert ist. Es war einfach richtig Pech. Mehr Pech kann man im Leben nicht haben", beschrieb Corinna Schumacher in der *Netflix*-Dokumentation *Schumacher* den Skiunfall ihres Mannes. Seit dem Unfall wird Schumacher in seiner Schweizer Wahlheimat von der Öffentlichkeit abgeschirmt und von seiner Familie gepflegt. Sein Sohn Mick gab im Jahr 2021 sein Debüt in der Formel 1. „Ich habe schon immer einen Riesenrespekt gehabt vor Papa. Es ist einfach seine Präsenz. Wenn er in den Raum tritt, dann sind alle still. So habe ich es in Erinnerung. Ich war auch einer derjenigen, die still waren, weil mein Held in den Raum tritt. Jedes Mal, wenn ich ihn anschaue, sage ich mir: So will ich auch werden", schilderte Mick Schumacher in der *Netflix*-Dokumentation *Schumacher*. Der Deutsche hatte Ende 2012 seine Karriere in der Formel 1 nach 307 Rennen beendet. Was oft vergessen wird: Durch seine drei Jahre beim Team Mercedes legte Schumacher durch seine akribische Arbeit am Auto den Grundstein dafür, dass Mercedes zwischen 2014 und 2020 die Formel 1 dominieren würde mit sieben Weltmeisterschaften in Serie. „Ich glaube, dass Papa und ich uns in einer anderen Weise jetzt verstehen würden. Weil wir in einer ähnlichen Sprache sprechen, diese Motorsportsprache. Dass wir auch viel mehr zu bequatschen hätten. Da ist mein Kopf die meiste Zeit, wo ich mir denke: Das wäre so cool, das wär's jetzt. Ich würde alles aufgeben nur für das", sagte Mick Schumacher darüber, dass er wie sein Vater Rennfahrer geworden ist.

30. Dezember 1975
Der Geburtstag von Tiger Woods

Für Eldrick Tont Woods stand schon als Kind fest: Ich möchte der größte Golfer der Geschichte werden. Mit seinem Spitznamen „Tiger" zog der US-Amerikaner aus, um den Golfsport zu verändern. Und genau das tat er auch. Tiger Woods ist ein Phänomen, ein Jahrhundertsportler. Er hat das Image von Golf auf der Welt grundlegend verändert. Als Woods beim Masters in Augusta, dem prestigeträchtigsten Golfturnier der Welt, im Alter von 21 Jahren gewann, war es so etwas wie der Urknall im Golfsport. Danach war nichts mehr, wie es vorher war. Woods stieg zum ersten und einzigen Popstar des Golfsports auf. „Ich will nicht der beste farbige Golfer sein. Ich will der beste Golfer aller Zeiten sein", sagte er. Genauso kam es. Woods dominierte ein Jahrzehnt lang seine Sportart. 683 Wochen – das sind mehr als 13 Jahre – führte er insgesamt die Weltrangliste an, davon 281 Wochen am Stück. Wie beeindruckend das ist: Greg Norman liegt in der Bestenliste der Weltranglistenersten mit insgesamt 331 Wochen auf Platz zwei. „Ich bin wirklich von einer höheren Macht gesegnet worden. Ich weiß nicht, warum Gott gerade mich ausgesucht hat. Alles, wovon ich als Bub geträumt habe, erfüllt sich", sagte Woods. Der US-Amerikaner durchlief aber nicht nur Höhen in seiner Karriere, sondern zahlreiche Rückschläge, Verletzungen sowie private Probleme. Als Woods bei den US Open 2008 siegte und dann zehn Jahre lang keines der vier Major-Turniere gewann, war sein Triumph beim Masters 2019 in Augusta eine kleine Sensation. „Es ist überwältigend, ich war schon glücklich, im letzten Jahr hier überhaupt wieder zu spielen. Es schließt sich ein Kreis, 1997 war mein Vater hier, heute bin ich ein Dad", sagte er nach seinem 15. Major-Sieg. „Ich werde das Golfspiel bis zu meinem Tod lieben. Es ist wie eine Droge, die ich immer und überall haben will", sagte Woods über das, was er so gut konnte wie kein anderer.

31. Dezember 1977

Vitas Gerulaitis gewinnt mit Krämpfen die Australian Open

Er war einer der faszinierenden Tennisspieler der 1970er- und 1980er-Jahre, weil er neben der Freude fürs Tennisspielen auch das Leben in vollen Zügen genoss. Vitas Gerulaitis stand spielerisch stets im Schatten seiner Landsleute John McEnroe und Jimmy Connors. Bei den Australian Open 1977 schlug die große Stunde des US-Amerikaners. Gerulaitis nutzte die Abwesenheit einiger Topspieler aus und ging als Topgesetzter ins Turnier. Das Finale in Melbourne wurde am Silvestertag ausgetragen. Gerulaitis besiegte den Briten John Lloyd mit 6:3, 7:6, 5:7, 3:6, 6:2 und gewann seinen ersten und einzigen Grand-Slam-Titel. Der US-Amerikaner verkündete nach dem Finalsieg, dass er ab Beginn des vierten Satzes unter starken Krämpfen litt. „Ich wäre beinahe vom Platz gegangen am Ende des vierten Satzes. Aber zum Teufel, das war ein Grand-Slam-Turnier und ich wollte nicht einfach aufgeben", sagte Gerulaitis. „Heute war mein glücklicher Tag. Die Schmerzen waren furchtbar. Ich erinnere mich, wie ich im vierten Satz in den Himmel schaute und zu mir selbst sagte, dass ich nicht ohne eine Form von Hilfe gewinnen würde", ergänzte der US-Amerikaner. Gerulaitis erreichte in den kommenden Jahren noch zwei weitere Grand-Slam-Finals, bei den US Open 1979 und bei den French Open 1980. Riesengroße Berühmtheit erfuhr Gerulaitis mit einem Zitat für die Ewigkeit. Als er gegen seinen Angstgegner Jimmy Connors bei der ATP-WM 1980 in New York zum Halbfinale antrat, ging er mit 16 Niederlagen in 16 Matches ins Duell. Gerulaitis siegte mit 7:5, 6:2 und gab auf der folgenden Pressekonferenz das vielleicht bekannteste Zitat der Tennisgeschichte zum Besten. „Das war eine Lektion an alle: Niemand schlägt Vitas Gerulaitis 17-mal in Folge!" Gerulaitis gewann auch die drei folgenden Spiele gegen Connors und behielt mit seinem Zitat recht. Auch gegen Björn Borg verlor er 16-mal in Folge, zu einem 17. Duell kam es laut aktueller Auflistung nicht mehr. Andere Aufzeichnungen sprachen jedoch davon, dass Gerulaitis gegen Borg alle 20 Matches verloren hat. Aber es ist sicherlich besser so, dass das geflügelte Wort von Gerulaitis Bestand hat. Gerulaitis, genannt der „Litauische Löwe", starb bereits im Alter von 40 Jahren. Als er sich im Gästehaus eines Freundes hinlegte, um für eine Cocktailparty am Abend fit zu sein, wachte er nicht mehr auf. Ein defekter Heizkörper des Swimmingpools hatte Carbonmonoxid in das Haus und damit in die Lungen von Gerulaitis gepumpt. Am Abend zuvor hatte er noch ein Legendendoppel mit Björn Borg, Jimmy Connors und John Lloyd, den er im Finale der Australian Open 1977 bezwang, gespielt. „Er war immer gut drauf und versprühte positive Energie. Er war wie ein Bruder für mich", sagte sein langjähriger sportlicher Konkurrent Borg über den plötzlichen Tod von Gerulaitis.

ANHANG

1 Literaturverzeichnis

Bücher

Ali, M. (2015). *The Greatest: My Own Story*. Los Angeles: Graymalkin Media.
Barschel, C. A. (2020). *Ein Jahr auf dem Court*. Aachen: Meyer & Meyer Verlag.
Barschel, C. A. (2021). *100 spannende Fragen aus der Welt des Tennis*. Aachen: Meyer & Meyer Verlag.
Becker, B. (2003). *Augenblick, verweile doch …* München: C. Bertelsmann Verlag.
Bradbury, S. (2005). *Last man standing*. Melbourne: Geoff Slattery Publishing.
Cherry, R. (2012). *Wilt*. Chicago: Triumph Books.
Collins, B. (2010). *The Bud Collins history of tennis*. New York: New Chapter Press.
Gerg, H. (2021). *Der Slalom meines Lebens*. Hamburg: Edel Sports.
Langer, B. (2002). *Meine Lebensgeschichte*. Holzgerlingen: SCM Hänssler.
Louganis, G. (2006). *Breaking the surface*. Naperville: Sourcebooks.
Maradona, D. A. (2016). *Mi Mundial, Mi Verdad*. Editorial Debate.
McEnroe, J. (2002). *You cannot be serious*. New York City: Putnam Adult.
Netzer, G. (2005). *Aus der Tiefe des Raums*. Reinbek: Rowohlt Taschenbuch.
Pelé (2008). *Pelé – The Autobiography*. London: Simon & Schuster UK.
Sampras, P. (2008). *A champion's mind*. New York: Random House.
Schumacher, T. (1987). *Anpfiff*. München: Dromer Knaur.
Schumann, N. (2016). *Lebenstempo*. Freiburg: Verlag Herder.
Seles, M. (2009). *Getting a grip*. New York: Avery.
Stauffer, R. (2019). *Roger Federer: Die Biografie*. München: Piper Verlag.
Walker, R. (2008). *On this day in tennis history*. New York: New Chapter Press.

Zeitschriften

tennis MAGAZIN
Sport Bild
Sports Illustrated
11 FREUNDE

Webseiten

www.onthisday.com
www.eurosport.de -> Rubrik „Kein Tag wie jeder andere"
www.watson.ch -> Rubrik „Unvergessen"
www.tennismagazin.de
www.tennisnet.com
www.tennismajors.com
www.dfb.de
www.olympics.com
www.nfl.com
www.nba.com
www.nhl.com
www.sport1.de
www.spox.com
www.sport.de
www.sportschau.de
www.sportbild.de
www.motorsport-total.com
www.bild.de
www.welt.de
www.spiegel.de
www.faz.net
www.abendblatt.de
www.sueddeutsche.de
www.ln-online.de
www.youtube.com

2 Bildnachweis

Coverfotos: ©AdobeStock

Icons Innenteil: ©AdobeStock

Layout: Isabella Frangenberg

Satz: ZeroSoft

Lektorat: Dr. Irmgard Jaeger

Abonnieren Sie unseren kostenlosen Newsletter unter **www.dersportverlag.de**

DIE GRÖSSTEN SPORTLEGENDEN

In Planung für 2024:
Tennis
Die größten Legenden

ISBN 978-3-8403-7873-7
€ (D) 22,00/(A) 22,70

ISBN 978-3-8403-7740-2
€ (D) 19,95/(A) 20,60

ISBN 978-3-8403-7860-7
€ (D) 22,00/(A) 22,70

ISBN 978-3-8403-7664-1
€ (D) 19,95/(A) 20,60

MEYER & MEYER VERLAG

MEYER & MEYER Verlag
Von-Coels-Str. 390
52080 Aachen

Telefon 02 41 - 9 58 10 - 25
Fax   02 41 - 9 58 10 - 10
E-Mail   vertrieb@m-m-sports.com
Website www.dersportverlag.de

Abonnieren Sie unseren kostenlosen Newsletter unter **www.dersportverlag.de**

SPANNENDES UND SKURRILES

ISBN 978-3-8403-7744-0
€ (D) 18,00/(A) 18,50

ISBN 978-3-8403-7721-1
€ (D) 18,00/(A) 18,50

ISBN 978-3-8403-7685-6
€ (D) 18,00/(A) 18,50

ISBN 978-3-8403-7630-6
€ (D) 16,00/(A) 16,50

MEYER & MEYER Verlag	Telefon	02 41 - 9 58 10 - 25
Von-Coels-Str. 390	Fax	02 41 - 9 58 10 - 10
52080 Aachen	E-Mail	vertrieb@m-m-sports.com
	Website	www.dersportverlag.de

MEYER & MEYER VERLAG

Abonnieren Sie unseren kostenlosen Newsletter unter **www.dersportverlag.de**

SPORTHELDEN UND GROSSE DUELLE

ISBN 978-3-8403-7827-0
€ (D) 18,00/(A) 18,50

ISBN 978-3-8403-7765-5
€ (D) 18,00/(A) 18,50

ISBN 978-3-8403-7670-2
€ (D) 32,00/(A) 32,90

ISBN 978-3-8403-7644-3
€ (D) 17,00/(A) 17,50

MEYER & MEYER Verlag Telefon   02 41 - 9 58 10 - 25
Von-Coels-Str. 390   Fax   02 41 - 9 58 10 - 10
52080 Aachen   E-Mail   vertrieb@m-m-sports.com
                          Website   www.dersportverlag.de